桥牌精确叫牌无师自通

马志勇 编著

化学工业出版社

·北京·

内 容 简 介

本书介绍了桥牌常用的打牌知识。讲解了规范的首攻，介绍了防守信号的应用，归纳总结了庄家的读牌技巧，编写了无将和有将定约的做庄要诀。以叫牌的三个要素和三个原则为主线，并以独特的列表法来详细讲解精确体系叫牌技法。细化了对方干扰后的叫牌，并采用独特的举例方式来帮助大家加深理解。从五大安全因素入手来诠译防守叫牌，讲解了相关争叫和技术性加倍的后续叫牌，以及惩罚性加倍常用的三个使用条件和判断方法。书中还单独介绍了伯根加叫、莱本索尔、卡普兰蒂和迈克尔扣叫这四个约定叫，专题介绍了对精确体系1♣开叫后的特殊约定争叫的使用方法。

本书可以为桥牌爱好者自学提高牌技予以全方位指导。

图书在版编目（CIP）数据

桥牌精确叫牌无师自通 / 马志勇编著. -- 北京：化学工业出版社，2025. 4. -- ISBN 978-7-122-47356-1

Ⅰ. G892.1

中国国家版本馆CIP数据核字第2025A2R401号

责任编辑：史 懿　　　　　　　　　封面设计：刘丽华　宁静静
责任校对：杜杏然　　　　　　　　　装帧设计：盟诺文化

出版发行：化学工业出版社（北京市东城区青年湖南街 13 号　邮政编码 100011）
印　　装：北京云浩印刷有限责任公司
710mm×1000mm 1/16　印张 20¾　字数 427 千字　2025 年 4 月北京第 1 版第 1 次印刷

购书咨询：010-64518888　　　　　　售后服务：010-64518899
网　　址：http://www.cip.com.cn

定　　价：98.00 元

前言

♠ ♥ ♦ ♣

　　桥牌是既可以提升逻辑思维，锻炼心理素质，又可以增进协作友谊，丰富业余生活的智力游戏。但几十年来，我国桥牌实际玩家的人数却没有显著增加，究其原因，主要是牌手们难以突破牌技提高的瓶颈，因而逐渐对桥牌失去了兴趣。为改变这一现状，本人把桥牌的做庄和防守要诀、精确体系叫牌和防守叫牌以理论更加精练、结构更加简捷、形式更加通俗易懂的方式呈现出来，可以为大家自学提高牌技提供全方位的指导。

　　从单套花色打牌的基础知识入手来讲解打牌技法，归纳了庄家的读牌技巧，编写了无将定约和有将定约的做庄要诀。读牌知识实用化，做庄要领口诀化，是本书的突出特点。

　　从防守策略入手来讲解防守信号的使用规定。以三三准则为依据，指导首攻人规范首攻，进行无将定约的防守。通过分析叫牌进程，进行有将定约的防守，并编写了防守要诀。定约防守程序化，首攻理论规范化，是本书的鲜明特色。

　　从牌力和牌型入手来讲解牌力微调的实用技巧。以开叫的四个优先法则和应叫的三个优先法则，来规范桥牌的开叫和应叫。以联手的门槛牌力、叫牌的三个要素和三个原则为主线，创造性地采用了列表法，指导大家学习精确体系叫牌。书中对对方干扰后的叫牌，有详细的说明。叫牌理论规范化，叫牌练习表格化，抗干扰叫细致化，叫牌举例实战化，是本书的独有魅力。

　　从防守叫牌的五大安全因素入手，把防守叫牌分为争叫和加倍两大类。讲解了相关的使用细则，并采用独特的举例方式来帮助大家加深理解。书中还专项介绍了惩罚性加倍常用的三个使用条件和判断方法，收集了卡普兰蒂和迈克尔扣叫这两个约定叫，专题介绍对精确体系1♣开叫后的特殊约定争叫的最新叫牌知识。安全因素明了化，争叫加倍细致化，惩罚加倍被简化，是本书的特有品质。

　　期待通过本书的出版发行，能助力大家突破瓶颈提高牌技，充分享受桥牌带来的快乐。

　　由于本人的水平有限，书中难免有疏漏之处，希望能得到牌友们的批评指正。

马志勇

2025年1月

目录

♠ ♥ ♦ ♣

第一章
桥牌的基本打法

桥牌的基本打法，是从单套花色打牌的基础知识、无将定约和有将定约的做庄技巧、无将定约和有将定约的防守技巧这几个方面入手的。

第一节　单套花色打牌的基础知识

单套花色打牌的基础知识，是学习打桥牌的必修课。本节所举的牌例都是要求大家必须搞懂的基础牌例。其基本要求是，在节约进张的前提下获取更多的赢墩。如果你能够自如地使用连续飞牌、防止出现阻塞、安全打法和庄家的常规打法等技巧，并以此来有计划地综合处理整副牌的四门花色，必将成为桥牌高手。

一、飞牌的桥路

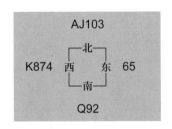

1. 连续飞牌

联手3-4分布，庄家❶的目标是获取四墩，飞K是首选方式。庄家应先出9到3，接着出Q到10，然后再出2，就实现目标了。打牌进程中西家如出K盖打，也阻挡不了庄家获取四墩。假如庄家打错了出牌次序，先出Q到3，在庄家没有额外进张的情况下，就实现不了目标了。

2. 防止出现阻塞

（1）常规打法

联手5-3分布，有3个大牌张，获取五墩的常规打法是：先兑现两个大牌张，第三轮从短套者手中出小牌即可。假如

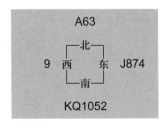

---

❶ 本书都指定南家为庄家，北家为明手，不标注花色信息时，只与牌张的大小有关。

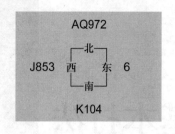

出牌次序变成先出A，再出K，当西家示缺时，庄家要想实现目标，明手就必须要再有额外的进张了。

（2）适当解封

联手3-5分布，有3个大牌张，获取五墩的常规打法是：庄家先出10到A，然后出2到K，当东家示缺时，明手Q9对西家J8的飞牌桥路已经疏通，庄家就能实现目标了。假如庄家没有先出10而出4，要想实现目标，就还需要明手有额外的进张了。先出10进行解封的打法，让庄家保留了连续获取五墩的机会。

二、安全打法

单套花色的安全打法（以下简称安全打法），是指庄家在对方牌张不利分布时，为了确保获取所需赢墩数目所采取的特定打法。

采取安全打法获取所需数目的赢墩时，可能会失掉对方牌张有利分布时的一个超额赢墩。通常情况下，以少得一墩超额赢墩为代价来换取定约的安全是非常合算的。在绝大多数情况下，笔者是希望大家去有意识地采用它来提高做庄成功率的。

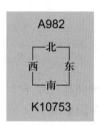

（1）联手5-4分布，缺QJXX❶，目标只输一墩的安全打法

庄家出3，当西家跟小牌时，明手就盖9：①当东家用Q或J盖吃时，则说明此花色最多为3-1分布，A和K就能肃清剩余牌张，实现目标了；②当9赢得而东家示缺时，A和K再获取两墩，也实现目标了；③当9赢得而东家跟小牌时，就说明西家防守失误了，庄家就一墩都不输了。而当西家示缺时，明手就用A盖吃后回打2，庄家只需用K盖吃东家的Q或J就可以实现目标了。

当庄家向明手出3，西家的Q或J出现时，明手只需用A盖吃就实现目标了。

请注意，庄家千万不要先出K，否则，当东家持有QJXX的牌时，就必输两墩了。也不能在西家跟小时，明手用A盖吃，否则，当西家持有QJXX的牌时，也必输两墩了。

当必须是明手先出牌时，就先出2。当东家：①跟小牌时，庄家就盖10；②示缺时，庄家就用K盖吃后回打小牌；③跟Q或J时，庄家就用K盖吃。实现目标的道理是相同的。

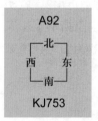

（2）联手5-3分布，缺Q10XXX，目标只输一墩的安全打法

庄家应先出K，对方都跟牌后，向着A9出3，当西家示缺时，明手就用A盖吃后再出9，庄家跳J❷，就实现目标了。当西家跟小牌时，就出9飞牌：①当东家用10或Q盖吃赢得时，此花色就为2-3分布，庄家进手后再打A，其余牌张就都大了；②如9赢得时，就再兑现A，也只输一墩了。当西家跟Q时，明手就用A盖吃，在东家跟牌时，就一墩也不输了。当西家跟10时，则明手用A盖吃，无论另外两张牌在哪个防守方的手中时，同样也只输一墩了。

---

❶ 以下统一用"X"表示任意8以下的小牌张。

❷ 以下统一用"跳"表示规避比它大的那张牌。

三、常见单套结构的打法

常见单套结构的不同打法，通常是由庄家所需获取赢墩的数量来决定的。当允许少获取一墩时，所采取打法的成功率将远超常规的打法。但必须声明的是，即使允许庄家少获取一墩，也采用了如下技巧去打牌，同样不能保证100%的成功，否则就会归类于安全打法中去介绍了。

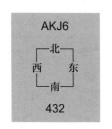

（1）联手3-4分布，缺Q109XXX，目标不同时的打法

当目标是获取四墩时，庄家就出2，明手用J飞，只有在西家持有Q且为3张时成功。当目标是获取三墩时，就连续兑现A和K，在击落Q时成功实现目标。当Q没有被击落时，再让庄家进手出小牌：①当西家跟小牌时，明手就上J，无论Q在谁家时，都能实现目标了；②当西家跟Q时，庄家也实现目标了；③当西家垫牌时，庄家就只能获取两墩了。先兑现A和K的打法，多打了某防守方持有单张Q或双张带Q的机会，提高了成功率。

（2）联手4-4分布，缺QJXXX，目标不同时的打法

当目标是获取四墩时，庄家就出小，当西家跟小牌时，就用10深飞。当西家跟Q或J时，明手就K盖吃，然后再让庄家进手出小牌，准备再用10进行飞牌，只有在西家持有QJX和QJ时成功。当目标是获取三墩时，就先兑现A，如果没有击落Q或J，则让庄家进手出小牌：①当西家跟小牌时，明手就用10飞，无论剩余牌张如何分布，庄家都能实现目标；②当西家跟Q或J时，明手就用K盖吃，也实现目标了；③当西家示缺时，明手跟6，虽然暂时不能实现目标，但还保留着在残局中挤东家的牌，获取三墩的机会。

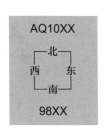

（3）联手4-5分布特定牌张结构的推荐打法

当目标是获取五墩时，庄家就出小，明手出Q飞，只有在西家有双张带K或东家有单张J时成功。

当目标是获取四墩时，推荐先兑现A，如能敲掉东家的单张K，庄家再进手对西家的J进行标明的飞牌，就一墩都不输了。如敲掉东家或西家的J时，就只输一墩。如没有敲掉大牌张时，庄家再进手，向着明手出小牌，当西家：①跟J时，明手就盖Q，实现目标；②跟K时，也可实现目标；③示缺时，就失败了。此种牌张结构获取四墩成功率高是相对而言的，在防守方2-2分布和某防守方的单张是K或J的情况下可以成功，对东家持有KJX结构的牌时是不能成功的。

庄家不要在第一轮时就用Q飞牌，因为如果Q被东家的K盖吃后，当庄家进手再向明手出小牌，西家跟小牌时，庄家就真的要在出A硬敲J和出10飞J之间纠结了。如果猜错，将输掉两墩。

四、庄家短套牌的常规打法

庄家面对不同的牌张组合，会对应不同的常规打法。其可分为庄家持有A或K时和庄家没有A或K时的打法两种类型。

1. 庄家持有A或K时的常规打法

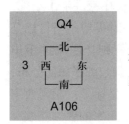

（1）联手3-2分布，明手QX或JX时庄家的常规打法

当西家首攻3时，明手就应跳Q，寄希望西家是带K首攻而获取这墩。因为明手此时不出Q，再出此花色时，Q也会因为没有护张而废掉。退一步来说，即使你出Q时被东家的K盖打，没有获取这墩时，对庄家来说也没有任何的损失。

同理，当明手是J4双张时，明手也应该跳J，寄希望西家是带KQ首攻而获取这墩。即使你出J时被东家的Q或K盖打，没有获取这墩，对庄家来说也没有任何的损失。

而当庄家的A改成K时，标准的打法也是明手跳Q，希望能获取这墩，且手中的K，还能对西家形成方向止张❶。即使你出的Q被东家的A盖吃，没有获取这墩时，对庄家来说也没有任何的损失。

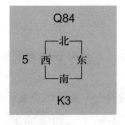

（2）联手3-2分布，庄家有A10X，明手QX或JX时的常规打法

当西家首攻3时，明手就应出4，这样就能保证无论东家持有怎样的牌张结构，庄家都能获取两墩。如第一轮明手就跳Q，当被东家的K盖打而西家有J9的牌时，庄家就只能获取一墩了。

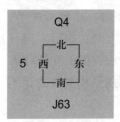

（3）联手2-3分布，庄家有KX双张，明手QXX时的常规打法

西家首攻5，明手就应出4，当东家出A盖吃时，庄家就能获取两墩。当东家打出了其余牌张时，庄家则用K盖吃赢得，明手的Q8，还能对东家形成方向止张。此例中，如第一轮明手就跳Q，当被东家的A盖吃时，庄家就只能获取一墩了。

2. 联手3-2分布，庄家没有A或K时的常规打法

当西家首攻5时，明手就应出4，这样无论东家持有怎样的牌张结构，都能保证庄家获取一墩。如明手第一轮就跳Q而被东家的A或K盖吃，庄家就可能连一墩都获取不到了。

同理，当明手是K4，庄家是J63的牌时，明手也一定要出小，这样无论东家持有怎样的牌张结构，都能保证庄家在此花色中获取一墩。如明手第一轮就跳K，当被东家的A盖吃时，庄家就可能连一个赢墩都获取不到了。

---

❶ 是指庄家拿着某花色剩余牌张中排位老二的牌张，只对某一特定防守方构成止张的牌张。

五、冻结套结构

此门花色哪方先出哪方会吃亏的牌张结构，叫作冻结套结构。无论是定约方还是防守方，都应该尽量避免先动此门花色。也就是说当你方有一门花色既不能飞牌也不能跳牌时，要想办法让对方先动此门花色。

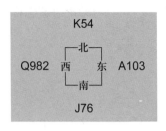

联手3-3分布，KJ分坐的冻结套结构举例如下。当叫牌信息显示东家持有A时，此种牌张结构就是冻结套结构。庄家如果自己先动此门花色，可能一墩都获取不到。当迫使西家先出2时，明手就应出4，这样无论东家持有怎样的牌张结构，都能保证庄家获取一墩了。如明手第一轮就出K，当被东家的A盖吃时，就会一个赢墩都获取不到了。

同理，当明手的K换成Q时，也属于冻结套结构，其打法是相同的。

第二节　进张的管理

在打桥牌的过程中要非常注意联手桥路的畅通，尽量避免出现有赢墩但因为缺少进张而拿不到的尴尬局面。即要进行有预见性的进张管理。本节将向大家介绍部分产生进张和节约进张的常规打法。

一、利用盖吃产生进张

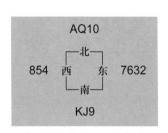

（1）最简单的盖吃产生进张

联手3-3分布，当明手需要三个进张时，庄家可以先出9到明手的10，出J到明手的Q，再出K到明手的A，明手就产生三个进张了。

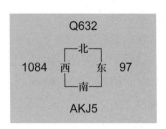

（2）盖吃小牌产生进张

联手4-4分布，当明手需要两个进张时，庄家可以先兑现A和K，防守方都跟牌后，再出J，明手用Q盖吃，由于防守方为2-3分布，之后明手的6再盖吃庄家的5，就成为第二个进张了。

庄家千万不要在第一轮时，就用明手的Q去盖吃J。因为，如此门花色对方是4-1或5-0分布时，此盖吃不但没有产生额外的进张，还会输掉一个宝贵的赢墩，就非常不合算了。

二、用不必要的飞牌产生进张

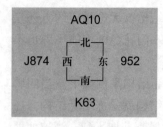

（1）防守方无法阻挡的不必要飞牌

联手3-3分布，当明手需要三个进张时，庄家可以尝试从手中出小牌，明手出10进行飞牌，这是一个不必要的飞牌，在此种牌张结构时，庄家是幸运的。因为无论西家怎样防守，都无法阻挡明手产生三个进张。

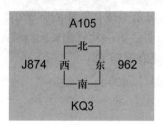

（2）难度更高的不必要飞牌

联手3-3分布，当明手迫切需要两个进张时，庄家可以尝试出3，在西家跟小牌时，明手用10进行飞牌，这是一个不必要的飞牌，当然你如愿以偿了。

不过请注意：假如西家第一轮就扑上J，是可以阻挡庄家产生两个进张的。需要强调的是，除了世界级的桥牌大师，罕有牌手能够在有意识的情况下做出如此犀利的防守。如果你在国内或国际重大的比赛中，能有如此阻断庄家进张的杰作，并因而打宕庄家的定约时，相信你必将扬名于国内或国际牌坛。

三、忍让产生进张

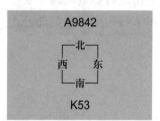

联手3-5分布，庄家的目标是获取四墩，在明手没有旁门进张的情况下，庄家和明手都出小牌，送给对方一墩。得到出牌权后，先兑现K，再用A进手，当防守方是2-3分布时，就能实现目标了。

四、盖吃大牌节约进张

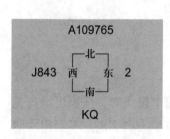

联手2-6分布，明手还有一个进张，当有人问你此牌张结构的最佳打法时，你应该拒绝回答。因为一门花色的最佳打法，完全取决于庄家所需的赢墩数量。当庄家必须获取六墩才能打成定约时，就直接兑现K和Q，然后再进入明手兑现A，当防守方为2-3分布时实现目标。但当某防守方为4张带J时，这种打法就只能获取三墩了。而当庄家只需五墩即可打成定约时，就应先兑现K，当对方都跟牌且J没有出现的情况下，接着出Q，当西家跟J时，就获取六墩了。当西家的J没有现身时，明手就用A盖吃，如果：①东家的J被击落，你就获取六墩了；②J没有现身时，就再出10和9连张来顶掉对方的J，之后再进手兑现赢墩就能实现目标了。当然了，这种打法是以牺牲防守方2-3分布时的超额赢墩机会来换取目标实现的，这么做是否合算呢？相信大家会自有评判的。

五、用不必要的大牌盖吃产生进张

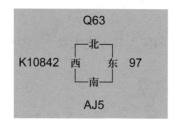

（1）不必要的牌用A盖吃产生进张

联手3-3分布，西家首攻4，明手此时出Q，就能获取一个早期的进张。当明手需要一个中晚期的进张才能打成定约时，明手就应先出3，当东家出9时，庄家用不必要的大牌A而不是J盖吃，则明手的Q就成为进张了。请注意：庄家先用A盖吃，其在此花色中的赢墩数还是两个，并没有因为先打A而减少。像这样既不损失赢墩，又能为明手找到进张的好事，我们何乐而不为呢？

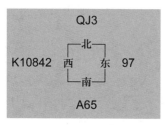

（2）明手需要晚期进张时先用A盖吃产生进张

联手3-3分布，西家首攻4，明手此时出J，会获取一个早期的进张。当明手需要一个中晚期进张才能打成定约时，就应出3，庄家用A盖吃东家的9，明手的QJ就一定能够产生一个进张了。请注意：先用A盖吃，庄家在此花色中的赢墩数还是两个，并没有因为先打A而减少。

六、冒险跳牌产生进张

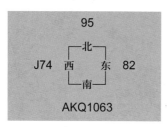

联手6-2分布，当明手迫切需要进张时，庄家可以赌J在西家，出3。此例中，无论西家是否上J，明手都能得到宝贵的进张。但假如J在东家，明手跳9的尝试，不但没有得到进张，还会损失赢墩。其得失比是否合算呢？相信庄家会自行判断的。

七、解封大牌产生进张

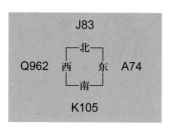

联手3-3分布，西家首攻2，东家上A盖吃，当明手迫切需要进张时，庄家可以解封掉手中的K，明手的J就升级为进张了。请注意：无论庄家此时是否解封K，其在此花色中都只能获取一墩，并不会因为解封K而造成赢墩的损失。

八、送让产生进张

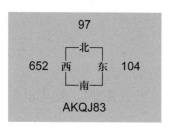

联手6-2分布，当明手有其他花色的两个或以上因缺少进张而急需兑现的赢墩时，通常庄家在此牌张结构中，送让一墩是合算的。庄家可以先出3到明手的7，被东家的10盖吃之后，明手的9就升级为进张了。

第三节　防守方单套花色打牌的基础知识

在桥牌界中流传着"第二家出小牌，第三家出大牌，第四家大牌盖吃大牌"这样的名言。在此举几个典型的牌例进行讲解。

一、第二家出小牌

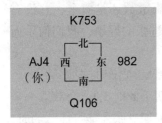

（1）第二家出大牌会损失赢墩

庄家通常会计划从手中出6，明手上K，如赢得后再出3，并准备出10飞J以获取三墩。此例中，庄家必然会输掉两墩。但如果你在庄家出6时，主动打出A或J，则庄家就会白捡一墩了。

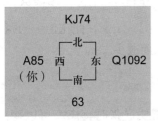

（2）第二家出大牌会帮助庄家解决猜断难题

定约的成败取决于该花色不能输掉两墩的猜断，当庄家出3时，你千万不要打出A来，否则庄家就会轻松地打成定约。当你跟5时，庄家就要对西家持有A还是Q做痛苦的猜断，有一半的概率庄家是会猜错的。当庄家猜错时，定约即被打宕了。

二、第三家出大牌

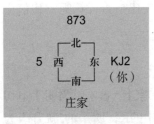

（1）第三家出大牌防止损失赢墩

同伴出5时，你作为第三家应该出K，而不是J。因为如果庄家持有A和Q时，对你来说是没有任何损失的，而庄家如只持有Q，你出J时，就会白白损失一墩。

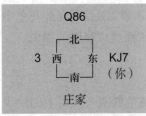

（2）出等值牌张中最便宜的牌

同伴出3，当明手出6时，对你来说K和J是等值牌张，你应该出最便宜的牌张J。

同理，如你持有KJ107，则应该出10。

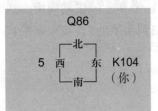

（3）第三家出大牌不是一成不变的

防守无将定约，同伴首攻5，明手盖6时，你应出哪张牌？

根据"11法则"你可以推算出庄家只有一张比5大的牌，即可能是A、J、9或7。因而此时的最佳打法是出10，因为当庄家：①持有9或7时，则你方将获取全部的赢墩；②持有J时，你们无法阻止庄家获取一墩，并不吃亏；③持有A时，庄家只能获取一墩，而你此时若出K，就会让庄家获取两墩。

三、第四家大牌盖吃对方的大牌

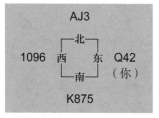

（1）第四家大牌要盖吃对方的大牌防止损失赢墩

庄家出5，同伴跟6，当明手出J，你持有Q时，是要盖吃的。否则你们就可能在此花色中获取不到赢墩了。

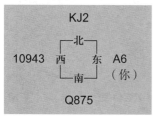

（2）不要让大牌打空

庄家出5，无论明手出J或K时，你的A也是要盖吃的。否则当明手再出2时，A就会掉下来，俗称"打空"，此时防守方通常会损失赢墩。

四、出等值牌张中最小的牌

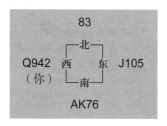

（1）同伴出10时哪家有J

你坐西首攻2，明手出3，同伴出10时，庄家用K盖吃。分析这个打牌进程，你就能得到同伴还有J的结论。首先同伴出10，表示其没有A，因为根据第三家出大牌的原则，东家有A应该首先打A。再分析谁家有J呢？除非庄家有极高的桥牌素养，拿着AKJ结构的牌打出骗张K。否则你都应该相信同伴有J，当你首先进手时，就可以放心地出4。让同伴的J逼出庄家的A，你就有机会获取另外两墩了。

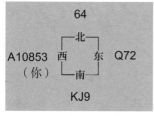

（2）同伴出Q时哪家有J

你坐西防守无将定约时首攻5，明手出4，同伴出Q，被庄家的K盖吃后，你就可以按照同伴有QJ连张时一定会出J的推理，排除了同伴还有J的可能。因而当你首先上手后，不应再出此花色，而应该找同伴的进手张，希望让同伴上手后穿吃庄家的J。

（3）明手有Q时的防守打法

同伴首攻5，明手出4，此时你的KJ是等值牌张，应出最便宜的牌J。庄家在此花色中就获取不到赢墩了。假如你不假思索就先出K，庄家就会白捡一墩了。

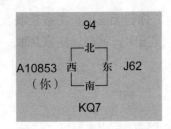

（4）庄家的骗张

你坐西防守无将定约时首攻5，同伴出J被庄家的Q盖吃后，你就能确认庄家还持有K。此时，庄家应打骗张K，隐藏Q。这样当你获得出牌权时，你是认为同伴有Q（因为QJ结构也出J），还是庄家有Q呢？相信你会有猜错的时候，如果你猜错又白送庄家的Q一墩，就怪对方太狡猾吧。顺便提一句，如果你确信再次脱手庄家能够打成定约，最佳的打法是先出A，要求同伴有Q时进行解封。

五、保守性出牌原则

无论在有将定约还是无将定约的防守中，在打牌的中局阶段，当防守方获得出牌权而没有明显的花色可回打时，需要采用保守性出牌原则出牌，以求不损失自己的赢墩。

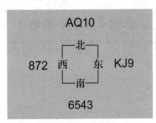

（1）避免从间张结构中出牌

如果这个花色总是由东家先出牌，则防守方一墩也获取不到了。如果总是由庄家先出牌，东家就可以获取两墩。所以防守方应该避免从间张结构中首先出牌。

（2）近攻下家的强牌

你坐西，下家明手还剩♠42　♥AK2　♦97　♣KJ3。打牌进程中你进手了，在你没有理想的花色可打时，可以考虑攻下家明手的强牌——红心，通常近攻下家的强牌，对防守方是不会有额外损失的。

（3）远攻上家的弱牌

你坐东，打牌进程中，上家明手还剩♠42　♥AK2　♦97　♣KJ3。当你进手不知再打哪门花色时，就应该出明手最弱的花色——黑桃，通常远攻上家的弱牌，可以给同伴造成大牌盖吃的机会。对防守方是不会有额外损失的。

第四节　盖打和其他防守知识

当明手或庄家打出某花色一张J以上的大牌，你作为第二家有比其大的牌张时，到底应该盖打还是不盖打呢？这是防守方非常纠结的问题，另外还有一些防守方的高级打法也想介绍给大家。在此精选了一些有代表性的牌例，希望能帮助大家掌握相关的防守要领。

一、是否盖打

此类例题通常需要结合叫牌进行分析，下面以黑桃花色为例进行讲解。

（1）庄家和明手都是长套，明手出♠Q时绝不盖打

庄家开叫1♠，最后主打4♠定约。当明手打出♠Q时，你是否应该盖打呢？答案是绝

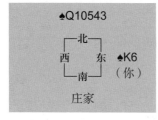

不应该盖打。因为叫牌已经显示了庄家至少有5张黑桃，你可以推算出同伴最多只有单张，即使其单张是♠J，也不会因你的盖打而获取赢墩。而同伴万一是单张♠A呢？你们就会少获取一墩。如庄家为6张带♠A的牌，他极有可能会出♠A来硬敲，就白送你一墩了。

同理，你的♠K6改为♠AX时也不要盖吃。因为同伴如持有单张♠K，你盖吃的损失就太大了。

（2）明手特定结构长套出♠Q时是否盖打

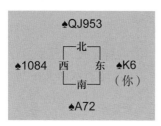

当明手出♠Q时，你是否盖打呢？这首先要分清前提才能回答。如果叫牌进程显示庄家有5张以上黑桃长套的牌，就永远不要盖打。否则建议你持♠KX时不盖打，♠K10时则盖打。理由是，♠KX的牌盖打后，庄家进手后会飞同伴的♠10获取五墩。如你不盖打，下一轮庄家要想获取五墩，就会在出♠J铲掉同伴的♠10和出小牌打你♠KX双张之间进行选择，相信庄家总会有选错的时候。而你持♠K10的牌盖打，是希望庄家下一轮明手用♠9飞牌时获取一墩。

（3）庄家长套出♠J时不要盖打

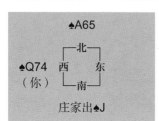

庄家开叫1♠，最后主打黑桃花色的有将定约。当庄家打出♠J时，你是否应该盖打呢？

答案是不要盖打。理由是，庄家出♠J时，通常表示其至少为♠J10连张结构的牌。即使同伴持有♠KX双张的牌，也不会因为你的盖打而多获取赢墩。而当庄家为6张♠J109XXX结构的牌时，你盖打♠Q，明手用♠A盖吃同时也敲掉了同伴的单张♠K，一箭双雕，庄家一定会心花怒放的。另一种可能是庄家持有5张或6张♠KJ10XX结构的牌。无论是哪种结构的牌，你盖打♠Q时，都会损失赢墩。

（4）明手短套出♠Q时通常要盖打

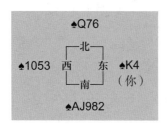

庄家开叫1♠，最后主打黑桃花色的有将定约，当明手出♠Q时，你的♠K是要盖打的。理由是此时庄家一定持有♠A和♠J的牌，否则，在庄家没有♠J时，其常规的打法应该是先出♠A，再出小牌，然后再选择是跳♠Q或出小牌希望你♠KX双张打空的打法。此例中，你盖打♠K后，同伴如果有♠10带队的三张牌，还能获取一墩牌。如果你的♠K不盖打，第二轮时也会被♠A盖吃，你们就真的一墩牌都获取不到了。

（5）庄家短套明手短套出♠Q时一定要盖打

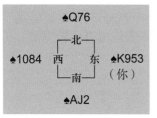

当叫牌没有显示庄家黑桃为长套且明手出♠Q时，你的♠K是一定要盖打的，否则你方会损失赢墩。此例中，你的♠K盖打后，庄家只能获取两墩。如你不盖打，庄家就能获取三墩了。

二、防守方的高级打法

由于不再需要叫牌信息了，还回到不指定花色上来讲解相关的牌例。

1. 防守方的忍让

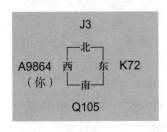

（1）首攻方扣住A保持联通的打法

庄家打无将定约，你坐西首攻6，同伴第一墩用K盖吃赢得，庄家跟5。当同伴回打7，庄家略带欺骗性地出Q时，你该如何防守？

此花色外面还有10和2没有看到，谁有10呢？先来看同伴的信号，如果同伴同时还持有10和2的牌，按规定他应该回打2，以表示手中还有单数张的牌。同伴先出7而留着2，则表示他还有双数张的牌。因而，当你的旁门花色没有进张时，就一定要忍让，期待同伴进手后再打该花色，获取剩余的赢墩。

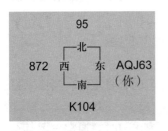

（2）争叫方扣住A保持联通的打法

你坐东争叫过此花色，庄家最终打3NT定约，同伴首攻8表示上无大牌，此时你要相信庄家一定有K，因此你要出J。如果庄家不盖吃，就再出小牌寄希望同伴此门花色有3张牌（庄家如果有4张，他一定会有两个止张），总之你一定要扣住A，以保持桥路的畅通。

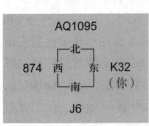

（3）适当忍让打法的功效

明手还有一个进张时，庄家是能在此花色中获取三墩的。当明手出Q，同伴跟2表示单数张，庄家跟4进行飞牌时，你第一轮时忍让几乎总是正确的，但一定要做到不露声色。当庄家起贪心想获取四墩，再由明手出5到9飞牌时，你用K盖吃，这门花色就出现了阻塞。此时如果你能打掉明手的那个进张，明手就再也无法进手兑现此花色的第三个赢墩了。

（4）第四家忍让的打法

明手此花色如此之强大，但却没有其他进张了，当庄家出J，同伴跟4，明手出5时，你坐东应该如何去防守呢？

同伴跟出4，你持有2和3，显然同伴是在表示他为单数张的牌。你持有3张，明手5张，外面还有5张牌，同伴如果只有单张牌，你将无法阻止庄家获取四墩。但如果同伴是3张牌，庄家就只有2张了，因此你只需第一轮时忍让，第二轮如果庄家继续飞牌，就用K盖吃，明手的赢墩就全都废掉了，庄家就只能获取一墩。即使庄家有所警觉第二轮时用A盖吃也只能获取两墩，你也做到了成功防守。而不成功的防守则是当庄家第一轮出J时，就不假思索地用K盖吃，那么庄家就毫不费力地获取四墩了。

2. 高级的防守技巧

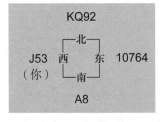

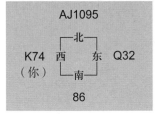

（1）防守方的一手高打法

你坐西防守庄家的无将定约，当你被迫首先出此花色且叫牌信息已经显示庄家有A时，你只有出J才能避免损失一墩牌，这就是所谓防守方的"一手高"（即第一家出大牌）。如果你先出3，明手出小，庄家就将获取四墩了。

（2）防守方的二手高打法

这是双飞一中经典牌例，庄家出6，你跟4，明手出9到同伴的Q（此时让同伴不盖Q需要他有坚强的毅力，即使同伴忍让了，庄家也能获取两墩），待庄家再进手飞中K且为3-3分布时，庄家将获取四墩。但在明手缺少进张的情况下，你如果首先出K（即防守方的"二手高"打法），则无论明手的A是否盖吃，明手的长套由于没有进张就全废了，定约方最多只能获取一墩，而不是四墩了。

第五节　无将定约的做庄技巧

当首攻人亮明首攻牌张，明手摊牌后，作为庄家的你，请不要急于马上出牌，而应该花一点时间，遵照无将定约做庄的四个步骤来制订符合桥牌逻辑的做庄规划。

一、无将定约做庄的四个步骤

步骤一：数清此副牌定约方联手的牌力。

步骤二：数清此副牌定约方联手大牌赢墩（也叫快速赢墩）的数量，搞清楚还需发展几个赢墩才能打成定约。

步骤三：综合分析叫牌和首攻信息，确定危险的花色和危险的牌张。

步骤四：利用庄家的读牌技巧来分析首攻人可能的牌力和牌型分布情况，结合自己联手的牌情，确定发展赢墩的花色和方向，以此来制订符合桥牌逻辑的做庄规划。

二、无将定约庄家分析首攻信息的读牌技巧

虽然每个牌手都能看到自己和明手加起来的26张牌，但庄家的最大优势是知道自己联手某一花色确定缺哪张大牌，只需要分析所缺的大牌张可能在哪个防守人手中而已。而防守方则是知道某花色的大牌张在外面，但不能确定是在庄家手中还是在同伴手中。因此，庄家对首攻信息的读牌，要比防守方的读牌来得容易且更准确。因而大家在做庄时，一定要养成随时计算防守方牌力和牌型的习惯。这种习惯，对提升你自己的做庄水平是非常有帮助的。

依据牌手们约定俗成的首攻习惯，庄家就能够大致推断出首攻花色中大牌张的分布结构假设，并得到符合桥牌逻辑的结论。同时也能对其余花色的牌力分布有大概的预判，从而为你自己制订最佳的做庄规划提供可靠的帮助。

同样一张首攻的牌，在防守方参与过叫牌和没有参与过叫牌时，所表达的含义是有很大区别的。大家应该细心地品味其不同之处。

1. 防守方没有参与叫牌，打无将定约时庄家的读牌技巧

（1）当首攻人首攻某花色的小牌时，可以认为是"长四"首攻。首攻人通常会持有自由应叫牌力（泛指8~10点），即旁门花色中可能有进张或潜在进张，有该花色大牌张，但没有特定连张结构的牌。此时，此花色中未显现的大牌张，应该在另一防守人手中。

庄家可以根据"11法则"（就是用数字11减去首攻人牌张的数字，再减去联手比其大的牌张数，所得到的差值）来推算出另一防守人有几张比首攻牌张大的牌。同理，另一防守人也可以根据"11法则"来推算出庄家有几张比首攻牌张大的牌。

在"长四"首攻的前提下，以下的逻辑是成立的。即当你确认首攻人首攻的高花只是4张套时，除了表示他持有自由应叫牌力以外，通常还表示他没有另外5张花色长套的牌。只有在首攻人持有庄家首叫花色长套的牌时，是个例外。

同理，当你确认首攻人首攻的低花只是4张套时，除了表示他持有自由应叫牌力以外，还能表示他没有4张高花的牌。只有在首攻人持有庄家首叫高花长套的牌时，是个例外。

（2）当首攻人首攻某花色的7、8、9中间张时，如果确认他是"长四"首攻，则表示首攻人持有自由应叫牌力，有该花色大牌张，但没有特定连张结构的牌。而当你能确认首攻人不是"长四"首攻时，则为上无大牌3张或双张助攻的牌。此时，此花色中未显现的大牌张都应该在另一防守人手中。与此同时，还传递出了首攻人的牌力很有限的特殊信息。只有在首攻人持有庄家首叫花色长套的牌时，是个例外。

（3）当首攻人首攻某花色的10时，因为其不符合"11法则"和有连张结构牌首攻的习惯，所以可以认为首攻人是没有自由应叫牌力，为10X或10XX结构助攻的牌。此时，此花色中未显现的大牌张都应该在另一防守人手中。

（4）当首攻人首攻某花色的J时，可以认为首攻人：①有自由应叫牌力，有J10连张结构（指的是J10连张）或是上有未见A或K大牌间接连张结构的牌；②没有自由应叫牌力，为JX或JXX结构助攻的牌。此时，此花色中未显现的大牌张都应该在另一防守人手中，尤其是在你方还持有10时，更是如此。

（5）当首攻人首攻某花色的Q时，可以认为首攻人：①有自由应叫牌力，至少是QJ9结构或是AQJX间接连张结构的牌；②没有自由应叫牌力，为QX或QXX结构助攻的牌，尤其是在你方还持有J时，更是如此。

（6）当首攻人首攻某花色的K时，通常表示首攻人有自由应叫牌力，至少为KQ10X结构的牌。此时，首攻人持有KX或KXX结构助攻的牌只是小概率事件。

（7）当首攻人首攻某花色的A时，则表示首攻人至少为AKJ10X牌张结构的不定套❶牌。此时，首攻人持有AX或AXX结构助攻的牌，只是小概率事件。

2. 参与叫牌人的同伴首攻无将定约时庄家的读牌技巧

（1）当首攻人首攻同伴所叫花色中较小的牌张时，通常表示首攻人有3张带J以上大牌张或至少为4张且不确定是否有大牌张的牌，只有当首攻人为单张牌时，是个例外。

（2）当首攻人首攻同伴所叫花色中7、8、9、10中间张时，通常表示首攻人为上无大牌且最多为3张的不定套牌。

（3）当首攻人首攻同伴所叫花色的A、K、Q或J大牌张时，通常表示此牌张为首攻人手中最大的牌张，如果首攻人没有连张结构的牌，其手中最多为双张的牌。

（4）当首攻人没有做出同伴所叫花色的首攻时，可以传递出首攻人是担心首攻同伴所叫花色会吃亏的重要信息。此时你可以确认他大概率为有自由应叫牌力且此花色为单张牌。不然他是没有必要另辟蹊径的，只有在首攻人此花色为缺门时，是个例外。当首攻人首攻另外花色的：①小牌或7、8、9中间张时，通常为有自由应叫牌力正常的"长四"首攻。②10时，通常为10X或10XX结构助攻的牌。③J时，通常为有自由应叫牌力且有向下连张结构或有未见A或K间接连张结构的不定套牌；此时没有自由应叫牌力，JX结构助攻的牌只是小概率事件。④Q时，通常为有自由应叫牌力且至少是QJ9结构或有未见A间接连张结构的不定套牌；此时没有自由应叫牌力，QX结构的助攻的牌只是小概率事件。⑤K时，通常为有自由应叫牌力且有AK或KQ10连张结构的不定套牌；此时没有自由应叫牌力，KX结构助攻的牌，将是非常罕见的首攻。⑥A时，则是非常罕见的首攻，也不能确切地说明首攻人是在表达某种特定的含义。

3. 参与叫牌人自己首攻无将定约时庄家的读牌技巧

（1）当首攻人首攻自己所叫花色的小牌或7、8、9中间张时，通常为正常的"长四"首攻，表示首攻人为没有连张或间接连张结构的牌。此时，此花色中未显现的大牌张应该在另一防守人的手中。

（2）当首攻人首攻自己所叫花色的10时，因为其不符合"11法则"，也不符合有连张结构攻牌习惯的牌，所以肯定是逻辑错误的首攻。

（3）当首攻人首攻自己所叫花色的Q或J时，都可以认为首攻人是连张结构或是上有未见A或K大牌间接连张结构的牌。此时，此花色中未显现的大牌张应该在另一防守人的手中。

（4）当首攻人首攻自己所叫花色的K时，可以认为首攻人至少是KQ10X结构的牌。

（5）当首攻人首攻自己所叫花色的A时，是非常罕见的首攻。因为庄家是在他已经参与叫牌的情况下，还自愿选择打无将定约的，通常庄家肯定是有止张的牌，这时说首攻人要求同伴解封Q将是很可笑的事情。

（6）当首攻人没有首攻自己所叫的花色，而做出另外花色的首攻时，通常表示首

---

❶ 不定套是指可能是双张、3张或多张结构的牌。

攻人所叫的花色是间张结构的牌。当定约方在此花色中的牌张也不很强时，则表示另一防守人应该有此花色的大牌张。当首攻人首攻另外花色的：①小牌时，大多数情况下为正常的"长四"首攻。②7、8、9、10中间张时，大多为保护性首攻；该花色中未显现的大牌都应该在另一防守人手中。③K、Q或J时，都表示他有连张或间接连张结构的牌。④A时，是非常罕见的首攻，除了要求同伴解封Q以外，也不能确切地说明首攻人是在表达某种特定的含义。

4. 对无将和有将定约首攻都通用的庄家读牌技巧

（1）打有将定约，当定约方在某门花色中缺AKQ甚至AKQJ，而首攻人却没有首攻这门花色时，则可以认为首攻人没有此花色的AK、KQ或QJ连张结构的牌。换句话来说，此花色的大牌张是间张分坐的概率比较大或是首攻人的同伴持有此花色连张结构的牌。

（2）定约方的某门花色联手只有4张或不够强的5张牌，当打无将定约时，首攻人却没有首攻此门花色，通常表示另一防守人持有此花色5张以上长套牌的概率比较大或是首攻人的牌力较弱，有此花色的长套而选择了助攻的牌。

（3）当定约方在某门花色中缺AK，尤其是在有将成局定约中首攻人却没有首攻大牌张时，则可以确认首攻人没有这两张大牌或是最多只有其中一张大牌。同理，当定约方某花色中缺KQ，而首攻人没有首攻K时，通常表示首攻人此花色最多也只有其中一个大牌张的牌。但是不排除另一防守人有KQ连张结构的牌。此时，你对另一防守人双飞一中的飞牌几乎肯定是能够成功的。

（4）当打牌进行到中局阶段，而你发现对方其中一个防守人没有参与叫牌，但已经显示出有5张高花和8点左右牌力，在你还有一个可以双向飞Q的关键花色需要决断飞牌方向时，应该有把握地对另一防守人进行飞牌。其理由是：此防守人如果持有11左右牌力且有5张高花的牌时，通常他会主动参与叫牌。

（5）当定约方有三门花色的Q需要猜断飞牌方向，在下家已经显示拥有其中的两个Q且在对方都没有参与叫牌的前提下，就应该认为上家有第三门花色Q的概率会更大一些。

（6）定约方从上家跟牌的信息中，也能够获取可信的信息解读。打有将定约，庄家在某门花色中没有AKQJ大牌张，当首攻人首攻K，另一防守人跟无用小牌张时，并不一定表示他不欢迎同伴继续出此花色，很有可能是在表示他持有QX或AX双张的牌。而当首攻人首攻K，另一防守人跟出Q时，则一定是表示他还持有J，只有他为单张Q时，是个例外。

（7）当定约方能够感觉到首攻人的牌点很多，而首攻人又明显地采用了保护性首攻时，则可以认为外面未显现的大牌点，大多集中在首攻人手中，并可以此为依据来制订相应的做庄规划。

三、制订做庄规划

结合你方联手的牌情制订无将定约做庄规划的关键点在于：利用综合分析所得到

的牌力和牌型信息，要在允许脱手次数的限制下，以最安全稳妥的方式，利用潜在赢墩、长套赢墩、飞牌赢墩和跳牌赢墩来获取所需的赢墩数量，进而去打成定约。

（1）首先定约方联手赢墩数量已经数够的无将定约，是你一定要打成的定约。此时你必须要把全部的精力都放在防止出现阻塞上来。你只需要确定联手牌中哪门花色是阻塞花色，哪门花色是可能阻塞花色。做到先打掉阻塞花色，然后再打掉可能阻塞花色短套中的大牌，进手兑现赢墩或脱手兑现赢墩，就能很好地解决阻塞问题了。

（2）当庄家在首攻的花色中：①只有一个止张时，应该尽可能地忍让，不能轻易在对方断桥之前盖吃赢得，目的是切断对方的桥路；②有两个止张时，当树立另一门花色的长套赢墩需要再脱手两次时，也应该尽量忍让。

（3）庄家在首攻花色中有两个止张，旁门花色缺A，另一花色可能因飞牌脱手一次，在做庄规划时，当飞牌：①可能飞失给另一防守人时，通常应选择先动缺A的花色，再忍让后飞牌的打法；②可能飞失给首攻人时，则应选择先进行飞牌，若没有飞中，再去忍让的打法。此时，庄家就要祈祷那个旁门花色的A不在首攻人的手中了。

（4）当庄家还有方向止张的牌时，应该有意识地去控制旁门花色的飞牌方向。

（5）对以边缘牌力叫到的3NT或6NT定约，运用读牌、安全打法、解封、投入等高级技巧去解决问题，并祈祷好运的降临。

四、无将定约的做庄要诀

为了让大家轻松地掌握无将定约做庄的四个步骤，笔者特编写了无将定约的做庄要诀顺口溜，以帮助大家在轻松娱乐的氛围中加强记忆。

※无将定约的做庄要诀※

计算点力和牌型，无将赢墩要数清。

危险牌张心里明，做庄规划依牌情。

需要强调的是，无论是无将定约还是有将定约做庄时，庄家制订做庄规划的核心都是：①当打联手牌力绰绰有余的定约时，要有安全意识，对对方某门花色可能不利的牌张分布要有所预判，尽量采用安全打法，要保证在定约安全的前提下去发展赢墩，即使是可能失去超额赢墩也在所不惜；②当打联手牌力属于打成定约边缘的牌时，应尽可能地采用成功率较高的打法去发展赢墩；③对叫得有点冒的定约，不要轻言放弃，要仔细地进行综合分析，即使是成功率比较低的打法，只要还有打成的希望时，就一定要按照这个方向去努力，要相信总是会有好运气眷顾你的。

五、正确看待定约的成败

众所周知，并不是所有定约方按联手超过成局定约门槛牌力，自愿叫到的无将或有将定约都是一定能够打成的。在各类桥牌比赛中，由于牌张的特殊分布，联手有29点牌力都打不成3NT定约或4阶高花定约是常有的事。因而作为庄家，当你的定约被打宕时，请不要过分地自责。你应该做到的是：①联手赢墩数量已经数够的定约一定要打成，防止出现阻塞，这是打桥牌的基本功；②对需要掌握一定做庄技巧才能打成的定约，学习本节和第七节的做庄要诀，努力去提高自己的做庄水平；③对因自己失误被打宕的定约，也不要沉浸在后悔之中。

让我们再换个角度来看定约成败的问题。即从竞技叫牌、做庄和防守对比赛走向的影响来看，竞技叫牌所占的影响约为60%，而做庄和防守技巧的影响各约占20%。因而，在16副牌的团体比赛中，一副或两副牌的做庄或防守没有打好时，对比赛结果的影响将是十分有限的。通常一副成局定约失误所造成的损失，有两副部分定约的叫牌成功就可以抵消了。因而牌手们在比赛中，要调整好自己的心态，努力去打好后面的牌，这才是赢得比赛的关键所在。

第六节　无将定约的做庄牌例

为了与流行的桥牌讲解习惯相适应，本书所讲解的牌例，都指定南家为庄家，并配有精确体系的叫牌进程供大家参考。本节所举无将定约做庄的牌例，都是依据无将定约做庄要诀的步骤顺序进行分析讲解的，这是本书的特色。

一、有两个止张时的忍让

叫牌进程：	北	东	南	西
			1NT	—
	3NT	—	—	=

全副牌的分布如下：

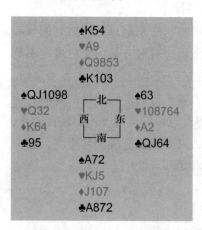

防守你的3NT定约，西家首攻♠Q。你有一个止张时，应该进行忍让，这是打桥牌的基本常识。当你有两个止张时，你准备如何做庄呢？

（1）计算点力和牌型。你方联手共25点，防守方没有参与叫牌，可以认为♦A和♦K分家的概率是比较大的。

（2）无将赢墩要数清。你方已经有两墩黑桃、两墩红心、两墩草花，共六个赢墩。其中红心最多只能发展一个赢墩，草花必须脱手一次才可能发展一个赢墩，方块有潜在的三个赢墩，但需要脱手两次才能获得。综合比较后，应首选树立方块赢墩的打法。

（3）危险牌张心里明。此牌危险的花色是黑桃，危险的牌张是♦A和♦K。

（4）做庄规划依牌情。制订的做庄规划如下。对第一轮黑桃，你一定要忍让，第二轮明手♠K盖吃后再打方块，此时的区别在于，东家的♦A进手后打不出黑桃了（如果东家能打出黑桃，那黑桃就是4-3分布，你只输掉两墩黑桃和两墩方块也能打成定约），无论他回打哪门花色时，你都止住，从容地在黑桃还有一个止张时逼出♦K，再赢进西家的任意回攻后兑现方块赢墩，就能打成定约了。如果西家首先用♦K进手，然后打立黑桃，庄家就再出方块，逼出♦A，无论东家回打什么花色，你都止住，兑现方块赢墩，也可打成定约。

假如你第一轮就用♠A或K盖吃，就会出现你出方块时，东家立即用♦A上手，并打出第二张黑桃，逼出你的第二个止张。当西家的♦K再进手后，他就会兑现黑桃赢墩，先于你获取三个黑桃和两个方块赢墩，打宕你的定约。

再做进一步的假设，如果此牌例中，你方联手的黑桃不是3-3分布而是2-3分布，第一轮时你也必须忍让，此时，你就应该祈祷对方的黑桃是6-2分布了，因为只有这样你才能打成定约。即使对方的黑桃真的是5-3分布，你没有打成定约，也不要自责，因为你已经尽力了，此种牌张结构的牌，即使是让桥牌世界冠军来打，也不过如此。

二、先动没有A的花色

叫牌进程：

北	东	南	西
		1NT	—
3NT	—	—	—

防守你的3NT定约，西家首攻♥7，东家出♥J，你准备如何做庄呢？

全副牌的分布如下：

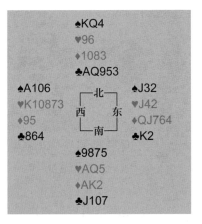

（1）计算点力和牌型。你方联手共25点，防守方没有参与叫牌。说明未见的大牌点不会都集中在某一防守方。

（2）无将赢墩要数清。你方已经有两墩红心、两墩方块、一墩草花，共五个赢墩。方块没有发展赢墩的潜力，黑桃和草花都有发展赢墩的希望。但是只发展黑桃赢墩，还不足以打成定约。草花是你要发展赢墩的首选花色。

（3）危险牌张心里明。根据对首攻的读牌可以假设，西家做的是"长四"首攻。说明其应该有自由应叫牌力。再根据"11法则"，计算出外面有4张比♥7大的牌，你方联手有3张，♥J已经出现了，东家没有比♥7大的牌张了。你如果忍让，东家再回打红心，你的红心就只能获取一个赢墩了。所以，此时你应该用♥Q盖吃赢得。

此牌最危险的花色是红心，你有两个止张，因而允许再脱一次手。当飞牌是可能失给另一防守人时，则最危险的牌张就是♠A了，♣K次之，而你不能马上就飞♣K，因为如果飞失给东家，东家会回打红心，逼出你的♥A。当你再出黑桃时，西家就会立即用♠A盖吃进手，抢先兑现红心长套赢墩，打宕你的定约。

（4）做庄规划依牌情。根据以上分析，制订的做庄规划如下。第一轮你用♥Q盖吃赢得后，先动没有A的花色——黑桃，就能保证打成定约了。此时你先出♠5，当西家：

①跟小牌时，明手就跳♠K，如果赢得这墩牌时，就再用♦A回手出♣J飞♣K，飞中时定约+1；即使飞不中，用♥A赢进东家的回攻后，兑现草花赢墩，你就能打成定约了。

②无论对方谁用♠A盖吃时，你只要在回攻红心时继续忍让，再用♥A盖吃后飞草花，飞中时赢得其余赢墩；飞不中时，如果东家还能打出红心，则说明红心为4-4分布，你也只输两墩红心、♠A和♣K，打成定约。如果东家回不出红心，你赢进东家的回攻，再兑现手中的赢墩，定约+1。

换个角度去看做庄的规划，此牌最危险的红心花色你有两个止张，允许你再脱手一次。比较做庄方案一，先飞♣K，飞不中时定约被打宕。做庄方案二，先动没有A的花色——黑桃：①跳得黑桃后回手飞♣K，即使♣K飞不中时也打成定约；②无论对方谁用♠A盖吃时，你都忍让第二轮红心，之后用♥A盖吃后飞♣K，即使♣K飞不中也能打成定约。显而易见，相信无论谁作为庄家决策时，都一定会选择做庄方案二的。

三、控制飞牌方向

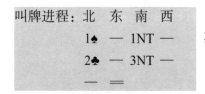

叫牌进程：
北	东	南	西
1♠	—	1NT	—
2♣	—	3NT	—
—	=		

防守你的3NT定约，西家首攻♥7，东家出♥Q，你准备如何做庄呢？

全副牌的分布如下：

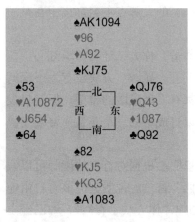

（1）计算点力和牌型。你方联手共28点，对方没有参与叫牌。

（2）无将赢墩要数清。你方已有两墩黑桃、一墩红心、三墩方块，两墩草花，共八个赢墩。黑桃和草花都有发展赢墩的希望，其中草花是双向飞牌结构，要比树立黑桃赢墩的把握更大。应首选树立草花赢墩的打法。

（3）危险牌张心里明。西家是"长四"首攻，根据"11法则"，11-7=4，你能推算出东家只有♥Q这一张比♥7大的牌。此时最危险的牌张就是东家持有的♣Q了。因为其一旦进手再打回红心，定约就会被打宕。

（4）做庄规划依牌情。首先你的♥J5对西家的红心是方向止张，即使草花飞失给东家输掉一墩，对定约的安全也没有威胁。因而你没必要冒着打宕定约的危险去飞西家有♣Q。你只需要第一轮用♥K盖吃后，出♣3到明手的♣K，再出♣5用♣10飞过：①如果飞中♣Q，就肯定能打成定约；而当草花为2-3分布时，定约就+1。②如果没有飞中♣Q，也无所谓，因为西家再出红心时，你还有方向止张。如果他再出其他花色，你都吃住，然后连续兑现草花就打成定约。

此牌例还可以进一步展开来讲，即假设西家还是首攻♥7，东家打出♥A并回红心小牌时，你准备如何做庄？

根据"11法则"可以确认，其余比♥7大的牌张都在西家手中，你在红心中就只有一个止张了。你必须按照只有一个止张不能轻易在对方首攻花色断桥之前进行飞牌的原则制订做庄规划。采取的措施就是，第二轮你出♥J，被西家盖吃后，再用♥K赢得红心的回攻，出♣A，再出♣3到明手的♣J：①如果飞中♣Q时，就肯定打成定约；而当草花为2-3分布时，定约+1。②如果没有飞中♣Q时，你会发现东家打不出红心了，定约就安全了（即使东家能打出红心，则说明红心是4-4分布，定约还是安全的）。

需要强调的是，第二轮时，你千万不要用♥K盖吃，否则一旦你对草花的飞牌猜错了方向，定约就会被打宕。

四、庄家的逻辑推理

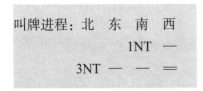
叫牌进程：
北	东	南	西
		1NT	—
3NT	—	—	=

你坐南持有♠J87　♥K72　♦A1063　♣AK2的牌，防守你的3NT定约，西家首攻♥3，明手为♠Q65　♥A6　♦KQ852　♣865。明手出♥6，东家出♥J，你准备如何做庄呢？

（1）计算点力和牌型。你方联手共26点，防守方没有参与叫牌，说明剩余牌力不会都在同一防守人手中。

（2）无将赢墩要数清。你已有两墩红心、三墩方块、两墩草花，共七个赢墩。黑桃为冻结套，草花没有发展前途，只有方块有潜在的两个赢墩。

（3）危险牌张心里明。此牌最危险的花色居然是联手5-4分布且有AKQ带队如此强大的方块套。能在方块中获取五个赢墩就能打成定约。庄家现在唯一要防范的就是方块的4-0分布。此种牌张结构，无论对方哪家持有4张方套的牌，你打对了方向都能够获取五个赢墩。问题是应该防范哪家有4张方块套呢？

（4）做庄规划依牌情。西家首攻♥3，你持有♥2，此时一个重要的信息就摆在了你的面前。因为根据"11法则"，你应该确信西家的红心只有4张套。由此就可以引出第二个逻辑推理：即西家没有5张花色套的牌。否则在定约方没有叫出花色长套的前提下，西家的首攻应该是那门更长的花色套。紧接着第三个合理的逻辑推理也就成立了。那就是，如果西家没有5张花色长套的牌时，就不可能有缺门存在。于是第四个逻辑推理也就顺理成章地成立了，即如果方块花色是4-0分布，有4张方块套的防守方一定是西家。

全副牌的分布如下：

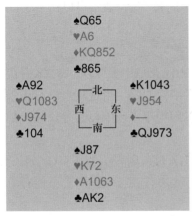

通过上述的逻辑推理后，打牌就变得简明了。你第一轮用♥K盖吃后，满怀信心地打出♦A，东家真的

示缺垫牌了，你的逻辑推理得到了丰厚的回报，在你打成了这副成功率并不高的3NT定约同时，更让人高兴的是，你已经进入了桥牌高手的行列。

第七节　有将定约的做庄技巧

桥牌比赛真正的魅力体现在有将定约，由于双方将吃赢墩的存在，为有将定约的做庄和防守平添了无限的变数。当牌型和牌力都恰到好处时，双方都能打成成局定约的牌例早已是司空见惯，在极限状态时，可能出现同一副牌双方都能打成满贯定约的奇观。因而有将定约做庄与无将定约做庄的关注要点也是有所不同的。

一、有将定约做庄的四个步骤

步骤一：数清此副牌定约方联手的牌力。

步骤二：数清此副牌定约方联手的失墩数量。

庄家在计算联手的失墩时，通常是以长将牌方的牌为基准来计算的。当将牌为4-4或5-5等长分布时，失墩的计算通常是以有边花更长或更强套一方的牌为基准来进行计算的。

步骤三：明确赢墩的来源。综合分析叫牌和首攻信息，分析每个防守方可能的牌力分布和牌型分布情况。确定消灭失墩的方向。

步骤四：结合自己联手的牌情，依据所掌握的做庄技巧，合理地利用将牌和边花长套，并依此来制订符合桥牌逻辑的有将定约做庄规划。制订有将定约做庄规划的核心内容与无将定约时类似。详见本书016~017页。

二、有将定约时庄家分析首攻信息的读牌技巧

1. 防守方没有参与叫牌，有将定约时庄家的读牌技巧

（1）当首攻人首攻某一边花的小牌或7、8、9、10中间张[1]时，通常可以认为他在此花色中没有A或K，也没有QJ连张结构的不定套牌。在大多数情况下可以认为首攻人是在打张数信号，只有在他为单张牌时是个例外。

（2）当首攻人首攻某一边花的Q或J时，通常可以认为此花色中未显现的A或K会在另一防守人手中。此时并不能确认他一定有QJ或J10连张结构的牌。当首攻人没有连张结构的牌时，大概率是QX或JX双张助攻的牌。只有在Q或J为单张或明显是急攻时，是个例外。

（3）当首攻人首攻某一边花的K时，在定约方：①有A时，则表示他还有Q的不定套牌；②有Q时，则表示他还有带A的不定套牌；③没有此边花大牌时，则表示他有此

---

[1]　以下本书中7、8、9、10统称为中间张。

花色KQ或AK的不定套牌。通常首攻人持有KX双张或单张K，只有在急攻时，才可能会出现攻K的情况。

（4）当首攻人首攻某一边花的A时，表示他持有此花色AK双张，或除AQ结构不定套以外其他以A带队任意牌张结构的不定套牌。

（5）当首攻人做调将首攻时，多被视为是保护性首攻。可以认为首攻人在其余边花中都没有连张结构的牌，且在大多数的情况下，可以认为外面未见到的大牌点，大多集中在首攻人手中。你可以此为依据来制订相应的做庄规划。

2. 参与叫牌人的同伴首攻有将定约时庄家的读牌技巧

（1）当首攻人首攻同伴所叫花色的：①小牌或中间张时，都表示他持有此花色中没有比J大的牌张的不定套牌；你可确认此花色中未显现的大牌张都在另一防守人手中，且大多数情况下他是在打张数信号；只有在首攻人为单张的牌时是个例外。②Q或J时，通常表示Q或J首攻人在此花色中最大的牌张，且不确定首攻人是否有向下连张结构的牌；除了首攻人为单张以外，此后无论首攻人再出什么牌张，都没有表示张数信号的含义。③A或K时，通常表示A或K是首攻人在此花色中最大的牌张，且不确定首攻人是否有向下连张结构的不定套牌。也不能确认此花色未显现的Q或J在谁手中。除了首攻人为单张以外，此后无论首攻人再出什么牌张，都没有表示张数信号的含义。

（2）当首攻人没有首攻同伴所叫花色时，既不能排除他在同伴所叫花色中为缺门，也不能排除他有同伴所叫花色中A或K大牌张的牌（尤其是庄家曾叫过无将时更是如此）。当庄家持有此花色的K时，他甚至可能会持有此花色的A。此时，当首攻人首攻另外边花的：①小牌或中间张时，通常可以确认他是没有此花色的A或K，也没有QJ连张结构的不定套牌；在大多数情况下可以认为首攻人是在打张数信号，只有在首攻人为单张牌时是个例外。②J时，通常可以确认他没有此花色的A、K或Q，但可能有向下连张结构的牌，只有在J为单张或JX双张时是个例外。③Q时，可以确认他没有此花色的A或K，且大概率为QJ连张结构的不定套牌，只有在Q为单张或QX双张时是个例外。④K时，大概率是有AK或KQ连张结构的不定套牌；当发生首攻人KX双张或单张K攻K的首攻时，你也不必感到惊奇，因为从牌理上来讲，希望参与过叫牌的同伴有此门花色的大牌张是符合桥牌逻辑的。⑤A时，表示首攻人持有此花色AK双张，或除AQ结构以外其他以A带队任意牌张结构的不定套牌，其中大概率是AX或单张A的牌。

（3）当首攻人首攻将牌时，则多数情况下可认为是保护性首攻。能传递出首攻人认为首攻同伴所叫花色会吃亏的重要信息，对这个信息庄家要予以高度的重视。

3. 参与叫牌人首攻有将定约时庄家的读牌技巧

（1）当首攻人首攻自己所叫花色的：①小牌或中间张时，表示他大概率没有此花色的A或K，也没有QJ连张结构的不定套牌；此花色中未显现的大牌张应该在另一防守人手中，且大多数情况下，他是在打张数信号。②J时，则表示他大概率没有此花色的A、K或Q，此花色中未显现的大牌张应该在另一防守人手中。③Q时，则表示他没有此花色的A或K，有QJ连张结构的不定套牌，此花色中未显现的大牌张应在另一防守人手中。④K时，则表示他有此花色AK或KQ连张结构的不定套牌。⑤A时，通常表示他此花色为以A带队，除AQ以外任意牌张结构的牌。

（2）当首攻人没有首攻自己所叫花色时，通常表示他在所叫花色中没有连张结构的牌。此花色中未显现的大牌张应该在另一防守人手中。当首攻人首攻另一边花的：①小牌或中间张时，可以确认他没有所攻花色的A或K，也没有QJ连张结构的不定套牌；当庄家打有将的成局定约时，通常应该排除单张的可能性（因为牌力有限的另一防守人可能上不了手，不保证能提供他将吃），且在多数情况下他是在打张数信号的牌。②J时，则表示他大概率没有此花色A、K或Q，也不能确定他是否有向卜连张结构的不定套牌，此花色中未显现的大牌张应该在另一防守人手中。③Q时，则表示他没有此花色的A和K，也不能确定他是否有向下连张结构的不定套牌；其未显现的大牌张应该在另一防守人手中。④K时，通常表示他有所攻花色AK或KQ连张结构的不定套牌。⑤A时，通常表示他所攻花色为以A带队，除AQ以外任意牌张结构的不定套牌。另外，当阻击开叫人或阻击争叫人首攻另一边花的小牌、中间张、Q或J时，其为单张的可能性就很大了。

（3）当首攻人首攻将牌时，通常表示他所叫过的花色为没有连张结构，且其余边花也没有连张结构的牌。他是担心首攻自己叫过的花色或其余边花会吃亏才另辟蹊径的。通常庄家能够依据此信息对相应花色的大牌张位置进行准确的推断。

4. 无论对方是否参与叫牌，对无将和有将定约首攻都通用的庄家读牌技巧

这部分内容在第五节中已经介绍了，详见本书的016页。

需要强调的是，在有将定约的防守中，另一防守人根据首攻人首攻牌张对庄家的读牌，与庄家对另一防守人的读牌是互补关系。作为有志在桥牌上有所作为的爱好者，一定要养成良好的读牌习惯。

三、将牌的使用技巧

除了大牌赢墩、潜在赢墩、长套赢墩、飞牌赢墩和跳牌赢墩以外，合理使用将牌将吃来获取额外的赢墩，是打有将定约的关键所在。以下两条常用的将牌使用技巧是需要大家认真掌握的。

（1）庄家利用将吃获取赢墩的主要方法有：①利用短将牌一方将吃来获取赢墩（重要的常识是长将牌一方将吃未增加赢墩）；②利用将吃来树立边花的长套赢墩（在对飞牌和树立边花长套打成定约做庄方案的选择时，应优先采用树立边花长套这种成功率高的打法）；③利用将吃飞牌来树立边花的赢墩；④利用交叉将吃来获取赢墩。

（2）在有将定约做庄时，庄家把握调将的时机是非常有学问的。当庄家：①有边花强套时，通常应该肃清将牌，防止防守方将吃；②边花有失墩需要处理时，则应该先处理边花的失墩，缓调将；③持有可能会出现将牌失控牌张结构的牌时，通常要缓调将，以保持对将牌的控制。

四、有将定约的做庄要诀

为了让大家轻松地掌握有将定约做庄的四个步骤，笔者特编写了有将定约的做庄要诀顺口溜，用以帮助大家在轻松娱乐的氛围中加强记忆。

※有将定约的做庄要诀※

计算点力和牌型，有将失墩要数清。

赢墩来源心里明，做庄规划依牌情。

第八节　有将定约的做庄牌例

有将定约的做庄相对简单，本节所举的牌例，都是依据有将定约做庄要诀的步骤顺序进行分析讲解的，并配有精确体系的叫牌进程供大家参考。

一、速垫失墩

对你的4♠定约，西家首攻♦K，你准备如何做庄呢？

全副牌的分布如下：

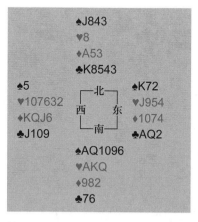

（1）计算点力和牌型。你方联手共23点，对方没有参与叫牌，说明哪个防守方都不会超过12点。西家首攻♦K，则表示其方块有连张结构的不定套牌。

（2）有将失墩要数清。你以自己的牌来计算失墩，有一墩黑桃、两墩方块、两墩草花，共五个失墩。

（3）赢墩来源心里明。明手的红心为单张，方块的两个小牌是可以用你的红心大牌张垫掉的，这样你的两个方块失墩就可以通过明手将吃予以消除。除此以外，庄家还可以进行飞♣K和跳♣K的尝试。

（4）做庄规划依牌情。按此思路进行打牌，第一轮时明手用♦A盖吃，连出3轮红心，明手贴掉♦5和♦3。你接着出♦8，明手♠3将吃赢得。接着出♠4，你用♠9飞牌回手。再出♠9，明手♠8将吃，消灭了两个方块失墩。再接着出♠J，你出♠Q飞牌后再出♠A肃清将牌，又消灭了一个失墩。之后再出♣7，明手跳♣K，如果跳中，则定约+2，如果跳不中，定约+1。

二、明手将吃

叫牌进程：
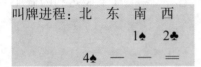

北	东	南	西
		1♠	2♣
4♠	—	—	—

全副牌的分布如下：

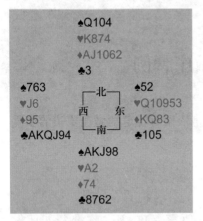

```
            ♠Q104
            ♥K874
            ♦AJ1062
            ♣3
♠763      ┌─────┐    ♠52
♥J6       │  北  │    ♥Q10953
♦95    西 │     │ 东  ♦KQ83
♣AKQJ94   │  南  │    ♣105
          └─────┘
            ♠AKJ98
            ♥A2
            ♦74
            ♣8762
```

对你的4♠定约，西家首攻♣K赢得后接着调将，你准备如何做庄呢？

（1）计算点力和牌型。你方联手共22点，西家参与了争叫，通常会有11点以上牌力，西家首攻♣K时，表示他有草花连张结构的牌。

（2）有将失墩要数清。你方有一墩方块、四墩草花，共五个失墩。

（3）赢墩来源心里明。你的失墩处理有两个方案可供选择。方案一是希望明手将吃两次草花（由于你方都是大将牌不怕将超吃）。方案二是对方块进行双飞，只要双飞一中，就能打成定约。对比两个方案，方案一的成功率为100%，方案二的成功率为75%，你必然会选择方案一。

（4）做庄规划依牌情。你按照明手将吃两次草花的规划打牌，第二轮你进手，接着出小草花，明手用♠10将吃赢得。接着你用♥A进手后再出小草花，明手用♠Q将吃赢得，兑现其余赢墩，共输两墩草花和一墩方块打成了定约。

从这副牌的双明手来看，假设西家首攻将牌，且草花上手后继续调将，你就再也没有打成定约的机会了。可以说有将定约的首攻是非常有学问的，将主导防守的成败。

三、投入打法

叫牌进程：
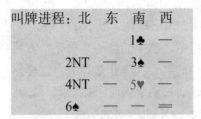

北	东	南	西
		1♣	—
2NT	—	3♠	—
4NT	—	5♥	—
6♠	—	—	—

对你的6♠定约，西家首攻♥K，你准备如何做庄呢？

（1）计算点力和牌型。你方联手共30点，对方没有参与叫牌。西家首攻♥K时，通常表示他还有♥Q。

（2）有将失墩要数清。你方有一墩红心、一墩方块，共两个失墩。

（3）赢墩来源心里明。此副牌成功与否看似取决于方块的飞牌，方块是双向飞牌结构，飞谁很难定夺。

（4）做庄规划依牌情。如果你能做到肃清将牌后消去草花花色，然后出♥J送给西

全副牌的分布如下：

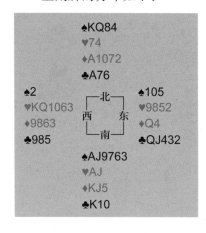

```
            ♠KQ84
            ♥74
            ♦A1072
            ♣A76
♠2          北        ♠105
♥KQ1063             ♥9852
♦9863    西    东    ♦Q4
♣985        南        ♣QJ432
            ♠AJ9763
            ♥AJ
            ♦KJ5
            ♣K10
```

家，让他来帮你出方块，就可以送你免费的飞牌了。如果西家不出方块而出其他花色，会让你愉快地一吃一垫，同样打成定约。

按此思路，第一轮时你用♥A盖吃，连出♠A和♠K肃清将牌。接着出♣K，再出♣10，明手用♣A盖吃后出第3张草花，你将吃，消去草花花色。然后你送出♥J，当西家用♥Q盖吃进手后，就陷入两难的境地，如果他出草花或红心，都会被明手将吃，而让你垫掉手中的方块失墩打成定约。如果他回打方块，你就不用对方块进行猜测，同样打成定约。这就是投入打法带来的神奇效果。

四、安全打法

叫牌进程：

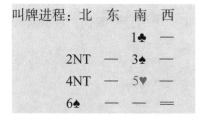

北	东	南	西
			1♣	—
2NT	—	3♠	
4NT	—	5♥	
6♠	—	=	=

对你的6♠定约，西家首攻♥Q，你准备如何做庄呢？

全副牌的分布如下：

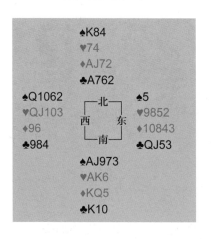

```
            ♠K84
            ♥74
            ♦AJ72
            ♣A762
♠Q1062      北        ♠5
♥QJ103             ♥9852
♦96      西    东    ♦10843
♣984        南        ♣QJ53
            ♠AJ973
            ♥AK6
            ♦KQ5
            ♣K10
```

（1）计算点力和牌型。你方联手共32点，对方没有参与叫牌。西家首攻♥Q时，通常表示他还有♥J的牌。

（2）有将失墩要数清。你方红心没有失墩（♥6失墩可以被♣J垫掉），只要黑桃将牌不输两墩，定约就是安全的。

（3）赢墩来源心里明。此副牌成功与否取决于黑桃将牌的处理。再看防守方是否有将吃的危险，结论是：暂时没有看出来。

（4）做庄规划依牌情。应该对将牌采用典型的安全打法，以保定约的安全。按此思路，第一轮时你用♥A盖吃进手后，先出♠A，再出♠3，如果西家：①跟小黑桃时，则明手就用♠8飞过，无论东家是否盖吃，都可以打成定约了；②跟♠10时，明手则用♠K盖吃，同样打成定约；③跟♠Q时，明手则用♠K盖吃，当东家跟牌时，定约就+1；④示缺垫牌时，明手则用♠K盖吃后回打♠8，同样能打成定约。安全打法助你踏上了成功之路。

需要强调的是，并不是所有的牌例都适合使用安全打法。在桥牌比赛中，对方的

全副牌的分布如下：

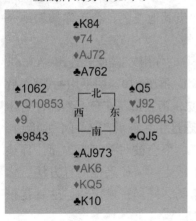

首攻会给你传递很多信息，当你和明手的牌张不变而对方的首攻发生变化（具体牌张分布见左图），当西家首攻◆9时，你就必须要重新调整做庄规划了。你方联手有7张方块，西家的◆9极有可能是单张，这时如果你还在墨守成规地用安全打法，即◆Q进手后出◆A，再出◆3，明手◆8飞过，东家◆Q进手后，会打出方块让西家将吃，定约就打宕了。因而当你看出对方有将吃危险时，就应该采用常规的打法，即◆K上手后出◆3，明手出◆K盖吃，再出◆4，准备用◆J飞牌，当东家跟◆Q时，你用◆A盖吃，定约就+1了，两者的结果真是天壤之别。当然了，你采用常规打法做庄，也可能因为西家持有◆Q10XX而被打宕。但是如果西家的首攻明显有将吃的意图时，你就必须要有所改变。因为从桥牌逻辑的角度来讲，西家如果持有◆Q10XX结构的将牌，对满贯定约通常是不会首攻边花单张去谋求将吃的。因为他的将牌本身有可能是赢墩，不必用将吃来增加赢墩。因而希望大家能够汲取此牌的经验教训，根据对方首攻传递的信息，随机应变地打好每一副牌。

五、透视防守方的大牌

叫牌进程：

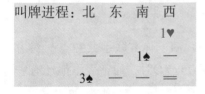

你坐南，持有◆AJ973　♥J6　◆K75　♣Q85，主打3◆定约，明手的牌为◆K842　♥974　◆A2　♣K762。西家首攻◆10，你准备如何做庄呢？

全副牌的分布如下：

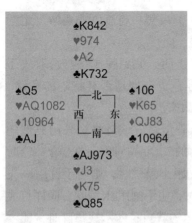

（1）计算点力和牌型。你方联手共21点，西家做过1♥开叫，没有再次主动参与叫牌，表示其牌力有限且通常没有6张红心套的牌。东家没有参与叫牌，表示他为不够自由应叫牌力的牌。

（2）有将失墩要数清。你方有一墩黑桃、两墩红心、两墩草花，共五个失墩。

（3）赢墩来源心里明。此例中，红心的失墩是没有办法减少的，你要设法减少将牌和草花的失墩。对西家的首攻进行读牌，就能得到以下准确的推论：①你方红心中缺AKQ大牌张，西家却没有首攻，说明他的红心一定是间张结构，即肯定没有♥K。②◆10的首攻排除他有◆J，不然◆J10连张结构是要首攻◆J的；你方联手有5张方块，首攻人如果方块是双张时，就一定没有◆Q，如果是3张时，通常应该攻小牌而不是◆10；如果是4张时，攻◆10也排除他有

◆Q。因而你可以推断出东家会持有◆QJ，再加上♥K已经6点了，而东家对西家的开叫并没有应叫，因而可以认定东家为不够8支持点牌力的牌。那么，就可以推断出东家的黑桃不是单张（单张加3个牌型点）且没有♠Q。于是你就可以得出其余未见牌点都在西家的结论了。

（4）做庄规划依牌情。按此思路，用♠A和♠K清两轮将牌，很高兴地看到♠Q被击落了，你的定约已经安全了。你再出♣5，明手用♣K盖吃西家的♣J后，接着出♣2，你跟♣8滑过。如你所愿，西家的♣A打空了。这样你的定约就打成+1了。读牌和符合桥牌逻辑的分析，一定会让大家有豁然开朗的美妙感觉，这也是桥牌的魅力所在。

第九节　无将定约的防守技巧

防守的目的是最大限度地限制庄家的赢墩数量，防守无将定约虽然很困难，但也是有固定的模式可以参照的。掌握了基本防守技巧，你就能轻松地进行防守了。

一、防守无将定约的三个步骤

步骤一：作为防守方，你要认真地对定约方的叫牌信息进行分析，再根据自己手中的牌张结构来选择与其相适应的防守策略和防守打法。

步骤二：首攻人应遵循防守无将定约的三三准则及自己的经验来做好首攻。另一防守人也应遵循防守无将定约的三三准则及自己的经验来做好自己首先获得出牌权后的回攻。

步骤三：两个防守人都必须推算庄家的牌力和牌型，要数自己的赢墩数量，最关键的是一定要分析同伴有限的牌力在哪门花色中有大牌张时能够获取你所需要的赢墩数，并依此来选择最佳的防守规划。

二、无将定约的防守策略

1. 无将定约的积极防守策略

无将定约的积极防守策略是以直接对抗的形式对庄家的短套花色进行攻击。防守无将定约时，其防守赢墩，除了常规的大牌赢墩以外，更多来自自己或同伴的长套赢墩。此时，无将定约的攻防战往往会演绎成对方和你方都抢先树立长套赢墩的进程。所以，对无将定约来说，无论是定约方还是防守方，通常都要优先去考虑树立你方的长套赢墩。

与积极防守策略相对应的首攻，叫作积极首攻。它又细分为常规首攻和应急首攻两种类型。

常规首攻是指对无将定约所做的攻击性首攻，因为无论是定约方的3NT成局定约（6NT定约除外），还是1NT/2NT的部分定约，在打牌的进程中，定约方往往会脱手一次或数次。当你持有防守方大多数牌力时，不要过分地在意你叫过花色后对方仍叫无将定约的首攻吃亏问题，要坚定不移地攻出自己的长套花色，争取抢先树立长套赢墩，并予以兑现。

应急首攻是指针对定约方：①有低花坚固套开叫3NT的牌；②低花阻击开叫后叫到3NT定约的牌；③通过叫牌你已经察觉到定约方有一门低花坚固套，庄家一旦上手马上就可以获取足够的赢墩。以上都属于应急首攻范畴。需要说明的是，除了上述情况下采取应急首攻之外，绝大多数无将定约的首攻，都属于常规的首攻类型。

2. 无将定约的消极防守策略

无将定约的消极防守策略是指以躲闪的方式进行防守，包括首攻明手的强牌花色、首攻不吃亏的花色，避免在特定花色首先出牌。其宗旨是以静制动，让庄家去动关键的花色和谁动谁吃亏的花色。通常，当首攻人持有防守方绝大多数牌力（同伴进手的可能性很小时）且长套花色庄家叫过或是通过叫牌信息显示庄家打成所叫3NT定约的牌力绰绰有余或是对方为6NT或7NT满贯定约时，才会采取消极防守策略，以减少防守方不必要的损失。

与消极防守策略相对应的首攻，叫作消极首攻。最常见的是保护性首攻，其表现形式是首攻明手叫过的第二套花色或是首攻自己没有牌力的花色，即以首攻不吃亏为总原则的首攻。

三、防守无将定约的三三准则

防守无将定约的三三准则，是指自己首攻时应该遵循的三条防守准则和同伴首攻时自己也应该遵循的三条防守准则。

这里所说的"准则"，从字面上来理解，其遵守程度是低于"法则"的。鉴于防守人牌型和牌力分布的多变性，是允许首攻人或另一防守人随机应变地去选择有利于你方的防守首攻和防守续攻的。这是经验的积累，也是桥牌真正的魅力所在。

1. 自己首攻时的三条防守准则

（1）当自己牌力很弱且缺乏进张的牌时，其防守准则应该以助攻同伴的花色为主进行防守：①当同伴叫过一门花色时，哪怕你此门花色只有单张，也应优先攻出此花色来，只有你为缺门时是个例外。②当同伴没有参与叫牌时，你应该根据自己的牌情去猜测同伴的哪门花色是你应该助攻的花色，并优先采取助攻首攻；当你有一门低花和高花都可以助攻时，通常应优先选择不超过3张的高花进行助攻。③只有你实在不知道首攻哪门花色更好时，才允许首攻自己的长套花色。

（2）当自己持7~10点，有可攻的长套花色且有进张的牌时，其防守准则为，当同伴：①没有参与过叫牌时，应该首攻自己的长套花色，如果要在基本等强的低花和高花（都是4张套）中选择首攻花色时，通常应该优先选择高花；②参与过叫牌时，通常应该首攻同伴所叫过的花色，除非同伴所叫过的花色你只有单张，感觉明显会吃亏时，才可以另辟蹊径。

（3）当自己持11点以上，有可攻长套花色的牌时，其防守准则必须是以自己为主，应该首攻自己的长套花色，如果要在基本等强的低花和高花（都是4张套）中选择首攻花色时，通常应该优先选择高花。只有在你必须采取消极防守策略进行防守时，是个例外。

2. 同伴首攻时另一防守人的三条防守准则

（1）你的牌力很弱，当你有机会首先获得出牌权时，则无论首攻人是否参与过叫牌，其防守准则都应该优先回打同伴的首攻花色。只有在同伴的首攻花色中你已经没有剩余牌张时是个例外。

（2）你持7~10点且另有一门花色长套的牌，当你有机会首先获得出牌权时，其防守准则是既可以回打同伴的首攻花色，也可以另辟防守线路进行防守。这时你的经验和牌感决定了你方防守的成败。

（3）你持11点以上且另有一门花色长套的牌，当你有机会首先获得出牌权时，其防守准则是除非你有把握认为回打同伴的首攻花色不吃亏，否则都是要考虑回打自己长套花色进行防守的。

四、无将定约的首攻

防守是从首攻开始的，无将定约的首攻有如下7种类型。

1. 对同伴所叫过花色的首攻

（1）当你牌力很弱且有单张牌时，一定要攻出此单张来。只有当你有7~10点，明显感觉到首攻此单张会吃亏时，才允许考虑另辟蹊径。

（2）双张牌时，首攻较大的牌张。

【例】A-3首攻A　　　　　J-4首攻J

　　　8-2首攻8　　　　　Q-5首攻Q

（3）3张牌时，①3张小牌张时，应首攻最大的那张牌；②3张中有J以上的大牌张时，应首攻最小的那张牌；③3张中有J以上连张结构的牌时，应首攻连张中最大的那张牌。

【例】10-7-3首攻10　　　Q-7-3首攻3

　　　Q-J-2首攻Q　　　　J-5-2首攻2

　　　K-10-5首攻5　　　 10-7-6首攻10

（4）4张牌或以上，当有J以上连张结构的牌时，首攻连张中最大的那张牌。其他情况时，都首攻最小的那张牌。

【例】J-10-4-2首攻J　　　Q-9-4-3首攻3

　　　Q-6-3-2首攻2　　　9-5-3-2首攻2

　　　8-6-5-3首攻3　　　 10-8-6-5-3首攻3

10-9-7-6沿用4张以上没有大牌攻最小牌张的思路，首攻6。

2. 选择自己长套花色的首攻

当你有自由应叫牌力且同伴没有参与叫牌时，通常要选择自己的长套花色进行首攻。

（1）"长四"首攻，适用于没有连张结构长套牌的首攻

【例】A-Q-9-5-3首攻<u>5</u>　　A-J-9-8-5首攻<u>8</u>

　　　Q-10-7-5首攻<u>5</u>　　A-9-7-4-3-2首攻<u>4</u>

　　　K-J-6-4-2首攻<u>4</u>

在无将定约的"长四"首攻后，庄家或另一防守人都可以根据"11法则"来推算出另一防守人或庄家持有此花色中比首攻牌张大的大牌张数。

（2）有连张结构长套牌时的首攻

【例】Q-J-10-8-2首攻<u>Q</u>　　J-10-9-5-3首攻<u>J</u>

Q-J-9-6-2首攻<u>Q</u>（把QJ9视为可以攻Q的连张结构），要求另一防守人为10X双张的牌时，可以贴掉10进行解封。

（3）有争议连张结构长套牌时的首攻

【例1】K-Q-10-6-5，此种牌张结构的牌，是首攻K表示连张结构，还是首攻6表示长四呢？这是有很大的争议的，不过沿用上例QJ9攻Q的思路把KQ10也视为连张结构，推荐首攻K。要求另一防守方为JX双张的牌时，可以贴掉J进行解封。

【例2】K-Q-7-6-5，此种牌张结构的牌，是首攻K表示连张结构，还是首攻6表示"长四"呢？应该说大多数牌手都是倾向于首攻6的。

（4）有间接连张结构长套牌时的首攻

【例】K-J-10-8-4首攻<u>J</u>　　A-Q-J-7-4首攻<u>Q</u>

（5）有AK带队半坚固套牌时的首攻

【例】A-K-J-10-6-3如果首攻<u>A</u>，则要求同伴有Q时解封Q。无Q时，应该给出此花色的张数信号的牌。如果首攻<u>J</u>，则为常规首攻。

3. 选择定约方未叫过的花色首攻

当你的长套花色庄家叫过，又不知道攻哪门花色更好时，可以选择定约方未叫过的花色进行首攻。而当有一门高花和一门低花定约方都没有叫过时，通常应该优选首攻高花。当首攻此花色：①小牌时，通常为"长四"首攻；②7、8、9、10中间张时，通常为助攻同伴花色的牌；③K、Q或J大牌张时，大多数情况下为有连张结构的不定套牌，但也不排除双张助攻同伴花色的牌；④A时，是非常罕见的，除了为有连张结构的不定套牌以外，也不排除双张助攻同伴花色的牌。

4. 选择明手所叫过的第二套花色首攻

当你的长套花色庄家叫过，且定约方所有花色都叫过时，可以选择明手所叫的第二套花色进行首攻。当首攻此花色的：①小牌时，通常为"长四"首攻；②7、8、9中间张时，既可能是"长四"首攻，也可能是助攻同伴花色的牌（同伴通过自己的牌力，就能够推断出其属于哪种类型）；③10时，肯定是双张或3张无大牌张助攻的

牌；④J时，既可能是有连张结构或是上有A或K间接连张结构的不定套牌，也有可能是助攻同伴花色的牌；⑤Q时，大多数情况下为有连张结构或是上有A间接连张结构的不定套牌，但也不排除双张助攻同伴花色的牌；⑥K时，大多数情况下为有连张结构的不定套牌，KX双张助攻同伴花色的牌，是非常罕见的首攻；⑦A时，是非常罕见的首攻，除了为有连张结构的不定套牌以外，也不排除双张助攻同伴花色的牌。

5. 助攻同伴可能长套花色的首攻

当首攻人自己牌力很弱（没有可靠进张）且同伴没有参与叫牌时，通常应该以首攻不超过3张套的牌来助攻同伴的花色。此时首攻人应该通过分析定约方的叫牌信息，来猜测同伴哪门花色可能较长或较强。当有一门高花和一门低花都可以助攻进行选择时，通常应该优选高花来进行助攻。助攻时通常应该打手中最大的那张牌。

6. 执行同伴命令的首攻

当同伴加倍定约方自愿叫到的3NT定约时，则他的加倍对你的首攻通常是命令型的，此时除非你此门花色是缺门，否则都要执行命令。

（1）当同伴曾经叫过某门花色，后来他又加倍定约方的3NT定约时，则是命令你必须首攻他所叫过的这门花色。即使你在这门花色中只有单张的牌，你也一定要完成首攻该花色的使命。

（2）当你自己曾叫过某门花色，而同伴加倍定约方自愿叫到的3NT定约时，则是命令你必须首攻自己所叫过的花色。

（3）当你和同伴都没有叫过牌，而同伴对对方自愿叫到的3NT定约加倍时，则是命令你必须用助攻的方式首攻明手最初叫过的那门花色。

7. 应急首攻

应急首攻（详见本书030页）当首攻人难以决定首攻花色时，首攻人先兑现一门花色的A，保持出牌权，待看到明手的牌张后，再分析同伴的跟牌信号来制订防守规划，也是常用的应急首攻方法。

五、推算庄家及同伴的牌力和牌型

防守无将定约时，作为防守人首先要根据叫牌进程，来确定你方的防守策略，然后做好首攻。当明手摊牌后，两个防守人都一定要推算庄家的牌力和牌型。然后点清楚自己的赢墩数量和同伴大概的牌力和牌型，做到心中有数。

1. 推算庄家的牌力和牌型

因为庄家叫过牌，就不可避免地要暴露出他的牌力和牌型的信息。其中推算庄家牌力的主要依据是对对方叫牌信息的解读。而推算庄家的牌型，则是要在分析叫牌的基础上，结合明手的牌张和打牌进程中同伴的首攻信息、姿态信号、牌张信号和要花色信号来随时修正对庄家牌型的推算。进而为准确地获得庄家的牌力及牌型信息，并且选择合理的防守规划提供帮助。

2. 推算同伴的牌力和牌型

推算同伴的牌力和牌型，其实与推算庄家的牌力和牌型存在着互补的关系。在此，就不详细介绍了。

六、另一防守人的读庄家牌技巧

防守无将定约时，另一防守人根据首攻信息读庄家牌的技巧与庄家读防守人牌的技巧，在原理上是相通的，详见本书013~016。此时你可以参照同伴首攻所提供的信息，通过推理就能得到许多符合桥牌逻辑的牌情结论。想要进行高质量的防守，这是必须掌握的基本功。

七、推算自己的赢墩数量

当你或同伴首攻，明手的牌张亮明，作为防守人对庄家的牌力和牌型有了一定的认知之后，一定要计算此副牌你自己能获取几墩，距离打宕对方的定约还差几墩，你需要从哪门花色中再去发展赢墩。更重要的是，要比较同伴有限的牌力在哪个花色中有大牌张，并依此来选择有希望打宕对方定约的最佳防守规划。

在防守无将定约的实战中，通常由牌力较强的防守人，作为主导方来担负引导同伴的防守重任。当你为主导方时，你所选择的防守方案，将主导此副牌防守的走向。而牌力较弱的防守人，通常要全力配合同伴去实现其防守目标。而当防守双方的牌力基本持平时，通常是由首攻人来主导防守方向的，另一防守人应全力进行配合。只有在分析回打首攻花色无法实现防守目标时，才允许你在首先获取出牌权后另辟蹊径。此后首攻人也要予以全力的配合。

八、无将定约的防守要诀

为了让大家更好地掌握无将定约防守技巧学习的重点，笔者特意编写了防守要诀，以供大家加深理解。由于此要诀也适用于有将定约的防守，故称为防守要诀。

※无将定约防守要诀※

分析竞叫信息，首攻必然犀利。

算庄同伴牌力，打过牌张牢记。

防守随时算计，牌型剩余点力。

信号得当省心，配合默契无敌。

防守无将定约时，实用的防守要诀会成为防守方的指路明灯。你和同伴之间相应的防守信号，会成为你们互通牌情、反击庄家的犀利武器。当你能依照以上的要求进行有规划的防守后，相信肯定会有豁然开朗的感觉。

第十节　防守信号

　　防守信号是防守方对抗庄家的有力武器，其可以细分为姿态信号、张数信号和要花色信号。使用防守信号时，其应用等级的排序是：优先表示姿态信号，当姿态信号明确时，再表示张数信号。要花色信号只有在其不会产生误解的情况下才去使用。做到规范并合理地使用防守信号，对提高防守水平有非常大的帮助。

一、姿态信号

　　姿态信号主要是用来表示欢迎还是不欢迎同伴继续出此花色的信号，防守人是通过所跟无用牌张大小顺序的不同来告诉同伴，是否希望他继续出此花色牌的。

　　（1）防守无将定约时，姿态信号为小欢迎。同伴首攻"长四"牌张，当明手出Q以上大牌张你管不上时，如果你跟出的是小牌，则表示你欢迎同伴上手后继续出此花色的牌。如果你跟出的是中间张，则表示你不欢迎同伴上手后继续出此花色的牌。

　　无将小欢迎的姿态信号，只是在进入21世纪以后才在我国逐渐流行起来。其最大的优点是，综合比较而言是吃亏最小的信号。正因为如此，它才能够逐渐取代古老而传统的无将大欢迎信号，并被广大桥牌爱好者所接受。应该说它是世界竞技桥牌不断发展和进步的产物。

　　（2）姿态信号不但能在正常跟牌时使用，当你没有所出花色的牌张需要垫牌时，其垫牌也能给出所垫花色的姿态信号。此姿态信号对无将定约和有将定约都适用。

　　当你垫掉某花色中比较大的无用牌张时，通常表示此花色中有大牌张。

　　当你垫掉某花色中比较小的牌张时，通常表示此花色中无大牌张或是闲张很多。

　　此垫牌信号为标准垫牌信号。另外还有奇偶垫牌信号和排除垫牌信号。大家如果感兴趣，可以找有关书籍学习，并和同伴协商后确定你们所采用的姿态信号。

　　（3）防守有将定约时，姿态信号为大欢迎。当同伴打出某边花Q以上的大牌或者是同伴出小牌张首攻，明手出A或K大牌张你管不上时，如果你跟出的是小牌，则表示你不欢迎同伴继续出此花色的牌。如果你跟出的是无用的中间张时，则表示你欢迎同伴继续出此花色的牌。只有在你此花色中只有单张或双张一大的牌时，是个例外。

二、张数信号

　　（1）无论是防守有将还是无将定约，当庄家打某门花色你跟牌时，先小后大（指的是无用的小牌张）都表示为单数张信号，先大后小都表示为双数张信号。但是在跟牌人只有JX或QX牌张的牌时，都必须跟小牌（即在打张数信号会吃亏时，是个例外）。另外，当同伴首攻某花色的K，你持有QX双张时，你可以认为同伴还有此花色A的牌。但在第一轮跟牌时，要跟小牌，不能用跟Q来表示张数信号。只有在你持有QJ连张不定套的牌时，才能用跟Q来表示你还有J的牌，这是一个大家约定俗成的常规打法。

　　（2）无论是防守有将还是无将定约，当明手有一门花色长套且缺少进张，在庄家打出此花色牌张时，防守方第二家的张数信号就显得尤为重要了，此时，你要学会给出夸张的张数信号，以消除同伴不必要的猜测。例如，当你持有8743的牌时，你应该跟8或7来表示双数张，而不能用跟4来表示双数张。

（3）防守无将定约，当首攻人的同伴首先进手获得出牌权时，他回打首攻花色的张数信号为即时张数信号，即他回打小牌时，表示他在此花色中还有单数张的牌。他回打中间张时，则是表示他此花色中还有双数张的牌。只有在他只此一张牌时是个例外。

（4）防守有将定约时，防守人通常用先小后大的跟牌来表示将牌为双数张的信号，而用先大后小的跟牌来表示将牌为单数张信号。但是如果防守人的将牌是JXX、QXX结构的牌时，就没必要刻意地去给张数信号了。

（5）张数信号的使用禁忌，防守方的张数信号也是把双刃剑，如果防守方机械地去使用，庄家也会通过这些张数信号判断出防守方的牌型分布，从而找出关键花色或牌张的制胜打法。所以经分析判定，在同伴几乎没有牌力的前提下，或张数信号对防守没有明显的作用时，以及当同伴已经知道你某门花色张数的情况下，你都不必机械地打张数信号了。

三、要花色信号

（1）防守无将定约，当首攻人首先进手后打出另一旁门花色的中间牌张时，就表示希望你进手后，必须回攻首攻人首攻花色的牌。而当首攻人打出另一旁门花色的小牌时，就表示希望你进手后必须回打此门花色的牌。

（2）防守有将定约，在同伴有可能将吃你此花色回牌的前提下，你打出此花色中：①无用的大牌时，就表示除了将牌和此花色以外，希望同伴将吃后，回打剩余边花中级别较高花色的牌；②小牌时，就希望同伴将吃后，回打剩余边花中级别较低花色的牌；③中间张时，就表示你没有其他边花明显的大牌进张，希望同伴将吃后，根据情况自己定夺。

当你某门花色为AKXXX结构的牌，出牌顺序的不同，也是能够表达你要花色信号含义的。当你按常规K、A、X的顺序出牌时，可以表示你希望同伴将吃后，回打剩余边花中级别较低的花色。而当你刻意按A、K、X的顺序出牌时，就表示你希望同伴将吃后，回打剩余边花中级别较高的花色。

（3）用垫牌信号也能表示要花色信号：防守无将定约在庄家兑现长套赢墩，防守方被迫首先垫牌的情况下，当你在某旁门花色中，贴掉无用的中等以上牌张时，通常表示此门花色中有大牌张。而贴掉小牌时，通常表示此门花色没有大牌张或是为闲张很多。防守有将定约时，通常是垫什么花色表示不要什么花色的牌。

第十一节　无将定约的防守牌例

防守无将定约时，作为防守人，一定要对庄家和同伴的牌力及牌型分布，做出符合桥牌逻辑的推断。只有这样才能使你的防守水平上一个台阶，成为令人生畏的桥牌高手。

一、首攻自己的长套花色

叫牌进程：

北	东	南	西
1♣	—	2NT	—
3NT	—	—	=

全副牌的分布如下：

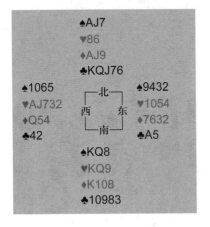

南家主打3NT定约，你坐西首攻♥3，同伴出♥10，庄家用♥K盖吃后出草花，同伴用♣A盖吃上手后，作为另一防守人，在不够自由应叫牌力时应优先回打首攻花色。同伴回打♥5，最终你们获取了四墩红心和一墩草花，打宕了对方的定约。

此牌例也可以进一步展开来讲。假如庄家第一轮出♥9忍让，当同伴回打♥5，庄家盖♥K时，你就应该知道庄家一定有♥Q。因为如果同伴有♥Q的牌，第一轮按照第三家出大牌的规定，他应该出♥Q，而不是♥10了。再仔细看东家的回牌♥5，由于没有看到♥4，可以得出同伴有3张红心的推论，此时，你必须忍让♥A。假如你图一时之快，用♥A盖吃♥K后，就再也没有进张来兑现自己的赢墩去打宕对方的定约了。

二、首攻同伴叫过的花色

叫牌进程：

北	东	南	西
1♦	1♠	2NT	—
3NT	—	—	=

全副牌的分布如下：

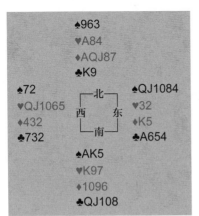

同伴争叫过1♠，南家主打3NT定约，你坐西应该怎样防守呢？

同伴争叫过1♠，你应采取积极的防守策略进行防守。按照防守方的三三准则，你不够自由应叫牌力，应该以助攻同伴花色为主进行首攻。当你首攻♠7，同伴盖上♠8，庄家出♠5忍让后，同伴回打♠10，庄家♠K盖吃，出草花逼出同伴的♣A，同伴继续出黑桃打立了黑桃套，当庄家飞方块时，同伴♦K盖吃，兑现黑桃长套赢墩，你们就抢先获取了五墩，打宕了对方的定约。

你属于没有进张的牌。如果你选择首攻红心连张，虽然表面来看首攻并不吃亏，可庄家上手后，就可以从容地逼出同伴的♣A和♦K，打成定约。此牌例也进一步验证了，当首攻人自己没有牌力时，应该优选首攻同伴争叫过的花色。

三、及时改变

叫牌进程：北　东　南　西

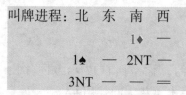

全副牌的分布如下：

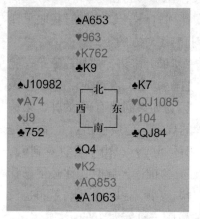

南家主打3NT定约，同伴首攻♠J，明手出♠3，你坐东用♠K盖吃，庄家跟♠4，接下来你应该如何进行防守呢？

你作为另一防守人，首先读庄家牌，之后数自己赢墩数量并猜测同伴有限的牌力在哪能打宕对方定约。你和明手加起来有19点，南家跳叫2NT表示他有高限15点，同伴最多为6点。此时，你有9点，既可以同伴为主，也可以自己为主进行防守。再分析一下你所掌握的牌情信息。同伴首攻♠J，标明♠Q在庄家手中，这样庄家在黑桃上还有两个止张，同伴此时最多只有一个可能的进张，因而，即使打立黑桃也没有进张进行兑现了。另外庄家首先开叫1♦，不排除他有5张方块套的可能，假设同伴持有的是：①♣A，你就能算出庄家已经有了两墩黑桃、两墩红心、四或五墩方块，再加上草花可能的一墩，已经够了；②♦A，你回打黑桃，则庄家用♠Q盖吃，逼出♦A，此时明手还有♠A，庄家就能够得到两墩黑桃、两墩红心、至少三墩方块和两墩草花，赢墩也够了。因而你只有寄希望同伴有♥A才能打宕定约了。在你及时回打♥Q后，无论庄家的♥K盖打与否，定约都会宕二，你精心的推算得到了丰厚的回报。

如果你进手后不假思索地回打黑桃，就再也打不宕对方的定约了。此牌例进一步说明，防守方的计算也同样重要，当有希望打宕对方的定约时一定要进行尝试。当你通过精密的计算打宕对方的定约时，会很有成就感。

四、不墨守成规

叫牌进程：北　东　南　西

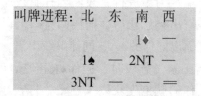

南家主打3NT定约，同伴首攻♥7，明手出♥6，你坐东，持有♠10974　♥AJ5　♦A4　♣J874，该如何进行防守呢？

从叫牌信息来分析：庄家应该有15点左右，明手有12点，定约方联手有26~27点。你自己有10点，因而能得知同伴最多只有3~4点。再进一步分析此牌红心套的情况，同伴首攻♥7，根据"11法则"可以得知庄家只有一张比♥7大的牌，你如果墨守成规，遵循第三家出大牌的打法，先出♥A，再出♥J时，相信只要庄家不是初学者，就一定会忍让这墩牌。而当你再出♥5时，庄家用♥K盖吃，然后送一墩方块给你的♦A，当你进手后打不出红心时，庄家乐了。他只输两墩红心和♦A，就超额一墩打成定约了。再看看

全副牌的分布如下：

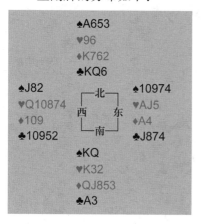

专家级的牌手会怎样防守呢？通过以上的综合分析，东家已经预见到同伴可能没有进张了，于是在第一轮，会跟出♥J而不是♥A。此时，绝大多数的庄家是会用♥K盖吃（如果庄家不盖吃，当西家持有♥A，而防守方红心为4-4分布时，定约原本是能够打成的）。当庄家再出方块时，东家用♦A盖吃，先兑现♥A，再打♥5脱手，在此牌例分布的情况下，就打宕对方的定约了。

桥牌本身就是牌手们斗智斗勇的游戏，如果实战中你遇到的是个神奇的庄家，在你出♥J时跟出♥2，并在你出♥A时跟出♥3，在你出第三轮红心时用♥K盖吃，并因而打成定约时，那此庄家一定不是等闲之辈。

五、计算庄家的赢墩

叫牌进程：

北	东	南	西
		1NT	—
3NT	—	—	=

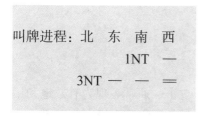

南家主打3NT定约，你坐西首攻♠5，同伴的♠J被庄家用♠K盖吃。庄家打♥5时，你跟♥6，明手用♥Q盖吃，同伴跟♥7表示双数张信号。明手接着出♣Q，同伴跟♣7，庄家跟♣3，你用♣K盖吃后，你下一步应该如何进行防守呢？

首先从打牌中获取的信息来看：①明手有12点，你有8点，庄家开叫1NT为13~15点，因而得知同伴最多只有5~7点；②同伴第一轮打♠J时，表示他没有♠A和♠10；③同伴在打红心时跟♥7表示双数张信号，庄家应该有4张红心。再有同伴跟♣7时，表示他不会有♣A（有♣A的标准打法是扑上♣A，进手后打出黑桃，用以逼出庄家黑桃止张），因而你要想打宕定约，就应该寄希望于同伴持有♦AQ或♦AJ牌张了。于是你♣K进手后打出♦4（首攻人打出旁门花色的小牌张时，是要求同伴进手后继续打此花色的要花色信号），如你所愿，同伴♦A进手后，非常配合地回打♦3，你们

全副牌的分布如下：

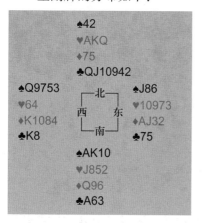

就连续获取四墩方块，打宕3NT定约了。

此副牌还可以进一步展开来讲，假设同伴第一轮出♠10，逼庄家用♠K盖吃，当明手接着出♣Q，同伴跟♣7，庄家跟♣3，你用♣K盖吃后，在东家没有♠A和♣A的假设下，你也必须回打♦4才能打宕对方的定约，只是这时做出此换攻将会非常困难。

第十二节　有将定约的防守技巧

有将定约的防守虽然是千变万化的，但也是有固定的模式可以参照的。按照如下三个步骤你就能轻松地进行防守。

一、防守有将定约的步骤

步骤一：作为首攻人你要认真地对叫牌信息进行分析，再根据自己手中的牌张结构来选择与其相适应的防守策略和防守打法。

步骤二：首攻人要认真解读对方的叫牌信息，凭自己的经验来做好首攻。

步骤三：两个防守人都要根据明手的牌张来推算庄家的牌力和牌型（防守有将定约时，另一防守人前两个步骤可以省略）。之后一定要计算此副牌你自己能获取几墩，距离打宕对方定约还差几墩，你需要从哪些花色中再去发展赢墩，且计算同伴有限的牌力在哪些花色中有大牌张时对你打宕定约有利，并依此来选择最佳的防守规划。

二、有将定约的防守策略

1. 有将定约的积极防守策略

有将定约的积极防守策略是以直接对抗的形式进行攻击，通常表现为有效地利用自己的强套花色去攻击对方，发动大牌去获取赢墩，包括兑现大牌赢墩，开辟潜在赢墩，攻击定约方的进张，剥夺庄家的选择，等等。积极防守就像赛跑，力争在对方没有达到目的之前先达到自己的目的。适用于防守庄家有两套牌的成局和满贯有将定约。

通常，首攻人在定约方另有一边花长套或强套时采用积极防守策略。而在定约方没有强而长的边花套时根据自己的牌型结构，既可以采用积极防守策略进行防守，也可以采用消极防守策略进行防守。

与积极防守策略相对应的首攻，叫作积极首攻。其最常见的就是当叫牌信息已经明显地显示出有将定约的定约方还有很强的5张或以上边花长套的牌时，其首攻通常属于急攻类型。因为定约方可能会利用边花长套的赢墩垫掉明手另外边花中的输墩。通常情况下：①首攻同伴叫过的花色，是不吃亏的首攻花色，这比较好理解；②首攻定约方始终没有叫过的花色，尤其是在你方没有参与叫牌的情况下，定约方的叫牌却停在了4阶低花定约，或是当庄家明显地选择了将牌为4-3或5-2配合的4阶高花定约进局及庄家选择叫5阶低花定约进局，而没有选择3NT定约进局时，通常都说明定约方某个未叫过的花色一定是有漏洞的（即没有止张或是只有一个止张）。如果此未叫花色是高花时，则首攻人应该优选此高花进行首攻，即使是从此花色KJ间张结构的牌中攻牌也在所不惜。

2. 有将定约的消极防守策略

有将定约的消极防守策略是指以躲闪的方式进行防守，包括首攻将牌，首攻不吃亏的花色，回避特定花色的首先出牌。其宗旨是以静制动，让定约方去动关键的花色和谁动谁吃亏的花色。防守的宗旨是让定约方自己去解决不容易解决的问题。通常对大满贯定约、花色失配的有将定约以及庄家不易自己获取足够赢墩的定约，都应采用消极防守策略。

与消极防守策略相对应的首攻，叫作消极首攻，当叫牌进程显示定约方联手的牌力略有不足且没有构成威胁的边花长套赢墩时，其首攻通常属于缓攻类型，应该以不吃亏为总原则进行首攻。这时首攻人必须谨慎地保护手中的大牌，尽量避免从KJX间张中和A带队的边花中攻牌，以免吃亏。其中，将牌首攻是典型的消极首攻，其目的是保护自己的边花实力，削弱定约方交叉将吃的能力。

三、选择合理的防守打法

有将定约常用的四种防守打法如下。

（1）首攻短套边花寻求将吃的防守打法

防守有将定约时，我们通常无法期望边花长套中的小牌张成为赢墩。相反，边花短套的价值却体现出来了。其中最有价值的防守就是用将牌将吃定约方边花的大牌张来获取赢墩。这种防守打法通常体现为首攻单张或双张边花或是首攻自己的边花强套，希望同伴此花色为短套，在庄家肃清将牌之前，你或同伴能用将牌将吃获取赢墩。这就是首攻短套边花寻求将吃的防守打法。

但在下列情况时，是不宜进行短套边花首攻的：①当你有较强的牌力，估计同伴没有进张给你将吃的机会时；②当你的将牌没有多余张或本来就是赢墩时；③当你有4张将牌或是有理由相信同伴有4张将牌时，你都应该优先选择有一定实力的边花长套进行首攻；④尽量不要首攻庄家所持有边花长套的单张。因为，为庄家提供免费的飞牌时，通常吃亏的概率会更大一些。

（2）将牌失控的防守打法

当你在庄家将牌花色中持有4张或是有理由认为同伴有可能持有4张将牌时，都应该首攻你或同伴的长套花色，进而逼迫庄家不断地去将吃，使得你或同伴手中的将牌比庄家或明手还长，这就是所谓的将牌失控的防守打法。

（3）将牌提升的防守打法

防守方的一方不断地用闲置的将牌将吃边花，进而逼迫庄家或明手进行将超吃，从而让另一防守人的小将牌得到提升获取赢墩的打法，叫作将牌提升的防守打法。

（4）首攻调将的防守打法

首攻调将的防守打法大多可以归纳为保护性首攻，其主要适用于：①对待定约方将牌为4-4配合且没有边花长套缓攻型有将定约的防守，首攻调将也许是不错的选择；②当叫牌信息显示明手有短套边花可以进行将吃时，也应该考虑优选首攻将牌，以削弱明手将吃的能力；③当你持有庄家边花长套的大牌张且此花色很强时，通常也要首攻将牌；④对定约方首叫花色都不配合，在勉强找到第二套花色配合时，定约方往往要靠交叉将吃来打成定约，这时首攻人要不假思索地首攻将牌，之后续攻将牌，以把定约方的将吃能力降到最低；⑤当你方联手的牌力明显超过定约方或是你在边花中门门有控制时，也应该毫不犹豫地选择首攻调将的防守打法。

四、有将定约的首攻

1. 对同伴叫过花色类型的首攻

（1）单张：直接攻出。

（2）双张或4张：先大后小（指10以下的牌张，下略），有J以上大牌时，优先攻手中最大的牌张。

【例】9-4首攻9　　　　　Q-8首攻Q

　　　J-5首攻J　　　　　K-5首攻K

　　　9-7-5-3首攻9　　　Q-J-7-3首攻Q

　　　Q-8-6-4首攻Q　　　A-9-6-4首攻A

（3）3张或5张：没有J以上大牌张时，先小后大，有J以上大牌张时，优先攻出，有J以上连张结构的牌时，首攻连张结构中最大的那张牌。

【例】J-7-3首攻J　　　　9-7-3首攻3

　　　K-6-4首攻K　　　　8-6-4首攻4

　　　J-8-7-4-3首攻J　　9-8-7-5-3首攻3

　　　K-9-7-6-4首攻K　　Q-J-8-6-4首攻Q

2. 同伴没有参与叫牌，选择自己边花的首攻

（1）单张：直接攻出（单张K慎攻）。

（2）双张或4张：先大后小，但应尽量避免从有K的花色中首攻。有J以上连张结构的牌时，优先攻连张结构中最大的那张牌。

【例】9-4首攻9　　　　　9-7-5-3首攻7或5

　　　A-X首攻A　　　　　Q-J-7-3首攻Q

　　　Q-8-6-4首攻8或6　　K-8-5-4或K-X尽量避免首攻此花色

（3）3张或5张：先小后大，有J以上连张结构的牌时，优先攻连张结构中最大的那张牌。但应尽量避免从有A或K的花色中首攻。

【例】J-7-3首攻3　　　　9-6-4首攻4

　　　J-10-5首攻J　　　　Q-J-4首攻Q

　　　10-8-6-5-3首攻3　　Q-9-8-6-4首攻4

　　　J-8-6-5-3首攻3　　　Q-J-6-4-2首攻Q

　　　A-6-3时尽量避免　　K-10-8-6-4时尽量避免

（4）有K连张结构的牌时：首攻K。

【例】A-K只有双张时首攻A，然后再出K

　　　A-K-7-5首攻K，再续攻A

　　　A-K-7-5-3首攻K，再续攻A

K-Q-7-5首攻<u>K</u>，这就需要同伴根据牌桌上的综合信息来确定首攻人属于AK，还是KQ连张结构的牌。

3. 选择调将类型的首攻

（1）单张将牌：直接攻出。

（2）双张将牌：先小后大，有J以上连张结构的牌时，先大后小。但应该尽量避免从KX、QX或JX结构中首攻将牌。

【例】8-3首攻<u>3</u>　　　　　7-5首攻<u>5</u>

　　　10-9首攻<u>10</u>　　　　9-7首攻<u>7</u>

　　　6-5首攻<u>6</u>　　　　　Q-5尽量避免

（3）3张将牌：先小后大，有J以上连张结构的牌时，先大后小。通常情况下，从KXX、AXX的将牌结构的牌中首攻小将牌是很正常的事，但应该尽量避免从QXX或JXX结构中首攻将牌。

【例】8-5-3首攻<u>3</u>　　　　K-7-5首攻<u>5</u>

　　　10-9首攻<u>10</u>　　　　9-7-5首攻<u>5</u>

　　　9-6-5首攻<u>5</u>　　　　Q-7-3尽量避免

A-6-2常规首攻<u>2</u>，希望同伴上手后回打将牌，A盖吃后再打将牌，以消除庄家将吃的威胁。当首攻人采用先打A，再打2的打法时，还能显示首攻人是认为同伴为单张将牌，迫切希望减少庄家将吃机会的信息。

（4）4张将牌：当对方将牌4-4配合时，可以依据首攻人持有开叫人首叫花色强套特定的牌型时首攻将牌，否则都应尽量避免首攻将牌。通常都应该优先采用将牌失控的防守打法进行防守，首攻自己的边花长套。

4. 遵守同伴命令类型的首攻

当同伴对对方自愿叫到的有将小满贯定约进行加倍时，是非常规加倍，其对你的首攻通常是命令型的，你都必须遵守同伴的命令进行首攻。

（1）莱特纳加倍

如果同伴参与过花色争叫，尤其是在高阶参与过花色争叫而又对其下家为庄家所叫的有将小满贯定约做出惩罚性加倍时，则此加倍就为莱特纳加倍。这是要求首攻人攻牌时要做出非常规首攻，其标志性的特征是，同伴通常有一门花色为缺门，希望得到一个将吃赢墩的牌。这是在命令首攻人：①绝对不允许首攻将牌；②也不要首攻他所争叫过的花色；③当自己有5张以上边花长套时，要优先首攻此门花色；④当自己没有5张以上边花长套时，要首选明手第一次叫过的边花花色进行首攻。

（2）指定首攻花色的小满贯加倍

如果叫牌进程中你和同伴都没有参与过叫牌，而同伴却对定约方自愿叫到的有将小满贯定约进行了惩罚性加倍时，则这个加倍被赋予了特殊的含义，即命令你必须首攻明手第一次叫过的边花花色。

为了让大家简明地记住有将定约的首攻要点，笔者特编写了有将定约的首攻要诀，来帮助大家加深记忆。

※有将定约的首攻要诀※

敌将长四的类别，你方长套攻坚决。

有庄边花套强牌，首攻调将是正解。

对方低花局五阶，未叫花色打急切。

缓攻追求不吃亏，急攻就要凭感觉。

5. 有将定约首攻时的注意事项

有将定约的首攻与无将定约的首攻在以下四个方面是有很大区别的，大家必须予以足够的重视：①应该尽量避免从边花KJ或AQ间张结构的牌张中攻牌；防守无将定约首攻长四时，首攻人从持有KJ或AQ间张结构花色的牌进行首攻是司空见惯的事情，可是在有将定约的首攻中，除了对方打4-3或5-2配合的高花有将成局定约和被迫打4阶或5阶低花有将定约，需要应急首攻外，都应尽量避免此类首攻。②应该尽量避免从持有A的边花中首攻小牌，如果非要首攻此花色，可以先攻A。③不要轻易从有边花色K的花色套中进行首攻，因为，这样的首攻吃亏的概率比较大。④除非你有足够的理由认为同伴有可靠的上手张且将牌中有大牌进手，能够提供你将吃产生赢墩。否则，尽量不要首攻庄家持有边花长套的单张。因为，为庄家提供免费的飞牌，通常吃亏的概率会更大一些。

五、推算庄家的牌力和牌型

防守有将定约时，作为防守人首先要根据叫牌进程，来确定你方的防守策略，然后做好首攻。当明手摊牌后，两个防守人都一定要认真地推算庄家的牌力和牌型（详见本书033页）。然后点清自己的赢墩数量和同伴大概的牌力和牌型，要按照同伴有限牌力怎样分布才有机会打宕定约的假设，去制订符合逻辑的防守规划。

六、另一防守人的读庄家牌技巧

防守有将定约时，另一防守人根据首攻对庄家的读牌技巧与庄家对防守方的读牌技巧，在原理上是相通的，结论是相同的（详见本书022~024页）。

七、推算自己的赢墩数量

防守有将定约，当你或同伴首攻，明手牌张亮明后，作为防守人对庄家的牌力和牌型有了一定认知时，一定要推算此副牌你自己能获取几墩，距离打宕对方的定约还差几墩，你需要从哪些花色中再去发展赢墩。更重要的是，要比较同伴有限的牌力在哪些花色中有大牌张时对你有利，并依此来选择最佳的防守规划。你和同伴之间相应的防守信号，会成为你们反击庄家的犀利武器。实用的防守要诀会成为你们在黑暗中摸索的指路明灯，当你能依照以上的要求进行有规划的防守时，一定会有豁然开朗的感觉。

第十三节 有将定约的防守牌例

防守有将定约，你应该根据自己所持的牌力和牌型，正确地选择防守策略，做出犀利的首攻。再辅以相应的防守信号和推理计算，你将很快地掌握相关的防守技巧，成为令人生畏的桥牌高手。

一、强迫庄家将吃

叫牌进程：

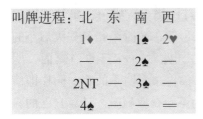

北	东	南	西
		1♦	—	1♠	2♥
—		2♠	
2NT	—	3♠	
4♠	—	—	—

全副牌的分布如下：

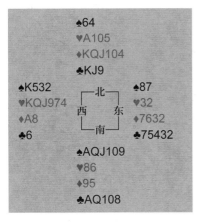

庄家主打4♠定约，你坐西，该如何防守呢？

第一步，选择防守策略。你持有13点，对方好不容易叫到成局定约，通过叫牌信息可以得知对方的联手牌力属于成局定约范畴的牌。因而可以推算出同伴几乎没有什么牌力，应该以你自己为主选择积极防守策略。

第二步，解读叫牌信息，做好首攻。你有4张将牌且另有红心强套的牌，应该首选将牌失控的防守打法进行防守。

第三步，数自己的赢墩，制订防守规划。♠K、♦A和红心可能的一墩，宕墩应该产生于将牌失控后的红心。

你首攻♥K，明手用♥A盖吃，飞一轮将牌，你用♠K盖吃，再出♥Q赢得后再出♥J逼庄家将吃，庄家出方块，你♦A盖吃后接着出♥9，明手将吃，同伴用♠8盖将吃，庄家没有失墩可以垫了，只能盖将吃，连续两次将吃使得庄家还有两张将牌，而你还有3张，即达到了将牌失控的状况。可庄家并不清楚，庄家此时只能寄希望将牌均坐，接着出♠A，如果东家跟出将牌，则打成定约。而此种牌张分布时，定约宕三。此牌例，如果你选择首攻草花单张，庄家就有机会打成定约了。

在双明手的情况下，庄家的做庄打法是有很大问题的。其最佳打法是：第一轮用♥A盖吃，出♠4到♠9，西家♠K盖吃后出♥Q赢得，再出♥J时，庄家将吃，然后调将，如果防守方将牌为3-3分布，肃清将牌后再出方块，就打成定约，如果如此例分布时，就肃清将牌，兑现草花赢墩定约宕一，其结果要比先动方块宕三强多了。

二、计算与推理

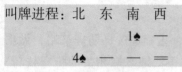

　　　　　　　　　1♠ —

4♠ — — =

全副牌的分布如下:

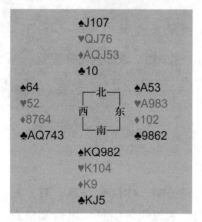

```
           ♠J107
           ♥QJ76
           ♦AQJ53
           ♣10
♠64      ┌─北─┐    ♠A53
♥52      │    │    ♥A983
♦8764  西│    │东  ♦102
♣AQ743   └─南─┘    ♣9862
           ♠KQ982
           ♥K104
           ♦K9
           ♣KJ5
```

庄家主打4♠定约,同伴首攻♥5,你坐东出♥A盖吃,接着出♥3,庄家跟♥10,西家跟♥2,明手♥J盖吃后打出♠J,你应如何防守呢?

　　作为另一防守人,直接进入读庄家牌,数自己赢墩数量并猜测同伴有限的牌力在哪能打宕定约。明手加你共有19点,庄家为11~15点,则可以推算出同伴为6~10点。同伴首攻♥5,第二轮时跟♥2,先大后小的信号表示为双数张信号,此时的♥K还没有露面,明显是在庄家手中。接着你再来看明手的牌,同伴即使有♦K也会因为被飞死而不会获取赢墩。计算自己的赢墩:你有两个A,方块没有赢墩,就算同伴有♣A,要想打宕定约,也要看将牌是否有第二个赢墩了。你拿着3张将牌,同伴有可能有双张将牌。在同伴有♣A的假设下,最佳的防守打法是让同伴将吃一墩红心。因而,你不能秉承第二家出小牌的习惯,要立即用♥A盖吃,再出♥8,同伴将吃后,再兑现♣A就打宕定约了。

　　此牌例还可以进一步展开来讲。假设你持有♠A带队的4张黑桃,你又应如何防守呢?根据叫牌,你会得知同伴此时最多只有单张黑桃的牌,因而,此时的最佳防守打法是你出黑桃小牌,寄希望同伴是单张♠Q,能获取这个赢墩。

三、要花色信号的使用

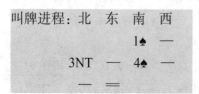

```
                 1♠ —
3NT    —  4♠  —
 —  =
```

全副牌的分布如下:

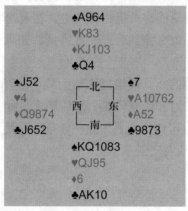

```
           ♠A964
           ♥K83
           ♦KJ103
           ♣Q4
♠J52     ┌─北─┐    ♠7
♥4       │    │    ♥A10762
♦Q9874 西│    │东  ♦A52
♣J652    └─南─┘    ♣9873
           ♠KQ1083
           ♥QJ95
           ♦6
           ♣AK10
```

庄家主打4♠定约,同伴首攻♥4,你坐东用♥A盖吃后,应该如何防守呢?

　　作为另一防守人,直接进入读庄家牌,数自己赢墩数量并猜测同伴有限的牌力在哪能打宕定约。先计算牌力,明手加你有21点,庄家有11~15点,因而你能推算出同伴有4~8点。你有♥和♦两个赢墩,你的红心为5张套,同伴有可能是单张,因而,同伴若是能够将吃两次,即可打宕定约了。此时你应出♥10,这是一张无用的大牌,表示要同伴将吃后,回打将牌和红心以外的高级别花色——方块。当同伴用♠5将吃后,回打方块,你用♦A盖吃后再出红心,同伴再次将吃。就打宕定约了。可以说要花色信号的应用收到了令人满意的战果。如果你们没有采用要花色信号，当同伴将吃红心回打草花后，你们就再也无法打宕对方的定约了。

四、边花A的忍让

叫牌进程：

北	东	南	西
			1♥ —
3♥	—	4♥	
—	=		

庄家主打4♥定约，同伴首攻♣9，明手盖打♣Q，你坐东，应如何防守呢？

全副牌的分布如下：

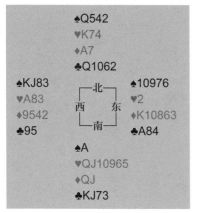

```
              ♠Q542
              ♥K74
              ♦A7
              ♣Q1062
♠KJ83                    ♠10976
♥A83          北         ♥2
♦9542    西      东      ♦K10863
♣95           南         ♣A84
              ♠A
              ♥QJ10965
              ♦QJ
              ♣KJ73
```

作为另一防守人，直接进入读庄家牌，数自己赢墩数量并猜测同伴有限的牌力在哪能打宕定约。明手加你共18点，庄家主动进局应该有13~15点，因而可以推算出同伴有7~9点。再看首攻信号。同伴♣9的首攻很可能是双数张信号。你自己有♣A和♦K两个赢墩。你不能幻想同伴本身就有♥AQJ结构的两个赢墩。因而，最佳的防守规划应该是希望同伴有♥A，且能将吃出一个赢墩来。因而你应先跟♣8表示欢迎，当庄家调将，同伴♥A盖吃再回打♣5后，你就用♣A盖吃，并打回♣4让同伴将吃，且你们早晚还能赢得♦K，就打宕定约了。如果你第一轮♣A不缓拿，你们就再也无法打宕定约了。

五、犀利的首攻

叫牌进程：

北	东	南	西
		1♠	—
1NT	—	2♣	—
—	=		

庄家主打2♣定约，你坐西，持有♠AQ109　♥QJ10　♦843　♣63的牌时，你应该如何首攻呢？

全副牌的分布如下：

```
              ♠5
              ♥A752
              ♦109762
              ♣KJ5
♠AQ109                   ♠832
♥QJ10         北         ♥K43
♦J854    西      东      ♦KQ3
♣63           南         ♣9872
              ♠KJ764
              ♥986
              ♦A
              ♣AQ104
```

第一步，选择防守策略。通过叫牌信息得知对方的联手牌力属于部分定约范畴，而叫牌信息又显示对方选择了勉强配合的草花将牌定约，应该选择消极防守策略进行防守。

第二步，解读叫牌信息，做好首攻。你在庄家所叫黑桃边花套拥有如此强的牌，你应该进行将牌首攻。

第三步，数自己的赢墩，制订防守规划。你有两墩黑桃，有一墩红心，你希望同伴的牌还能产生额外的赢墩。在你首攻将牌并续攻将牌的情况下，庄家无论怎么努力，都打不成定约了。如果你按照不吃亏的原则首攻♥Q，明手用♥A盖吃之后飞黑桃，即使你进手后调将牌，也已经来不及了。庄家能够让明手将吃两次黑桃，庄家将吃一墩方块，共获取六墩将牌外加两个A，就打成定约了。

第二章
精确体系叫牌技法

精确体系是由魏重庆先生（C.C.Wei.1914—1987）于1963年提出，并于1967年、1968年和1969年在远东桥牌锦标赛比赛中获得成功，并帮助中国台北队在1969年和1970年国际大赛中打进决赛。就此，精确体系在世界桥牌界引起了巨大的轰动效应，得到了广泛认可。

第一节　桥牌的基础知识

介绍高花、低花、局况、长套、支持和配合等桥牌的基础知识。掌握大牌点和牌型点的计算方法，了解赢墩与牌力、牌型及控制的对应关系。学会评估手中的牌是适合做庄、适合防守还是既适合做庄又适合防守的牌，为学习叫牌打下良好的基础。

一、专用术语

1. 高花和低花

一副牌的四门花色中，黑桃和红心为高花，方块和草花为低花。如果只提花色，则泛指不确定是高花还是低花的某门花色。

2. 局况

局况是牌手们参与叫牌时，在安全方面必须考虑的重要因素。每副序号不同牌的局况是依次按照特殊规律进行排序的。实际上牌手们在比赛时，对每副牌的局况排序不必刻意地去推算。因为在该副牌的牌套上都有局况的显著标识，比赛之前你看上一眼即可。牌套上红色的标识方为有局方，黑色的标识方为无局方。

3. 描述花色长套的专用名词解释

长套：为5张或6张某门花色的牌（以下简称5张或6张）。

超长套：为7张以上某门花色的牌。

强套：为4张以上某门花色且有两个大牌张带队的牌（也有采用此花色中有5点以上牌力来衡量的）。

坚固套：6张以上且有AKQ带队的牌。

半坚固套：6张以上且有AKJ10XX或AQJ10XX的牌（即以A带队，最多只有一个输墩）。也有牌手会用最多只有一个输墩强套来表示6张以上，有任意两大带J10能独立做将的牌。

花色套中有一大的牌，是指有A、K、Q中有任意一个大牌张带队的花色套。有两大的牌，是指有A、K、Q中有任意两个大牌张带队的花色套。

4. 将牌配合程度的描述

打有将定约，首先要求定约方联手的将牌花色要有配合，换句话来说，定约方在将牌花色中的张数要远多于对方才行。当定约方某门花色联手有：①8张时，为有配合的牌；②9张时，为有好配合的牌（如笼统地说配合，泛指联手有8张以上且可能有好配合的牌）；③10张以上时，为有极其配合的牌（以下简称极配）；④7张时，为有勉强配合的牌。

支持程度的描述，当开叫人为5张以上高花开叫，应叫人在此高花中：①有3小张时，为有支持的牌，有3张一大及多大或至少4张时，都为有好支持的牌（通常所说的有支持可以理解为含有好支持，只有强调有好支持时是个例外）；②有双张一大或两大时，为有帮助的牌；③有双张时，大多数情况下是指没有大牌张的牌，也不排除含有大牌张的牌。

当应叫人1♥或1♠一盖一高花应叫，表示有4张以上高花的牌时，如果开叫人有4张此门高花时，是对该高花有配合的牌，有4张一大或多大时，为有好配合的牌。

二、牌力

牌力是指一手牌获取赢墩的能力。大牌点和牌型点统称为牌点，一手牌联手牌力的强弱，一般可以用牌点的多少来形象地衡量。在本书中为了区分"大牌点"与"大牌点+牌型点"所表示牌力的区别，对大牌点：一律用"多少点"来表示。而对以高花为将牌的"大牌点+牌型点"：则一律用"多少支持点"来表示。

1. 大牌点

同花色中，牌张从大到小的顺序是：A、K、Q、J、10、9、8、7、6、5、4、3、2。

打牌获取赢墩，主要依靠大牌张，衡量大牌张获取赢墩的能力，采用国际通用的大牌计点法进行衡量。

其中A=4个大牌点牌力（以下简称4点）、K=3点、Q=2点、J=1点。每门花色有10点，全副牌4门花色共有40点。

2. 牌型点

打有将定约时，庄家可以依靠短将牌的一方将吃边花来获取赢墩。在有将牌支持的前提下，持有短将牌一方的某门边花越短，越有利于获得将吃的机会，其将吃的能力通常会采用折算成牌型点的方式来衡量。

（1）牌型点的算法，开叫人开叫时的牌力只计算大牌点，应叫人只有对开叫人的高花长套有支持或配合，并准备用开叫人的高花作将牌的情况下，才能累加牌型点来计算牌力。当应叫人：①在边花中有缺门时，加5个牌型点；②在边花中有单张（含单张A）时，加3个牌型点（当单张为J时加2点、为Q时加1点、为K时不加点）；③在边花中有双张时，加1个牌型点（双张带J或Q时不加牌型点，带K或A时加1点）；④有两门边花都能加牌型点时，在有4张以上将牌好支持的情况下，其牌型点可以进行累加。

（2）当联手高花为4-4以上配合，开叫人和应叫人可以依据就高不就低的原则，以能加牌型点最多的一方加牌型点来计算联手的牌力。

（3）当联手高花为6-2配合，应叫人因为将牌短，是不能加牌型点来计算牌力的。

牌型点的计算分为高花配合和低花配合两大类，由于选择成局定约时要尽量避免去打5阶低花定约，笔者为了规避对低花开叫加牌型点示强应叫后再去打无将定约而冒叫的情况出现，在本书中只推荐对高花有配合的牌型点计算方式，敬请大家谅解。

三、牌型

牌型是描述一手牌中按黑桃、红心、方块和草花张数分布情况的专用名词。例如：4-4-3-2牌型，则表示为4张黑桃、4张红心、3张方块和双张草花的花色组合；而5-4-3-1牌型，则表示为5张黑桃、4张红心、3张方块和单张草花的花色组合。每人手中13张牌按牌型的不同，可以分为均型牌和非均型牌。

均型牌，顾名思义就是四门花色分布比较平均的牌。其通常可以理解为没有6张以上长套或没有单张的牌型。例如任意4-3-3-3、4-4-3-2、5-3-3-2、5-4-2-2牌型，都是均型牌。

非均型牌，除了均型牌以外的牌型都是非均型牌。非均型牌可以理解为是有6张以上长套、有单张或缺门花色牌型的牌。例如任意4-4-5-0、5-5-2-1、5-5-3-0、5-4-3-1、6-4-2-1、6-3-3-1、6-3-2-2及4-4-4-1牌型，都是非均型牌。而有6张长套且有缺门的任意6-5-0-2、6-1-6-0和6-0-3-4牌型，或是有7张以上超长套且有单缺花色的牌型，则是更加夸张的非均型牌，也被称为畸形牌。

通常情况下，打桥牌时有这么一条经验值得大家去参考借鉴。那就是当你和同伴的牌型都是非均型牌时，对方两人也是非均型牌的概率就会比较大。而当你和同伴的牌型都是均型牌时，对方两人也是均型牌的概率就会比较大。大家可以依据此经验来制订你方相应的做庄或防守规划。

四、赢墩与大牌点质量、大牌张位置及牌型的关系

1. 赢墩与大牌点质量的关系

同一花色中，排位越是靠前的牌张对此花色的控制能力就越强，A或K的作用是要

远远大于Q和J的。这就引出了控制的概念。其通用的计算方法为：A=2个控制，K=1个控制，全副牌共有12个控制。通常在联手点力相同的情况下，联手牌的控制越多，表示其大牌的质量就越好，相对而言，其获取赢墩的能力就越强。

2. 赢墩与大牌张所在位置的关系

大牌点是描述牌力的重要参考数据。通常情况下，联手的大牌点越多，其获取赢墩的能力就越强。同样多的大牌点，其获取赢墩的能力还和牌张的组合有着非常密切的关系。比如AKQ大牌张都集中在同一花色中时，在不考虑被将吃的情况下，肯定能够获取三墩，同时此门花色中其他的小牌张也可能会被发展为长套赢墩。而当AKQ大牌张分布在不同花色中时，能够确定的赢墩就只有A了。另外，花色中无护张的QJ、KJ牌张，能否获取赢墩都是要打问号的。相比较而言，某门花色有KQ连张结构的牌时，其做庄和防守获取赢墩的能力都是要强于有KJ间张结构牌的。因而我们能够得出大牌点在某门花色中相对集中时，其在此门花色中获取赢墩的能力就相对较强的结论。

3. 赢墩与大牌点及牌型结构的关系

有相同数量的大牌点，牌型分布不同时，其做庄获取赢墩和防守获取赢墩的能力是有天壤之别的。通常情况下，用大牌点来描述联手牌力获取做庄赢墩和防守赢墩的能力时，在均型牌时准确度较高。而面对非均型牌和畸形牌的有将定约时，有的大牌点，在防守时获取赢墩的能力就会被大打折扣（俗称废点）。

持有限制性以上牌力开叫时，其大牌张结构和牌型的组合虽然是千变万化的，但是按照其大牌张的位置和牌型的不同，大体上可以分为适合做庄的牌、适合防守的牌和既适合做庄又适合防守的牌三种类型。

（1）适合做庄的牌

其典型的牌型结构是：大牌张集中在两门5张以上花色长套之中的非均型牌或畸形牌。其显著的特点是，此类型的牌做庄时能获取赢墩的数量很多，而防守时能获取赢墩的数量却很少。通常当你持有适合做庄的牌时，在竞技叫牌中，应该尽量去争取主打定约，只要是同伴对你所叫花色有支持，即使是联手牌力略欠，高叫1阶进局也在所不惜。当你持有此类型的牌做庄时，经常会收获许多惊喜。

【例】♠AQJ1093　♥KQ962　♦95　♣—，12点，6-5-2-0牌型

此牌若是同伴对黑桃有支持，打黑桃定约时，至少有五墩黑桃赢墩，有两到三墩红心赢墩，虽然只有12点，却能获取八个赢墩。若是同伴有♥J或♠K时，就至少能获取九个赢墩了；若是有♥A或♠K，几乎就能获取十个赢墩了。同理，当同伴对红心有支持且有♥A或♠K时，几乎也能获取十个赢墩。而此牌，要是防守对方草花或方块的有将定约，也就只能获取两至三个赢墩。这是典型适合做庄的牌。

（2）适合防守的牌

其典型的牌型结构是：间张结构的大牌张分布在3门以上的花色中且没有5张以上花色长套的均型牌。其显著的特点是，此类型的牌做庄时能获取赢墩的数量，可能还没有防守时获取赢墩的数量多。通常当你持有适合防守的牌，在竞技叫牌时，要欣然

接受对方的有将或无将定约，要以打宕对方的定约为你方得分的主要手段，尽量避免自己去主打定约。

【例】♠AQ93　♥KJ2　♦KJ5　♣984，14点，4-3-3-3牌型

14点，大牌张分布在三门花色中，且为没有5张花色长套和连张结构的均型牌。无论主打什么定约，大牌的间张结构都明显适合防守，而做庄时能获取赢墩的能力就会被大打折扣，这是典型适合防守的牌。

（3）既适合做庄又适合防守的牌

其典型的牌型结构是：有5张以上花色强套的均型牌。其显著的特点是：此类型的牌做庄时能获取赢墩的数量和防守时能获取赢墩的数量差不多。通常当你持有既适合做庄又适合防守的牌时，就要靠你的实战经验在竞技叫牌过程中确定，是由你和同伴主打定约的得分合算，还是把对方定约的叫牌阶数抬高去打宕他们的定约得分更合算了。这说起来简单，实际上是要有丰富的桥牌竞赛经验才能做到得心应手。这需要大家在比赛中不断地去总结经验教训才能悟到其真谛。

【例】♠AK973　♥KQ2　♦A5　♣984，16点，5-3-2-3牌型

有5张黑桃强套的16点均型牌，做庄时能获取五到六个赢墩，防守无将及有将定约时也能获取四个半以上的赢墩，这是典型既适合做庄又适合防守的牌。

第二节　叫牌的基础知识

在实际的桥牌比赛中，对于你方先开叫以后的叫牌，由应叫、开叫人的再叫、应叫人的再叫及后续叫牌（都含对方干扰后的叫牌）组成。而对于对方先开叫，你方再参与的叫牌，则属于防守叫牌，其相关知识将在本书的第三章中予以详细介绍。其中叫牌中的门槛牌力与定约范畴的关系、叫牌的三个原则、叫牌的三个要素和牌力微调技巧，都是学好叫牌知识的关键所在。

一、定约范畴与门槛牌力

1. 定约范畴

叫牌时，开叫人和应叫人首先要搞清楚的问题都是：与你方联手牌力和牌型相适应的定约，是属于部分定约、成局定约还是满贯定约的范畴。

（1）部分定约

除了3NT以外的其他4♦及以下的定约都是部分定约。通常是指联手牌力达不到成局定约门槛牌力时所选择的定约。

从定约安全和做庄成功的角度来看，部分定约的推荐选择顺序为：①优选联手有高花配合的有将定约，当联手有一门高花5-3配合又有另一门高花4-4配合时，通常优选高花4-4配合的有将定约；②当你和同伴都至少有自由应叫牌力，在联手没有高花配合

的情况下，即使联手有低花配合时，也应优选无将定约；③选择联手有低花配合的有将定约；④当你或同伴有一方持牌力很弱的牌，在联手没有花色配合的情况下，应该优选牌力很弱一方有5张以上长套，联手有7张花色勉强配合的有将定约。

联手叫到4♦定约并打成时的得分，与叫到2♦定约打成+2时的得分是相同的，但是其做庄所需获取的墩数却相差了两墩，其做庄的难度会增大很多。而叫到4♦定约被打成宕一，与叫到2♦定约打成+1相比，其做庄时所获取的墩数虽然相同，但是其得分则是从负分到正分的天壤之别了。因而，在桥牌比赛中，当你方联手的牌力成局无望时，必须尽早停叫，一定要避免因超叫阶数导致部分定约被打宕得负分的结果出现。

（2）成局定约

3NT至5NT定约、4阶及5阶的高花有将定约和5阶的低花有将定约都是成局定约。通常泛指联手牌力超过了成局定约所对应的门槛牌力而低于满贯定约的门槛牌力时，所选择的定约。

成局定约的推荐选择顺序是：①优选4阶联手有高花配合的定约；当联手既有一门高花5-3配合，又有另一门高花4-4配合时，通常选择结构较强的花色做将牌；在两门高花基本等强的情况下，则应优选高花4-4配合的定约，理由是有5张边花长套当副牌，可以树立长套赢墩，垫掉其他边花中的失墩。②次选联手有低花配合的3NT定约。③在确认你方有一门花色无止张或不适合打3NT定约时，在联手有7张高花勉强配合和低花配合的情况下，通常应该优选4阶高花有勉强配合的定约。④通常只有在确认你方有一门花色的止张有问题且联手没有7张高花勉强配合的情况下，才去考虑打5阶低花配合的定约。

你方叫到2NT定约，做庄打成+1，其得分按照部分定约的奖分来计算。而叫到3NT定约并打成，其得分按照成局定约的奖分来计算。虽然做庄的结果都是获取了九墩牌，但是两者的得分在庄家为无局方时，相差了250分。而在庄家为有局方时，则相差了450分。因此，当你方联手达到或超过成局定约的门槛牌力时，要尽量去选择成局定约，以谋取更多的得分。

另外，你方叫到3NT定约做庄打成+2时，与叫到5NT定约打成时的得分是相同的，但是做庄所需获取的赢墩数却少了两墩，做庄的难度会大大降低。因此，在桥牌比赛中，当你方联手的牌力满贯无望时，必须尽早封局止叫。无理由的4NT、5NT、5♥和5♠定约，都是错误的叫牌。一定要避免因超叫阶数导致成局定约被打宕得负分的结果出现。

（3）满贯定约

叫到6阶的定约都是满贯定约❶，通常是指联手牌力超过了满贯定约门槛牌力后所选择的定约。

由于满贯定约与成局定约的得分，在庄家为无局方时，相差了500分，而在庄家为有局方时，则相差了750分。因而从得失比来看，叫到需要一个飞牌能够打成，即打成

---

❶　本书中的满贯定约，如无特殊说明，都泛指有将小满贯定约，而6阶无将定约用6NT来表示。

概率为50%的满贯定约是合理的叫牌。

打有将定约，当你方联手有将牌配合，已经超过30点时，通常是会进行满贯试探的。此时高花已经失去了优越性，就只存在有将满贯定约优于6NT定约的排序了。当你方联手既有一门花色5-3配合，又有一门花色4-4配合时，通常选择结构较强的花色作将牌。在两门花色基本等强的情况下，则应优选花色4-4配合的满贯定约，理由是有5张边花长套当副牌，可以树立长套赢墩，垫掉其他边花中的失墩。

有将定约优于无将定约，同样也适用于大满贯定约。叫到7阶的定约都是大满贯定约[1]，都要求定约方必须数够十三个赢墩，确保打成才能叫，否则其得失比是非常不合算的。由于大满贯定约出现的概率很低，因而不作为本书介绍的重点。

（4）对方加倍后的定约范畴

由于加倍和再加倍叫牌的存在，成局定约的阶数会发生变化。2阶高花以上的加倍定约，打成了就都能得到成局定约的奖分，而1阶高花以上的再加倍定约，打成了也都能得到成局定约的奖分。

例如，局况为双方有局，你方叫2♠定约被对方加倍而打成+1，其得分为870分。如果打成+2，就能得到1070分，要远远多于叫到4♠并打成的620分。因而，如果在竞技叫牌中，对方因为叫牌失误已经对你方的2♠定约加倍时，你应该欣然接受对方送的大礼，不要再加倍到4♠进局。如果你此时非要主动再加叫到4♠，而且被加倍打成宕一，你方的损失就太大了。

2. 定约的门槛牌力

请记住25点、28点、31点和33点这四个神奇的数字。当联手为：①25~30点时，应该叫到4阶高花或3NT定约；②28~30点时，应该叫到5阶低花定约；③31~34点时，应该叫到满贯定约；④33~36点时，应该叫到6NT定约。

不可否认的是，在桥牌比赛中，往往双方大牌点基本持平，双方能打成有将成局定约的牌例会层出不穷，甚至出现双方都能打成满贯定约的牌例也不足为奇。但也会经常发生联手有29点牌力却打不成3NT或4阶高花定约的情况。因此，我们不应该把过多的精力放在畸形牌或特殊牌的处理上，而应该立足于对常规牌型的叫牌学习和探讨。这些定约的门槛牌力将作为我们确定定约范畴的重要依据，以此来选择与其相对应的叫牌原则，并将这个思路贯穿于本书所有的叫牌章节。

当联手分别为24点、27点、30点和32点的牌时，则可以分别定义为：4阶高花或3NT定约、5阶低花定约、满贯定约和6NT定约的边缘牌。

当你方联手的牌力处于成局定约边缘（以下简称边缘局牌）或满贯定约边缘（以下简称边缘贯牌）时，对边缘局牌和边缘贯牌的处理原则都是：当你方的局况为有局方时，对边缘局牌和边缘贯牌尽量尝试进局或进贯。局况为无局方时，对边缘局牌和边缘贯牌要慎重进局或进贯。

---

[1] 有将用大满贯定约、无将用7NT来表示。

二、叫牌的三个原则

精确体系最突出的优点就是大量地采用了限制性的开叫和应叫，使应叫人或开叫人通过一轮或两轮的信息交换，马上就可以依据25点、28点、31点和33点的门槛牌力，再根据牌力微调的技巧，判断出此副牌你方联手的牌力和牌型所对应的定约范畴是部分定约、边缘局牌、成局定约、边缘贯牌还是满贯定约。无论是开叫人还是应叫人，都一定要根据与其相对应的叫牌的三个原则来指导后续的叫牌。

（1）示弱停叫的叫牌原则

当开叫人或应叫人根据同伴的叫牌信息分析出来，此副牌你方联手的牌力和牌型属于部分定约范畴时，就应该按照有高花配合的有将定约→双方至少都有自由应叫牌力时的无将定约→有低花配合的有将定约→以牌力很弱一方5张以上长套为将牌，联手有7张花色勉强配合的有将定约的优先级排序，遵循示弱停叫的叫牌原则来指导其后续的叫牌，及时在低阶示弱停叫，以谋求获得部分定约的正分数。

（2）局牌快叫的叫牌原则

当开叫人或应叫人根据同伴的叫牌信息分析出来，此副牌你方联手的牌力和牌型属于边缘局牌或成局定约范畴时，就应该按照联手有高花配合的4阶高花定约→3NT（联手有低花配合时也优选3NT）定约→联手有7张高花勉强配合的4阶高花定约→联手有低花配合的5阶低花定约的优先级排序，遵循局牌快叫的叫牌原则，进行简捷的邀局或封局止叫。尽量简化叫牌进程，少给对方牌力和牌型的信息，希望能够摸走边缘的成局定约或是在联手牌力略欠时，适时把叫牌停在部分定约上。

（3）好牌慢叫的叫牌原则

当开叫人或应叫人根据同伴的叫牌信息分析出来，此副牌你方联手的牌力和牌型，要求同伴为中高限牌力才属于边缘贯牌（当同伴为中低限牌力就已经属于满贯定约范畴时，应直接进行关键张问叫或封贯止叫）时，就应该按照不分高花和低花有配合的满贯定约→6NT定约的优先级排序，遵循好牌慢叫的叫牌原则来指导其后续叫牌。其标志性的特征是：①当持有非限制性牌力的开叫人或应叫人主动越过3NT叫牌且不着急封局；②当持有非限制性牌力的应叫人，对开叫人花色开叫明显采用了长套优先的应叫法则进行应叫；③当开叫人或应叫人在可以跳叫封局的情况下明显地采用了逼叫性叫牌来节约叫牌空间。上述的这些叫牌信息，都显示同伴一定有进行满贯试探的意图，你要予以配合。争取叫到最佳的满贯定约或在联手牌力略欠时，及时在成局定约内停叫。

三、叫牌的三个要素

叫牌的三个要素是：牌力、牌型和叫品是否逼叫。无论参赛牌手采用何种叫牌体系去参与叫牌，其目的都是向同伴报清楚自己的牌力和牌型。以供同伴计算联手的牌力和牌型配合情况，再依此对比成局定约和满贯定约的门槛牌力来定位此副牌联手的定约范畴，并遵循相对应的叫牌原则来指导其后续叫牌。在叫牌进程中，叫品是否逼叫是维系叫牌是否按设想方向发展的重要保障。这三个要素将作为讲解叫牌的关键点，贯穿于本书有关叫牌的所有章节。

四、牌力微调

在桥牌比赛中，对联手牌力的评估不应该仅仅局限于大牌点和牌型点的范畴。不是所有联手够25点门槛牌力（5阶低花时为28点），就一定要叫到成局定约。也不是所有联手不够25点门槛牌力的牌，就一定不叫到成局定约。桥牌比赛的胜负是以赢取更多的正分数来体现的。在叫牌进程中，当开叫人或应叫人不是适合做庄的牌型或是通过对方的叫牌判断出自己某门花色的大牌张位置不好，应通过牌力微调不叫到成局定约，只赢取部分定约的正分数。这比明知牌型不好或某门花色的大牌张位置不好，还要强行叫到成局定约而被打宕得到负分要强得多。而当你方联手的牌型适合，牌力略欠，但某门花色大牌张的位置得当时，牌手们通过牌力微调来合理地评估自己所持牌张的牌力价值后，叫到并打成成局定约，是区别专家牌手与普通牌手的重要标志。需要说明的是，此牌力微调的概念对满贯定约也同样适用。

学习叫牌必须掌握的核心理念是，在叫牌进程中，每位牌手再次进行叫牌时都应该根据同伴和对方在竞技叫牌中传递的信息进行综合分析，且依此对自己手中的牌型结构和大牌张位置进行重新评估，对其真实的牌力价值进行酌情增减，这是想成为桥牌高手的牌友必须掌握的基本技巧。

1. 开叫人再叫时的牌力微调

开叫人再叫时的牌力微调，会有许多不同版本的表示方法。通常大家只需记住以下八个要点就够用了。为了便于记忆，可以简记为"坚固套、中间张、K位置和数字3、4、5、6、7"。

（1）坚固套

打无将定约，当你持有：①6张或7张坚固套的牌时，可以酌情加3~4点；②6张或7张半坚固套且旁门花色有可靠进张的牌时，也可以酌情加2~3点。

（2）中间张

打无将定约，当你持有中间张10和9的牌张多于5张时，可以酌情加1点。

（3）K位置

无论是打有将还是无将定约，当你持有：①下家叫过花色中的K，在同伴做庄时，应酌情减2点，在自己做庄时，应酌情减1点。同理，当你持有此花色中Q或J的牌时，也应该酌情进行减点；②上家所叫花色中的K，可以酌情加1点；③其他旁门花色的K、Q或J，在下家进行过技术性加倍时，也应该酌情进行减点调整。

（4）数字3

当你持有3个A时，可以酌情加1点。

（5）数字4

当你对同伴开叫的高花有4张以上支持，或对同伴一盖一或二盖一应叫的高花有4张以上配合，在此花色中有大牌张，并以此高花为将牌时，可以酌情加1点。

（6）数字5

打无将定约，当你持有5张以上花色强套的牌时，可以酌情加1~2点。打有将定约，当你开叫的花色套在同伴进行加叫确定为将牌后，自己还有5张以上边花长套的牌时，可以视其强弱程度和长度酌情加1~3点。

（7）数字6

开叫人自己有超过6个控制的牌时，可以酌情加1点。

（8）数字7

自己所叫的花色如果是7张以上超长套的牌时，在同伴加叫确定为将牌后，可以视其强弱程度酌情加1~3点。

2. 应叫人再叫时的牌力微调

应叫人再叫时的牌力微调与开叫人再叫时的牌力微调，在原理上是相通的。其中最常见的就是当应叫人：①在同伴开叫或再叫的花色中有大牌张，可以酌情进行加点调整；②在同伴开叫或再叫花色中没有大牌张，除了A以外，其牌张的价值通常都会打折扣，应该酌情进行减点调整；③自己有超过4个控制的牌时，可以酌情加1点。

3. 有将定约牌力微调的经验之谈

无论是开叫人还是应叫人，当你或同伴持有适合做庄的牌时，都是可以适当地进行加点调整的。而持有适合防守的牌时，做庄时往往是要进行减点调整的。针对具体牌情，结合自己与同伴的牌力和牌型，认真分析竞叫信息，对正确地评估你方联手牌力的真实价值非常有帮助。

4. 需要牢记的实用叫牌诀窍

在你方将牌有好配合的前提下，如能确认对方某门边花的10点牌力获取不到一墩时，在你方联手有：①19~21点的牌时，就可以大概率打成4阶高花定约；②22~24点的牌时，就可以大概率打成5阶低花定约；③25~27点的牌时，就可以大概率打成满贯定约；④28~29点的牌时，就可以大概率打成大满贯定约。

同理，在你方将牌有好配合的前提下，如能确认对方某门边花的10点牌力只能获取一墩（或是你有此花色的A，同伴只有单张小牌，即对方此花色的6点牌力获取不到赢墩时），你方联手有：①22~24点的牌时，就可以大概率打成4阶高花定约；②25~26点的牌时，就可以大概率打成5阶低花定约；③27~29点的牌时，就可以大概率打成满贯定约。

第三节　开叫的分类

开叫人应该遵循四个优先的开叫法则，规范地把自己的牌力和牌型信息告诉同伴。要想在桥牌比赛中有所作为，一定要在叫牌上花许多时间去和同伴就开叫、应叫及再叫的叫牌尺度和叫牌习惯达成统一认识。

一、四个优先的开叫法则

1. 牌力优先的开叫法则

开叫人首先应该根据自己所持有牌的牌力和牌型来确定你开叫的类型，其中大牌点（开叫时只计算大牌点，不能加牌型点）是划分开叫归类的主要依据。精确体系中的开叫，按照开叫人牌力的强弱可以分为以下四个类别：①7~10点的阻击性开叫牌力；②11~15点的限制性开叫❶牌力（13~15点的1NT和22~24点的2NT开叫也属于限制性开叫）；③16点以上的非限制性开叫牌力；④牌力不符合上述要求就Pass的牌。

2. 高花优先的开叫法则

高花优先的开叫法则只适用于限制性牌力，即当开叫人为11~15点的牌时，高花优先的开叫法则其应用等级高于无将优先的开叫法则和长套优先开叫法则。其可以表述为，当开叫人：①有5张以上高花套的牌时，要优先开叫高花；②有5张高花和5张低花的牌，即使高花套比较弱时，也要优先开叫高花；③有5张黑桃和5张红心的牌，即使黑桃套比红心套弱时，也要优先开叫黑桃；④当有6-5分布高花的牌时，则应先开叫6张的高花，然后有机会再连续叫两次另一门高花，就能显示出至少为5-5（先叫黑桃时）或6-5分布高花的牌了；⑤有5张高花和6张低花的牌时，应遵循高花优先的开叫法则，开叫高花，然后再连续叫两次低花，就可以表示有5张高花和5张低花的牌了，虽然略有没叫足的嫌疑，但也只能如此了。

3. 无将优先的开叫法则

在精确体系中，无将优先的开叫法则，是与开叫人的叫牌进程有密切关联的，是受到限制的。

（1）对1NT开叫的限制

当开叫人为13~15点，有4张或5张方块的均型牌，既可以1♦开叫又可以1NT开叫时，其无将优先的开叫法则在以下限制条件下适用：①当开叫人是第二或第四家开叫时，则无论局况是否有利，都可以优先开叫1NT；②当开叫人在第一家开叫时，则建议进行1♦开叫，以利于同伴平阶叫出4张高花来；③当开叫人是第三家且为13点的均型牌时，同伴已经Pass过，选择1NT开叫，一定要慎之又慎，因为此时一旦下家对你的1NT开叫加倍予以惩罚，且同伴为牌力很弱的牌时，其损失将会是灾难性的。

（2）对2NT开叫无限制

当开叫人为22~24点，没有5张高花套的均型牌时，应优先开叫2NT，此时的开叫不受局况和第几家开叫的影响。通常，有5张低花套的牌时，可以开叫2NT。而有5张以上低花强套的牌时，则倾向于开叫1♣（详见本书061页）。

4. 长套优先的开叫法则

当开叫人有5张以上花色的牌时，应该考虑优先叫出此花色来。当开叫人有6-5以上分布高花的牌时，应优先开叫6张的高花。当开叫人有5张高花和一门6张低花的牌

---

❶ 限制性开叫特指1♦、1♥、1♠、2♣、2♦开叫。

时，是否优先开叫低花是受牌力制约的。即开叫人为11~15点的牌时，应优先选择高花开叫。而当开叫人为16点以上的牌时，则应先开叫1♣，然后优先叫出6张低花，有机会再连续叫两次高花，就能够表示为16点以上，至少有6张低花和5张高花的牌了。

二、正确地选择开叫类型

1. 1♥/1♠高花开叫

1♥/1♠高花开叫（以下简称1♥/1♠开叫），为11~15点，有5张以上所叫花色（以下简称5张以上）的牌，不逼叫。其低限为11~12点，中限为13~14点，高限为14~15点**❶**。

以下牌例，应该如何开叫？

【例1】♠J10953　♥AQ　♦AK752　♣5，14点，5-2-5-1牌型

答　14点，有5张黑桃和5张方块的牌，应遵循高花优先的开叫法则，开叫1♠，即使黑桃明显弱于方块时，也是如此。

【例2】♠AKJ75　♥K97532　♦Q　♣5，13点，5-6-1-1牌型

答　13点，有5张黑桃和6张红心的牌，应遵循高花优先的开叫法则，开叫1♥，有机会时再叫两次黑桃，就能表示有6张以上红心和5张黑桃的牌了。

【例3】♠AKJ75　♥3　♦KQ9752　♣5，13点，5-1-6-1牌型

答　13点，有5张黑桃和6张方块的牌，应遵循高花优先的开叫法则，开叫1♠，之后有机会再叫两次方块，就能表示5张黑桃和5张方块的牌了，虽然略有没叫足的嫌疑，但也只能如此了。

【例4】♠KQ543　♥KJ763　♦A2　♣5，13点，5-5-2-1牌型

答　13点，有5张黑桃和5张红心的牌，应遵循高花优先的开叫法则，开叫1♠，有机会就再叫两次红心，就能表示有5张以上黑桃和5张红心的牌了。

2. 1♦的低花开叫

1♦的低花开叫（以下简称1♦开叫），为11~15点，4张以上的牌（第三、四家开叫时不保证有4张），不逼叫。其低限为11~12点，中限为13~14点，高限为14~15点。

以下牌例，应该如何开叫？

【例1】♠53　♥76　♦AKJ52　♣AK75，15点，2-2-5-4牌型

答　15点，两门高花中都无大牌张的均型牌，笔者推荐不要开叫1NT，而应开叫1♦。

【例2】♠9753　♥KJ62　♦AJ5　♣K5，12点，4-4-3-2牌型

答　12点，有3张方块的牌，当处于第一或二家开叫时，如开叫1♦，要保证有4张以上方块。因此应该Pass，而当处于第三或四家开叫时，就开叫1♦。

【例3】♠K3　♥A6　♦AJ652　♣K875，15点，2-2-5-4牌型

答　15点，有5张方块并在两门高花中都有大牌张的牌，应遵循无将优先的开叫法则，开叫1NT。

---

❶　开叫人的14点到底是属于中限还是高限，则取决于开叫人所持大牌张的组合和牌型结构。以下本书中，牌限数字发生重叠时所表达的含义都与此相同，不再另作解释了。

3. 无将类的开叫

（1）1NT开叫

1NT开叫，为13~15点，不允许有5张以上高花和单缺花色，但允许有5张以上低花的均型牌，不逼叫。其低限为13点，中限为14点，高限为15点。

以下牌例，应该如何开叫？

【例1】♠AK3　♥76　♦A8752　♣K75，14点，3-2-5-3牌型

答　14点，有5张方块均型牌，属于开叫1NT和1♦都不为过的牌，遵循无将优先的开叫法则，笔者倾向于开叫1NT。

【例2】♠109632　♥K6　♦AKJ2　♣A5，15点，5-2-4-2牌型

答　15点，有5张黑桃的牌，应遵循高花优先的开叫法则，开叫1♠。

【例3】♠AK53　♥76　♦AK752　♣75，14点，4-2-5-2牌型

答　14点，有5张方块强套的牌，此牌另外两门短套花色太弱了，笔者推荐要尽量避免开叫1NT，而应开叫1♦。

【例4】♠A953　♥A　♦K752　♣K764，14点，4-1-4-4牌型

答　14点，单张为A或K的牌，能否进行1NT开叫，在桥牌界是存在很大争议的，笔者倾向于拿此种类型的牌时，开叫1♦。

（2）2NT开叫

2NT开叫，为22~24点，不允许有5张以上高花，也不允许有单缺花色的均型牌。当开叫人有5张以上低花强套的牌时，也应该尽量避免开叫2NT。不逼叫。其低限为22点，中限为23点，高限为24点。

以下牌例，应该如何开叫？

【例1】♠AK53　♥AJ4　♦AQ92　♣KJ，22点，4-3-4-2牌型

答　22点的均型牌，应该开叫2NT。

【例2】♠AK53　♥AJ　♦AQ1032　♣KQ，23点，4-2-5-2牌型

答　23点，有5张方块强套的牌，笔者不推荐开叫2NT，而应开叫1♣。

【例3】♠AK53　♥AJ　♦AKJ52　♣AJ，25点，4-2-5-2牌型

答　25点的均型牌，已经超过了2NT开叫的牌力了，应该开叫1♣。

4. 阻击性开叫

阻击性开叫（以下简称阻击开叫）的主要目的是剥夺对方的叫牌空间，为首攻提供方向，为合理的牺牲提供线索。无论是什么类型的叫牌体系，对高阶阻击开叫的处理都是令对手头疼的事情，因而阻击开叫的合理使用会使你们有许多意外收获。

（1）2♥/2♠高花阻击开叫

2♥/2♠高花阻击开叫（也有叫弱二开叫的），为7~10点，6张的牌（稳妥起见，该花色的大牌点不应低于5点），不逼叫。其低限为7~8点，中限为9点，高限为10点。其开叫应符合有局方时允许宕二，无局方时允许宕三的牌（以下简称"二三原则"）。

（2）3♥/3♠高花阻击开叫

3♥/3♠高花阻击开叫，为7~10点，7张的牌（稳妥起见，该花色的大牌点不应低于5点），不逼叫。其低限为7~8点，中限为9点，高限为10点。其开叫应符合"二三原则"。

通常对高花阻击开叫，有以下3条附加限制：①当为第一家或第二家开叫时，另一门高花不能有4张以上的牌；②当为第三家开叫时，不受第①条限制且对开叫套的强度要求也可以适当降低；③当为第四家开叫时，不受第①条限制，但要求有9~10点高限牌力。

以下牌例，应该如何开叫？

【例1】♠Q1072　♥AK10753　♦3　♣84，9点，4-6-1-2牌型

答　9点，除了有6张红心，还有4张黑桃，当为第一、二家开叫时，应该Pass。当为第三、四家开叫时，都应开叫2♥。

【例2】♠K72　♥QJ107543　♦3　♣K4，9点，3-7-1-2牌型

答　9点，有7张红心的牌，无论是第几家开叫时，都可以开叫2♥，虽然红心套的强度不够理想，但是有7张可以弥补这点不足了。此牌如开叫3♥，红心套略显弱了。

【例3】♠KQ109532　♥Q6　♦J4　♣75，8点，7-2-2-2牌型

答　8点，有7张黑桃强套的牌，无论是第几家开叫时，都可以开叫3♠。

（3）4♥/4♠高花阻击开叫

4♥/4♠高花阻击开叫，为7~10点，8张以上的牌（稳妥起见，该花色的大牌点不应低于6点），不逼叫。其低限为7~8点，中限为9点，高限为10点。其开叫应该符合"二三原则"。

以下牌例，应该如何开叫？

【例1】♠AK1087652　♥7　♦6　♣Q75，9点，8-1-1-3牌型

答　9点，有8张黑桃强套的牌，无论是第几家开叫，局况如何，都应该开叫4♠。因为此牌有七个半赢墩，符合阻击叫的"二三原则"要求。

【例2】♠KQJ108532　♥K2　♦2　♣75，9点，8-2-1-2牌型

答　9点，有8张黑桃强套的牌，无论是第几家开叫，局况如何，都应该开叫4♠。因为此牌有七个半赢墩，符合阻击叫的"二三原则"要求。

（4）3♣/3♦低花阻击开叫

3♣/3♦低花阻击开叫，为7~10点，7张以上的牌（稳妥起见，该花色的大牌点不应低于5点，且无局方开叫时允许为6张强套），不逼叫。其低限为7~8点，中限为9点，高限为10点。其开叫应符合"二三原则"。

对3♣/3♦低花阻击开叫还有以下3条附加限制：①当为第一家或第二家开叫时，必须保证7张套中有两大的牌；②当为第三家开叫时，对开叫套强度要求可以适当降低；③当为第四家开叫时，对开叫套的强度要求也可以适当降低，但要求有9~10点高限

牌力。

以下牌例，应该如何开叫？

【例1】♠K72 ♥7 ♦AJ107543 ♣J4，9点，3-1-7-2牌型

答 9点，有7张基本符合开叫强度要求方块的牌，当为第一、二家开叫时，稳妥点就都Pass，激进点也可以开叫3♦。当为第三、四家开叫时，都应该开叫3♦。

【例2】♠1072 ♥73 ♦AK107653 ♣4，7点，3-2-7-1牌型

答 7点，有7张方块强套的牌，当为第一、二、三家开叫时，都应该开叫3♦。当为第四家开叫时，则应该Pass，因为其牌力不满足9~10点高限牌力的要求。

【例3】♠KJ2 ♥7 ♦QJ107653 ♣K4，10点，3-1-7-2牌型

答 10点，有7张方块的牌，当为第一、二家开叫时，都应该Pass，因为此牌的方块花色不够强。当为第三、四家开叫时，都应该开叫3♦。

（5）赌博性3NT开叫

赌博性3NT开叫，为11~14点，有一门7张以上低花坚固套且有另外花色止张或潜在止张的牌，不逼叫。其低限为11点，中限为12点，高限为13~14点。

当开叫人为14~15点，有一门7张以上低花坚固套及一个边花A的牌时，通常是可以考虑开叫1♣的。

以下牌例，应该如何开叫？

【例1】♠82 ♥Q6 ♦K2 ♣AKQ9532，14点，2-2-2-7牌型

答 14点，有7张草花坚固套，对方块有潜在止张，对红心有潜在半止张的牌，应该开叫3NT。

【例2】♠82 ♥76 ♦82 ♣AKQ9532，9点，2-2-2-7牌型

答 9点，有7张草花坚固套的牌，应该开叫3♣。此牌不能开叫3NT的理由是，不够11点牌力。

【例3】♠82 ♥7 ♦AQ2 ♣AKQ9532，15点，2-1-3-7牌型

答 15点，有7张草花坚固套，另有♦AQ的牌，应该开叫1♣，因为你自己都有8个半赢墩了，应该叫得更强一些。

5.2阶低花和纳姆雅姿转移开叫

（1）2♣开叫

2♣开叫，为11~15点，当开叫人：①有5张草花强套时，必须另有一门4张高花的牌；②有6张以上草花（草花通常要有4点以上）时，对高花套的张数无限制，不逼叫。其低限为11~12点，中限为13~14点，高限为14~15点。

以下牌例，应该如何开叫？

【例1】♠J1093 ♥AQ ♦52 ♣AK762，14点，4-2-2-5牌型

答 14点，有5张草花强套且有4张黑桃的牌，应该开叫2♣。

【例2】♠KJ5 ♥K3 ♦42 ♣AKJ753，15点，3-2-2-6牌型

答　15点，有6张草花强套的牌，对高花的张数无限制，应该开叫2♣。

【例3】♠Q53　♥K63　♦A2　♣KQ753　14点，3-3-2-5牌型

答　14点，有5张草花强套，但无4张高花的均型牌，不能开叫2♣，而应该开叫1NT。

（2）2♦开叫

2♦开叫，为11~15点，方块为单张4-4-1-4或缺门4-4-0-5牌型的牌，或是方块为单张3-4-1-5或4-3-1-5牌型及草花套比较弱不符合2♣开叫要求的牌，不逼叫。其低限为11~12点，中限为13~14点，高限为14~15点。

以下牌例，应该如何开叫？

【例1】♠AK95　♥K763　♦5　♣A752，14点，4-4-1-4牌型

答　14点，4-4-1-4牌型的牌，应该开叫2♦。

【例2】♠A973　♥A763　♦—　♣KQ975，13点，4-4-0-5牌型

答　13点，4-4-0-5牌型的牌，应该开叫2♦。此类牌型，是开叫2♣还是2♦，是存在争议的，应该说选择哪种开叫都是符合开叫要求的。不过综合而言，笔者推荐拿此类牌型的牌时，优先选择2♦开叫。其理由是，当应叫人为6~7点，有4张或5张高花且在方块中无废点的牌时，可以进行高花邀局尝试。而当你采用了2♣开叫，应叫人可能会因为持有不够自由应叫牌力且有高花长套的牌，只有选择Pass而丢掉可能的成局定约了。

【例3】♠AQ9　♥KQ63　♦5　♣Q9752，13点，3-4-1-5牌型

答　13点，此牌的草花套太弱了，不能进行2♣开叫，其又不符合开叫1NT条件，只能开叫2♦。

（3）纳姆雅姿转移开叫

4♣/4♦开叫，别名为纳姆雅姿转移开叫。为11~15点，有7张以上红心/黑桃半坚固套的牌。进行4♣/4♦开叫时，一般为3.5~4.5个失墩的牌，逼叫。其低限为11~12点，中限为13~14点，高限为14~15点。

以下牌例，应该如何开叫？

【例1】♠AKQ109532　♥K3　♦2　♣J5，13点，8-2-1-2牌型

答　13点，有8张黑桃坚固套的牌，应该开叫4♦。

【例2】♠—　♥AKQ107543　♦A4　♣1052，13点，0-8-2-3牌型

答　13点，有8张红心坚固套的牌，应该开叫1♣，因为你自己已经有9个赢墩了，应该叫得更强一些。

6.1♣虚叫的开叫

1♣虚叫的开叫（以下简称1♣开叫），为16点以上的任意牌（不包括22~24点2NT开叫的牌）。当持有两门长套适合做庄的牌时，其开叫牌力可以适当降低，逼叫。其低限为16~18点，中限为19~20点，高限为21点以上。

以下牌例，应该如何开叫？

【例1】♠AQ1032　♥J6　♦AK　♣A975，18点，5-2-2-4牌型

答　18点的牌，应该开叫1♣。

【例2】♠AK53　♥A76　♦AK52　♣K5，21点，4-3-4-2牌型

答　21点的均型牌，应该开叫1♣。

【例3】♠3　♥AKQ105　♦AQ1092　♣72，15点，1-5-5-2牌型

答　此牌虽然只有15点，但是只要同伴略有帮助（有3张红心及一张♦K），就能打成4♥定约的牌，应该开叫1♣。

7. 开叫时Pass

当轮到你叫牌，你的牌力和牌型不具备以上各类开叫条件的要求时，都应该Pass。以下牌例，应该如何开叫？

【例1】♠Q32　♥K6　♦KJ62　♣10975，9点，3-2-4-4牌型

答　9点，牌力和牌型都不符合开叫要求的牌，应该Pass。

【例2】♠K3　♥76　♦K976532　♣K5，9点，2-2-7-2牌型

答　9点，有7张方块的牌，应该Pass，因为此牌方块套的质量太差了，不能进行3♦开叫。

【例3】♠K63　♥QJ6　♦QJ52　♣Q105，11点，3-3-4-3牌型

答　11点，但多是QJ和KX结构的牌，应该Pass，因为要予以减点调整。

【例4】♠A63　♥Q109764　♦62　♣Q5，8点，3-6-2-2牌型

答　8点，有6张红心的牌，应该Pass，因为此牌的红心套太弱了，不能进行2♥开叫。

第四节　1♥/1♠开叫后的叫牌

1♥/1♠开叫后的叫牌，是使用频率最高的叫牌，应叫人首先应该遵循三个优先的应叫法则，规范地进行应叫。之后开叫人的再叫及后续叫牌都是自然实叫，应该符合桥牌逻辑。

一、三个优先的应叫法则

1. 牌力优先的应叫法则

应叫人首先必须正确地向同伴显示自己的牌力范围，不要让同伴对你的牌力范围产生误解是非常重要的事情。"宁可叫坏一个花色，不可叫坏一手牌"这是桥牌界的名言。其最典型的牌例为，当同伴开叫1♠，你有9点，5张或6张红心长套的牌时，是不能进行2♥（二盖一）应叫的，而应该遵循牌力优先的应叫法则，先应叫1NT，以后有机

会再叫出红心套来，就能表示出你有8~10点，5张以上红心的牌。即使你可能面对同伴的2♠或2NT再叫，没有机会叫出5张或6张红心，只能选择Pass时，你的1NT应叫也把你有8点以上牌力报清楚了。当你主动再叫3♥时，也能把你有8~10点，6张以上红心的牌报清楚了。而你一旦首次就采用2♥进行应叫，同伴就一定会认为你有11点以上的牌，从而会导致他对你们联手的牌力产生误判，而将叫牌的结果引入歧途。

2. 高花优先的应叫法则

当应叫人为8~15点的牌时，高花优先的应叫法则使用等级高于长套优先的应叫法则。其又分为高花加叫优先和高花应叫优先两个类型。

（1）高花加叫优先的表述为，当应叫人对同伴开叫的高花有支持，可以加叫、跳加叫及加叫进局且又有另一门高花可以一盖一或二盖一应叫或有另一门低花可以二盖一应叫时，应该优先选择高花的加叫、跳加叫和加叫进局进行应叫。

（2）高花应叫优先的表述为，在不够对高花加叫优先的前提下，当应叫人：①有4张以上高花可以一盖一应叫，同时又有一门低花可以二盖一应叫时，应该优先选择高花的一盖一应叫；②同时有5张高花和5张低花都可以二盖一应叫时，应该优先选择高花的二盖一应叫。

3. 长套优先的应叫法则

（1）当应叫人为16点以上的牌时，长套优先的应叫法则使用等级高于高花优先的应叫法则。即当应叫人对开叫的高花有支持且另有长套花色可以二盖一应叫时，则应优先二盖一叫出长套花色，有机会再3阶叫回开叫高花，就可以表示出应叫人有16点以上，对原花^有支持且对满贯有兴趣。

（2）在应叫人不支持开叫人高花且没有高花可叫的情况下，当应叫人有5张以上低花可以选择二盖一叫出，也可以选择平阶无将叫牌时，应该优先选择低花的二盖一应叫。

二、对1♥/1♠开叫的应叫及后续叫牌

1♥/1♠开叫，为11~15点，5张以上的牌，都不逼叫。其低限为11~12点，中限为13~14点，高限为14~15点。

笔者依据桥牌逻辑，采用独特的列表方式来展示对1♥/1♠开叫（包括本书所有开叫）所有的应叫和对应后续叫牌的详情，使得烦琐而枯燥的自由叫牌（指对方没有进行干扰时的叫牌）练习，成为按表索骥的乐事，叫牌练习表格化，是本书独有的特色。对1♥/1♠开叫的应叫及后续叫牌，详见表2-1。

---

❶ 本书统一对开叫花色或是1♣开叫后首叫的实套花色都用原花表示。

表2-1　对1♥/1♠开叫的应叫及后续叫牌

应　叫	开叫人的再叫	应叫人的再叫
Pass：为最多7点的牌		
对 1♥ 开叫的 1♠：通常为8~15点，4张以上，对红心无支持的牌（以下无支持时省略），逼叫 另外还有一种可能是，16~19点（20点以上如何应叫，请和同伴协商确定），有 5 张以上黑桃，对红心有支持（可以认为有支持涵盖有好支持，当需要突出表示支持程度时，用有好支持来表示）或是不符合2NT应叫牌型，对满贯感兴趣的牌	1NT：为11~13点（含不是很好的14点，以下省略该解释），对黑桃无配合（以后无配合时省略）的均型牌，不逼叫	Pass：为8~11点，成局无望的均型牌 2♣/2♦：都为8~11点，4张以上的牌，都不逼叫 3♣/3♦：都为12点以上，4张以上的牌，都是逼叫 4♣：可以视为❶以红心为将牌关键张问叫，为18~19点，对红心有好支持的牌，逼叫 2♥：为8~12点，有双张红心的牌，止叫 3♥：为17点以上，对红心有好支持的牌（当叫回原花时，以后可以省略对原花，在此省略对红心），逼叫 4♥：为12~16点，有帮助（或是对应增加1点，有双张原花，以下省略此解释）或为16点，有支持的牌，止叫 5♥/6♥：为18点/19点，有好支持的牌，是问红心大牌张数的满贯邀叫/封贯叫牌，不逼叫（以下对邀叫省略不逼叫）/止叫 2♠/3♠：为8~11点/12点以上，5张以上套/5张以上强套的牌，不逼叫/逼叫 4♠：为12~16点，6张以上的牌，止叫 5♠：为18点，最多只有一个输墩强套❷的牌，是问黑桃大牌张数（当同伴有一张大牌时，就可以叫到满贯，简称"一大进贯"）的满贯邀叫 6♠：为19点，最多只有一个输墩强套的牌，止叫 2NT/3NT：为11~12点/13~16点的均型牌，邀叫/止叫 4NT：为19点，中间张丰富的均型牌，是6NT邀叫
	2NT：为14~15点的均型牌，邀叫 当为质量不好的14点时，不要跳叫，以下省略该解释	Pass：为8~9点，成局无望的均型牌 3♣/3♦：都为11~15点，5张以上，有4张黑桃的牌，都是逼叫 4♣：可以视为以红心为将牌的关键张问叫，为16点以上，对红心有好支持的牌，逼叫 3♥：为16点以上，有好支持的牌，逼叫 4♥：为12~15点，有帮助，不适合打3NT定约的牌，止叫 5♥/6♥：为16点/17~19点，有好支持的牌，是问红心大牌张数的满贯邀叫/封贯止叫 3♠/4♠：为8~10点/11~15点，5张以上/6张以上的牌（5张强套应如何再叫，请和同伴商达成共识），不逼叫/止叫 5♠/6♠：为16点/17~19点，最多只有一个输墩强套的牌，是问黑桃大牌张数（一大进贯）的满贯邀叫/封贯止叫 3NT/6NT：为10~15点/18~19的均型牌，都是止叫 4NT：为17点的均型牌，是6NT邀叫

---

❶　此时，把格伯问叫视为以原花为将牌的关键张问叫，另外笔者把想介绍给大家的特殊约定叫，都统一用"可以视为某某特殊约定叫"来表示。

❷　因为最多只有一个输墩的牌可能比半坚固套略弱，也可能比半坚固套强，用以表示能独立做将的强套。

应　　　叫	开叫人的再叫	应叫人的再叫
对1♥开叫的1♠：通常为8~15点，4张以上，对红心无支持的牌（以下无支持时省略），逼叫 另外还有一种可能是，16~19点（20点以上如何应叫，请和同伴协商确定），有5张以上黑桃，对红心有支持（可以认为有支持涵盖有好支持，当需要突出表示支持程度时，用有好支持来表示）或是不符合2NT应叫牌型，对满贯感兴趣的牌	2♣／2♦：都为11~13点，4张以上的牌，都不逼叫	Pass：为8~11点，对再叫低花有支持，成局无望的牌 对2♣再叫的2♦：为11~15点，4张以上的牌（也可以约定为12点以上的第四花色逼叫），逼叫 对2♦再叫的3♣：为13~15点，5张以上的牌（也可以约定为12点以上的第四花色逼叫），逼叫 对2♣再叫的3♦和对2♦再叫的4♣：都可以视为改良的爆裂叫，为13点以上，对再叫低花有4张以上好配合，所叫花色为缺门的牌，都是逼叫 2♥：为8~11点，有双张红心的牌，止叫 3♥：为17点以上，有好支持的牌，逼叫 4♥：为12~16点，有帮助，或为16点，有支持的牌，止叫 5♥/6♥：为18点/19点，有好支持的牌，是问红心大牌张数的满贯邀叫/封贯止叫 2♠/3♠：8~11点/12~16点，5张以上套/5张强套的牌，不逼叫/逼叫 4♠：为12~16点，6张以上的牌，止叫 5♠/6♠：为18点/19点，最多只有一个输墩强套的牌，是问黑桃大牌张数（一大进贯）的满贯邀叫/封贯止叫 2NT/3NT：为11~12点/13~16点的均型牌❶，邀叫/止叫 4NT：为18点以上，对红心有好支持的牌，是以红心为将牌的关键张问叫，逼叫 3阶/5阶加叫再叫低花：为11~12点/13~16点，有4张以上配合，不适合打3NT和高花定约的非均型牌，邀叫/止叫 4阶/6阶跳加再叫低花：为18点以上/19点，有4张以上好配合❷的牌，是以该低花为将牌变通的低花关键张问叫/封贯叫牌，逼叫/止叫
	3♣／3♦：都为14~15点，4张以上的牌，都是邀叫	Pass：为8~9点，对再叫低花有支持，成局无望的牌 对3♣再叫的3♦：为11~15点，4张以上的牌（也可以约定为12点以上的第四花色逼叫），逼叫 对3♦再叫的4♣：为16~17点，5张以上的牌，逼叫 对3♣再叫的4♦和对3♦的5♣：都可以视为改良的爆裂叫，为13点以上，对再叫低花有4张以上好配合，所叫花色为缺门的牌，都是逼叫 3♥：为16点以上，有好支持的牌，逼叫 4♥：为11~15点，有帮助的牌，止叫 5♥/6♥：为16点/17~19点，有好支持的牌，是问红心大牌张数的满贯邀叫/封贯止叫 3♠/4♠：为8~9点/10~15点，5张以上/6张以上的牌（5张强套应如何再叫，请和同伴协商达成共识），邀叫/止叫 5♠/6♠：为16点/17~19点，最多只有一个输墩强套的牌，是问黑桃大牌张数（一大进贯）的满贯邀叫/封贯止叫

❶　当开叫人为11~13点，应叫人为19点时，6NT是勉强的叫牌，故在此就一律省略。

❷　为了保险起见，对试探满贯类的叫牌，除非联手牌力已够30点，都强调有好支持、4张好配合来表示将牌配合。对只是成局的叫牌，一律用有支持或有4张配合（本身就涵盖可能是好支持、好配合）来表示将牌配合。对改良的爆裂叫，当问叫人为11点以上时，都用有好支持、好配合来表示。而当问叫人为最多10点时，用有支持、有配合来区别表示。当将牌花色低于首次应叫花色时，都为4张以上好配合的牌。

应　　叫	开叫人的再叫	应叫人的再叫
对1♥开叫的1♠：通常为8~15点，4张以上，对红心无支持的牌（以下无支持时省略），逼叫 另外还有一种可能是，16~19点（20点以上如何应叫，请和同伴协商确定），有5张以上黑桃，对红心有支持（可以认为有支持涵盖有好支持，当需要突出表示支持程度时，用有好支持来表示）或是不符合2NT应叫牌型，对满贯感兴趣的牌	3♣/3♦：都为14~15点，4张以上的牌，都是邀叫	3NT/6NT：为11~15点/18~19点的均型牌，都是止叫 4NT：为16点以上，对红心有好支持的牌，是以红心为将牌的关键张问叫，逼叫 4阶/6阶加叫再叫低花：为16点以上/17~19点，有4张以上好配合的牌，是以该低花为将牌变通的低花关键张问叫/封贯叫牌，逼叫/止叫 5阶跳加再叫低花：为12~14点，有4张以上配合，不适合打3NT和高花定约的非均型牌，止叫
	2♥：为11~13点，6张以上的牌，不逼叫	Pass：为8~11点，成局无望的牌 2♠/3♠：为8~11点/12~15点，5张以上套/5张以上强套的牌，不逼叫/逼叫 4♠：为11~16点，6张以上的牌，止叫 5♠/6♠：为18点/19点，最多只有一个输墩强套的牌，是问黑桃大牌张数（一大进贯）的满贯邀叫/封贯止叫 2NT/3NT：为11~12点/13~17点的均型牌，邀叫/不逼叫 4NT：为18点以上，对红心有好支持，或为19点，对红心有帮助的牌，是以红心为将牌的关键张问叫，逼叫 3阶/4阶出低花：为11~12点/13~15点，4张以上/5张以上的牌，都是逼叫 3♥：为17点以上，有好支持的牌，逼叫 4♥：为12~16点，有帮助，或为16点，有支持的牌，止叫 5♥：为18点，有好支持，或为19点，有帮助的牌，是问红心大牌张数的满贯邀叫 6♥：为19点，有好支持的牌，止叫
	3♥：为14~15点，6张强套的牌，邀叫	Pass：为8~9点，成局无望的牌 3♠/4♠：为8~10点/11~15点，5张以上/6张以上的牌，不逼叫/止叫 5♠/6♠：为16点/17~19点，最多只有一个输墩强套的牌，是问黑桃大牌张数（一大进贯）的满贯邀叫/封贯止叫 3NT/6NT：为11~15点/18~19点的均型牌，都是止叫 4NT：为16点以上，对红心有好支持或有帮助的牌，是以红心为将牌的关键张问叫，逼叫 4♣/4♦：都为16点以上，对红心有好支持或帮助的牌，是以红心为将牌扣A的牌，都是逼叫 4♥：为11~15点，有双张红心的牌，止叫 5♥：为16点，有好支持，或为17点，有帮助的牌，是问红心大牌张数的满贯邀叫 6♥：为17~19点，有好支持或有帮助的牌，止叫
	4♥：为13~15点，7张以上超长套的牌，不逼叫	Pass：为8~15点，对满贯不感兴趣的牌 4♠：为11~15点，6张以上强套的牌，止叫 5♠/6♠：为16点/17~19点，最多只有一个输墩强套的牌，是问黑桃大牌张数（一大进贯）的满贯邀叫/封贯止叫 4NT：为16点以上，对红心有好支持或有帮助的牌，是以红心为将牌的关键张问叫，逼叫 6NT：为18~19点的均型牌，止叫 5♣/5♦：都为16点以上，对红心有好支持或有帮助，是以红心为将牌扣A的牌，都是逼叫 5♥：为16点，有好支持，或为17点，有帮助的牌，是问红心大牌张数的满贯邀叫 6♥：为17~19点，有好支持或有帮助的牌，止叫

应　　叫	开叫人的再叫	应叫人的再叫
对1♥开叫的1♠：通常为8~15点，4张以上，对红心无支持的牌（以下无支持时省略），逼叫 另外还有一种可能是，16~19点（20点以上如何应叫，请和同伴协商确定），有5张以上黑桃，对红心有支持（可以认为有支持涵盖有好支持，当需要突出表示支持程度时，用有好支持来表示）或是不符合2NT应叫牌型，对满贯感兴趣的牌	2♠：为11~13点，有4张配合且无单张花色的牌，不逼叫	Pass：为8~10点，成局无望的牌 2NT：为11~12点的均型牌，邀叫 3NT：是逻辑含糊的叫品，通常应该优先打黑桃有将定约，可以视为以黑桃为将牌的关键张问叫，为18点以上，有4张以上黑桃强套的牌，逼叫 4NT：笔者推荐尽量采用3NT进行关键张问叫 3♣/3♦：都为11~12点，4张以上，都是此花色的长套邀叫（也有求助花色问叫）的牌，都是逼叫。要求开叫人有此花色大牌张时进局，否则就叫回3♠ 4♣/4♦：都可以视为改良的爆裂叫❶，为13点以上，有4张以上黑桃强套的、所叫花色为缺门的牌，都是逼叫 5♣/5♦：都为15点以上，有4张以上黑桃强套的牌，是以黑桃为将牌、所叫花色为缺门的排除关键张问叫，都是逼叫 3♥：为17点以上，有好支持的牌，逼叫 4♥：是逻辑含糊的叫牌，因为持有限制性牌力应叫的牌，在黑桃有配合后，通常不会再打红心定约了，你可以赋予其特定的叫牌约定 5♥/6♥：为18点/19点，有好支持，感觉打红心定约更有利的牌，是问红心大牌张数的满贯邀叫/封贯止叫 3♠/4♠：为11~12点/13~16点，4张以上的牌，邀叫/止叫 5♠/6♠：为18点/19点，4张以上强套的牌，是问黑桃大牌张数（一大进贯）的满贯邀叫/封贯止叫
	3♠：为14~15点，有4张配合且无单张或为11~13点有单张花色的牌，邀叫	Pass：为8~9点，成局无望的均型牌 3NT：可以视为以黑桃为将牌的关键张问叫，为16点以上，有4张以上黑桃强套的牌，逼叫 4NT：笔者推荐尽量采用3NT进行关键张问叫 4♣/4♦：都为16点以上，有4张以上黑桃强套扣A的牌，都是逼叫 5♣/5♦：都可以视为改良的爆裂叫，为13点以上，有4张以上黑桃强套、所叫花色为缺门的牌，都是逼叫 4♥：是逻辑含糊的叫牌❷，可以视为特殊约定，为15点，有4张以上黑桃强套的牌，逼叫，由开叫人决定是否试探满贯，如不想试探满贯时，就叫回4♠ 4♠：为10~14点，满贯无望的牌，止叫 5♠/6♠：为16点/17~19点，4张以上强套的牌，是问黑桃大牌张数（一大进贯）的满贯邀叫/封贯止叫
	4♠：为14~15点，有4张配合且有单张花色的牌，不逼叫	Pass：为8~14点，满贯无望的牌 4NT：为15点以上，有4张以上黑桃强套的牌，是以黑桃为将牌的关键张问叫，逼叫 5♣/5♦：都为15点以上，有4张以上黑桃强套、所叫花色为缺门扣A的牌，都是逼叫 5♠/6♠：为16点/17~19点，4张以上强套的牌，是问黑桃大牌张数（一大进贯）的满贯邀叫/封贯止叫

❶　笔者强烈推荐用所叫花色为缺门来替代为单缺的斯普林特爆裂叫，对原本是斯普林特爆裂叫和想用来表示的爆裂叫的叫品，一律用可以视为改良的爆裂叫来表示。

❷　通常在对黑桃有配合后，是不会轻易再去打红心定约了，所以可以视4♥为特殊约定叫，因而省略5♥和6♥的再叫，因为其是小概率的叫牌了，如果你希望保留5♥和6♥的再叫，请和同伴协商确定。

应　　叫	开叫人的再叫	应叫人的再叫
	3NT：是非常罕见的叫牌，是表示14~15点的均型牌，还是表示有坚固红心套的牌，请和同伴协商确定 4♣/4♦：都可以视为改良的爆裂叫，为13~15点，对黑桃有4张好配合，所叫花色为缺门的牌，都是逼叫 开叫人此时的4NT、5♠和6♠的再叫：都是逻辑错误的叫牌。通常满贯试探应该由非限制性牌力的应叫人来发动，持限制性牌力的开叫人，面对最低为8点的限制性应叫，在没有缺门的牌时，是没有试探满贯权利的。而当有缺门的牌时，笔者推荐应优先采用改良的爆裂叫来试探满贯，让同伴参与是否打满贯的决策	
对1♥开叫的1NT：为8~15点，没有4张黑桃的均型牌或是为8~10点，有5张以上低花长套的非均型牌，逼叫 对1♠开叫的1NT：为8~15点的均型牌或是为8~10点，有低于黑桃花色长套的非均型牌，逼叫	2♣：为11~13点，4张以上的牌（特殊情况下允许是3张），不逼叫	Pass：为8~10点，对草花有支持，成局无望的牌 2♦/3♦：为8~10点，5张/6张以上的牌，都不逼叫 4♦/5♦：为10点，6张/7张以上，不适合打高花和3NT定约的非均型/畸形牌，邀叫/止叫 对1♥开叫的2♥：为8~10点，5张以上的牌，不逼叫 对1♥开叫的3♥/4♥：为9~10点，6张以上/7张以上的牌，邀叫/止叫 2阶叫回原花：为8~10点，有双张原花的牌，不逼叫 3阶/4阶叫回原花：为11~12点/13~15点，有帮助的牌，邀叫/止叫 2NT/3NT：为11~12点/13~15点的均型牌，邀叫/止叫 3♣：为8~10点，有5张以上配合的牌，不逼叫 4♣/5♣❶：为9~10点/10点，有5张以上配合，不适合打3NT和原花定约的非均型/畸形牌，邀叫/止叫
	3♣：为14~15点，4张以上强套的牌，不逼叫	Pass：为8~9点，对草花有好支持，成局无望的牌 3♦：为8~9点，6张以上的牌，不逼叫 4♦/5♦：为10点，6张/7张以上，不适合打3NT和原花定约的非均型/畸形牌，邀叫/止叫 对1♥开叫的3♥/4♥：为9~10点，6张/7张以上的牌，邀叫/止叫 3阶/4阶叫回原花：为8~10点/11~15点，有帮助的牌，邀叫/止叫 3NT：为11~15点的均型牌，止叫 4♣/5♣：8点/9~10点，有5张以上配合，不适合打3NT和原花定约的非均型/畸形牌，邀叫/止叫
	2♦：为11~13点，4张以上的牌，不逼叫	Pass：为8~11点，对方块有支持，成局无望的牌 对1♠开叫的2♥：为8~10点，5张以上的牌，不逼叫 对1♠开叫的3♥/4♥：为8~10点，6张/7张以上的牌，邀叫/止叫 2阶叫回原花：为8~10点，有双张原花的牌，不逼叫 3阶/4阶叫回原花：为11~12点/13~15点，有帮助的牌，邀叫/止叫 2NT/3NT：为11~12点/13~15点的均型牌，邀叫/止叫 3♣：为8~9点，6张以上的牌，不逼叫 4♣/5♣：为9~10点/10点，6张/7张以上，不适合打3NT和原花定约的非均型/畸形牌，邀叫/止叫 3♦：为8~9点，有5张以上配合的牌，不逼叫 4♦/5♦：为9~10点/10点，有5张以上配合，不适合打3NT和原花定约的非均型/畸形牌，邀叫/止叫

❶　1NT应叫后，应叫人4阶加叫或跳加低花，都不再是变通的关键张问叫，而花色示强应叫后，应叫人主动越过3NT，4阶加叫/跳加低花，或是4阶再叫应叫低花，都是变通的低花关键张问叫。

应　　叫	开叫人的再叫	应叫人的再叫
对1♥开叫的1NT：为8~15点，没有4张黑桃的均型牌或是为8~10点，有5张以上低花长套的非均型牌，逼叫 对1♠开叫的1NT：为8~15点的均型牌或是为8~10点，有低于黑桃花色长套的非均型牌，逼叫	3♦：为14~15点，4张以上的牌，邀叫	Pass：为8~9点，对方块有支持，成局无望的牌 对1♥开叫的3♥/4♥：为8~10点，6张/7张以上的牌，邀叫/止叫 3阶叫回原花：为9~10点，有双张原花的牌，不逼叫 4阶叫回原花：为11~15点，有帮助的牌，止叫 3NT：为11~15点的均型牌，止叫 4♣/5♣：为9~10点，6张/7张以上，不适合打3NT和原花定约的非均型/畸形牌，邀叫/止叫 4♦/5♦：为8点/9~10点，有5张以上配合，不适合打3NT和原花定约的非均型/畸形牌，邀叫/止叫
	1♥开叫人的2♠：为14~15点，4张的牌，邀叫	Pass：为8~9点，对黑桃有支持，成局无望的牌 2NT/3NT：为10点/11~15点的均型牌，邀叫/止叫 3♣/3♦：都为8~10点，6张以上的牌，都不逼叫 4阶/5阶跳出低花：为9~10点，6张/7张以上，不适合打3NT和高花定约的非均型/畸形牌，都是邀叫/都是止叫 3♥：为8~10点，有双张红心的牌，不逼叫 4♥：为11~15点，有帮助的牌，止叫 3♠/4♠：为11点/12~15点，有好支持，不确定某门低花止张有问题，准备打4-3黑桃配合成局定约的牌，邀叫/止叫
	1♠开叫人的2♥：为11~13点，4张或5张的牌，不逼叫	Pass：为8~10点，对红心有支持，成局无望的牌 2♠：为8~10点，有双张黑桃的牌，不逼叫 3♠/4♠：为11~12点/13~15点，有帮助的牌，邀叫/止叫 2NT/3NT：为11~12点/13~15点的均型牌，邀叫/止叫 3♣/3♦：都为8~10点，6张以上的牌，都不逼叫 4阶/5阶跳出低花：都为10点，6张/7张以上，不适合打3NT和高花定约的非均型/畸形牌，都是邀叫/都是止叫 3♥/4♥：为10~12支持点/12~15支持点，有4张以上配合的牌（8~10点时，可能有5张以上配合的牌），邀叫/止叫
	1♠开叫人的3♥：为14~15点，4张的牌，不逼叫	Pass：为8~9点，对红心有支持，成局无望的牌 3♠：为8~10点，有双张黑桃的牌，邀叫 4♠：为11~15点，有帮助的牌，止叫 3NT：为11~15点，对两门低花都有止张的牌，不逼叫 4阶/5阶出低花：为9~10点，6张/7张以上，不适合打3NT和高花定约的非均型/畸形牌，都是邀叫/都是止叫 4♥：为11~14支持点，有4张以上配合或为11~15点，有好支持，不适合打3NT将定约的牌，止叫
	2NT：为14~15点的均型牌，邀叫	Pass：为8~9点，成局无望的均型牌 对1♠开叫的3♥/4♥：为8~10点，6张/7张以上的牌，邀叫/止叫 3♣/3♦：都为8~10点，6张以上的牌，都不逼叫 4阶/5阶跳出低花：为9~10点/10点，6张/7张以上，不适合打3NT和原花定约的非均型/畸形牌，都是邀叫/都是止叫 3阶/4阶叫回原花：为10点/11~15点，有帮助的牌，不逼叫/止叫 3NT：为11~15点的均型牌，止叫

应　　叫	开叫人的再叫	应叫人的再叫
对1♥开叫的1NT：为8~15点，没有4张黑桃的均型牌或是为8~10点，有5张以上低花长套的非均型牌，逼叫 对1♠开叫的1NT：为8~15点的均型牌或是为8~10点，有低于黑桃花色长套的非均型牌，逼叫	2阶再叫原花：为11~13点，6张以上的牌（特殊时允许5张强套），不逼叫	Pass：为8~10点，成局无望的牌 2NT/3NT：为11~12点/13~15点的均型牌，邀叫/止叫 对1♥开叫的3♥/4♥：为8~10点，6张/7张以上的牌，邀叫/止叫 3♣/3♦：都为8~10点，6张以上的牌，都不逼叫 4阶/5阶跳出低花：都为9~10点/10点，6张/7张以上，不适合打3NT和原花定约的非均型牌，都是邀叫/都是止叫 3阶/4阶叫回原花：为11~12点/12~15点，有帮助的牌，邀叫/止叫
	3阶跳叫原花：为14~15点，6张以上强套的牌，邀叫	Pass：为8~9点，成局无望的牌 3NT：为10~15点的均型牌，不逼叫 4阶/5阶出低花：为9~10点/10点，6张/7张以上，不适合打3NT和原花定约非均型牌，邀叫/止叫 对1♠开叫的4♥：为9~10点，6张以上的牌，不逼叫 4阶回原花：为10~15点，有帮助的牌，止叫
	1♥开叫人的3♠：为13~15点，有6张以上红心，5张黑桃的牌，不逼叫 1♠开叫人的4♥：为14~15点，有5-5以上分布黑桃和红心的牌，不逼叫 3NT：为14~15点的均型牌，通常是止叫，允许应叫人叫出7张长套改善定约 4阶跳叫原花：为13~15点，7张以上强套的畸形牌，不逼叫	
2♣/2♦：都为11点以上❶，5张以上的牌（当16点以上，对原花有支持时，允许是4张强套），都逼叫到应叫人的2阶叫回原花、再叫2NT或再叫3阶应叫低花 持有16点以上，黑桃为单张1-4-4-4牌型的牌，对1♠开叫，是否可以应叫2♣或2♦，你应和同伴协商确定	对2♣应叫的2♦：为11~13点，4张以上（当开叫人另有4张高花和4张方块的牌时，应该优先叫出4张高花来。当开叫人有6张原花和4张方块的牌时，应优先叫出6张原花的牌），逼叫	2阶叫回原花：为11~13点，有双张原花的牌，不逼叫 3阶叫回原花：为17点以上，有好支持的牌，逼叫 4阶叫回原花：为12~16点，有帮助，或为16点，有支持的牌，止叫 5阶/6阶叫回原花：为18点/19~22点，有好支持的牌，是问原花大牌张数的满贯邀叫/封贯止叫 对1♥开叫的2♠：为11~15点，4张的牌（也可以约定为12点以上的第四花色逼叫），逼叫 对1♠开叫的2♠：为16点以上，4张或以上的牌（只有应叫人为16点以上，明显采用长套优先叫牌法则应叫，应叫花色为6张以上时，再叫高于它的花色有可能是5张牌，对此种类型，以后统一用4张或以上来表示），逼叫 对1♠开叫的3♠和对1♥开叫的3♠：都可以视为改良的爆裂叫，为13点以上，对方块有4张好配合（当应叫人有6张草花时，有可能有5张方块的牌，以后用好配合涵盖这种再叫低花的类型），所叫花色为缺门的牌，都是逼叫 2NT/3NT：为11~12点/13~15点的均型牌，邀叫/止叫 4NT：为18点以上，对原花有好支持的牌，是以原花为将牌的关键张问叫，逼叫 6NT：为21~23点的均型牌，止叫 3♣/5♣：为11~12点/13~16点，6张以上/7张以上不适合打3NT和原花定约的非均型牌，不逼叫/止叫 4♣/6♣：为18点以上/19~22点，最多只有一个输墩强套的牌，是以草花为将牌变通的低花关键张问叫/封贯叫牌，逼叫/止叫 3♦/5♦：为13~14点/15~16点，有4张配合，不适合打3NT和原花定约的非均型牌，逼叫/止叫 4♦/6♦：为18点以上/19~22点，有4张或以上好配合的牌，是以方块为将牌变通的低花关键张问叫/封贯叫牌，逼叫/止叫

❶　11点以上表示没有上限的牌，具体再次描述时，笔者都会给出牌力范围来表示，对6阶封贯也一律用标注牌力范围来表示。

应　　叫	开叫人的再叫	应叫人的再叫
2♣/2♦：都为11点以上，5张以上的牌（当16点以上，对原花有支持时，允许是4张强套），都逼叫到应叫人的2阶叫回原花、再叫2NT或再叫3阶应叫低花 持有16点以上，黑桃为单张1-4-4-4牌型的牌，对1♠开叫，是否可以应2♣或2♦，你应和同伴协商确定	对2♣应叫的3♦：为14~15点，4张以上的牌，逼叫	3阶叫回原花：为16点以上，有好支持的牌，逼叫 4阶叫回原花：为11~15点，有帮助的牌，止叫 5阶/6阶叫回原花：为16点/17~20点，有好支持的牌，是问原花大牌张数的满贯邀叫/封贯止叫 对1♠开叫的3♥：为12点以上，4张的牌（也可以约定为12点以上的第四花色逼叫），逼叫 对1♥开叫的3♠：为16点以上，4张或以上的牌，逼叫 对1♠开叫的4♥和对1♥开叫的4♠：都可以视为改良的爆裂叫，为13点以上，对方块有4张好配合，所叫花色为缺门的牌，都是逼叫 3NT/6NT：为11~14点/18~21点，对未叫高花有好止张的均型牌，都是止叫 4NT：为16点以上，对原花有好支持的牌，是以原花为将牌的关键张问叫，逼叫 4♣/6♣：为16点以上/17~20点，最多只有一个输墩强套的牌，是以草花为将牌变通的低花关键张问叫/封贯叫牌，逼叫/止叫 5♣：为11~14点，6张以上强套，不适合打3NT和原花定约的非均型牌，止叫 4♦/6♦：为16点以上/17~20点，有4张或以上好配合的牌，是以方块为将牌变通的低花关键张问叫/封贯叫牌，逼叫/止叫 5♦：为11~14点，有4张配合，不适合打3NT和原花定约的非均型牌，止叫
	对2♦应叫的3♣：为14~15点（当为11~13点的均型牌时，应该再叫2NT），4张以上的牌，逼叫	3阶叫回原花：为16点以上，有好支持的牌，逼叫 4阶叫回原花：为11~15点，有帮助的牌，止叫 5阶/6阶叫回原花：为16点/17~20点，有好支持的牌，是问原花大牌张数的满贯邀叫/封贯止叫 对1♠开叫的3♥：为12~15点，4张的牌（也可以约定为12点以上的第四花色逼叫），逼叫 对1♥开叫的3♠：为16点以上，4张或以上的牌，逼叫 对1♠开叫的4♥和对1♥开叫的4♠：都可以视为改良的爆裂叫，为13点以上，对草花有4张以上好配合，所叫花色为缺门的牌，都是逼叫 3NT/6NT：为11~14点/18~21点，对未叫高花有好止张的均型牌，都是止叫 4NT：为16点以上，对原花有好支持的牌，是以原花为将牌的关键张问叫，逼叫 4♣/6♣：为16点以上/17~20点，有4张以上好配合的牌，是以草花为将牌变通的低花关键张问叫/封贯叫牌，逼叫/止叫 5♣：为11~14点，有4张以上配合，不适合打3NT和原花定约的非均型牌，止叫 3♦/5♦：为11点/12~14点，6张以上的非均型牌，不逼叫/止叫 4♦/6♦：为16点以上/17~20点，最多只有一个输墩强套的牌，是以方块为将牌变通的低花关键张问叫/封贯叫牌，逼叫/止叫

应　　　叫	开叫人的再叫	应叫人的再叫
2♣/2♦：都为11点以上，5张以上的牌（当16点以上，对原花有支持时，允许是4张强套），都逼叫到应叫人的2阶叫回原花、再叫2NT或再叫3阶应叫低花 持有16点以上，黑桃为单张1-4-4-4牌型的牌，对1♠开叫，是否可以应叫2♣或2♦，你应和同伴协商确定	1♠开叫人的2♥：为11~13点，4张以上的牌（有5张红心时，也先叫2♥，有机会再叫3♥就能表示出有5张红心），逼叫	2♠：为11~12点，有双张黑桃的牌，不逼叫 3♠：为17点以上，有好支持的牌，逼叫 4♠：为12~16点，有帮助，或为16点，有支持的牌，止叫 5/6♠：为18点/19~22点，有好支持的牌，是问黑桃大牌张数的满贯邀叫/封贯止叫 2NT/3NT：为11~12点/13~15点的均型牌，不逼叫/止叫 4NT：为18点以上，对红心有4张或以上好配合的牌，是以红心为将牌的关键张问叫，逼叫 6NT：为21~23点的均型牌，止叫 3阶/5阶再应叫低花：为11~12点/13~16点，6张以上，不适合打3NT及高花定约的非均型牌，不逼叫/止叫 4阶/6阶再应叫低花：为18点以上/19~22点，最多只有一个输墩强套的牌，是以应叫低花为将牌变通的低花关键张问叫/封贯叫牌，逼叫/止叫 3阶出未叫低花：为12点以上，4张以上的牌（也可以约定为12点以上的第四花色逼叫），逼叫 4阶跳叫未叫低花：可以视为改良的爆裂叫，为13点以上，对红心有4张好配合，所叫花色为缺门的牌，逼叫 3♥：为16点以上，有4张或以上配合的牌，逼叫 4♥：为11~15点，有4张配合的牌，止叫 5♥/6♥：为18点/19~22点，有4张或以上好配合的牌，是问红心大牌张数（一大进贯）的满贯邀叫/封贯止叫
	1♠开叫人的3♥：为14~15点，4张以上的牌（有5张红心时，也先再叫3♥，有机会再叫4♥就能表示出有5张红心），逼叫	3♠：为16点以上，有好支持的牌，逼叫 4♠：为11~15点，有帮助的牌，止叫 5/6♠：为16点/17~20点，有好支持，是问黑桃大牌张数的满贯邀叫/封贯止叫 3NT/6NT：为11~15点/18~21点的均型牌，不逼叫/止叫 4NT：为16点以上，对红心有4张或以上好配合的牌，是以红心为将牌的关键张问叫，逼叫 4阶出未叫低花：可以视为改良的爆裂叫，为11点以上，对红心有好配合，所叫花色为缺门的牌，逼叫 4阶/6阶再叫应叫低花：为16点以上/17~20点，最多只有一个输墩强套的牌，是以应叫低花为将牌变通的低花关键张问叫/封贯叫牌，逼叫/止叫 5阶再叫应叫低花：为11~14点，6张以上，不适合打3NT和高花定约的非均型牌，止叫 4♥：为11~14点，有4张配合的牌，止叫 5♥/6♥：为16点/17~20点，有4张或以上好配合的牌，是问红心大牌张数（一大进贯）的满贯邀叫/封贯止叫

应　　叫	开叫人的再叫	应叫人的再叫
2♣/2♦：都为11点以上，5张以上的牌（当16点以上，对原花有支持时，允许是4张强套），都逼叫到应叫人的2阶叫回原花、再叫2NT或再叫3阶应叫低花 持有16点以上，黑桃为单张1-4-4-4牌型的牌，对1♠开叫，是否可以应叫2♣或2♦，你应和同伴协商确定	1♥开叫人的2♠：为14~15点，4张的牌（当为11~13点，5张红心，4张黑桃的牌时，应再叫2NT），逼叫	2NT/3NT：为11点/12~15点的均型牌，邀叫/止叫 4NT：为16点以上，对黑桃有4张或以上好配合的牌，是以黑桃为将牌的关键张问叫，逼叫 6NT：为18~21点的均型牌，止叫 2♣应叫人的3♦和2♦应叫人的3♣：都为12~15点，4张的牌（也可以约定为12点以上的第四花色逼叫），都是逼叫 2♣应叫人的4♦和2♦应叫人的4♣：都可以视为改良的爆裂叫，为11点以上，对黑桃有4张好配合，所叫花色为缺门的牌，都是逼叫 3阶/5阶再叫应叫低花：为11点/12~14点，6张以上，不适合打3NT及高花定约的非均型牌，不逼叫/止叫 4阶/6阶再叫应叫低花：为16点以上/17~20点，最多只有一个输墩强套的牌，是以应叫低花为将牌变通的低花关键张问叫/封贯叫牌，逼叫/止叫 3♥：为16点以上，有好支持的牌，逼叫 4♥：为11~15点，有帮助的牌，止叫 5♥/6♥：为16点/17~20点，有好支持的牌，是问红心大牌张数的满贯邀叫/封贯止叫 3♠/4♠：为11~12点/13~15点，有支持，未叫花色止张有问题，是准备打4-3配合黑桃成局定约的牌，邀叫/止叫 5♠/6♠：为16点/17~20点，有4张或以上好配合的牌，是问黑桃大牌张数（一大进贯）的满贯邀叫/封贯止叫
	1♥开叫人的3♠：为11~15点，红心和黑桃为6-5以上分布的牌，逼叫	3NT：可以视为问缺门的特殊约定叫，为13点以上，对红心有帮助或对黑桃有支持❶的牌，逼叫。当开叫人：①出未叫花色时，表示该花色为缺门的牌，逼叫；②叫回应叫低花时，表示应叫低花为缺门的牌，逼叫；③4♥时，表示无缺门花色的牌，不逼叫；④4♠时，表示两门低花都是缺门的牌，不逼叫。 4阶/6阶再叫应叫低花：为18点以上/19~22点，最多只有一个输墩强套的牌，是以应叫低花为将牌变通的低花关键张问叫/封贯叫牌，逼叫/止叫 4♥：为11~12点，有帮助的牌，止叫 4♠：为11~12点，有支持的牌，止叫
	2NT（也有叫垃圾2NT的）：为11~13点的均型牌或是对应叫低花有支持的均型牌，逼叫	3阶/5阶再叫应叫低花：为11~12点/13~16点，6张以上，不适合打3NT和原花定约的非均型牌，不逼叫/止叫 4阶/6阶再叫应叫低花：为18点以上/19~22点，最多只有一个输墩强套的牌，是以应叫低花为将牌变通的低花关键张问叫/封贯叫牌，逼叫/止叫 2♣应叫人的3♦：为13~15点，4张的牌，逼叫 2♦应叫人的3♣：为13~15点，4张以上的牌，逼叫 3阶叫回原花：为17点以上，有好支持的牌，逼叫 4阶叫回原花：为13~15点，有帮助，或为16点，有支持的牌，止叫 5阶/6阶叫回原花：为18点/19~22点，有好支持的牌，是问原花大牌张数的满贯邀叫/封贯止叫 对1♥开叫的3♠：为16点以上，4张或以上的牌，逼叫 3NT/6NT：为13~16点/21~23点的均型牌，都是止叫 4NT：可以视为以原花为将牌的关键张问叫，为18点以上，对原花有好支持的牌，逼叫

❶　对开叫人此种特殊牌型，想尝试高花成局和满贯定约时，都应该优选再叫3NT问清楚牌型，然后再决定打哪门高花和几阶定约，至于你们是否采用此约定，请和同伴协商确定。

应　　叫	开叫人的再叫	应叫人的再叫
2♣/2♦：都为11点以上，5张以上的牌（当16点以上，对原花有支持时，允许是4张强套），都逼叫到应叫人的2阶叫回原花、再叫2NT或再叫3阶应叫低花 持有16点以上，黑桃为单张1-4-4-4牌型的牌，对1♠开叫，是否可以应叫2♣或2♦，你应和同伴协商确定	3NT：为14~15点，对应叫低花无好支持的均型牌，不逼叫	Pass：为11~15点，对满贯不感兴趣的牌 对1♥开叫的4♠：为16点以上，4张或以上的牌，逼叫到4NT 2♦应叫人的4♣：为13点以上，有5-5以上分布方块和草花的牌，进局逼叫 2♣应叫人的4♦：为13点以上，有6-5以上分布草花和方块的牌，进局逼叫 4阶/6阶再叫应叫低花：为16点以上/17~20点，最多只有一个输墩强套，是以应叫低花为将牌变通的低花关键张问叫/封贯叫牌，逼叫/止叫 5阶再叫应叫低花：为11~14点，6张以上强套，不适合打3NT和原花定约的非均型牌，止叫 4阶叫回原花：为11~15点，有帮助的牌，止叫 5阶/6阶叫回原花：为16点/17~20点，有好支持的牌，是问原花大牌张数的满贯邀叫/封贯止叫 4NT：可以视为以原花为将牌的关键张问叫，为16点以上，对原花有好支持的牌，逼叫 6NT：为18~21点的均型牌，止叫
	3阶加叫应叫低花：为14~15点，有好支持的牌，逼叫	3阶叫回原花：为16点以上，有好支持的牌，逼叫 4阶叫回原花：为13~15点，有帮助，通常未叫花色止张有问题的牌，止叫 5阶/6阶叫回原花：为16点/17~20点，有好支持的牌，是问原花大牌张数的满贯邀叫/封贯叫 3NT：为11~15点的均型牌，止叫 4NT：为16点以上，对原花有好支持的牌，是以原花为将牌的关键张问叫，逼叫 平阶出新花：为16点以上，应叫低花为5张以上强套扣A的牌，都是逼叫 跳阶出新花：都可以视为改良的爆裂叫，为13点以上，应叫低花为5张以上强套，所叫花色为缺门的牌，都是逼叫 4阶/6阶再叫应叫低花：为16点以上/17~20点，5张以上强套的牌，是以应叫低花为将牌变通的低花关键张问叫/封贯叫牌，逼叫/止叫 5阶再叫应叫低花：为11~14点，5张以上强套，不适合打3NT和原花定约的非均型牌，止叫
	2阶再叫原花：为11~13点，6张以上的牌（当有6张原花和4张其他花色的牌时，应优先叫出6张原花），逼叫	对1♥开叫的2♠：为16点以上，4张以上的牌，逼叫 对1♠开叫的3♥：为13~15点，4张的牌，逼叫 2NT/3NT：为11~12点/13~16点的均型牌，邀叫/不逼叫 4NT：为18点以上，对原花有好支持，或为19点以上，有帮助的牌，是以原花为将牌的关键张问叫，逼叫 6NT：为21~23点的均型牌，止叫 3阶/5阶再叫应叫低花：为11~12点/13~16点，6张以上，不适合打3NT和原花定约的非均型牌，不逼叫/止叫 4阶/6阶再叫应叫低花：为18点以上/19~22点，最多只有一个输墩强套的牌，是以应叫低花为将牌变通的低花关键张问叫/封贯叫牌，逼叫/止叫 2♣应叫人的3♦：为13~15点，4张的牌，逼叫 2♦应叫人的3♣：为13~15点，4张以上的牌，逼叫 3阶叫回原花：为17点以上，有好支持的牌，逼叫 4阶叫回原花：为12~26点，有帮助，或为16点，有支持的牌，止叫 5阶叫回原花：为18点，有好支持，或为19点，有帮助的牌，是问原花大牌张数的满贯邀叫 6阶叫回原花：为19~22点，有好支持，或为20~22点，有帮助的牌，止叫

应 叫	开叫人的再叫	应叫人的再叫
2♣/2♦：都为11点以上，5张以上的牌（当16点以上，对原花有支持时，允许是4张强套），都逼叫到应叫人的2阶叫回原花、再叫2NT或再叫3阶应叫低花 持有16点以上，黑桃为单张1-4-4-4牌型的牌，对1♠开叫，是否可以应叫2♣或2♦，你应和同伴协商确定	3阶跳叫原花：为14~15点，6张以上强套的牌，逼叫	对1♥开叫的3♠和对1♠开叫的4♥：都为16点以上，4张或以上的牌，都是逼叫 3NT：为11~15点的均型牌，不逼叫 4NT：为16点以上，对原花有好支持的牌，是以原花为将牌的关键张问叫，逼叫 6NT：为18~21点的均型牌，止叫 2♣应叫人的4♦：13点以上，草花和方块为6-5以上分布的牌，逼叫 2♦应叫人的4♣：13~15点，方块和草花为5-5以上分布的牌，逼叫 4阶/6阶再叫应叫低花：为16点以上/17~20点，最多只有一个输墩强套的牌，是以应叫低花为将牌变通的低花关键张问叫/封贯叫牌，逼叫/止叫 5阶再叫应叫低花：为11~14点，6张以上强套，不适合打3NT和原花定约的非均型牌，止叫 4阶叫回原花：为11~15点，有帮助的牌，止叫 5阶叫回原花：为16点，有好支持，或为17点，有帮助的牌，是问原花大牌张数的满贯邀叫 6阶叫回原花：为17~20点，有好支持，或为18~20点，有帮助的牌，止叫
		4阶跳叫出新花：都可以视为改良的爆裂叫，为13~15点，对应叫低花有好支持，所叫花色为缺门的牌，都是逼叫 4阶/6阶跳加应叫低花：都是逻辑错误的叫牌，详见本书071页错误叫牌的解释 5阶跳加应叫低花：为12~14点，有好支持的非均型牌，不逼叫 4阶跳叫原花：为11~13点，6张以上强套的牌，不逼叫 4NT：并没有被明确的定义，你可以赋予其特定的叫牌约定
对1♠开叫的2♥：为11点以上，5张以上的牌，逼叫到应叫人的2NT或3♥	2♠：为11~13点，6张以上的牌，逼叫	2NT/3NT：为11~12点/13~15点的均型牌，都不逼叫 4NT：为18点以上，对黑桃有好支持，或为19点以上，有帮助的牌，是以黑桃为将牌的关键张问叫，逼叫 6NT：为21~23点的均型牌，止叫 3♣/3♦：都为13~15点，4张以上的牌，都是逼叫 3♥/4♥：为11~12点/13~15点，6张以上的牌，邀叫/止叫 5♥/6♥：为18点/19~22点，最多只有一个输墩强套的牌，是问红心大牌张数（一大进贯）的满贯邀叫/封贯叫牌，不逼叫 3♠：为17点以上，有好支持的牌，逼叫 4♠：为12~16点，有帮助或，为16点，有支持的牌，止叫 5♠：为18点，有好支持，或19点，有帮助的牌，是问黑桃大牌张数的满贯邀叫 6♠：为19~22点，有好支持，或为20~22点，有帮助的牌，止叫
	3♠：为14~15点，6张以上强套的牌，逼叫	3NT：为11~14点的均型牌，不逼叫 4NT：为16点以上，对黑桃有好支持，或为17点以上，有帮助的牌，是以黑桃为将牌的关键张问叫，逼叫 6NT：为18~21点的均型牌，止叫 4♣/4♦：都为16点以上，对黑桃有好支持扣A的牌，都是逼叫 4♥：为11~14点，6张以上强套的牌，不逼叫 5♥/6♥：为16点/17~20点，最多只有一个输墩强套的牌，是问红心大牌张数（一大进贯）的满贯邀叫/封贯止叫 4♠：为11~14点，有双张黑桃的牌，止叫 5♠：为16点，有好支持，或为17点，有帮助的牌，是问黑桃大牌张数的满贯邀叫 6♠：为17~20点，有好支持，或为18~20点，有帮助的牌，止叫

应　　叫	开叫人的再叫	应叫人的再叫
对1♠开叫的 2♥：为11点以上，5张以上的牌，逼叫到应叫人的2NT或3♥	4♠：为11~13点，7张以上超长套，对满贯不感兴趣的牌，不逼叫	Pass：为11~14点，满贯无望的牌 4NT：为17点以上，对黑桃有好支持，或为18点以上，有帮助的牌，是以黑桃为将牌的关键张问叫，逼叫 6NT：为20~23点的均型牌，止叫 5♣/5♦：都为16点以上，对黑桃有支持扣A的牌，都是逼叫 5♥/6♥：为18点/19~22点，最多只有一个输墩强套的牌，是问红心大牌张数（一大进贯）的满贯邀叫/封贯止叫 5♠：为17点，有好支持，或为18点，有帮助的牌，是问黑桃大牌张数的满贯邀叫 6♠：为18~21点，有好支持，或为19~21点，有帮助的牌，止叫
	2NT：为11~13点的均型牌（也可以用垃圾2NT表示），逼叫	3♣/3♦：都为13~15点，4张以上的牌，都是逼叫 4♣：可以视为以红心为将牌的关键张问叫，为18点以上，红心最多只有一个输墩的牌，逼叫 3♥/4♥：为11~12点/13~15点，6张以上的牌，邀叫/止叫 5♥/6♥：为18点/19~22点，最多只有一个输墩强套的牌，是问红心大牌张数（一大进贯）的满贯邀叫/封贯止叫 3♠：为17点以上，有好支持的牌，逼叫 4♠：为12~15点，有帮助，或为16点，有支持的牌，止叫 5♠/6♠：为18点/19~22点，有好支持的牌，是问黑桃大牌张数的满贯邀叫/封贯止叫 3NT/6NT：为12~16点/21~23点的均型牌，都是止叫 4NT：可以视为以黑桃为将牌的关键张问叫❶，为17点以上，对黑桃有好支持的牌，逼叫
	3♣/3♦：都为14~15点，4张以上的牌，都是逼叫	对3♣再叫的3♦：为12点以上，4张以上的牌（也可以约定为12点以上的第四花色逼叫），逼叫 对3♦再叫的4♣：为15点以上，5张以上的牌，逼叫到4NT 3♥/4♥：为11~12点/13~15点，6张以上的牌，邀叫/止叫 5♥/6♥：为16点/17~20点，最多只有一个输墩强套的牌，是问红心大牌张数（一大进贯）的满贯邀叫/封贯止叫 3♠：为16点以上，有好支持的牌，逼叫 4♠：为11~14点，有帮助的牌，止叫 5♠/6♠：为16点/17~20点，有好支持的牌，是问黑桃大牌张数的满贯邀叫/封贯止叫 3NT/6NT：为11~16点/18~21点，对另一门未叫低花有止张的均型牌，都是止叫 4NT：为16点以上，对黑桃有好支持的牌，是以黑桃为将牌的关键张问叫，逼叫 4阶/6阶加叫再叫低花：为16点以上/17~20点，有4张以上好配合的牌，是变通的低花关键张问叫/封贯叫牌，逼叫/止叫 5阶跳加叫再叫低花：为12~14点，有4张以上配合，不适合打3NT和高花定约的非均型牌，止叫

❶　沿用开叫人低花再叫后的4NT是以原花为将牌的关键张问叫的习惯，在此视其为以原花为将牌的关键张问叫。

应　　叫	开叫人的再叫	应叫人的再叫
对1♠开叫的2♥：为11点以上，5张以上的牌，逼叫到应叫人的2NT或3♥	4♣/4♦：都可以视为改良的爆裂叫，为13~15点，对红心有好支持（指三张一大或有四张以上）❶，所叫花色为缺门的牌，都是逼叫	4♥：为11~15点，对满贯不感兴趣的牌，止叫 5♥/6♥：为11点/12~13点，5张以上强套，在同伴缺门花色中无废点的牌（或有废点牌力对应增加，以下省略这部分解释），是凭牌力的满贯邀叫/封贯止叫 4NT/出新花：都为11点以上，有5张以红心为强套，在同伴缺门花色中无废点的牌，是以红心为将牌的关键张问叫/扣A的牌，都是逼叫
	3NT：为14~15点的均型牌，不逼叫 3♥/4♥：为14~15点/11~13点，有好支持/有支持的牌，逼叫/不逼叫 开叫人此时的4NT、5♥和6♥再叫：都是逻辑错误的叫牌，详见本书071页错误叫牌的解释	
2阶加叫原花：为8~10支持点，有支持的牌，都不逼叫	Pass：为11~13点，成局无望的牌	
	平阶出新花：都是长套邀叫，为14~15点，4张以上的牌，都是逼叫	3阶叫回原花：为8~9支持点，该花色中无大牌张的牌，止叫 4阶叫回原花：为9~10支持点，该花色中有大牌张的牌，止叫 3NT：为10点且中间张较多的均型牌，不逼叫
	2NT：为15点的均型牌，邀叫	Pass：为8~9点的均型牌 3阶/4阶叫回原花：为8~9支持点/10支持点的牌，都是止叫 3NT：为10点且中间张较多的均型牌，止叫
	3阶再叫原花：为14~15点，无4张边花的牌，邀叫	Pass：为8~9支持点，成局无望的牌 3NT：为10点且中间张较多的均型牌，不逼叫 4阶叫回原花：为10支持点的非均型牌，止叫
	3NT：为14~15点的均型牌（也可以约定为有6张以上原花强套想打无将定约的牌），不逼叫 4阶跳叫原花：为14~15点，6张以上强套的非均型牌，止叫	
3阶跳加原花：为11~12支持点，有支持的牌，都是邀叫	Pass：为11~12点，成局无望的牌	
	平阶出新花/1♥开叫人的3NT：都可以视为改良的爆裂叫，为14~15点，所叫花色/黑桃为缺门的牌，都是逼叫	4阶叫回原花：为对满贯不感兴趣的牌，止叫 5阶/6阶叫回原花：为11支持点/12支持点，有好支持，在同伴缺门花色中无废点的牌，是凭牌力的满贯邀叫/封贯止叫 4NT/平阶出新花：都为12支持点，有好支持，在同伴缺门花色中无废点的牌，是以原花为将牌的关键张问叫/扣A的牌，都是逼叫
	对1♠开叫的3NT：是逻辑含糊的叫牌，因为此叫牌进程通常是不会去打3NT定约的，你可以赋予其特定的叫牌约定 4阶再叫原花：为13~15点，5张以上的牌，止叫	

❶　对应叫高花有3张小将牌支持时，是否适用于改良的爆裂叫，请和同伴协商确定。

应　　叫	开叫人的再叫	应叫人的再叫
4阶跳加原花：为13~15支持点，有支持的牌，不逼叫	Pass：为11~14点，满贯无望的牌	
	出新花：都可以视为改良的爆裂叫，为14~15点，所叫花色为缺门的牌，是逼叫	出新花：都为在同伴缺门花色中无废点扣A的牌，都是逼叫
		5阶叫回原花：在同伴缺门花色中有废点，对满贯不感兴趣的牌，止叫
		6阶叫回原花：为有好支持，在同伴缺门花色中无废点的牌，止叫
	4NT：为14~15点，有6张以上原花强套的畸形牌，是以原花为将牌的关键张问叫，逼叫	
	5阶/6阶再叫原花：为14~15点，6张以上强套的畸形牌（笔者还是希望有旁门花色缺门的牌时，优先用改良的爆裂叫来试探满贯，让同伴参与是否打满贯的决策），是问原花大牌张数（一大进贯）的满贯邀叫/封贯止叫	
2NT：为16点以上，无5张以上长套，对原花无支持的均型牌，逼叫 当应叫人有16点以上，有支持时，应该遵循长套优先的应叫法则，优先用一盖一或二盖一叫出一门4张花色，然后再用3阶叫回原花来表示 当应叫人持有16点以上，原花为单张4-4-4-1牌型的牌时，是否进行2NT应叫，你应和同伴协商确定 需要说明的是，对2NT应叫的后续叫牌，笔者依据桥牌逻辑进行了部分改进，可能会与老版本精确体系❶有所不同	3♣：可以视为特殊约定叫，为11~13点，原花为5张或6张，另有4张花色套（并不保证是草花套）的牌，逼叫	接力3♦❷：是问牌型约定叫，为19点以上的牌，逼叫，当开叫人平阶出新花应答时，表示有4张的牌（当有6张原花和4张新花时，要优先叫出4张新花），都是逼叫。此后当应叫人：①5阶/6阶加叫应答花色时，为19点/20~22点，有4张配合的牌，是以应答花色为将牌，凭牌力的满贯邀叫/封贯止叫；②平阶再叫无将时，为19点，对原花无帮助的牌，不逼叫；③跳叫5NT/6NT时，为20点/21~23点，对原花无帮助的牌，是6NT邀叫/封贯止叫；④4阶/5阶回叫原花时，为19点/20~22点，有帮助的牌，不逼叫/逼叫
		3阶/4阶叫回原花：为17~18点/16点，有帮助的牌，逼叫/不逼叫
		3NT：为16~18点，对原花无帮助的牌，不逼叫
		3阶出新花：为16~18点，4张的牌，都是逼叫
	3♦：为14~15点，4张以上的牌，逼叫 当开叫人有6张原花和4张方块时，应优先叫3♦，当还有4张未叫高花草花为缺门时，也应先顺叫3♦	平阶出新花：都为16点以上，4张的牌，都是逼叫
		3NT：为16点，对方块无配合，对原花无帮助的牌，不逼叫
		4NT/6NT：为17点/18~21点，对方块无配合，对原花无帮助的牌，是6NT邀叫/封贯止叫
		4♦：为16点以上，有4张好配合的牌，是以方块为将牌变通的低花关键张问叫，逼叫
		5♦/6♦：为16点/17~20点，有4张好配合的牌，是凭牌力的满贯邀叫/封贯止叫
		4阶/5阶叫回原花：都可以视为特殊约定叫，为16~17点/18~20点，有帮助的牌，不逼叫/满贯邀叫
	1♠开叫人的3♥：为14~15点，4张以上，无4张方块，不排除还有4张草花的牌，逼叫 1♥开叫人的3♠：为14~15点，4张，无4张方块，不排除还有4张草花的牌，逼叫	3NT/6NT：为16~17点/18~21点，对再叫高花无配合，对原花无帮助的牌，不逼叫/止叫
		4NT：为16点以上，对再叫高花有4张好配合的牌，是以再叫高花为将牌的关键张问叫，逼叫
		4♣：为18点以上，4张的牌，逼叫
		4♦：是逻辑错误的叫牌，你可以赋予其特定的叫牌约定
		4阶加叫再叫高花：为16点，有4张配合的低值牌，不逼叫
		5阶/6阶加叫再叫高花：为16点/17~20点，有4张配合的牌，是凭牌力的满贯邀叫/封贯止叫
		4阶/5阶叫回原花：都可以视为特殊约定叫，为16~17点/18~20点，有帮助的牌，不逼叫/满贯逼叫

❶ 指周家骝先生编译的《精确体系叫牌法》，以下都用"老版精确体系"代指。

❷ 接力叫牌是指进行花色加一级的叫牌，不包含平阶无将。

应 叫	开叫人的再叫	应叫人的再叫
2NT：为16点以上，无5张以上长套，对原花无支持的均型牌，逼叫 当应叫人有16点以上，有支持时，应该遵循长套优先的应叫法则，优先用一盖一或二盖一叫出一门4张花色，然后再用3阶叫回原花来表示 当应叫人持有16点以上，原花为单张4-4-4-1牌型的牌时，是否进行2NT应叫，你应和同伴协商确定 需要说明的是，对2NT应叫的后续叫牌，笔者依据桥牌逻辑进行了部分改进，可能会与老版本精确体系有所不同	4♣：为14~15点，4张以上，肯定没有4张其他花色的牌，逼叫	出新花：都是逻辑错误的叫牌，你可以赋予其特定的叫牌约定
		4阶/5阶叫回原花：都可以视为特殊约定叫，为16~17点/18~20点，有帮助的牌，不逼叫/满贯逼叫
		4NT/6NT：为16~17点/18~21点，对草花无配合，对原花无帮助的牌，是6NT邀叫/封贯止叫
		5♣/6♣：为16点/17~19点，有4张配合的牌，不逼叫/止叫
	3阶再叫原花：为14~15点，6张以上强套（不是6张强套时叫3NT，有7张原花，4张边花时优先再叫3阶原花），无另外4张花色套的牌，逼叫	3NT/6NT：为16~17点/18~19点，对原花无帮助的牌，不逼叫/止叫
		4NT：为17点以上，对原花有帮助的牌，是以原花为将牌的关键张问叫，逼叫
		4阶叫回原花：16点，有帮助的低值牌，不逼叫
		5阶/6阶叫回原花：16点/17~20点，有帮助的牌，是凭牌力的满贯邀叫/封贯止叫
		出新花：都为17点以上，对原花有帮助的牌，是以原花为将牌扣A的牌，都是逼叫
	4阶再叫原花：为11~13点，6张以上强套，无另外4张花色套的牌，不逼叫	Pass：为16~17点，满贯无望的牌
		出新花：都为18点以上，对原花有帮助，是以原花为将牌扣A的牌，都是逼叫
		4NT：为18点以上，对原花有帮助的牌，是以原花为将牌的关键张问叫，逼叫
		5阶/6阶叫回原花：为18点/19~22点，有帮助的牌，是凭牌力的满贯邀叫/不逼叫
		6NT：为21~23点，对原花无帮助的牌，止叫
	3NT/4NT：为11~13点/14~15点，无另外4张花色套，无6张原花强套的牌，不逼叫/6NT邀叫	
	5阶/6阶跳叫原花：为14点/15点，半坚固以上套的牌，是以原花为将牌，问原花大牌张数（一大进贯）的满贯邀叫/封贯叫牌，都不逼叫	
3NT：为14~15点，对原花有4张以上好支持，无单缺花色的均型牌，不逼叫	Pass：是很罕见的叫牌，通常为11~13点时应该叫回4阶原花	
	出新花：都为14~15点，扣A的牌，都是逼叫	出新花：都为15点，接着进行扣A的牌，都是逼叫
		平阶叫回原花：为14点，对满贯不感兴趣的牌，止叫
		5阶/6阶叫回原花：为15点的牌，是问原花大牌张数（一大进贯）的满贯邀叫/封贯止叫
	4阶再叫原花：为11~15点，对满贯不感兴趣的牌，止叫	
	5阶/6阶跳叫原花：为15点，5张以上强套的畸形牌，是问原花大牌张数（一大进贯）的满贯邀叫/封贯止叫	
	4NT：为15点，有5张以上原花强套的牌，是以原花为将牌的关键张问叫，逼叫	

跳阶出新花：都为19点以上，有半坚固以上所叫花色套A问叫的牌，都是逼叫

双跳出新花：都可以视为改良的爆裂叫，为11~15点，对原花有好支持，所叫花色为缺门的牌，都是逼叫

三跳出新花：都为14点以上，对原花有好支持，所叫花色为缺门的牌，是以原花为将牌，排除所叫花色的关键张问叫（笔者推荐应优先采用改良的爆裂叫，让同伴参与是否打满贯的决策），都是逼叫

4NT/5NT：为18点以上/23点以上，对原花有好支持的牌，是以原花为将牌的关键张问叫/问原花大牌张数的大满贯邀叫❶，都是逼叫

5阶/6阶跳加原花：为18点/19~22点，有好支持的牌，是以原花为将牌问原花大牌张数的满贯邀叫/封贯止叫

---

❶ 大满贯定约出现的概率非常低，为节约篇幅，如无必要，本书以下会省略一些对大满贯的邀叫和封贯止叫的叫牌。

需要解释的概念是：应叫人的花色或1NT应叫为逼叫，都是建立在应叫人没有叫过Pass前提之下的，如果应叫人上一轮已经叫过Pass了，则其再进行的一盖一及二盖一花色应叫或1NT和2NT应叫就一律不是逼叫了。这一解释对本书其他类型开叫后的应叫也都适用。

最难处理的叫牌是对同伴1♥开叫，当应叫人有20点以上，有5张黑桃，对红心无支持也不符合2NT应叫的牌。至于怎样才能准确地表达你的牌力和牌型，需要和同伴进行协商确定其相关约定。

1♥/1♠（含1♦）花色开叫人的再叫是否逼叫，是按照如下约定进行判断的。当应叫人：①1阶花色应叫后，开叫人除了双跳出新花的改良爆裂叫以外，其任何再叫，都不逼叫；②1NT应叫后，开叫人的任何再叫，都不逼叫；③二盖一应叫后，开叫人的任何再叫都是逼叫。

1♥/1♠（含1♦）开叫后，花色应叫人的再叫是否逼叫，是按照如下约定进行判断的。当一盖一应叫人：①平阶出低于首次应叫花色时，为8~11点，4张以上的牌，不逼叫；②2阶叫回原花时，为8~11点，有双张原花的牌，不逼叫；③2阶再叫应叫花色时，为8~11点，5张以上的牌，不逼叫；④平阶出高于首次应叫花色、3阶出新花、3阶再叫应叫花色（开叫人跳叫再叫后，3阶再叫应叫花色不逼叫）或是平阶叫出第四花色时，都为12点以上的牌，都是逼叫。

当二盖一应叫人，2阶再叫原花、再叫2NT或3阶再叫应叫花色时，都为11~12点的牌，都不逼叫，除此以外，二盖一应叫人的其他再叫都是逼叫。

对1♥/1♠开叫的1NT应叫后，应叫人的任何再叫，都不逼叫。

本书对所有试探满贯的叫牌，笔者都是采用联手为31~35点相对保守的数值。当问叫人持有畸形的牌时，其数值还应酌情再减去1~3点，所以其所标注的牌力数值都是仅供参考而已。对试探6NT时，则是采用联手为33~36点相对保守的数值。希望大家应用时要根据实际情况予以适当的微调。

本书中所有叫牌列表中所列的叫品，仅供参考，读者若对其中有不同的看法时，可以和同伴协商，进行重新约定。

另外，本书所有叫牌列表中未标注的叫品，通常都是逻辑错误的叫品，读者可以和同伴发挥想象力自定义其含义。

当笔者有特殊的约定叫想推荐给大家时，都会用"可以视为某某约定叫"来表示，对放弃可惜的叫牌空间，则会用"你可以赋予其特定的叫牌约定"来进行补充说明。总之，笔者非常希望有更多的牌友能努力进取，把其创编成特殊的约定叫。一旦你所创编的约定叫被广大牌友所接受且被世界桥牌权威机构认可，就可能出现以你名字命名的约定叫，那对你和桥牌界，都将是一件值得庆贺的事情。

三、上家干扰后对1♥/1♠开叫的应叫

对同伴1♥/1♠开叫上家争叫干扰（以下简称干扰）后的应叫，笔者都是从实战的角度出发，对可能出现的花色干扰、1NT干扰、不寻常2NT干扰、加倍干扰、扣叫干扰、

阻击干扰等所有干扰类型，都给出了符合桥牌逻辑的应叫参考。将抗干扰应叫细致化，也是本书独有的特色。

1. 上家花色干扰后对1♥/1♠开叫的应叫

Pass——为最多7点，对原花无支持，或最多7支持点，对原花有支持的牌。

2阶/3阶加叫原花——为8~10支持点/11~12支持点，有支持的牌（或是对应增加1点，有帮助不好叫的牌），不逼叫/邀叫。

4阶加叫原花——为13~15支持点，有支持的牌，止叫。

1NT/2NT——为8~10点/11~12点，有干扰花色止张（以下统一简称有止张）的均型牌，不逼叫/邀叫。

3NT——为13~15点，有好止张的均型牌，止叫。

平阶出新花——都为8~10点（也被称为自由应叫牌力），5张以上的牌，都不逼叫。

3阶跳出另一门高花——为8~10点，6张以上的牌，不逼叫。

4阶跳出另一门高花——为11~12点，6张以上强套的牌，止叫。

3阶跳出或3阶平出低花——都为8~10点，6张以上强套的牌，都不逼叫。

4阶跳出低花——都为8~10点，6张以上，干扰化色为单张，有双张原化的牌（不满足有双张原花约定时，不要跳出低花），都是邀叫。

5阶跳出低花——都为11~13点，7张以上强套的畸形牌，都是止叫。

扣叫干扰花色——为13点以上，对原花有好支持，比直接加叫进局更强的牌（也可以约定为扣叫花色为单张），逼叫。

加倍——当应叫人对1阶/2阶花色干扰加倍时，至少为8~10点的负加倍，表示对原花不支持，另两门未叫花色有4-4以上分布的牌❶，1阶时逼叫，2阶时不逼叫。而当加倍人有机会再叫出新花时，则表示为11点以上，5张以上的牌，通常是逼叫。

需要解释的是，开叫人以实套花色开叫后，应叫人对上家花色干扰的扣叫和加倍后再出套❷的叫品，虽然都是表示逼叫的牌，但其根本的区别在于：应叫人扣叫时，是表示对原花有支持，比直接加叫进局更强的牌。而加倍后的再出套时，则表示对原花不支持的牌。此解释对本书所有应叫人的叫牌进程都适用。

跳扣叫干扰花色——为13点以上，对原花有好支持，跳扣叫花色为缺门，对满贯感兴趣的牌，逼叫。

2. 上家加倍干扰后对1♥/1♠开叫的应叫

上家加倍干扰后，应叫人的Pass、平阶、跳阶出新花都保持原有的应叫含义。

除此以外，当应叫人：

Pass——为最多4点，可能有支持的牌，也可能为最多9点，不好叫的牌。

平阶/跳阶出另一门高花——为8~10点，5张套/6张以上的牌，都不逼叫。

平阶/跳阶出低花——为8~10点，5张以上套/6张以上强套的牌，都不逼叫。

---

❶ 在此表示高花时为4张，低花时为4张以上的牌，以下都相同。

❷ 即叫出自己的长套花色。

2阶加叫/3阶跳加原花——为5~7支持点，有3张/4张以上支持的牌（都有阻击干扰叫牌的含义），都不逼叫。

4阶跳加原花——是提前牺牲叫，为5~7支持点，有好支持的牌，止叫。

1NT/2NT——都是示强约定叫，为8~10支持点/11~12支持点，对原花有支持的牌，不逼叫/通常是逼叫。

3NT——是示强约定叫，为13~15支持点，对原花有支持的牌，通常是逼叫。再加倍——为11点以上，对原花不支持的牌，不逼叫。如果对方逃叫，开叫人或应叫人再叫的加倍，都是惩罚性加倍。

3. 上家1NT干扰后对1♥/1♠开叫的应叫

上家1NT争叫干扰后，应叫人Pass时，为最多7点，可能有支持的牌，也有可能为最多9点，不好叫的牌、除此以外，应叫人的平阶/跳阶出新花、加叫/跳加叫原花和封局都保持原有的应叫含义。只是当应叫人加倍时，表示为10点以上，有很强的惩罚性加倍含义的牌，不逼叫。

4. 上家不寻常2NT干扰后对1♥/1♠开叫的应叫

Pass——为最多7点，可能有支持的牌，也可能为最多9点，不好叫的牌。

3阶/4阶加叫原花——为11~12支持点/13支持点以上，有支持的牌，邀叫/止叫。

3阶/4阶出低花——都可以视为特殊约定叫，为13点以上，对原花有支持，所叫花色为单张/缺门的牌，都是逼叫。

3阶/4阶出另一门高花——为8~10点/11~15点，6张以上的牌，都不逼叫。

加倍——为8点以上，对某一门低花有惩罚性加倍能力，通常对原花不支持的牌，不逼叫。

5. 上家扣叫干扰后对1♥/1♠开叫的应叫

上家的扣叫干扰，可以理解为迈克尔扣叫，当应叫人：

Pass——为最多7点，可能有支持的牌，也可能为最多9点不好叫的牌。

平阶出新花——都为8~10点，6张以上的牌，都不逼叫。

3阶/4阶加叫原花——为11~12支持点/13~15支持点，有支持的牌，邀叫/止叫。

加倍——为8点以上，对原花不支持的牌，不逼叫。

2NT/3NT——为11~12点/13~15点，对另一门未叫高花有止张的均型牌，邀叫/止叫。

6. 上家跳阶阻击干扰后对1♥/1♠开叫的应叫

上家除了对1♥开叫的2♠争叫发生在2阶，其余的跳阶争叫都发生在3阶以上。由于上家的阻击干扰剥夺了大量的叫牌空间，会给你们的信息交换制造很大的麻烦。不可否认的是，当阻击干扰发生在3阶以上，应叫人如果处理不好时，什么样离奇的故事都有可能发生，一般水平的牌手是很难驾驭自如的。至于如何在实战中灵活应用，就要看你的牌感和运气了。通常当应叫人：①Pass时，为最多7点，可能有支持的牌，也可能为最多9点不好叫的牌。②3阶出新花时，为8~10点，5张以上强套或6张以上的牌，都不逼叫。③4阶出新花时，为11~15点，5张以上强套的牌，成局时不逼叫，不成局时通常是逼叫。④3阶/4阶加叫原花时，为11~12支持点/13~15支持点，有支持的牌，邀叫/止叫。⑤对2阶高花阻击干扰的加倍，通常为11点以上的负加倍；对3阶以上高花或低花阻击干扰的加倍，有两种含义，第一种为11点以上的负加倍，第二种为8点以上，有上家干扰花色可靠赢墩的选择性加倍；至于采用哪种约定参加比赛，请和同伴协商确定。⑥对4阶以上阻击干扰加倍时，为11点以上牌力的惩罚性加倍，不逼叫（以后对惩罚性加倍统一省略不逼叫的说明）。⑦扣叫阻击干扰花色时，为13点以上，对原花有支持，扣叫花色为缺门的牌，逼叫。⑧3NT或出新花封局时，为有对应牌力和牌型的牌，都是止叫。以上八条常规的应叫，只是笔者从逻辑推理的角度进行的常规介绍。由于对不同高阶阻击干扰后应叫的影响因素太多，是很难用简洁的语言讲述清楚的，因而，笔者对其他章节阻击干扰后的应叫，一律从桥牌逻辑上参考以上八条常规的应叫，就不再另行进行所对应的应叫讲解了，敬请大家谅解。

四、对方干扰后1♥/1♠开叫人的再叫

1♥/1♠开叫后的开叫人再叫，笔者都是从实战的角度出发，将其细分为同伴没有参与叫牌、同伴示强应叫上家干扰和下家干扰同伴示强应叫后的三种不同类型（下家干扰，同伴自由应叫，上家也参与叫牌后的开叫人再叫，也都是自然实叫，为节约篇幅，就不进行介绍了），并附有符合桥牌逻辑的开叫人再叫供大家参考，开叫人再叫细致化，也是本书独有的特色。

1. 同伴没有参与叫牌时1♥/1♠开叫人的再叫

只有为14~15点高限牌力和好的牌型时，才允许开叫人在同伴没有参与叫牌时主动进行再叫，否则都应该Pass。当开叫人：

平阶叫无将——为14~15点，有止张，有5张原花强套的牌，不逼叫。

2阶/3阶再叫原花——为14~15点，6张以上强套的牌，不逼叫/邀叫。

4阶再叫原花——为14~15点，7张以上强套的畸形牌，止叫。

2阶/3阶出新花——为14~15点，4张以上/5张以上的牌，都不逼叫。

对2阶以下花色干扰加倍——是竞技性加倍，为14~15点，对其余未叫花色有好支持的牌，不逼叫。

对阻击干扰加倍——为14~15点，有该花色可靠赢墩的牌，是惩罚性加倍。

开叫人此时的扣叫，是逻辑错误的叫牌，因为持限制性开叫牌力的开叫人，通常在同伴示弱Pass后，是不能进行扣叫的。你可以赋予其特定的叫牌约定。

2. 同伴示强应叫上家花色干扰后1♥/1♠开叫人的再叫

同伴限制性示强应叫上家花色干扰后，开叫人如果为中低限牌力，就没必要非得再主动参与叫牌了。当开叫人：

Pass——为11~13点的均型牌。

平阶出新花——都为14~15点，4张以上的牌，都不逼叫。

2阶/3阶再叫原花——为13~14点/14~15点，6张以上强套的牌，不逼叫/邀叫。

4阶再叫原花——为14~15点，7张以上强套的牌，不逼叫。

2♠加叫一盖一应叫黑桃（以下简称应叫人黑桃）——为12~14支持点，有4张配合的牌（允许14~16支持点，有支持时，加叫2♠），不逼叫。

3♠/4♠跳加叫应叫人黑桃——为15~16支持点/17~18支持点，有4张配合的牌，邀叫/不逼叫。

3阶加叫二盖一应叫的低花（以下简称应叫人低花）——为12~14点，有好支持的牌，不逼叫。

4阶/5阶跳加应叫人低花——为12~13点/14~15点，有好支持，不适合打3NT定约和原花定约的非均型牌，邀叫/止叫。

3♥/4♥加叫应叫人红心——为11~13点/14~15点，有支持的牌，邀叫/不逼叫。

平阶/跳阶出新花——为14~15点，4张/5张以上的牌，不逼叫/邀叫。

扣叫干扰花色——为15点，有半坚固以上原花套的牌，逼叫。要求应叫人有半止张时，叫3NT，无半止张时，凭牌感叫回3阶或4阶原花，都不逼叫。

跳扣叫干扰花色——为13~15点，对应叫人1阶应叫高花有4张好配合，对应叫人二盖一花色有好支持，跳扣叫花色为缺门的牌，逼叫。

2NT/3NT——为14点/15点，有止张的均型牌（对同伴1NT应叫不要求开叫人有止张），邀叫/不逼叫。

对上家扣叫和不寻常2NT干扰加倍——为14~15点的牌，都不逼叫。

1♥开叫人对1♠应叫上家1NT干扰的加倍——是支持性加倍，表示开叫人为14~15点，对黑桃有支持的牌，不逼叫。

对上家2阶以上花色干扰加倍——当同伴不是加叫性示强应叫时（1NT应叫视为不是加叫性应叫），都表示开叫人为14~15点，对干扰花色有可靠赢墩的牌，都是惩罚性加倍。当同伴是加叫性示强应叫时，则是选择性加倍，表示开叫人为15点，持有上家争叫花色长套的牌（上家不干扰时，自己会再叫此花色进行长套邀叫），此时定约的决定权在应叫人手中。当应叫人：①Pass时，为10点左右，有可靠防守赢墩的牌，将其转换成惩罚性加倍；②觉得打宕定约没把握时，就叫回3阶原花，不逼叫；③觉得惩罚对方不合算时，可以再叫3NT或4阶原花封局止叫。

3. 下家干扰同伴自由应叫后1♥/1♠开叫人的再叫

首先需要说明的是，下家进行花色干扰后，同伴的花色应叫和对2阶以上干扰的加倍都不是逼叫，是允许开叫人再叫Pass的。此时，只有同伴对花色干扰的扣叫是逼叫。

（1）下家干扰同伴花色或无将参与叫牌后1♥/1♠开叫人的再叫

此时，开叫人的Pass、再叫原花、加叫低花、2NT、3NT和扣叫，都保持原有含义，只是由于应叫人2阶出另一门高花时，为8~10点，5张以上的牌，所以当开叫人3阶/4阶加叫应叫人高花时，为14点/15点，有支持的牌，邀叫/止叫。

（2）下家平阶花色干扰同伴加倍后1♥/1♠开叫人的再叫

下家2阶花色干扰后对同伴的加倍Pass——为14~15点，在下家争叫花色中有两个以上赢墩的牌，是把同伴的负加倍转为了惩罚性加倍。

平阶出新花——都为11~13点，4张以上的牌，都不逼叫。

跳阶出新花——都为14~15点，高花时为4张以上，低花时为4张以上强套的牌，都是邀叫。

平阶2NT——为14~15点，有止张的均型牌，邀叫。

跳阶3NT——为15点，有好止张且有6张以上原花强套的牌，不逼叫。

平阶再叫原花——为11~13点，6张以上的牌（个别不好叫的牌允许为5张强套），不逼叫。

3阶/4阶跳叫原花——为14~15点，6张套/6张以上强套的牌，邀叫/止叫。

扣叫干扰花色——为14~15点，有半坚固以上原花套的牌，逼叫。要求应叫人有干扰花色半止张时，叫3NT；无半止张时，凭牌感叫回3阶或4阶原花。都不逼叫。

（3）下家花色干扰同伴扣叫后1♥/1♠开叫人的再叫

2NT/3NT——为11~13点/14~15点，有好止张的均型牌，逼叫/不逼叫。

3阶再叫原花——为14~15点，5张以上强套的牌，逼叫。

4阶再叫原花——11~13点，对满贯不感兴趣的牌，不逼叫。

3阶出新花——都为14~15点，4张以上的牌，都是逼叫。

4阶出新花——都为14~15点，扣A的牌，都是逼叫。

扣叫干扰花色——为13~15点，扣叫花色为缺门的牌（当开叫人能扣A和报缺门时，应优先扣叫报缺门），逼叫。

（4）下家花色干扰同伴跳扣叫后1♥/1♠开叫人的再叫

4阶再叫原花——为11~13点或为14~15点，对满贯不感兴趣的牌，不逼叫。

5阶/6阶再叫原花——为12点/13~15点，在同伴缺门花色中无废点的牌，是问原花大牌张数（一大进贯）的满贯邀叫/封贯止叫。

平阶出新花——都为13~15点，在同伴缺门花色中无废点扣A的牌，都是逼叫。

4NT——为13~15点，在同伴缺门花色中无废点的牌，是以原花为将牌的关键张问叫，逼叫。

（5）下家阻击干扰同伴示强应叫后1♥/1♠开叫人的再叫

此时（包括以后对不同开叫的阻击干扰），由于对不同阶数和不同花色的阻击和应叫人不同应叫的具体再叫很难用简洁的文字进行表述，笔者以下就用"开叫人的再叫都是自然实叫，应该符合桥牌逻辑"一带而过。

五、1♥/1♠开叫后应叫人的再叫及后续叫牌

无论对方是否再次干扰叫牌，当应叫人：①再叫应叫花色时，就表示该花色为更长套的牌，不逼叫；②出新花时，为11点以上，4张以上的牌，都是逼叫；③应叫人加倍后再扣叫干扰花色时，逼叫，是要求开叫人有半止张时，叫3NT，无半止张时，凭牌感叫回3阶或4阶原花；④应叫人加倍后再叫2NT/3NT时，为11~12点/13~15点，有干

扰花色止张/好止张的牌，邀叫/止叫。应叫人其余的再叫及后续叫牌都是自然实叫，应该符合桥牌逻辑。此时，分析叫牌信息，按照桥牌逻辑来推断1♥/1♠开叫人或应叫人的牌力范围和牌型，并采用与其相适应的叫牌原则来指导叫牌，共同选择联手合理的定约是其精髓所在。无论是应叫人还是开叫人：

Pass——都是示弱叫牌。

主动加高定约阶数——都是邀叫。

加叫花色或3NT定约进局——为有对应特定牌力和牌型的牌，都是止叫。

对对方非加叫性花色干扰或无将干扰的加倍——都是惩罚性加倍。

对对方3阶以上不成局/成局加叫性干扰的加倍——是选择性/惩罚性加倍。

以上各条是比较通用的常规后续叫牌，为节约篇幅，以下统一简称为常规的后续叫牌。

六、1♥/1♠开叫的后续叫牌举例

笔者对所有开叫的后续叫牌举例讲解，都贴近实战叫牌进程，并附有与其对应的参考答案来帮助大家加深理解。叫牌举例实战化，也是本书的特色。

1. 对1♥/1♠开叫后的应叫举例

【例1】你持有♠J752　♥AJ2　♦52　♣K865，9点，4-3-2-4牌型。同伴开叫1♥，上家Pass或分别进行加倍/1♠/1NT/2♣/2♦/2♥/2♠/2NT/3♣/3♦/3♥/3♠干扰时，你该如何应叫呢？

答　上家Pass时，你该遵循高花加叫优先的应叫法则，加叫2♥，表示为8~10支持点，有支持的牌。此时应叫1♠不符合高花加叫优先的应叫法则。

上家加倍干扰时，你该应叫1NT，表示为8~10支持点，对红心有支持的牌。

上家1♠干扰时，你该应叫1NT，表示为8~10点，有止张的牌。

上家1NT干扰时，你该加叫2♥，表示为8~10支持点，有支持的牌。

上家2♣/2♦干扰，你都该加叫2♥，表示为8~10支持点，有支持的牌。

上家2♥/3♥扣叫干扰时，你都该应叫加倍，表示为有自由应叫牌力的牌。

上家2♠跳叫干扰时，你Pass有点不甘心，加叫3♥牌力又略欠，该怎么应叫，应凭牌感而定。

上家不寻常2NT干扰时，你还真不好叫，Pass有点不甘心，加叫3♥牌力又略欠，有自由应叫牌力，4张草花，却对红心有支持，也不符合加倍的要求，具体该怎么应叫，应凭牌感而定。

上家3♣/3♦跳叫干扰时，你还真不好叫，Pass有点不甘心，加叫3♥牌力又略欠，该怎么应叫，应凭牌感而定。

上家3♠跳叫干扰时，你该应叫加倍，表示为有自由应叫牌力的选择性加倍，由开叫人决定是否惩罚对方。

【例2】你持有♠A762　♥AQ3　♦62　♣K852，13点，4-3-2-4牌型。同伴开叫1♥，上家Pass或分别进行加倍/1♠/1NT/2♣/2♦/2♥/2♠/2NT/3♣/3♦/3♥/3♠干扰时，你该如何应叫呢？

答 上家Pass时，你该跳加4♥，表示为13~15支持点，有支持的牌。

上家加倍干扰时，你该跳叫3NT，表示为13~15支持点，对红心有支持的牌。

上家不寻常2NT干扰时，你跳加4♥或加倍都行，该怎么应叫，应凭牌感而定。

上家进行其他干扰时，你都该跳加4♥，表示为13~15支持点，有支持的牌。

2. 1♥/1♠开叫人的再叫举例

【例】你持有♠A10 ♥KJ842 ◆K972 ♣A6，15点，2-5-4-2牌型，开叫1♥。下家和同伴都应叫Pass，上家Pass或分别进行加倍/1♠/1NT/2♣/2◆/2♥/2♠/2NT/3♣/3◆/3♥/3♠干扰时，你应如何再叫呢？

答 上家Pass时，你已经没有叫牌的机会了。

上家加倍干扰时，你应该叫再加倍，表示有14~15点高限牌力。由应叫人来选择定约。此时，你Pass和再叫2◆也都不为过。

上家1♠/2♣干扰时，你都应再叫2◆，表示为14~15点，4张以上的牌。由应叫人来选择定约。

上家1NT干扰时，你应该Pass。

上家2◆干扰时，此牌属于长套敌叫的类型，你应该Pass。

上家2♥/3♥扣叫干扰时，你都应再叫加倍，表示有14~15点高限牌力。

上家2♠/3♠跳叫干扰时，你都应该Pass，理由是同伴的牌力有限，你如想在3阶或4阶参与叫牌，一定要慎之又慎。

上家不寻常2NT干扰时，你应该加倍，表示有14~15点高限牌力。

上家3♣跳叫干扰时，你应该Pass，理由是同伴的牌力有限，你如想在3阶参与叫牌，一定要慎之又慎。

上家3◆跳叫干扰时，你应该加倍，表示为14~15点高限牌力，有方块可靠赢墩的牌，是惩罚性加倍。

3. 1♥/1♠开叫后应叫人的再叫举例

【例】你持有♠Q2 ♥AK972 ◆KJ2 ♣975，13点，2-5-3-3牌型。同伴开叫1♠，对方一直没有参与叫牌，你应叫2♥后，同伴Pass或分别再叫2♠/2NT/3♣/3◆/3♥/3♠/3NT/4♣/4◆/4♥/4♠时，表示什么含义？你应如何再叫呢？

答 同伴Pass时，是逻辑错误的叫牌，因为你的二盖一应叫是逼叫，是不允许同伴Pass的。可惜你已经没有叫牌的机会了。

同伴再叫2♠/3♠时，为11~13点/14~15点，6张以上的牌。你持对黑桃有帮助的牌，都应加叫4♠进局。

同伴再叫2NT时，为11~13点的均型牌。你应再叫3NT进局。注意，此时你如再叫3♠，则表示你有17点以上，对黑桃有支持的牌，这显然是错误的。当然了，你也可以再叫4♠，表示为12~16点，对黑桃有帮助的牌。

同伴再叫3♣时，为14~15点，4张以上的牌。同伴在红心和方块中最多只有4张牌了，此时打3NT定约显然有点牵强了。你持对黑桃有帮助的牌，建议你再叫4♠，宁愿打5-2配合的4♠定约，也要避免去打3NT定约。注意，此时你若再叫3♠，则表示为16点以上，对黑桃有好支持的牌，这显然是错误的。

同伴再叫3♦时，为14~15点，4张以上的牌。你将同样面临在3NT和4♠之间进行选择的问题，同伴在红心和草花中最多只有4张牌，你们草花的止张令人担忧，你持对黑桃有帮助的牌，建议你再叫4♠，宁愿打5-2配合的4♠定约，也要避免去打3NT定约。

同伴加叫3♥时，为14~15点，有好支持的牌。你应再叫4♥，表示对满贯不感兴趣。

同伴3NT跳叫时，为14~15点的均型牌。你应该Pass。

同伴跳叫4♣/4♦时，都可以视为改良的爆裂叫，为13~15点，对红心有好支持，所叫花色为缺门的牌。对同伴的4♣，你高兴地看到对方草花的10点牌力获取不到一个赢墩，你应再叫6♥。对同伴的4♦，你方块中废了3点，因而你应再叫4♥，表示对满贯不感兴趣的牌。

同伴跳加叫4♥时，为11~13点，有支持的牌。你应该Pass。

同伴再叫4♠时，为11~13点，7张以上超长套的牌。你应该Pass。

第五节　伯根加叫约定叫

伯根加叫约定叫（以下简称为伯根加叫），是由美国人马蒂·伯根发明的用于同伴1♥/1♠高花开叫，应叫人有一定牌力，对开叫高花有4张以上好支持特定条件下的约定叫。用以更精准地报清楚应叫人的牌力、牌型和将牌支持张数等信息，使开叫人能够准确地判断联手的牌情，轻松地在不进局、封局止叫和尝试满贯之间做出无须猜断的正确选择。

伯根加叫可以细分为对1♥开叫和对1♠开叫的伯根加叫两种类型。由于伯根加叫都采用跳阶的约定应叫，这将与精确体系中的跳阶A问叫发生冲突，因而，笔者并不热衷于推荐此约定叫，至于是否采用此约定叫参加比赛，请和同伴协商确定。换个角度来看，即使你和同伴不采用伯根加叫参加比赛，学习一下伯根加叫的约定，当遇到使用该约定叫的对方牌手时，能够读懂对方的叫牌，就能做到知己知彼，为战胜对方牌手提供帮助。

一、对1♥开叫的伯根加叫约定

3♣——为7~9点，有4张以上红心，有一门不确定花色为单缺的牌，逼叫。

3♦——为10~12点，有4张以上红心的均型牌，逼叫。

3♥——为5~6点，有4张以上红心的牌，不逼叫。

3♠——为10~12点，有4张以上红心，有一门不确定花色为单缺的牌，逼叫。开叫人此时可以用3NT问应叫人的单缺花色，当应叫人：①应答4♣/4♦时，都表示所叫花色为单缺的牌，都是逼叫；②应答4♥时，表示黑桃为单缺的牌，不逼叫。

3NT——为13~15点，有4张以上红心的均型牌，不逼叫。

4♣/4♦跳出低花——都可以视为改良的爆裂叫，为13~15点（比标准的爆裂叫略高，而把10~12点的叫牌空间留给了3♠应叫），有4张以上红心，所叫花色为缺门的牌，都是逼叫。

需要解释的是，标准伯根加叫的4♣/4♦跳应叫，都是斯普林特爆裂叫，表示为13~15点，有4张以上红心，所叫花色为单缺的牌。本书都推荐用改良的爆裂叫来替代斯普林特爆裂叫。

4♥——可以视为改良的爆裂叫的特殊约定叫（你也可以和同伴约定为封局止叫❶），为13~15点，有4张以上红心，黑桃为缺门的牌，不逼叫。

二、对1♠开叫的伯根加叫约定

3♣——为7~9点，有4张以上黑桃，有一门不确定花色为单缺的牌，逼叫。

3♦——为10~12点，有4张以上黑桃的均型牌，逼叫。

3♥——为10~12点，有4张以上黑桃，有一门不确定花色为单缺的牌，逼叫。开叫人此时可以用3♠接力问应叫人的单缺花色，当应叫人：①应答3NT时，表示红心为单缺的牌，逼叫；②应答4♣/4♦时，都表示所叫花色为单缺的牌，都是逼叫。

3♠——为5~6点，有4张以上黑桃的牌，不逼叫。

3NT——为13~15点，有4张以上黑桃的均型牌，不逼叫。

4阶出低花/4♥——都可以视为改良的爆裂叫，为13~15点，有4张以上黑桃，所叫花色为缺门的牌，都是逼叫。

需要解释的是，伯根加叫的3NT应叫，与精确体系1♥/1♠开叫后的应叫基本相同，详见本书082页，在此就不再单独进行其后续叫牌的讲解了，敬请大家谅解。

三、上家干扰后对1♥/1♠开叫的应叫

同伴1♥/1♠开叫上家干扰后，伯根加叫自动失效。此时应叫人的应叫和后续叫牌与1♥/1♠开叫对方干扰后的叫牌完全相同，详见本书083~086页中的有关内容。

四、伯根加叫后1♥/1♠开叫人的再叫

1.同伴伯根加叫后1♥/1♠开叫人的再叫

开叫人除了按约定问单缺以外的再叫都是自然实叫，3阶叫回原花及对跳加叫Pass时，都是示弱再叫。封局时都是止叫。

2.同伴伯根加叫上家干扰后1♥/1♠开叫人的再叫

（1）上家花色干扰时1♥/1♠开叫人的再叫

Pass——为11~13点，成局无望的牌。

---

❶　当4♥为改良的爆裂叫时，应叫人为13~15支持点，如有支持可以用先应叫1NT过渡，再跳叫4♥来加以区别。至于是否采用此约定，请和同伴协商确定。

3阶/4阶出新花——为14~15点，4张以上/5张以上的牌，都是逼叫。

3阶/4阶再叫原花——为12~13点/14~15点，5张以上强套的牌，不逼叫/止叫。

3NT——为13~15点，有好止张的均型牌，不逼叫。

扣叫干扰花色——可以视为特殊约定叫，为14~15点，扣叫花色为缺门的牌，逼叫。

加倍——都是惩罚性加倍。

（2）同伴伯根加叫上家加倍干扰时1♥/1♠开叫人的再叫

Pass——为11~13点均型牌，由应叫人来选择原花有将定约的阶数。

平阶出新花——都为14~15点，4张以上的牌，都是逼叫。

3阶/4阶再叫原花——为11~13点/13~15点，6张以上强套的牌，不逼叫/止叫。

3NT——为14~15点的均型牌，不逼叫。

再加倍——为14~15点的牌，当同伴的应叫为原花花色时，不逼叫。当为其他虚应叫花色时，都是逼叫。

五、伯根加叫后应叫人的再叫及后续叫牌

无论对方是否干扰叫牌，伯根加叫后应叫人的再叫，除了对问单缺叫的约定应答以外，其再叫及后续叫牌都是自然实叫，应该符合桥牌逻辑。此时，分析叫牌信息，按照桥牌逻辑来推断1♥/1♠开叫人及伯根加叫应叫人的牌力范围和牌型，并采用与其相适应的叫牌原则来指导叫牌，共同选择联手合理的定约是其精髓所在。伯根加叫应叫人的再叫及后续叫牌，都应符合常规的后续叫牌，详见本书088~089页。只是此时他们对对方干扰的加倍，都是惩罚性加倍这条略有不同而已。

六、伯根加叫的后续叫牌举例

1. 伯根加叫的应叫举例

【例】你持有♠J752　♥AJ2　♦2　♣K9865，9点，4-3-1-5牌型。同伴开叫1♠，上家Pass或分别进行加倍/1NT/2♣/2♦/2♥/2♠/2NT/3♣/3♦/3♥/3♠干扰时，你该如何应叫呢？

答　上家Pass时，你该跳应叫3♣（本节的举例都采用伯根加叫），表示为7~9点，有4张以上黑桃，有一门花色为单缺的牌。

上家加倍干扰时，你该跳应叫2NT，表示为11~12支持点，对黑桃有支持的牌。

上家1NT/2♣干扰时，你都该跳加3♠，表示为11~12支持点，有支持的牌。

上家2♦/2♥干扰时，你都该跳加3♠，表示为11~12支持点，有支持的牌。

上家2♠/3♠扣叫干扰时，你都该应叫加倍，表示有自由应叫牌力。

上家不寻常2NT干扰时，你该加叫3♠，表示为11~12支持点，有支持的牌。

上家3♣跳叫干扰时，你该应叫加倍，是惩罚性加倍含义更强的选择性加倍。

上家3♦跳叫干扰时，你在方块中最多只有一个输墩，你该跳加4♠进局。

上家3♥跳叫干扰时，你叫3♠和惩罚性加倍都行，该怎么应叫，应凭牌感而定。

2. 同伴伯根加叫后1♥/1♠开叫人的再叫举例

【例】你持有♠KQ52　♥AK982　♦2　♣K98，15点，4-5-1-3牌型。开叫1♥，下家Pass，同伴分别跳应叫3♣/3♦/3♥/3♠/3NT/4♣/4♦/4♥且上家都Pass时，表示什么含义？你应如何再叫呢？

答　同伴跳应叫3♣时，为7~9点，有4张以上红心，有一门花色为单缺的牌。你持有高限的牌，应再叫4♥进局。

同伴跳应叫3♦时，为10~12点，有4张以上红心的均型牌。你持有高限牌，应再叫4♥进局。

同伴跳加3♥时，为5~6点，有4张以上红心的牌。虽然你持高限牌，但是你在其他花色中没有A，建议你稳妥点还是Pass为好。

同伴跳应叫3♠时，为10~12点，有4张以上红心，有一门花色为单缺的牌。你持有高限的牌，可以再叫3NT问同伴的单缺花色。当同伴：①应答4♣表示草花为单缺时，你在草花中有K，其作用会打折扣，你应再叫4♥示弱；②应答4♦表示方块为单缺时，你可以考虑是否再叫4NT进行关键张问叫试探满贯；③应答4♥表示黑桃为单缺时，你在黑桃中的废点太多了，应该Pass。

同伴跳应叫3NT时，为13~15点，有4张以上红心的均型牌。你有方块单张，稳妥点就Pass，激进点就再叫4NT进行关键张问叫。

同伴双跳应叫4♣/4♦时，都可以视为改良的爆裂叫，为13~15点，有4张以上红心，所叫花色为缺门的牌。对4♣，你在草花中有废点，应再叫4♥表示对满贯不感兴趣。对4♦，显然对方方块的10点牌都废了，你稳妥点就叫6♥，激进点就叫7♥。

同伴跳加4♥时，当是改良的爆裂叫，表示为13~15点，有4张以上红心，黑桃为缺门的牌时，虽然你有14~15点，但是你黑桃中的废点太多了，应该Pass。当表示为13支持点以上，对红心有支持的牌时，你也应该Pass。

3. 伯根加叫应叫人的再叫举例

【例】你持有♠2　♥AJ92　♦J52　♣K9865，9点，1-4-3-5牌型。同伴开叫1♥，上家Pass，你跳应叫3♣，表示为7~9点，有4张以上红心，有一门花色为单缺的牌。下家争叫3♠，同伴Pass或分别再叫加倍/3NT/4♣/4♦/4♥/4♠时，表示什么含义？你应如何再叫呢？

答　同伴Pass时，为11~13点的牌。你在对方黑桃花色中只有单张，并且已经有12支持点的牌，你应再叫4♥进局。

同伴再叫加倍时，为14~15点的惩罚性加倍。你黑桃为单张的牌，放罚和再叫4♥都行，应凭牌感而定。

同伴再叫3NT时，为14~15点，对黑桃有好止张的牌。你Pass和再叫4♥都行，不过综合而言，你再叫4♥进局更加稳妥一些。

同伴再叫4♣/4♦时，都为14~15点，5张以上的牌。你都应再叫4♥进局。

同伴再叫4♥时，为13~15点的封局止叫。你应该Pass。

同伴扣叫4♠时，为14~15点，黑桃为缺门的牌。很显然，对方黑桃的10点牌力都废掉了，你应再叫6♥进贯。

第六节　1◆开叫后的叫牌

1◆开叫，为11~15点，4张以上的牌（第三、四家开叫时不保证有4张方块）。其低限为11~12点，中限为13~14点，高限为14~15点。精确体系为对1◆开叫的低花二盖一应叫及后续叫牌设计了一些特定的约定叫，目的是在联手高花无配合的前提下，报清楚旁门花色止张的情况，尽量来寻求3NT定约。

一、对1◆开叫的应叫及后续叫牌

见表2-2。

表2-2　对1◆开叫的应叫及后续叫牌

应　　叫	开叫人的再叫	应叫人的再叫
Pass：为最多7点，无5张以上方块的牌		
1♥/1♠：通常都为8~15点，4张以上的牌，都是逼叫 另外还有一种可能是16~19点（20点以上怎么表示，请和同伴协商确定），5张以上，对满贯有兴趣，牌型不符合2NT应叫的牌	对1♥应叫的1♠：为11~13点，4张的牌，不逼叫	Pass：为8~10点，对黑桃有支持，成局无望的牌 1NT/2NT：为8~11点/12点的均型牌，不逼叫/邀叫 3NT：为13~16点的均型牌，止叫 4NT：为18点以上，对黑桃有4张或以上好配合的牌，是以黑桃为将牌的关键张问叫，逼叫 2♣：为12点以上，4张以上的牌（也可以视为第四花色逼叫），逼叫 3♣：为12点以上，5张以上的牌，逼叫 4♣：可以视为改良的爆裂叫，为13点以上，对黑桃有4张好配合，草花为缺门的牌，逼叫 2◆：为8~11点，有4张以上配合的牌，不逼叫 3◆/5◆：为12~13点/14~16点，有4张以上配合，不适合打3NT和高花定约的非均型牌，邀叫/止叫 4◆/6◆：为18点以上/19点，有4张以上好配合的牌，是以方块为将牌变通的低花关键张问叫/封贯叫牌，逼叫/止叫 2♥/3♥：为8~11点/12~15点，5张以上套/5张以上强套的牌，不逼叫/逼叫 4♥：为13~16点，6张以上的牌，止叫 5♥/6♥：为18点/19点，最多只有一个输墩强套的牌，是问红心大牌张数（一大进贯）的满贯邀叫/封贯止叫 2♠/3♠：为8~11点/12点，有4张配合的牌，不逼叫/邀叫 4♠：为13~16点，有4张配合的牌，止叫 5♠/6♠：为18点以上/19点，有4张或以上好配合的牌，是问黑桃大牌张数（一大进贯）的满贯邀叫/封贯止叫

应　　叫	开叫人的再叫	应叫人的再叫
1♥/1♠：通常都为8~15点，4张以上的牌，都是逼叫 另外还有一种可能是16~19点（20点以上怎么表示，请和同伴协商确定），5张以上，对满贯有兴趣，牌型不符合2NT应叫的牌	对1♥应叫的2♠：为14~15点，4张的牌，邀叫	Pass：为8~9点，对黑桃有支持，成局无望的牌 2NT/3NT：为10点/11~15点的均型牌，邀叫/止叫 4NT：为16点以上，对黑桃有4张或以上好配合的牌，是以黑桃为将牌的关键张问叫，逼叫 6NT：为18~19点的均型牌，止叫 3♣：12~15点，5张以上的牌（也可以视为第四花色逼叫），逼叫 4♣：可以视为改良的爆裂叫，为11点以上，对黑桃有4张配合，有4张以上红心，草花为缺门的牌，逼叫 3♦/5♦：为9~11点/12~15点，有4张以上配合，不适合打3NT和高花定约的非均型牌，邀叫/止叫 4♦/6♦：为16点以上/17~19点，有4张或以上好配合的牌，是以方块为将牌变通的低花关键张问叫/封贯叫牌，逼叫/止叫 3♥/4♥：为9~11点/12~14点，5张以上/6张以上的牌，邀叫/止叫 5♥/6♥：为16点以上/17~19点，最多只有一个输墩强套的牌，是问红心大牌张数（一大进贯）的满贯邀叫/封贯止叫 3♠/4♠：为8~9点/10~15点，有4张配合的牌，邀叫/止叫 5♠/6♠：为16点以上/17~19点，有4张或以上好配合的牌，是问黑桃大牌张数（一大进贯）的满贯邀叫/封贯止叫
	对1♥或1♠应叫的1NT：为11~13点的均型牌，不逼叫	Pass：为8~11点，成局无望的均型牌 2♣/3♣：为8~11点/12点以上，4张以上/5张以上的牌，不逼叫/逼叫 4♣：可以视为以应叫高花为将牌的关键张问叫，为18点以上，最多只有一个输墩应叫高花强套的牌，逼叫 2♦：为8~10点，有4张以上配合的牌，不逼叫 3♦/5♦：为11~12点/13~16点，有4张以上配合，不适合打3NT和高花定约的非均型牌，邀叫/止叫 4♦/6♦：为18点以上/19点，有4张或以上好配合的牌，是以方块为将牌变通的低花关键张问叫/封贯叫牌，逼叫/止叫 2阶/3阶再叫应叫高花：为8~11点/12~15点，5张以上套/5张以上强套的牌，不逼叫/逼叫 4阶再叫应叫高花：为12~15点，6张以上的牌，止叫 5阶/6阶再叫应叫高花：为18点/19点，最多只有一个输墩强套的牌，是问该高花大牌张数（一大进贯）的满贯邀叫/封贯止叫 1♠应叫人的2♠/3♠：为11~12点/13~15点，4张，有5张红心的牌（有6张红心时，应优先再叫红心，以下省略该解释），都是逼叫 1♠应叫人的2♥/3♥：为8~11点/12点以上，4张/4张以上，有5张黑桃的牌，不逼叫/逼叫 1♠应叫人的4♥：为13点以上，5-5以上高花的牌，不逼叫 2NT/3NT：为11~12点/13~16点的均型牌，邀叫/止叫 4NT：为19点，中间张丰富的均型牌，是6NT邀叫

应　　叫	开叫人的再叫	应叫人的再叫
1♥/1♠：通常都为8~15点，4张以上的牌，都是逼叫 另外还有一种可能是16~19点（20点以上怎么表示，请和同伴协商确定），5张以上，对满贯有兴趣，牌型不符合2NT应叫的牌	对1♥或1♠应叫的2NT：为14~15点的均型牌，邀叫	Pass：为8~9点，成局无望的均型牌 3♣：为11点以上，5张以上的牌，逼叫 4♣：可以视为以应叫高花为将牌的关键张问叫，为16点以上，最多只有一个输墩应叫高花强套的牌，逼叫 3◆/5◆：为8~10点/11~15点，有4张以上配合，不适合打3NT和应叫高花定约的非均型牌，邀叫/止叫 4◆/6◆：为16点以上/17~19点，有4张以上好配合的牌，是以方块为将牌变通的低花关键张问叫/封贯叫牌，逼叫/止叫 3阶/4阶再叫应叫高花：为8~10点/11~15点，5张以上/6张以上的牌，邀叫/止叫 5阶/6阶再叫应叫高花：为16点/17~19点，最多只有一个输墩强套的牌，是问应叫高花大牌张数（一大进贯）的满贯邀叫/封贯止叫 1♥应叫人的3♣：为11~15点，4张，有5张红心的牌，逼叫 1♠应叫人的3♥/4♥：为11~15点，4张/5张，有5张以上黑桃的牌，逼叫/不逼叫 3NT：为11~15点的均型牌，止叫 4NT/6NT：为17点/18~19点的均型牌，是6NT邀叫/封贯止叫
	2♣：为11~13点，有5-4以上分布低花且不确定哪门低花更长的牌，不逼叫	Pass：为8~10点，对草花有支持，成局无望的牌 2◆：为8~11点，有好支持的牌，不逼叫 3◆/5◆：为12点/13~16点，有4张以上配合，不适合打3NT和应叫高花定约的非均型牌，邀叫/止叫 4◆/6◆：为18点以上/19点，有4张以上好配合的牌，是以方块为将牌变通的低花关键张问叫/封贯叫牌，逼叫/止叫 2阶/3阶再叫应叫高花：为8~11点/12点以上，5张以上套/5张以上强套的牌，不逼叫/逼叫 4阶再叫应叫高花：为13~15点，6张以上的牌，止叫 5阶/6阶再叫应叫高花：为18点/19点，最多只有一个输墩强套的牌，是问应叫高花大牌张数（一大进贯）的满贯邀叫/封贯止叫 1♥应叫人的2♠/3♠：为12~13点/14~15点，4张，有5张红心的牌，都是逼叫 1♥应叫人的4♠和1♠应叫人的4♥：都可以视为改良的爆裂叫，为13点以上，对草花有4张以上好配合，所叫花色为缺门的牌，都是逼叫 1♠应叫人的2♥/3♥：为8~11点/12点以上，4张以上（有5张红心时，也先叫2♥/3♥，有机会再叫3♥/4♥就能表示清楚牌型了），有5张以上黑桃的牌，不逼叫/逼叫 2NT/3NT：为11~12点/13~15点的均型牌，邀叫/止叫 4NT：可以视为特殊的6NT邀叫，为19点，中间张丰富的均型牌 3♣/5♣：为11~12点/13~16点，有4张以上配合，不适合打3NT和应叫高花定约的非均型牌，邀叫/止叫 4♣/6♣：为18点以上/19点，有4张以上好配合的牌，是以草花为将牌变通的低花关键张问叫/封贯叫牌，逼叫/止叫

应　叫	开叫人的再叫	应叫人的再叫
1♥/1♠：通常都为8~15点，4张以上的牌，都是逼叫 另外还有一种可能是16~19点（20点以上怎么表示，请和同伴协商确定），5张以上，对满贯有兴趣，牌型不符合2NT应叫的牌	3♣：为14~15点，有5-5以上分布低花的牌，邀叫	Pass：为8~9点，对草花有支持，成局无望的牌 3♣/5♦：为8~11点/12~15点，有支持，不适合打3NT和应叫高花定约的非均型牌，不逼叫/止叫 4♦/6♣：为16点以上/17~19点，有好支持的牌，是以方块为将牌变通的低花关键张问叫/封贯叫牌，逼叫/止叫 3阶/4阶再叫应叫高花：为8~10点/11~15点，5张以上/6张以上的牌，邀叫/止叫 5阶/6阶再叫应叫高花：为16点/17~19点，最多只有一个输墩强套的牌，是问应叫高花大牌张数（一大进贯）的满贯邀叫/封贯止叫 1♥应叫人的3♠：为12~15点，4张，有4张以上红心的牌，逼叫 1♠应叫人的3♥：为11点以上，有5-5以上分布高花的牌（5-4分布时可以再叫3NT），逼叫 1♥应叫人的4♠/1♠应叫人的4♥：都可以视为改良的爆裂叫，为11点以上，对草花有好支持，所叫花色为缺门的牌，都是逼叫 3NT：为12~15点，对未叫高花有好止张的均型牌，不逼叫 6NT（应优先打有将满贯）：为18~19点，对未叫高花有好止张的均型牌，止叫 4♣/6♣：为16点以上/17~19点，有好支持的牌，是以草花为将牌变通的低花关键张问叫/封贯叫牌，逼叫/止叫 5♣：为12~14点，有支持，不适合打3NT和应叫高花定约的非均型牌，止叫
	2♦：为11~13点，5张以上的牌，不逼叫	Pass：为8~9点，对方块有支持或帮助，成局无望的牌 2阶/3阶再叫应叫高花：为8~11点/12点以上，5张以上套/5张以上强套的牌，不逼叫/逼叫 4阶再叫应叫高花：为13~15点，6张以上的牌，止叫 5阶/6阶再叫应叫高花：为18点/19点，最多只有一个输墩强套的牌，是问应叫高花大牌张数（一大进贯）的满贯邀叫/封贯止叫 1♥应叫人的2♠/3♠：为12~13点/14~15点，4张，有5张红心的牌，都是逼叫 1♥应叫人的4♠和1♠应叫人的4♥：都可以视为改良的爆裂叫，为13点以上，对方块有好支持，所叫花色为缺门的牌，都是逼叫 1♠应叫人的2♥/3♥：为8~11点/12点以上，4张以上，有5张黑桃的牌，不逼叫/逼叫 2NT/3NT：为11~12点/13~15点的均型牌，邀叫/止叫 4NT：可以视为特殊的6NT邀叫，为19点，中间张丰富的均型牌 3♣/4♣：为12~13点/14~15点，5张以上的牌，邀叫/逼叫 3♦/5♦：为12点/13~16点，有好支持，不适合打3NT和应叫高花定约的非均型牌，邀叫/止叫 4♦/6♦：为18点以上/19点，有好支持的牌，是以方块为将牌变通的低花关键张问叫/封贯叫牌，逼叫/止叫

应　　叫	开叫人的再叫	应叫人的再叫
1♥/1♠：通常都是8~15点，4张以上的牌，都是逼叫 另外还有一种可能是16~19点（20点以上怎么表示，请和同伴协商确定），5张以上，对满贯有兴趣，牌型不符合2NT应叫的牌	3◆：为14~15点，5张以上强套的牌，不逼叫	Pass：为8~9点，对方块有支持或帮助，成局无望的牌 3阶/4阶再叫应叫高花：为8~11点/12~15点，5张以上/6张以上的牌，邀叫/止叫 5阶/6阶再叫应叫高花：为16点/17~19点，最多只有一个输墩强套的牌，是问应叫高花大牌张数（一大进贯）的满贯邀叫/封贯止叫 1♥应叫人的3♠：为11~15点，4张，有5张红心的牌，逼叫 1♥应叫人的4♠/1♠应叫人的4♥：都可以视为改良的爆裂叫，为11点以上，对方块有好支持，所以花色为缺门的牌，都是逼叫 1♠应叫人的3♥：为8点以上，4张以上（5张红心时，也先叫3♥，有机会再叫4♥），有5张黑桃的牌，逼叫 3NT：为11~15点，对未叫高花有止张的均型牌，止叫 6NT：为18~19点的均型牌，止叫 4◆/6◆：为16点以上/17~19点，有好支持的牌，是以方块为将牌的关键张问叫/封贯叫牌，逼叫/止叫 5◆：为11~14点，有支持，不适合打3NT和应叫高花定约的非均型牌，止叫
	对1♠应叫的2♥：为14~15点，4张的牌，不逼叫 当为11~13点有4张红心的牌时，通常应该叫1NT或叫出5张方块示弱，要相信应叫人有5张黑桃4张红心的牌时，会叫出红心的 另外，对1♠应叫的3♥跳出红心，是逻辑错误的叫牌，你可以赋予其特定的叫牌约定	Pass：为8~9点，对红心有支持，成局无望的牌 2♠/3♠：为8~10点/11~15点，5张以上套/5张以上强套的牌，不逼叫/逼叫 4♠：为11~15点，6张以上的牌，止叫 5♠/6♠：为16点/17~19点，最多只有一个输墩强套的牌，是问黑桃大牌张数（一大进贯）的满贯邀叫/封贯止叫 2NT/3NT：为9~10点/11~16点，对草花有止张的均型牌，邀叫/止叫 4NT：为16点以上，对红心有4张或以上好配合，有5张以上黑桃的牌，是以红心为将牌的关键张问叫，逼叫 6NT：为18~19点的均型牌，止叫 3♣：为11~15点，4张以上的牌（也可以约定为12点以上的第四花色逼叫），逼叫 4♣：可以视为改良的爆裂叫，为11点以上，对红心有4张以上好配合且黑桃为5张以上，草花为缺门的牌，逼叫 3◆/5◆：为8~11点/12~14点，有4张以上配合，不适合打3NT和应叫高花定约的非均型牌，不逼叫/止叫 4◆/6◆：为16点以上/17~19点，有4张以上好配合的牌，是以方块变通的低花关键张问叫/封贯止叫，逼叫/止叫 3♥/4♥：为10~11支持点/12~15支持点，有4张以上配合，黑桃为5张以上的牌，邀叫/止叫 5♥/6♥：为16点/17~19点，有4张以上好配合且黑桃为5张以上的牌，是问红心大牌张数（一大进贯）的满贯邀叫/封贯止叫
	2阶加叫应叫高花：为11~13支持点，对应叫高花有4张配合的牌，不逼叫	Pass：为8~10点，成局无望的牌 2NT/3NT：为11~12点/13~15点的均型牌，邀叫/止叫 4NT：为18点以上，有4张以上应叫高花强套的牌，是以应叫高花为将牌的关键张问叫，逼叫 平叫出新花：为10~11点，4张以上的牌，是此花色的长套邀叫，都是逼叫。要求开叫人有此花色大牌张时，4阶加叫应叫高花进局，否则就3阶叫回叫应叫高花，都不逼叫 跳叫出新花：都可以视为改良的爆裂叫，为13点以上，有4张以上应叫高花强套，所叫花色为缺门的牌，都是逼叫 3阶/4阶再叫应叫高花：为11~12点/13~15点的牌，邀叫/止叫 5阶/6阶再叫应叫高花：为18点/19点，4张以上强套的牌，是问应叫高花大牌张数（一大进贯）的满贯邀叫/封贯止叫

应　　叫	开叫人的再叫	应叫人的再叫
1♥/1♠：通常都是8~15点，4张以上的牌，都是逼叫 另外还有一种可能是16~19点（20点以上怎么表示，请和同伴协商确定），5张以上，对满贯有兴趣，牌型不符合2NT应叫的牌	3阶跳加应叫高花：为14~15支持点，对应叫高花有4张配合的牌，邀叫	Pass：为8~9点，成局无望的牌 3NT：为10~15点的均型牌，不逼叫 4NT：为16点以上，有4张以上应叫高花强套的牌，是以应叫高花为将牌的关键张问叫，逼叫 平阶出新花：为16点以上，有4张以上应叫高花强套，是以应叫高花为将牌扣A的牌，逼叫 跳阶出新花：都可以视为改良的爆裂叫，为13点以上，有4张以上应叫高花强套，所叫花色为缺门的牌，都是逼叫 4阶再叫应叫高花：为10~14点的牌，止叫 5阶/6阶再叫应叫高花：为16点/17~19点，4张以上强套的牌，是问应叫高花大牌张数（一大进贯）的满贯邀叫/封贯止叫
	4阶跳加应叫高花：为16~17支持点，对应叫高花有4张配合的牌，不逼叫	Pass：为8~14点，对满贯不感兴趣的牌 平阶出新花：都为15点以上，有4张以上应叫高花强套，是以应叫高花为将牌扣A的牌，都是逼叫 4NT：为15点以上，有4张以上应叫高花强套的牌，是以应叫高花为将牌的关键张问叫，逼叫 5阶/6阶再叫应叫高花：为15点/16~19点，4张以上强套的牌，是问应叫高花大牌张数（一大进贯）的满贯邀叫/封贯止叫
	对1♥应叫人的3♠/4♣和对1♠应叫人的4♣/♥：都可以视为改良的爆裂叫，为13~15点，对应叫高花有4张好配合，所叫花色为缺门的牌，都是逼叫	
	对1♥或1♠应叫的3NT：都是逻辑含糊的再叫，你可以赋予其特定的叫牌约定。笔者建议将其视为18~19支持点，对应叫高花有4张好配合的牌。至于是否采用，请和同伴协商确定	
	4◆/5◆：为14~15点，6张以上强套，不适合打3NT和应叫高花的非均型牌，邀叫/不逼叫	
1NT：为8~10点，无4张高花的牌（不排除有5张以上草花或方块），不逼叫	Pass：为11~13点，成局无望的均型牌	
	2♣：为13~15点，有5-4以上分布低花，且不确定哪门低花更长的牌，不逼叫。为11~12点，有5-5以上分布低花的牌时，也可以叫2♣	Pass：为8~10点，对草花有支持，成局无望的牌 2◆/3◆：为8~9点/10点，有4张/5张配合的牌，都不逼叫 4◆/5◆：为8~9点/10点，有4张/5张以上配合的非均型/畸形牌，邀叫/止叫 2NT：为9~10点的均型牌，不逼叫 3NT：为10点，至少对某门高花有止张蒙局的牌，止叫 3♣：为8~10点，对草花有4张以上配合的牌，不逼叫 4♣/5♣：为9~10点/10点，对草花有4张以上好配合/5张以上配合的非均型/畸形牌，止叫
	3♣：为14~15点，有5-5以上分布低花的牌，邀叫	Pass：为8~9点，对草花有支持，成局无望的牌 3◆：为8~10点，有支持的牌，不逼叫 4◆/5◆：为8~9点/10点，有4张/5张以上配合的非均型/畸形牌，邀叫/止叫 3NT：为9~10点，对两门高花都有止张的均型牌，止叫 4♣/5♣：为9~10点/10点，对草花有4张/5张以上配合的非均型/畸形牌，邀叫/止叫

应　　叫	开叫人的再叫	应叫人的再叫
1NT：为8~10点，无4张高花的牌（不排除有5张以上草花或方块），不逼叫	2◆：为11~13点，5张以上的牌，不逼叫	Pass：为8~10点，对方块有支持或帮助，成局无望的牌
		2NT：为9~10点，改善定约的叫牌，不逼叫
		3NT：为10点（联手牌力明显不足），某门或两门高花有止张蒙局的牌，止叫
		3♣/4♣：为8~9点/9~10点，6张以上的非均型牌，不逼叫/邀叫
		5♣：为10点，7张以上的畸形牌，止叫
		3◆：为8~10点，有4张以上配合的牌，不逼叫
		4◆/5◆：为9~10点/10点，有4张/5张以上配合的非均型/畸形牌，邀叫/止叫
	3◆：为14~15点，5张以上强套的牌，不逼叫	Pass：为8~10点，对方块有支持或帮助，成局无望的牌
		3NT：为10点，对某门或两门高花有止张的牌，止叫
		4♣/5♣：为9~10点/10点，6张以上强套的非均型/畸形牌，邀叫/止叫
		4◆/5◆：为9~10点/10点，有4张/5张以上配合的非均型/畸形牌，邀叫/止叫
	2♥/2♠：都为14~15点，4张的牌，都不逼叫	Pass：为8~9点，对再叫高花有支持，成局无望的牌
		2NT/3NT：为8~9点/10点的均型牌，不逼叫/止叫
		3♣/4♣：为8~9点/9~10点，6张以上的牌，不逼叫/邀叫
		5♣：为10点，7张以上的畸形牌，止叫
		3◆：8~9点，有4张以上配合的牌，不逼叫
		4◆/5◆：为9~10点/10点，有4张/5张以上配合的非均型/畸形牌，邀叫/止叫
		3阶/4阶加叫再叫高花：为9~10点/10点，有好支持，未叫高花为单缺，准备打该高花4-3配合成局定约的牌，邀叫/止叫
	2NT：为15点的均型牌，邀叫	Pass：为8~9点，成局无望的均型牌
		3♣/4♣：为8~9点/9~10点，6张以上的牌，不逼叫/邀叫
		5♣：为10点，7张以上的畸形牌，止叫
		3◆：为8~9点，有4张以上配合的牌，不逼叫
		4◆/5◆：为9~10点/10点，有4张/5张以上配合的非均型/畸形牌，邀叫/止叫
		3NT：为10点的均型牌，止叫
	3NT：为14~15点，有6张以上方块强套的牌，不逼叫	Pass：为9~10点的均型牌
		4♣/5♣：为8~10点，6张/7张以上，不适合打3NT定约的非均型牌，邀叫/止叫
		4◆/5◆：为8~9点/10点，有支持，有单缺花色的非均型牌，邀叫/止叫
	4♣/5♣：为13~14点/14~15点，有6-5以上分布方块和草花的牌，邀叫/止叫	
	4◆/5◆：为14~15点，6张以上强套的非均型/畸形牌，邀叫/止叫	

应 叫	开叫人的再叫	应叫人的再叫
2♣：为11点以上，5张以上的牌，逼叫到2NT或3♣ 当应叫人既有4张方块可以应叫2♦，又有5张草花可以应叫2♣时，如开叫人为第一、二家时，推荐应叫2♦，而将草花长套隐藏起来。当应叫人为16点以上时，推荐应叫2♣ 当应叫人再叫出4张高花时，一定为16点以上的牌，因为只有非限制性牌力，才会采用长套优先的应叫法则进行应叫	此时开叫人应优先报出高花的止张情况 **2♦**：为11~13点，5张以上，对两门高花都无止张的牌，逼叫	**2♥/2♠**：都为16点以上，4张或以上的牌，都是逼叫 **3♥/3♠**：都可以视为改良的爆裂叫，为13点以上，对方块有好支持，所叫花色为缺门的牌，都是逼叫 **2NT/3NT**：为11~12点/13~15点，对两门高花都有止张的均型牌，邀叫/止叫 **4NT**：是逻辑含糊的叫牌，你可以赋予其特定的叫牌约定 **6NT**：为21~23点，对两门高花都有止张的均型牌，止叫 **3♣/5♣**：为11~12点/13~16点，6张以上，不适合打3NT定约的非均型牌，不逼叫/止叫 **4♣/6♣**：为18点以上/19~22点，最多只有一个输墩强套的牌，是以草花为将牌变通的低花关键张问叫/封贯叫牌，逼叫/止叫 **3♦/5♦**：为11~13点/14~15点，有好支持，不适合打3NT定约的非均型牌，不逼叫/止叫 **4♦/6♦**：为18点以上/19~22点，有好支持的牌，是以方块为将牌变通的低花关键张问叫/封贯叫牌，逼叫/止叫
	3♦：为14~15点，5张以上强套，对两门高花都无止张的牌，逼叫	**3♥/3♠**：都为16点以上，4张或以上的牌，都是逼叫 **4♥/4♠**：都可以视为改良的爆裂叫，为13点以上，对方块有好支持，所叫花色为缺门的牌，都是逼叫 **3NT/6NT**：为11~14点/18~21点，对两门高花都有止张的均型牌，都是止叫 **4NT**：是逻辑含糊的叫牌，你可以赋予其特定的叫牌约定 **4♣/6♣**：为16点以上/17~20点，最多只有一个输墩强套的牌，是以草花为将牌变通的低花关键张问叫/封贯叫牌，逼叫/止叫 **5♣**：为11~14点，6张以上强套，不适合打3NT定约的非均型牌，止叫 **4♦/6♦**：为16点以上/17~20点，有好支持的牌，是以方块为将牌变通的低花关键张问叫/封贯叫牌，逼叫/止叫 **5♦**：为11~14点，有支持，不适合打3NT定约的非均型牌，止叫
	2♥/2♠：都为11~13点，对所叫花色有止张的牌，都是逼叫 当对草花有支持且有高花止张时，应优先报止张	**2NT/3NT**：为11~12点/13~15点，对未叫高花有止张的牌，邀叫/止叫 **4NT**：可以视为6NT邀叫，为20点，对未叫高花有止张的均型牌（因开叫人应答的高花不是实套，所以此时的4NT不是关键张问叫，以下省略该解释），不逼叫 **6NT**：为21~23点的均型牌，止叫 **3♣/5♣**：为11~12点/13~14点，6张以上强套，不适合打3NT定约的非均型牌，不逼叫/止叫 **4♣/6♣**：为18点以上/19~22点，最多只有一个输墩强套的牌，是以草花为将牌变通的低花关键张问叫/封贯叫牌，逼叫/止叫 **3♦/5♦**：为11~12点/13~16点，对方块有4张配合，不适合打3NT定约的非均型牌，不逼叫/止叫 **4♦/6♦**：为18点以上/19~22点，对方块有4张以好配合的牌，是以方块为将牌变通的低花关键张问叫/封贯叫牌，逼叫/止叫 **3♥/3♠**：都可以视为位置选择的约定叫，为13~15点，对未叫高花有好止张，希望由开叫人叫3NT定约的牌，都是逼叫 **平阶出未叫高花**：为16点以上，4张或以上的牌，逼叫

应　　叫	开叫人的再叫	应叫人的再叫
2♣：为11点以上，5张以上的牌，逼叫到2NT或3♣ 当应叫人既有4张方块可以应叫2◆，又有5张草花可以应叫2♣时，如开叫人为第一、二家时，推荐应叫2◆，而将草花长套隐藏起来。当应叫人为16点以上时，推荐应叫2♣ 当应叫人再叫出4张高花时，一定为16点以上的牌，因为只有非限制性牌力，才会采用长套优先的应叫法则进行应叫	3♥/3♠：都为14~15点，对所叫花色有止张的牌，都是逼叫	对3♥再叫的3♠：为16点以上，4张或以上的牌，逼叫 3NT/6NT：为11~16点/18~21点，对未叫高花有止张的均型牌，都是止叫 4NT：可以视为6NT邀叫，为17点，对未叫高花有止张的均型牌 4♣/6♣：为16点以上/17~20点，最多只有一个输墩强套的牌，是以草花为将牌变通的低花关键张问叫/封贯叫牌，逼叫/止叫 5♣：为11~14点，6张以上强套，不适合打3NT定约的非均型牌，止叫 4◆/6◆：为16点以上/17~20点，有4张以上好配合的牌，是以方块为将牌变通的低花关键张问叫/封贯叫牌，逼叫/止叫 5◆：为11~14点，有4张配合，不适合打3NT定约的非均型牌，止叫
	3♣：为14~15点，对两门高花都无止张，对草花有好支持的牌，不逼叫	Pass：为11~12点，成局无望的牌 3◆/5◆：为11点/12~14点，有4张配合，不适合打3NT定约的非均型牌，不逼叫 4◆/6◆：为16点以上/17~20点，有4张以上好配合的牌，是以方块为将牌变通的低花关键张问叫/封贯叫牌，逼叫/止叫 3♥/3♠：都为16点以上，有5张以上草花强套，是以草花为将牌扣A的牌，都是逼叫 4♥/4♠：都可以视为改良的爆裂叫，为11点以上，有5张以上草花强套，所叫花色为缺门的牌，都是逼叫 3NT/6NT：为11~15点/18~21点，对两门高花都有止张的均型牌，都是止叫 4NT：可以视为6NT邀叫，为17点，对两门高花都有止张的均型牌 4♣/6♣：为16点以上/17~20点，5张以上强套的牌，是以草花为将牌变通的低花关键张问叫/封贯叫牌，逼叫/止叫 5♣：为12~14点，不适合打3NT定约的非均型牌，止叫
		2NT/3NT：为11~13点/14~15点，对两门高花都有止张的均型牌，都不逼叫 4♣/6♣：都是逻辑错误的叫牌，详见本书071页错误叫牌的解释 5♣：为14~15点，有好支持，不适合打3NT定约的非均型牌，不逼叫 4◆/6◆：都是非常罕见的且笔者不推荐的蒙贯叫牌，都为15点，最多只有一个输墩强套的畸形牌，是以方块为将牌变通的低花关键张问叫/封贯叫牌，逼叫/不逼叫 5◆：为14~15点，6张以上强套，不适合打3NT定约的非均型牌，不逼叫 4♥/4♠：都可以视为改良的爆裂叫，为13~15点，对草花有好支持，所叫花色为缺门的牌，都是逼叫
2◆加叫：为11点以上，有4张以上配合的牌，逼叫到应叫人的2NT或3◆ 需要说明的是，当应叫人再叫出4张或以上高花时，一定为16点以上的牌，因为只有非限制性牌力，才会采用长套优先的应叫法则进行应叫	此时应优先报出高花的止张情况 2♥/2♠：为11~13点，对所叫花色有止张的牌，都是逼叫	平阶出另一门高花：为16点以上，4张或以上的牌，逼叫 2NT/3NT：为11~12点/13~17点，对未叫高花有止张的牌，邀叫/止叫 6NT：为20~21点的均型牌（此叫品非常罕见，应优先打6◆，以下省略有将牌配合还去叫6NT的叫品），止叫 3♣/4♣：13~15点/14~15点，4张/5张以上，不适合打3NT定约的非均型牌，逼叫/不逼叫 3◆/5◆：为11~12点/13~16点，不适合打3NT定约的非均型牌，不逼叫 4◆/6◆：为18点以上/19~22点，有4张以上方块强套的牌，是以方块为将牌变通的低花关键张问叫/封贯叫牌，逼叫/止叫 3♥/3♠：都可以视为庄位选择的约定叫，为13~16点，对未叫高花有好止张，希望由开叫人主打3NT定约的牌，逼叫

应　　叫	开叫人的再叫	应叫人的再叫
2◆加叫：为11点以上，有4张以上配合的牌，逼叫到应叫人的2NT或3◆ 需要说明的是，当应叫人再叫出4张或以上高花时，一定为16点以上的牌，因为只有非限制性牌力，才会采用长套优先的应叫法则进行应叫	3♥/3♠：都为14~15点，对所叫花色有止张的牌，都是逼叫	对3♥再叫的3♠：为16点以上，4张或以上的牌，逼叫 3NT：为11~14点，对未叫高花有止张的牌，止叫 4♣：为13~15点，5张以上，不适合打3NT定约的非均型牌，逼叫 4◆/6◆：为16点以上/17~20点，有4张以上方块强套的牌，是以方块为将牌变通的低花关键张问叫/封贯叫牌，逼叫/止叫 5◆：为11~14点，不适合打3NT定约的非均型牌，止叫
	3♣：为14~15点，对两门高花都无止张，有4张以上草花强套的牌，逼叫	3◆：为11~12点，不适合打3NT定约的非均型牌，不逼叫 4◆/6◆：为16点以上/17~20点，有4张以上方块强套的牌，是以方块为将牌变通的低花关键张问叫/封贯叫牌，逼叫/止叫 5◆：为11~14点，不适合打3NT定约的非均型牌，止叫 3♥/3♠：都为16点以上，有4张以上方块强套，是以方块为将牌扣A的牌，都是逼叫 3NT：为11~15点，对两门高花都有止张的均型牌，止叫 4♣/6♣：为16点以上/17~20点，有4张以上好配合，感觉打草花定约更有利的牌，是以草花为将牌变通的低花关键张问叫/封贯叫牌，逼叫/止叫 5♣：为11~14点，有4张配合，感觉打草花定约更有利的非均型牌，止叫
	4♣：为14~15点，有5-5以上分布低花的牌（对高花有止张时也优先报牌型），逼叫	4◆/6◆：为16点以上/17~20点，有4张以上方块强套的牌，是以方块为将牌变通的低花关键张问叫/封贯叫牌，逼叫/止叫 5◆：为11~14点的非均型牌，止叫 4♥/4♠：都为16点以上，有4张以上方块强套，是以方块为将牌扣A的牌，都是逼叫 4NT：是逻辑含糊的叫牌，是否可以视为18点以上，对草花有好支持，是以草花为将牌的关键张问叫，请和同伴协商确定 5♣/6♣：为11~14点/17~20点，对草花有好支持的牌，感觉打草花定约更有利的牌，都是止叫
	3◆：为11~13点，5张以上，对两门高花都无止张的牌，不逼叫 为11~13点，有5-5分布低花时，也应优先叫3◆	Pass：为11~12点，成局无望的牌 平阶出新花：为18点以上，方块为4张以上强套，是以方块为将牌扣A的牌，都是逼叫 3NT：为12~15点，对两门高花都有止张的均型牌，止叫 4NT：是逻辑含糊的叫牌，你可以赋予其特定的叫牌约定 4◆/6◆：为18点以上/19~22点，有4张以上方块强套的牌，是以方块为将牌变通的低花关键张问叫/封贯叫牌，逼叫/止叫 5◆：为11~16点，不适合打3NT定约的非均型牌，止叫
	2NT/3NT：为11~13点/14~15点，对两门高花都有止张的均型牌，都不逼叫 4◆/6◆：都是非常罕见的蒙贯叫牌，都为15点，5张以上强套的畸形牌，是以方块为将牌变通的低花关键张问叫/封贯叫牌，逼叫/不逼叫 5◆：为14~15点，5张以上强套，不适合打3NT定约的非均型牌，不逼叫 4阶出高花/5♣：都可以视为改良的爆裂叫，为13~15点，有5张以上方块强套，所叫花色为缺门的牌，都是逼叫	

应　叫	开叫人的再叫	应叫人的再叫
2NT：为16点以上，对方块无配合，无5张花色长套的均型牌，逼叫 需要说明的是，对2NT应叫的后续叫牌，笔者依据桥牌逻辑进行了部分改进，可能会与老版精确体系有所不同	3♣：可以视为特殊约定叫，为11~13点，有4张以上方块，另有一门4张花色的牌（不保证是草花套），逼叫	接力3◆问叫：为19点以上的特殊约定叫，逼叫。此时当开叫人应答：①3♥/3♠时，都为有4张所叫高花和4张方块的牌，都是逼叫；②3NT时，为有4张方块和4张草花的牌，逼叫；③4♣时，为有4张方块和5张草花的牌，逼叫；④4◆时，为有5张以上方块和4张草花的牌，逼叫；⑤4♥/4♠时，都为有4张所叫高花和5张以上方块的牌，都是逼叫；⑥4NT时，为有5-5以上分布低花的牌，逼叫 3♥/3♠：都为16~18点，4张的牌，都是逼叫 3NT：为16~18点，对满贯不感兴趣的均型牌，止叫 4NT：可以视为6NT邀叫，为20点的均型牌（笔者推荐应优先采用接力3◆问叫，以寻求4-4牌配合的满贯定约），不逼叫 6NT：为21~23点的均型牌（笔者推荐应优先采用接力3◆问叫，以寻求4-4将牌配合的满贯定约），止叫 4♣：为17~18点，4张的牌，逼叫到4NT
	3◆：为11~13点，5张以上，无另外4张花色套的牌，逼叫	3♥/3♠：都为19点以上，4张，对方块有帮助的牌，都是逼叫，要求开叫人有6张方块时，可以选择6◆，否则11~12点时，就再叫4NT，13点时，就再叫6NT 3NT：为16~18点，满贯无望的牌，止叫 4NT：可以视为6NT邀叫，为20点，对方块无帮助的牌，不逼叫 6NT：为20~23点，对方块无帮助的牌，止叫 4◆：为18点以上，有好支持的牌，是以方块为将牌变通的低花关键张问叫，逼叫 5◆/6◆：为17~18点/19~22点，有支持的牌，不逼叫/止叫
	3♥/3♠：都为14~15点，4张且有4张以上方块的牌，都是逼叫	对3♥再叫的3♠/4♣：为18点以上，4张的牌，都是满贯逼叫 对3♠再叫的4♣/4♥：为18点以上，4张的牌，都是满贯逼叫 3NT：为16~17点，对再叫高花无配合，对方块无支持的牌，不逼叫 4NT：为16点以上，对再叫高花有4张配合的牌，是以该花色为将牌的关键张问叫，逼叫 6NT：为18~21点，对再叫高花无配合，对方块无支持的牌，止叫 4◆：可以视为特殊约定叫，为18点以上，对方块有支持的牌，逼叫，要求开叫人有5张以上方块强套时叫6◆，否则就叫6NT 4阶加叫再叫高花：为16点，有4张配合的低值牌，不逼叫 5阶/6阶加叫再叫高花：为16点/17~20点，有4张配合的牌，是凭牌力的满贯邀叫/封贯止叫
	4♣：为14~15点，有5-4以上分布低花且不确定哪门低花更长的牌，逼叫	接力4◆问叫：为17点以上的问牌型约定叫，逼叫。此时当开叫人：①加一级应答4♥时，为有4张草花和5张以上方块的牌；②加两级应答4♠时，为有5张以上草花和4张方块的牌；③加三级应答4NT时，表示为5-5分布草花和方块的牌；④加四级应答5♣时，为有5张草花和6张以上方块的牌，都是满贯逼叫 4NT：为16点的均型牌，不逼叫 5♣/6♣：为16点低值牌/17~20点，对草花有4张配合的牌，不逼叫/止叫 6NT：为18~19点的牌（笔者推荐应优先进行接力4◆问叫），止叫
	3NT：为11~14点，3-3-4-3牌型的牌，不逼叫 4NT：为15点，3-3-4-3牌型的牌，是6NT邀叫 4◆：为14~15点，半坚固以上套的牌，是以方块为将牌变通的低花关键张问叫，逼叫 5◆/6◆：为11~13点/14~15点，6张以上强套有单张花色的牌，都不逼叫 4♥/4♠：都是逻辑错误的叫牌，你可以赋予其特定的叫牌约定	

应　　叫	开叫人的再叫	应叫人的再叫

跳阶出新花：都为19点以上，有半坚固以上所叫花色套A问叫的牌，都是逼叫

双跳出新花：都可以视为改良的爆裂叫，为13点以上，对方块有4张以上好配合，所叫花色为缺门的牌，都是逼叫

3♦：为5~7点，有5张以上配合的牌，不逼叫

4♦/6♦：为18点以上/19~20点，有4张以上好配合的牌，是以方块为将牌变通的低花关键张问叫/封贯叫牌，逼叫/止叫

5♦：为11~13点，有4张以上配合，不适合打3NT定约的非均型牌，止叫

3NT：为13~15点，无4张高花的均型牌，止叫

6NT：为20~21点的均型牌（笔者推荐应优先采用2NT应叫，尽量去叫有4-4配合的有将满贯定约），止叫

应叫人此时的4阶高花/4NT和5♣跳阶应叫：对1♦开叫来说，都是逻辑错误的叫牌，你可以与赋予其特定的叫牌约定

二、上家干扰后对1♦开叫的应叫

1. 上家花色干扰后对1♦开叫的应叫

Pass——为最多7点的牌（对2♣干扰可能为最多9点不好叫的牌）。

平阶出新花——都为8~10点，5张的牌，都不逼叫。

对1♥/1♠干扰3♣跳出草花——都为8~10点，6张以上强套的牌，都不逼叫。

跳阶出高花——都为8~10点，6张以上的牌，都不逼叫。

1NT/3NT——为8~10点/13~15点，有止张的均型牌，不逼叫/止叫。

平阶2NT或跳阶2NT——都为11~12点，有止张的均型牌，都是邀叫。

2♦加叫——为8~10点，有4张以上配合的牌，不逼叫。

3♦跳加叫——为5~7点，有5张以上配合的牌，止叫。

4♦/5♦跳加叫——为11~13点/14~15点，有4张以上配合，不适合打3NT定约的非均型牌，邀叫/止叫。

加倍——当应叫人对2阶以下花色干扰加倍时，通常为8~10点的负加倍，表示对方块无配合，另两门未叫花色为4-4以上分布的牌（高花时为4张，低花时为4张以上）。而当加倍人有机会再叫出新花时，则表示其为11点以上，5张以上的牌，通常是逼叫。

扣叫干扰花色——为11点以上，对方块有4张以上配合的牌，逼叫。此后，当扣叫人有机会：①再出新花时，为11点以上，5张以上的牌，都是逼叫；②平阶2NT时，为11~12点，有止张的均型牌，邀叫；③3NT时，为13~15点，有止张的牌，止叫；④4♦/5♦跳加叫时，为11~13点/14~15点，有4张以上配合，不适合打3NT定约的非均型牌，邀叫/止叫。

跳扣叫干扰花色——为13点以上，对方块有4张以上好配合，跳扣叫花色为缺门，对满贯感兴趣的牌，逼叫。

2. 上家加倍干扰后对1♦开叫的应叫

上家加倍干扰后，应叫人的Pass、平阶和跳阶出新花、加叫和跳加叫方块、平阶

1NT和跳阶2NT及封局应叫都保持与对方花色干扰后相同的含义。只是再加倍时，表示为11点以上的牌，不逼叫。

需要强调指出的是，当同伴1♦开叫上家加倍干扰，应叫人在没有自由应叫牌力且方块为短套的牌时，千万不要因为担心下家放罚而主动参与叫牌。如果真的出现下家放罚的情况，开叫人此时，如果有方块长套的牌时，就应该Pass（1阶放罚如果被宕二，通常对方的牌力也够打成局定约，不会吃亏太多）。如果是低限牌力且担心被惩罚的牌时，可以使用再加倍叫品的约定进行逃叫。这时要求应叫人：①如果持有接近自由应叫牌力，对方块有好支持或有4张以上配合的牌时，就Pass；②持有其余情况的牌时，都要从最便宜的花色开始平阶逃叫出4张以上的花色套来，都不逼叫。

3. 上家其他干扰后对1♦开叫的应叫

（1）上家1NT干扰后，应叫人的Pass，有可能为最多10点不好叫的牌，除此以外，应叫人的平阶或跳阶出新花、加叫和跳加叫方块、平阶和跳阶无将及封局应叫都保持与对方花色干扰后相同的含义。只是加倍时，表示为11点以上的牌，有很强的惩罚性加倍的含义。

（2）上家扣叫干扰后，应叫人的Pass，有可能为最多10点不好叫的牌，除此以外，应叫人的平阶或跳阶出新花、加叫或跳加叫方块、平阶和跳阶无将及封局应叫都保持与对方花色干扰后相同的含义。只是加倍时，表示为8点以上，对方块无配合的牌，不逼叫。如果叫加倍的应叫人后续有机会再叫：①Pass时，为8~10点，成局无望的牌；②出新花时，为11点以上，5张以上的牌，都是进局逼叫；③再叫花色或3NT定约封局时，为13点以上，有对应特定牌型的牌，都是止叫；④对对方再次干扰时的加倍，都是惩罚性加倍。

（3）上家阻击干扰后，应叫人的应叫都是自然实叫，应参考本书085~086页的八条常规介绍。

三、对方干扰后1♦开叫人的再叫

1. 同伴没有参与叫牌时1♦开叫人的再叫

此时开叫人只有在持14~15点高限牌力和好的牌型这两个必要的条件都满足时，才允许其主动参与再叫，否则都应该Pass。当开叫人：

1NT——为14~15点，有止张的牌，不逼叫。

2♦再叫方块——为14~15点，6张以上或5张强套的牌，不逼叫。

3♦再叫方块——为14~15点，6张以上强套的牌，不逼叫。

2阶出新花——都为14~15点，高花时为4张的牌，草花时为4张以上强套的牌，都不逼叫。

3♣——为14~15点，有5-5以上分布低花的牌，不逼叫。

对1阶/2阶花色干扰加倍——都是竞叫性加倍，为14~15点，对其余未叫花色有好支持的牌，逼叫/不逼叫。

2. 同伴花色示强应叫上家干扰后1◆开叫人的再叫

Pass——为11~13点的均型牌。

2◆/3◆再叫方块——为12~14点/14~15点，5张强套/6张以上强套的牌，都不逼叫。

2阶/3阶加叫应叫人高花——为12~13支持点/14~15支持点，有4张配合的牌，不逼叫/邀叫。

4阶跳加应叫人高花——为16~17支持点，有4张配合的牌，止叫。

1NT——为12~13点，有止张的牌，不逼叫。

跳叫2NT——为14~15点，有止张的牌，邀叫。

跳叫3NT——为14~15点，有6张以上方块强套，有止张的牌，止叫。

扣叫干扰花色——是寻求3NT定约的特殊约定叫，表示为15点，有半坚固以上方块套的牌，逼叫。要求应叫人：有半止张时，叫3NT，无半止张时，再叫根据牌情叫回方块原花或再叫应叫花色改善定约，都不逼叫。

跳扣叫干扰花色——为13~15点，对应叫人花色有配合（高花时为4张，草花时为3张以上），跳扣叫花色为缺门的牌，逼叫。

同伴1♥/1♠应叫，开叫人对上家1阶（1♠或1NT）干扰的加倍——都是支持性加倍，为14~15点，对应叫人高花有3张支持的牌，逼叫。

对加倍干扰叫再加倍——为14~15点的牌，不逼叫。

对上家2阶以上花色干扰加倍——当应叫人是2◆加叫性示强应叫时，表示为14~15点，有干扰花色可靠赢墩的牌，都是选择性加倍。当应叫人是非加叫性示强应叫时，表示为14~15点，有干扰花色可靠赢墩的牌，都是惩罚性加倍。

对扣叫干扰（包括开叫或应叫花色）的加倍——为14~15点的牌，不逼叫。

对2NT干扰加倍——为14~15点，有5张以上方块强套的牌，是惩罚性加倍。

3. 下家干扰同伴自由应叫后1◆开叫人的再叫

此时开叫人的Pass、1NT或跳叫2NT、再叫或跳叫方块、平阶或跳阶出新花、加叫应叫低花及花色或3NT定约封局，都与应叫人示强应叫上家干扰后的再叫相同，只是应叫人高花应叫为5张以上的牌这一点略有不同。另外，当1◆开叫人扣叫干扰花色时，表示为14~15点，有半坚固以上方块套的牌，逼叫。要求同伴有半止张时，叫3NT，无半止张时，就再叫更长的应叫花色或平阶叫回方块改善定约，都不逼叫。

四、1◆开叫对方干扰后应叫人的再叫及后续叫牌

无论对方是否再次干扰叫牌，当应叫人：①重复再叫应叫花色时，表示该花色为更长套的牌，不逼叫；②出新花时，为11点以上，4张以上的牌，逼叫。应叫人其余的再叫及后续叫牌都是自然实叫，应该符合桥牌逻辑。此时，分析叫牌信息，按照桥牌逻辑来推断1◆开叫人或应叫人的牌力范围和牌型，并采用与其相适应的叫牌原则来指导叫牌，共同选择联手合理的定约是其精髓所在。其应叫人的再叫及后续叫牌，都应符合常规的后续叫牌，详见本书088~089页。

五、1♦开叫的后续叫牌举例

1. 对同伴1♦开叫的应叫举例

【例1】你持有♠Q82 ♥A832 ♦109872 ♣5，6点，3-4-5-1牌型。同伴开叫1♦，上家Pass时，你该如何应叫呢？

答 你该跳加3♦，表示为5~7点，有5张以上配合的牌，主要是起阻击作用的叫牌。

【例2】你持有♠Q2 ♥A82 ♦652 ♣K9865，9点，2-3-3-5牌型。同伴开叫1♦，上家Pass时，你该如何应叫呢？

答 你该应叫1NT，表示为8~10点，无4张高花的牌。

【例3】你持有♠A2 ♥Q982 ♦82 ♣AQ765，12点，2-4-2-5牌型。同伴开叫1♦，上家Pass时，你该如何应叫呢？

答 此牌属于既有4张红心可以平阶叫出，又有5张草花可以进行二盖一应叫的牌例。此时，要看你的牌力来决定应该采用的优先应叫法则。你有12点，属于限制性应叫牌力，所以应该遵循高花优先的应叫法则，应叫1♥。

【例4】你持有♠AQ8 ♥AK862 ♦KQ62 ♣5，18点，3-5-4-1牌型。同伴开叫1♦，上家Pass时，你该如何应叫呢？

答 你持有非限制性牌力，对方块有如此好的配合，是要进行满贯试探的。你该跳加4♦，表示是以方块为将牌变通的低花关键张问叫。

2. 同伴1♦开叫上家干扰后的应叫举例

【例】你持有♠Q952 ♥A3 ♦K8532 ♣92，9点，4-2-5-2牌型。同伴开叫1♦，上家Pass或分别做加倍/1♥/1♠/1NT/2♣/2♦/2♥/2♠/2NT/3♣/3♦/3♥/3♠干扰时，你该如何应叫呢？

答 上家Pass时，你该应叫1♠，表示为8~15点，4张以上的牌。

上家加倍/1NT干扰时，你都该加叫2♦，表示为8~10点，有4张以上配合的牌。

上家1♥干扰时，此时你应叫1NT、加叫2♦和加倍都不为过，综合而言，笔者还是推荐你叫加倍，姑且让同伴认为你是有4-4以上分布黑桃和草花的牌，当同伴叫出1♠时，你可以满足了（即使对方再叫出2♥，你也可以理直气壮地加叫2♠了）。当同伴再叫出方块表示为5张以上套的牌时，你就应该Pass。而当同伴叫出2♣，表示有4张以上草花的牌时，你再改叫2♦也不迟。

上家1♠/2♣干扰时，你都该加叫2♦，表示为8~10点，有4张以上配合的牌。

上家扣叫2♦/3♦干扰时，你都该应叫加倍，表示有自由应叫牌力。

上家2♥/2♠跳叫干扰时，你都该加叫3♦，表示为8~10点，有4张以上配合的牌。

上家2NT/3♥跳叫干扰时，你都应该Pass。

上家3♣跳叫干扰时，你该加叫3♦，表示为8~10点，有4张以上配合的牌。

上家3♠跳叫干扰时，你该应叫加倍，此时的加倍是惩罚含义更强的选择性加倍。

3. 1♦开叫人的再叫举例

【例】你持有♠A10 ♥K82 ♦KQ9752 ♣K6，15点，2-3-6-2牌型。开叫1♦，下家Pass，同伴应叫1♥，上家Pass或分别做加倍/1♠/1NT/2♣/2♦/2♥/2♠/2NT/3♣/3♦/3♥/3♠/3NT干扰时，你应如何再叫呢？

答 上家Pass时，你应再叫2NT，表示为14~15点的均型牌。也可以跳叫3♦，表示为14~15点，有5张以上方块强套的牌。

上家加倍干扰时，你应该再加倍，表示为14~15点高限牌力。

上家1♠/1NT干扰时，你都应再叫加倍。请注意，此时的加倍都是支持性加倍，表示为14~15点高限牌力，对红心有3张支持的牌。

上家2♣/3♣干扰时，你应分别再叫2♦/3♦，表示为14~15点，有5张以上方块强套的牌。

上家2♦/3♦扣叫干扰时，你都应再叫加倍，表示为14~15点高限牌力。

上家2♥/3♥扣叫干扰时，你都应再叫加倍，表示为14~15点高限牌力。

上家2♠跳叫干扰时，你应再叫3♦，表示为14~15点，5张以上强套的牌。

上家2NT/3NT跳叫干扰时，你都应再叫加倍，表示为14~15点高限牌力。

上家3♠跳叫干扰时，你应再叫加倍，表示为14~15点高限牌力的牌。让同伴进行选择。

4. 1♦开叫后应叫人的再叫举例

【例】你持有♠KQ2 ♥86 ♦AQ92 ♣Q952，13点，3-2-4-4牌型。同伴开叫1♦，对方一直没有参与叫牌，你应叫2♦，同伴Pass或分别再叫2♥/2♠/2NT/3♣/3♦/3♥/3♠/3NT/4♣/4♦/4♥/4♠时，表示什么含义？你应如何再叫呢？

答 同伴Pass，是逻辑错误的叫牌，你的2♦应叫是逼叫，是不允许开叫人Pass的。可惜你已经没有叫牌的机会了。

同伴再叫2♥时，为11~13点，对红心有止张的牌。你应再叫3♥，表示希望由同伴叫3NT定约。请注意，同伴此时的2♥，并不表示有4张红心，而你没有应叫1♥，也表示无4张红心，因而你的加叫一定是庄位选择的过渡叫牌。

同伴再叫2♠时，为11~13点，对黑桃有止张的牌。你显然不能打3NT定约了，你应再叫3♦，表示为11~14点，对红心无止张的牌。

同伴再叫2NT/3NT时，为11~13点/14~15点，对两门高花都有止张的牌。你应分别再叫3NT/Pass。

同伴再叫3♣时，为14~15点，4张以上，对两门高花都无止张的牌。此牌你显然不能打3NT定约了，你Pass和再叫5阶低花进局都行。

同伴再叫3♦时，为11~13点，对两门高花都无止张的牌。你Pass和叫5♦都行。

同伴跳叫3♥时，为14~15点，对红心有止张的牌。但你此时最希望由同伴叫3NT定约做庄，怎么去实现呢？你若再叫3♠过渡，可能会使同伴误认你有16点以上，有4张黑桃（除非你们做转换庄位的特殊约定）。虽然红心止张的情况真的让你担忧，看来你也只能硬挺着叫3NT了。

同伴跳叫3♠时，为14~15点，对黑桃有止张的牌。你显然不能打3NT定约了，你应加叫5♦进局。

同伴跳叫4♣时，为14~15点，有5-5以上分布低花的牌，你应加叫5♣或5♦进局。

同伴跳叫4♦时，为14~15点，有好支持的畸形牌，是非常罕见的叫牌，是以方块为将牌变通的低花关键张问叫，你该加两级应答4♠，表示有1个关键张。

同伴双跳再叫4♥时，可以视为改良的爆裂叫，为13点以上，红心为缺门的牌。很显然对方红心的10点牌力都废了，你至少要叫到6♦满贯定约。

同伴双跳再叫4♠时，可以视为改良的爆裂叫，为13点以上，黑桃为缺门的牌。你手中黑桃的废点太多，你应再叫5♦，表示对满贯不感兴趣。

第七节　1NT开叫后的叫牌

1NT开叫，为13~15点，允许有5张低花，不允许有5张高花和单缺花色的均型牌，不逼叫。其低限为13点，中限为14点，高限为15点。对1NT开叫的应叫及后续叫牌，大多是以特定约定叫形式进行的。其定约的选择大多应该由应叫人来主导决定。

一、对1NT开叫的应叫及后续叫牌

见表2-3。

表2-3　对1NT开叫的应叫及后续叫牌

应　叫	开叫人的再叫	应叫人的再叫	开叫人的第三次叫牌
Pass：为最多7点，没有5张以上高花、没有6张以上低花的牌			
2♣：是斯台曼问叫，为8~11点，有一门4张以上高花的牌，逼叫 近期开始流行最多7点，草花为单张4-4-4-1或缺门4-4-5-0牌型时，也进行2♣应叫。当应叫人为10~11点，有一门4张高花，任意4-3-3-3牌型的牌时，可以考虑应叫2NT	应答2♦：为13~15点，无4张高花的牌，不逼叫	Pass：为8~9点，成局无望或为最多7点，草花为单张4-4-4-1或缺门4-4-5-0牌型的牌	
		2♥/2♠：都为8~11点，5张或为8~9点，6张的牌，都不逼叫	Pass：为13~14点，不确定对应叫高花是否有支持，成局无望的牌 2NT/3NT：为14点/15点，对应叫高花无支持或为有支持也想打无将定约的牌，邀叫/止叫 3阶/4阶加叫应叫高花：为14~15点/15点，有支持的牌，邀叫/止叫
		3♥/3♠：都为10~11点，6张的牌，都是邀叫	Pass：为13点，不确定对应叫高花是否有支持，成局无望的牌 3NT：为14~15点，对应叫高花无支持或为有支持也想打3NT定约的牌，不逼叫 4阶加叫应叫高花：为14~15点，有支持或帮助的牌，止叫

111

应　　叫	开叫人的再叫	应叫人的再叫	开叫人的第三次叫牌
2♣：是斯台曼问叫，为8~11点，有一门4张以上高花的牌，逼叫 近期开始流行最多7点，草花为单张4-4-4-1或缺门4-4-5-0牌型时，也进行2♣应叫。当应叫人为10~11点，有一门4张高花，任意4-3-3-3牌型的牌时，可以考虑应叫2NT	应答2♦：为13~15点，无4张高花的牌，不逼叫	2NT/3NT：为10点/11点，至少有一门4张高花的均型牌，邀叫/止叫 3♣/3♦：都是10~11点，5张，另有一门4张高花的牌，都不逼叫 4阶/5阶跳出低花：为10~11点，6张以上，另有一门4张高花，不适合打3NT定约的非均型/畸形牌，邀叫/止叫 4♥/4♠：都是10~11点，6张以上强套或为8~9点，7张以上的牌，都是止叫
	应答2♥：为13~15点，4张，不排除还有4张黑桃的牌，不逼叫	Pass：为8~9点，成局无望或为最多5点，草花为单张4-4-4-1及最多3点，草花为缺门4-4-5-0牌型的牌	
		2♠：为8~11点，5张或为8~9点，6张的牌，不逼叫	Pass：为13~14点，不确定对黑桃是否有支持，成局无望的牌 2NT/3NT：14点/15点，对黑桃无支持或为有支持也想打无将定约的牌，都不逼叫 3♣/4♠：14~15点/15点，有支持/有好支持的牌，邀叫/止叫
		3♠：为10~11点，6张的牌，邀叫	Pass：为13点，不确定对黑桃是否有支持，成局无望的牌 3NT：为14~15点，对黑桃无支持或有支持也想打3NT定约的牌，不逼叫 4♠：为14~15点，有支持或帮助的牌，止叫
		2NT：为9~10点，有4张黑桃的均型牌，不逼叫	Pass：为13~14点，成局无望的牌 3♣/4♠：14点/15点，对黑桃有4张配合的牌，邀叫/止叫 3NT：为15点，对黑桃无配合或为4张配合也想打3NT定约的牌，止叫
		3♣/3♦：都为10~11点，5张，有4张黑桃的牌，都不逼叫	Pass：为13点，对应叫低花有支持，成局无望的牌 3♣/4♠：为13~14点/15点，对黑桃有4张配合的牌，邀叫/止叫 3NT：为14~15点，对黑桃无配合或为4张配合也想打3NT定约的牌，止叫 3♥：可以视为特殊约定叫，为15点，对应叫低花有好支持的牌，逼叫
		3NT：为11点，有4张黑桃的均型牌，不逼叫	Pass：为13~15点，对黑桃无配合或为4张配合也想打3NT定约的牌 4♠：为13~15点，对黑桃有4张配合的牌，止叫
		3♥/4♥：为10~11支持点/12~15支持点，有4张以上配合的牌，邀叫/止叫	
		4♣/4♦：都为10~11点，6张以上，有4张黑桃的牌，都是邀叫	
		4♠：为10~11点，6张以上强套或为8~9点，7张以上的牌，止叫	

应　　叫	开叫人的再叫	应叫人的再叫	开叫人的第三次叫牌
2♣：是斯台曼问叫，为8~11点，有一门4张以上高花的牌，逼叫 近期开始流行最多7点，草花为单张4-4-4-1或缺门4-4-5-0牌型时，也进行2♣应叫。当应叫人为10~11点，有一门4张高花，任意4-3-3-3牌型的牌时，可以考虑应叫2NT	应答2♠：为13~15点，4张，肯定无4张红心的牌，不逼叫 开叫人此时超过2♠的其他应答，都是逻辑错误的叫牌	Pass：为8~9点，成局无望，或为最多5点草花为单张4-4-4-1及最多3点草花为缺门4-4-5-0的牌	
		3♣/3♦：都为10~11点，5张，有4张红心的牌，都不逼叫	Pass：为13点，对应叫低花有支持，成局无望的牌 3♠：可以视为特殊约定叫，为15点，对应叫低花有好支持的牌，逼叫 3NT：为14~15点的牌，止叫
		3♥：为9~11点，5张或6张的牌，不逼叫	Pass：为13点，不确定对红心是否有支持，成局无望的牌 3NT：14~15点，对红心无支持或为有支持也想打3NT定约的牌，不逼叫 4♥：为14~15点，有支持的牌，止叫
		2NT/3NT：为9~10点/11点，有4张红心的均型牌，邀叫/止叫 3♣/4♣：为10~11支持点/12支持点以上，有4张以上配合的牌，邀叫/止叫 4♣/4♦：为10~11点，6张以上，有4张红心的牌，都是邀叫 4♥：为10~11点，6张以上强套或为8~9点，7张以上的牌，止叫	
2♦：是特殊斯台曼问叫（也称为"逼叫斯台曼问叫"），为12点以上，有一门4张以上高花的牌，进局逼叫 当应叫人为12~15点，没有4张高花且有6张低花的牌时，原则上是不能进行2♦应叫的。建议你尽可能去打3NT定约或直接跳叫5阶低花封局止叫。而当应叫人为16点以上此牌型的牌时，该怎么应叫，你应和同伴协商确定 另外，当应叫人为11~12点，6张以上高花的牌时，可以直接4阶跳叫高花进行封局止叫 当应叫人为12~14点，有一门4张高花，任意4-3-3-3牌型的牌时，可以考虑应叫3NT	应答2♥：为13~15点，4张，不排除还有4张黑桃的牌，逼叫 当开叫人有4张高花和5张低花的牌时，应优先应答出高花来	2♠：为12点以上，5张以上的牌，逼叫 当应叫人为6张以上的牌时，也必须先叫2♠	2NT/3NT：为13~14点/15点，对黑桃无支持或为有支持也想打无将定约的牌，逼叫/不逼叫 3♣/3♦：都为15点，5张的牌，都是逼叫 3♠：为15点，有好支持的牌，逼叫 4♠：为13~14点，有支持，或为15点，无好支持的牌，不逼叫
		2NT：可以视为特殊约定叫，为16点以上，有4张黑桃的均型牌，逼叫	3♣/3♦：都为14~15点，5张的牌，都是逼叫 3♠/4♠：为15点/13~14点，对黑桃有4张配合的牌，逼叫/不逼叫 3NT/4NT：为13~14点/15点，对黑桃无配合的牌，都不逼叫

应　　叫	开叫人的再叫	应叫人的再叫	开叫人的第三次叫牌
2♦：是特殊斯台曼问叫（也称为"逼叫斯台曼问叫"），为12点以上，有一门4张以上高花的牌，进局逼叫 当应叫人为12~15点，没有4张高花且有6张低花的牌时，原则上是不能进行2♦应叫的。建议你尽可能去打3NT定约或直接跳叫5阶低花封局止叫。而当应叫人为16点以上此牌型的牌时，该怎么叫，你应和同伴协商确定 另外，当应叫人为11~12点，6张以上高花的牌时，可以直接4阶跳叫高花进行封局止叫 当应叫人为12~14点，有一门4张高花，任意4-3-3-3牌型的牌时，可以考虑应叫3NT	**应答2♥：**为13~15点，4张，不排除还有4张黑桃的牌，逼叫 当开叫人有4张高花和5张低花的牌时，应优先应答出高花来	**3NT：**为12~15点，对红心无配合，有4张黑桃的均型牌，不逼叫	此时开叫人即使有5张低花的牌，也不要越过3NT进行叫牌 **Pass：**为13~15点，对黑桃无配合或为有4张配合也想打3NT定约的牌 **4♥：**可以视为特殊约定叫，为15点，对黑桃有4张好配合的牌，逼叫 　**4♠：**为13~14点，对黑桃有4张配合或为15点，对黑桃无4张好配合的牌，止叫
		3♣/3♦：都为14点以上，5张以上，有4张黑桃的牌，都是逼叫 当应叫人为12~13点此牌型时，应再叫3NT	对3♠再叫的3♦：为14~15点，5张的牌，逼叫 　对3♠再叫的4♣：为14~15点，5张强套的牌，逼叫到4NT **3♥：**可以视为特殊约定叫，为15点，对应叫低花有好支持的牌，逼叫 **3♠：**为15点，对黑桃有4张好配合的牌，逼叫 **4♣：**为13~14点，对黑桃有4张配合或为15点，对黑桃无4张好配合的牌，不逼叫 **3NT：**为13~14点，对黑桃无配合，不确定对再叫低花是否有支持，或为15点，无好支持的牌，不逼叫
		3♥/4♥：为16点/12~15点，有4张以上配合的牌，逼叫/止叫 **5♥/6♥：**为17点/18~20点，有4张以上好配合的牌，是问红心大牌张数的满贯邀叫/封贯止叫 **3♠/4♣出低花：**都可以视为改良的爆裂叫，为13点以上，对红心有4张以上好配合，所叫花色为缺门的牌，都是逼叫 **4NT：**为17点以上，对红心有4张以上好配合的牌，是以红心为将牌的关键张问叫，逼叫 **6NT：**为19~21点的均型牌，笔者建议应优先再叫2NT，以便和同伴找到黑桃或低花配合，止叫 **4♠/5♣出低花：**是否用来表示为13点以上，对红心有好配合，所叫花色为缺门的排除关键张问叫，请和同伴协商确定。笔者推荐应优先采用改良的爆裂叫来试探满贯，让同伴参与是否打满贯的决策
	应答2♠：为13~15点，4张，肯定无4张红心的牌，逼叫	**2NT：**可以视为特殊约定叫，为16点以上，有4张红心的均型牌，逼叫	**3♣/3♦：**都为13~15点，5张的牌，都是逼叫 **3NT：**为13~14点的牌，不逼叫 **4NT：**为15点的牌，是6NT邀叫
		3♣/3♦：都为14点以上，5张以上，有4张红心的牌，都是逼叫	接力3♦/3♥：都可以视为特殊约定叫，为15点，对草花/方块有好支持的牌，都是逼叫 **3NT：**为13~14点，不确定是否对应叫低花有支持，或为15点，对应叫低花无好支持的牌，不逼叫

应　　叫	开叫人的再叫	应叫人的再叫	开叫人的第三次叫牌
2♦：是特殊斯台曼问叫（也称为"逼叫斯台曼问叫"），为12点以上，有一门4张以上高花的牌，进局逼叫 当应叫人为12~15点，没有4张高花且有6张低花的牌时，原则上是不能进行2♦应叫的。建议你尽可能去打3NT定约或直接跳叫5阶低花封局止叫。而当应叫人为16点以上此牌型的牌时，该怎么应叫，你应和同伴协商确定 另外，当应叫人为11~12点，6张以上高花的牌时，可以直接4阶跳叫高花进行封局止叫 当应叫人为12~14点，有一门4张高花，任意4-3-3-3牌型的牌时，可以考虑应叫3NT	应答2♠：为13~15点，4张，肯定无4张红心的牌，逼叫	3♥：为12点以上，5张以上的牌（6张以上时，也必须先叫3♥），逼叫	接力3♠：可以视为特殊约定叫，为15点，对红心有好支持的牌，逼叫 3NT：为13~14点，对红心无支持或有支持也想打3NT定约的牌，不逼叫 4♥：为13~14点，有支持，或为15点，无好支持的牌，不逼叫
		3♠/4♠：为16点/12~15点，有4张以上配合的牌，逼叫/止叫 5♠/6♠：为17点/18~20点，有4张以上好配合的牌，是问黑桃大牌张数的满贯邀叫/封贯止叫 3NT：为12~15点，对黑桃无配合或有4张配合也想打3NT定约的均型牌，还有可能为12~13点，有4张红心，还有5张低花的均型牌，止叫 4NT：为17点以上，对黑桃有4张以上好配合的牌，是以黑桃为将牌的关键张问叫，逼叫 6NT：为19~21点，有4张红心的均型牌（笔者推荐应优先再叫2NT，以便和同伴找到低花配合），止叫 4阶出低花/4♥：都可以视为改良的爆裂叫，为13点以上，对黑桃有4张以上配合，所叫花色为缺门的牌，都是逼叫	
	应答2NT：为13~15点，无4张高花也无5张低花的牌（肯定对两门低花都有支持），逼叫	3♣：为14点以上，5张以上，有一门4张高花的牌，逼叫	接力3♦：可以视为特殊约定叫，为15点，对草花有好支持的牌，逼叫 3NT：为13~14点，对草花有支持，或为15点，对草花无好支持的牌，不逼叫
		3♦：为14点以上，5张以上，有一门4张高花的牌，逼叫	接力3♥：可以视为特殊约定叫，为15点，对方块有好支持的牌，逼叫 3NT：为13~14点，对方块有支持，或为15点，对方块无好支持的牌，不逼叫
		3♥：为12点以上，5张以上的牌，逼叫	接力3♠：可以视为特殊约定叫，为15点，对红心有好支持的牌，逼叫 3NT：为13~14点，对红心无支持或为有支持也想打3NT定约的牌，不逼叫 4♥：为13~14点，有支持，或为15点，无好支持的牌，不逼叫
		3♠：为12点以上，5张以上的牌，逼叫	3NT：为13~14点，对黑桃无支持或为有支持也想打3NT定约的牌，不逼叫 接力4♣：可以视为特殊约定叫，为15点，对黑桃有好支持的牌，都是逼叫 4♠：为13~14点，有支持，或为15点，无好支持的牌，不逼叫

应　　叫	开叫人的再叫	应叫人的再叫	开叫人的第三次叫牌
2♦：是特殊斯台曼问叫（也称为"逼叫斯台曼问叫"），为12点以上，有一门4张以上高花的牌，进局逼叫 当应叫人为12~15点，没有4张高花且有6张低花的牌时，原则上是不能进行2♦应叫的。建议你尽可能去打3NT定约或直接跳叫5阶低花封局止叫。而当应叫人为16点以上此牌型的牌时，该怎么应叫，你应和同伴协商确定 另外，当应叫人为11~12点，6张以上高花的牌时，可以直接4阶跳叫高花进行封局止叫 当应叫人为12~14点，有一门4张高花，任意4-3-3-3牌型的牌时，可以考虑应叫3NT			3NT：为12~16点，有4张高花的均型牌或为12~13点，还有5张低花的均型牌，止叫
			4NT/6NT：为18点/19~21点，至少有一门4张高花的均型牌，是6NT邀叫/封贯止叫
			4♥/4♠：都为12~15点，6张以上的牌，都是止叫
	应答3♣：为13~15点，5张，无4张高花的牌，逼叫	3♦：为14点以上，5张以上，有一门4张高花的牌，逼叫	接力3♥：可以视为特殊约定叫，为15点，对方块有好支持的牌，逼叫
			3NT：为除了接力3♥以外的其他牌，不逼叫
		3♥：为12点以上，5张以上的牌（6张以上时，也必须先叫3♥），逼叫	接力3♠：可以视为特殊约定叫，为15点，对红心有好支持的牌，逼叫
			3NT：为13~15点，对红心无支持或为有支持也想打3NT定约的牌，不逼叫
			4♥：为13~14点，有支持，或为15点，无好支持的牌，不逼叫
		3♠：为12点以上，5张以上的牌（6张以上时，也必须先叫3♠），逼叫	3NT：为13~15点，对黑桃无支持或为有支持也想打3NT定约的牌，不逼叫
			接力4♣：可以视为特殊约定叫，为15点，对黑桃有好支持的牌，都是逼叫
			4♠：为13~14点，有支持，或为15点，无好支持的牌，不逼叫
			3NT：为12~15点，有4张高花的均型牌或为12~13点，有5张低花的均型牌，止叫
			4NT/6NT：为18点/19~21点，对草花不支持，有4张高花的均型牌，是6NT邀叫/封贯止叫
			4♣/6♣：为17点以上/18~20点，有好支持的牌，是以草花为将牌，变通的低花关键张问叫/封贯叫牌，逼叫/止叫
			5♣：为12~15点，有支持，不适合打3NT定约的非均型牌，止叫
			4♦/4出高花：都可以视为改良的爆裂叫，为13点以上，对草花有好支持，所叫花色为缺门的牌，都是逼叫
	应答3♦：为13~15点，5张，无4张高花的牌，逼叫 此时开叫人超过3♦的应答，都是逻辑错误的叫牌	3♥：为12点以上，5张以上的牌（6张以上时，也必须先叫3♥），逼叫	接力3♠：可以视为特殊约定叫，为15点，对红心有好支持的牌，逼叫
			3NT：为13~15点，对红心无支持或为有支持也想打3NT定约的牌，不逼叫
			4♥：为13~14点，有支持，或为15点，无好支持的牌，不逼叫
		3♠：为12点以上，5张以上的牌（6张以上时，也必须先叫3♠），逼叫	3NT：为13~15点，对黑桃无支持或为有支持也想打3NT定约的牌，不逼叫
			接力4♣：可以视为特殊约定叫，为15点，对黑桃有好支持的牌，逼叫
			4♠：为13~14点，有支持，或为15点，无好支持的牌，不逼叫

应　叫	开叫人的再叫	应叫人的再叫	开叫人的第三次叫牌
2♦：是特殊斯台曼问叫（也称为"逼叫斯台曼问叫"），为12点以上，有一门4张以上高花的牌，进局逼叫 当应叫人为12~15点，没有4张高花且有6张低花的牌时，原则上是不能进行2♦应叫的。建议你尽可能去打3NT定约或直接跳叫5阶低花封局止叫。而当应叫人为16点以上此牌型的牌时，该怎么应叫，你应和同伴协商确定 另外，当应叫人为11~12点，6张以上高花的牌时，可以直接4阶跳叫高花进行封局止叫 当应叫人为12~14点，有一门4张高花，任意4-3-3-3牌型的牌时，可以考虑应叫3NT	应答3♦：为13~15点，5张，无4张高花的牌，逼叫 此时开叫人超过3♦的应答，都是逻辑错误的叫牌	4♣：为14点以上，5张以上且有4张高花的牌，逼叫到4NT	接力4♦：可以视为特殊约定叫，为15点，对草花有好支持的牌，逼叫 4NT：为13~14点，对草花无支持或为有支持也想打4NT定约的牌，不逼叫 5♣：为13~14点，有支持，或为15点，无好支持的牌，不逼叫
		3NT：为12~15点，有4张高花的均型牌或为12~13点，还有5张草花的牌，止叫 4NT/6NT：为18点/19~21点，对方块不支持，有4张高花的均型牌，是6NT邀叫/封贯止叫 4♦/6♦：为17点以上/18~20点，有好支持的牌，是以方块为将牌，变通的低花关键张问叫/封贯叫牌，逼叫/止叫 5♦：为12~15点，有支持，不适合打3NT定约的非均型牌，止叫 4阶出高花/5♣：都可以视为改良的爆裂叫，为13点以上，对方块有好支持，所叫花色为缺门的牌，都是逼叫		

2♥/2♠：都为最多7点，5张以上的牌，都不逼叫

3♥/3♠：都为17点以上，有半坚固以上所叫花色套A问叫的牌，都是逼叫

4♥/4♠：都为10~14点，6张以上强套的非均型牌，都是止叫

2NT/3NT：为10~11点/12~15点，无4张高花或有4张高花，任意4-3-3-3牌型的牌，邀叫/止叫

4NT/6NT：为18点/19~21点的均型牌，是6NT邀叫/封贯止叫

3♣/3♦：有两种约定，第一种为笔者推荐的17点以上，有半坚固以上所叫花色套A问叫的牌，都是逼叫；第二种为5~7点，5张以上的牌，不逼叫（笔者推荐拿此类牌时，用先Pass，有机会3阶再叫低花来表示）。至于采用哪种应叫方式，请和同伴协商确定

4♣：为18点以上，是格伯问A的牌，逼叫，开叫人应按0、1、2、3的约定进行加级应答（详见本书134~135页）

5♣/5♦：都为10~11点，6张以上强套，有缺门或为12~13点有单张不适合打3NT定约的非均型牌，都是止叫

二、上家干扰后对1NT开叫的应叫

1. 上家花色干扰后对1NT开叫的应叫

Pass——为最多8点，无可叫花色长套的牌。

加倍——为9点以上，在干扰花色中有可靠赢墩的牌，是惩罚性加倍。

2♥/2♠出高花——都为5~8点，5张以上的牌，都不逼叫。

3阶/4阶跳出高花——为8~10点/11~14点，6张以上强套的牌，都是邀叫/都是止叫。

2NT/3NT——为9~10点/11~15点，不要求一定有干扰花色止张的均型牌，邀叫/止叫。

3♣/3♦出低花——都为5~8点，6张以上的牌，都不逼叫。

4阶/5阶出低花——9~10点/11点左右，6张以上（推荐优先应叫2NT）/7张以上（推荐优先叫3NT）的非均型牌，都不逼叫/都是止叫。

扣叫干扰花色——为11点以上的牌，逼叫。当应叫人：①对低花干扰扣叫时，表示至少有一门4张以上高花的牌；②对高花干扰扣叫时，表示有4张以上另一门高花的牌（当扣叫人有机会再叫出新花时，则表示为11点以上，5张以上的牌），都是逼叫。

2. 上家加倍干扰后对1NT开叫的应叫

上家的加倍，通常表示加倍人为16点以上的牌。此时，应叫人的叫牌逻辑与对花色开叫时截然不同，即当应叫人有自由应叫牌力时保持沉默，没有自由应叫牌力时反而一定要主动参与叫牌，去改善定约。当应叫人：

Pass——为6~9点，准备打1NT被加倍定约的牌。

2阶出新花——都为最多5点，4张以上逃叫的牌，都不逼叫。

再加倍——为8点以上，准备打1NT被加倍定约的牌，不逼。此后，如果对方进行逃叫时，开叫人或应叫人所做的加倍都是惩罚性加倍。

3. 上家阻击干扰后对1NT开叫的应叫

上家阻击干扰后，应叫人至少要在3阶参与叫牌，其应叫请参考本书085~086页的八条常规中对应阶数的叫牌原理，只是此时应叫人的加倍都是惩罚性加倍。

三、对方干扰后1NT开叫人的再叫

1. 下家干扰同伴没有参与叫牌时1NT开叫人的再叫

此时，是绝对不允许1NT开叫人进行主动叫牌的，这是铁的纪律，必须贯彻执行。

2. 同伴示弱应叫上家干扰后1NT开叫人的再叫

应叫人2♥/2♠高花示弱应叫和3♣/3♦低花示弱应叫，上家进行干扰叫牌时，除了1NT开叫人为14~15点高限牌力，对同伴应叫花色有4张配合的牌允许进行加叫以外，都是不允许1NT开叫人再主动进行叫牌的。

3. 同伴示强应叫上家干扰后1NT开叫人的再叫

同伴2NT示强应叫后，上家通常是不会在3阶参与争叫的，因而笔者在此只对同伴2♣/2♦虚应叫对方干扰后的再叫进行介绍，敬请大家谅解。

（1）同伴2♣虚应叫上家争叫性加倍干扰后1NT开叫人的再叫

Pass——为13点，无4张高花的牌。

2♦——为13~15点，5张的牌，不逼叫。

2♥/2♠出高花——都为13~15点，4张的牌，都不逼叫。

2NT——为14~15点，对草花有止张的牌，邀叫。

再加倍——为15点，有5张以上草花的牌，不逼叫。

（2）同伴2♣虚应叫上家花色干扰后1NT开叫人的再叫

Pass——为13~14点的示弱叫牌。

2♥/2♠出高花——都为15点，4张的牌，都不逼叫。

2NT——为15点，有干扰花色止张的牌，邀叫。

3♦——为15点，5张以上强套的牌，不逼叫。

加倍——为15点，干扰花色中通常有两个可靠赢墩的牌，可以理解为选择性加倍。要求应叫人：①为8~11点的牌时，可以Pass，将其转为惩罚性加倍；②为最多7点，4-4-4-1或4-4-5-0的牌时，凭牌感在Pass和主动叫牌之间进行选择。

请大家注意，此时开叫人的3♣和3NT再叫，都是逻辑错误的叫牌，理由是同伴的2♣有可能为最多7点，4-4-4-1或4-4-5-0牌型的牌。

（3）同伴2♦虚应叫上家争叫性加倍干扰后1NT开叫人的再叫

Pass——为13~15点，无4张高花的牌。

2♥/2♠出高花——都为13~15点，4张的牌，都是逼叫。

2NT/3NT——为13点/14~15点，对方块有止张的牌，邀叫/不逼叫。

3♣——为13~15点，5张的牌，逼叫。

再加倍——为15点，有5张方块的牌，不逼叫。

（4）同伴2♦虚应叫上家花色干扰后1NT开叫人的再叫

Pass——为13点的示弱叫牌。

平阶出高花——都为14~15点，4张的牌，都是逼叫。

2NT/3NT——为13~14点/15点的牌，邀叫/不逼叫。

3♣/3♦出低花——都为14~15点，5张的牌，都是逼叫。

加倍——为13~15点，干扰花色有可靠赢墩的牌，是惩罚性加倍。

四、1NT开叫对方干扰后应叫人的再叫

同伴1NT开叫，应叫人示弱应叫后，通常就不应再主动参与叫牌了，应叫人2♦/2NT示强应叫对方干扰后，无论开叫人是否再次参与叫牌，当应叫人：

Pass——都是示弱叫牌。

再叫应叫过的花色——为6张以上的牌，不逼叫。

再叫花色或3NT进局——为有对应牌力和牌型的牌，都是止叫。

对对方干扰的加倍——都是惩罚性加倍。

五、1NT开叫人的第三次叫牌及后续叫牌

在同伴示弱应叫或没有参与叫牌时，都是不允许1NT开叫人再主动进行叫牌的。在同伴示强应叫后，无论对方是否再次干扰叫牌，1NT开叫人的第三次叫牌及后续叫牌都是自然实叫，应该符合桥牌逻辑。此时，分析叫牌信息，按照桥牌逻辑来推断应叫人或1NT开叫人的牌力范围和牌型，并采用与其相适应的叫牌原则来指导叫牌，共同

选择联手合理的定约是其精髓所在。开叫人的第三次叫牌及后续叫牌，都应符合常规的后续叫牌，详见本书088~089页，只是此时他们对对方干扰的加倍都是惩罚性加倍，这点略有不同而已。

六、1NT开叫的后续叫牌举例

1. 对1NT开叫的应叫举例

【例1】你持有♠108752　♥AJ2　♦52　♣1085，5点，5-3-2-3牌型。同伴开叫1NT，上家Pass或分别做加倍/2♣/2♦/2♥/2♠/2NT/3♣/3♦/3♥/3♠干扰时，你该如何应叫呢？

答　上家Pass时，你该应叫2♠，表示为最多7点，5张以上的牌。

上家加倍干扰时，你有5点，叫2♠和Pass都行，该怎样应叫，应凭牌感而定。

上家2♣/2♦干扰时，你都该应叫2♠，表示为5~8点，5张以上的牌。

上家3♥/3♠跳叫干扰时，你都该应叫加倍予以惩罚。

上家进行其余干扰时，你都应该Pass。

【例2】你持有♠A2　♥A982　♦Q2　♣Q9873，12点，2-4-2-5牌型。同伴开叫1NT，上家Pass或分别进行加倍/2♣/2♦/2♥/2♠/2NT/3♣/3♦/3♥/3♠干扰时，你该如何应叫呢？

答　上家Pass时，你该应叫2♦，表示为12点以上，有一门4张以上高花的牌。

上家加倍干扰时，你该应叫再加倍，表示为8点以上的牌。

上家2♦干扰时，你该扣叫3♦，表示为11点以上，有一门4张高花的牌。

上家2♠干扰时，你该扣叫3♠，表示为11点以上，有4张红心的牌。

上家进行其余干扰时，你都该应叫加倍予以惩罚。

2. 1NT开叫人的再叫举例

【例1】你持有♠AQ2　♥QJ82　♦KQ6　♣652，14点，3-4-3-3牌型。开叫1NT，对方一直没有参与叫牌，同伴Pass或分别应叫：2♣/2♦/2♥/2♠/2NT/3♣/3♦/3♥/3♠/3NT/4♣/4♦/4♥/4♠/4NT/5♣/5♦时，表示什么含义？你应如何再叫呢？

答　同伴Pass时，表示为成局无望的牌，你已经没有再叫牌的机会了。

同伴应叫2♣/2♦时，为8~11点/12点以上，有一门4张以上高花的牌。你都应再叫2♥，表示有4张红心的牌。

同伴应叫2♥/2♠时，都为最多7点，5张以上的牌。你都应该Pass。

同伴加叫2NT时，为10~11点，无4张高花的均型牌。你缺少中间张，也没有5张低花长套的牌，建议你Pass。

同伴跳应叫3♣时，当表示为17点以上，有半坚固以上草花套A问叫的牌时，你该应答3♠，表示草花无大牌张，有♠A的牌。当表示为5~7点，6张以上草花的牌时，你应该Pass。

同伴跳应叫3♦时，当表示为17点以上，有半坚固以上方块套A问叫的牌时，则是逻辑错误的叫牌，因为你的方块有2张大牌，应叫人的方块强度明显不满足A问叫的要求。建议你把其视为5~7点，6张以上方块的牌，你应该Pass。此牌例中，如果将♠Q或♥J换成♣K，则建议你再叫3NT进局。

同伴跳应叫3♥时，为17点以上，有半坚固以上红心套A问叫的牌。你该跳阶应答4♠，表示红心有大牌张且有黑桃A的牌。

同伴跳应叫3♠时，因为应叫人的黑桃强度明显不满足A问叫要求。若同伴这么叫了，建议你加叫4♠进局。

同伴跳加叫3NT时，为12~16点，无4张高花的均型牌。你应该Pass。

同伴跳应叫4♣时，是格伯问A的牌。你该加两级应答4♥，表示有一个A的牌。

同伴跳应叫4♦时，是逻辑错误的叫牌。该怎样应叫，应凭牌感而定。

同伴跳应叫4♥/4♠时，都为10~14点，5张以上强套的牌。你都应该Pass。

同伴跳加4NT时，为17~18点的均型牌，是6NT邀叫。你持有中限牌力，是否加叫进贯，应凭牌感而定。你也可以再叫5NT，表示为14点的牌，把是否叫6NT的选择推给同伴。

同伴跳应叫5♣/5♦时，都为12~14点，6张以上强套的非均型牌。你都应该Pass。

【例2】你持有♠ AJ2　♥A3　♦J942　♣KJ62，14点，3-2-4-4牌型。开叫1NT，下家一直Pass，同伴应叫2♦后，上家Pass或分别做加倍/2♥/2♠/2NT/3♣/3♦/3♥/3♠干扰时，你应如何再叫呢？

答　上家Pass时，你应再叫2NT，表示无4张高花也无5张低花的牌。

上家加倍干扰时，表示其为有争叫牌力，有5张以上方块的牌。你应再叫2NT，表示为13~15点，对方块有止张的牌。

上家2♥干扰时，你应该Pass，听同伴再叫后，再定打什么定约。

上家进行其余干扰时，你都应再叫加倍予以惩罚。

3. 同伴1NT开叫后应叫人的再叫举例

【例】你持有♠A7532　♥Q3　♦Q2　♣K852，11点，5-2-2-4牌型。同伴开叫1NT，对方一直没有参与叫牌，你应叫2♣，同伴Pass或分别应答2♦/2♥/2♠/2NT/3♣/3♦/3♥/3♠时，表示什么含义？你应如何再叫呢？

答　同伴Pass时，是逻辑错误的叫牌，因为你的2♣应叫是逼叫，是不允许同伴Pass的。可惜你已经没有叫牌的机会了。

同伴应答2♦/2♥时，为13~15点，无4张高花/有4张红心的牌。你都应再叫2♠，表示为8~11点，5张以上的牌。

同伴应答2♠时，为13~15点，4张的牌。你应该跳加4♠进局，表示为12支持点以上，有4张以上配合的牌。

同伴进行其余应答时，都是逻辑错误的叫牌，你应如何再叫，凭牌感自定吧。

4. 1NT开叫人的第三次叫牌举例

【例】你持有♠AK52　♥KQ73　♦92　♣K92，15点，4-4-2-3牌型。开叫1NT，对方一直没有参与叫牌，同伴应叫2♦，你应答2♥，同伴Pass或分别再叫2♠/2NT/3♣/3♦/3♥/3♠/3NT/4♣/4♦/4♥/4♠/4NT/5♣/5♦时，表示什么含义？你应如何再叫呢？

答 同伴再叫Pass时，是逻辑错误的叫牌，对同伴的2♦应叫，你的2♥应答是逼叫，是不允许同伴Pass的。可惜你已经没有叫牌的机会了。

同伴再叫2♠时，为12点以上，5张以上的牌。你持15点，有好支持的牌，应加叫3♠进行逼叫。

同伴再叫2NT时，为16点以上，有4张黑桃的牌。你应再叫3♠，表示为15点，对黑桃有4张好配合的牌。

同伴再叫3♣/3♦时，都为14点以上，5张以上且有4张黑桃的牌。你都应再叫3♠，表示为15点，对黑桃有4张好配合的牌。

同伴加叫3♥时，为16点，有4张以上配合的牌。你应再叫3♠，表示为高限，有♠A的牌。

同伴跳叫3♠/4♣时，都可以视为改良的爆裂叫，为13点以上，对红心有4张以上配合，所叫花色为缺门的牌。你的黑桃/草花都有废点，都应再叫4♥示弱。

同伴跳叫3NT时，为12~15点，有4张黑桃的均型牌。你应再叫4♠，表示为15点，对黑桃有4张好配合的牌。

同伴跳叫4♦时，可以视为改良的爆裂叫，为13点以上，对红心有4张以上好配合，方块为缺门的牌。很显然，对方方块的10点牌力都废了，你稳妥点就叫6♥，激进点就叫7♥。

同伴跳加4♥时，为12~14点，有4张以上配合的牌。你应该Pass。

同伴双跳再叫4♠，为13点以上，对红心有4张以上配合，黑桃为缺门的牌，是以红心为将牌的排除黑桃的关键张问叫（笔者建议尽量用3♠，改良的爆裂叫来表示有缺门的牌，至于你们是否采用，请和同伴协商确定）。你应加两级应答5♣，表示有一个关键张的牌。

同伴跳叫4NT时，为16点以上，对红心有4张以上好配合的牌，是以红心为将牌的关键张问叫。你该加四级应答5♠，表示有两个关键张且有♥Q的牌。

同伴双跳5♣/5♦时，都为13点以上，对红心有4张以上配合，所叫花色为缺门的牌，都是以红心为将牌，排除所叫花色的关键张问叫（笔者建议优先用4♣/4♦改良的爆裂叫）。你应分别加级应答5NT/6♣，都表示有两个关键张且有♥Q的牌。

第八节　莱本索尔约定叫

莱本索尔约定叫，是以lebensohl名字（首字母小写是有故事的，大家感兴趣可以上网查阅）命名的一种针对同伴1NT开叫，上家2阶花色干扰后，应叫人的叫牌约定，用于提高1NT开叫方竞技叫牌的能力。现已经被绝大多数专家牌手和桥牌爱好者所接受。

一、莱本索尔应叫的约定

当同伴1NT开叫，上家2阶花色干扰后，应叫人应按如下约定进行应叫。

Pass——为最多5点或不满足以下牌力和牌型规定的牌。

加倍——为9点以上，在干扰花色中有可靠赢墩的牌，是惩罚性加倍。

2阶出新花——都为5~7点，5张以上的牌，都不逼叫。

3阶出新花——都为11点以上，5张以上的牌，都是逼叫。

4阶跳出高花——都为11点左右，6张以上的牌，都是止叫。

5阶跳出低花——都为11点左右，6张以上强套的非均型牌❶，都是止叫。

对上家低花干扰进行扣叫——为11点以上，保证至少有一门4张高花，对干扰花色无止张的牌，逼叫。

对上家高花干扰进行扣叫——为11点以上，保证有另一门4张高花，对干扰花色无止张的牌，逼叫。

3NT——为11点以上，对干扰花色无止张的均型牌，不逼叫。此时，当开叫人也没有干扰花色止张的牌时，就应该在4阶叫出4张以上的低花进行逃叫。因而，当应叫人既有加叫进局的牌力，又对干扰花色有止张的牌时，就必须先应叫2NT过渡，待开叫人无条件应答3♣后，再叫3NT。这样，开叫人就明白应叫人是对干扰花色有止张的牌，不必进行逃叫了。另外，当应叫人为10点，6张草花强套，对干扰花色无止张的牌时，是否采用3NT应叫，请和同伴协商确定。

2NT——是傀偏2NT应叫（也有叫多用途约定叫的），应叫人为强牌和弱牌时都可以使用，逼叫。此时开叫人必须无条件应答3♣。此后应叫人要按如下约定进行再叫：①Pass时，为最多9点，有草花长套的牌；②扣叫干扰花色时，为11点以上，有未叫4张高花且对干扰花色有止张的牌，逼叫；③3NT时，为11点以上，对干扰花色有止张且无4张高花的牌，止叫；④出新花时，为8~10点❷，5张以上的牌，都不逼叫。

在莱本索尔约定叫中，当应叫人进行傀偏2NT应叫时，开叫人必须无条件应答3♣。这个规定的确存在着如果开叫方2NT是最佳定约时，却不能停叫的缺点。但是，该约定叫后续丰富的应叫内容，早已弥补了此类缺陷，这也就是为什么莱本索尔约定叫被广大桥牌专家和桥牌爱好者所喜爱的根本原因。

另外，前面所列莱本索尔约定叫应答的门槛牌力，是针对自然体系1NT开叫后的数值。由于精确体系的1NT开叫要比自然体系的相对低2点，至于是否需要对其应答的门槛牌力进行相应的微调，请和同伴协商确定。

---

❶ 笔者推荐应叫人此时应尽量避免去打5阶的低花定约。当应叫人有干扰花色止张的牌时，要优先应叫2NT，无干扰花色止张的牌时，应优先考虑叫3NT，当开叫人对干扰花色有止张时打3NT定约，无止张4阶出低花时，再改叫5阶低花。

❷ 标准的来本索尔约定叫，当应叫人2NT后再叫出低于干扰花色的牌时，只表示为5~7点，有5张以上所叫花色的牌。考虑到精确体系相比自然体系的1NT开叫低2点，特作此约定。

二、莱本索尔应叫后1NT开叫人的再叫

（1）莱本索尔应叫后上家没有干扰时1NT开叫人的再叫

对2♥/2♠应叫——都应该Pass。

对傀偏2NT应叫——必须无条件应答3♣，不逼叫。

对3♣/3♦应叫——当开叫人：①有止张的牌时，应优先叫3NT进局，止叫；②持有4张高花、无止张且有低花支持的牌时，应优先叫出自己的4张高花（叫3♥时，可能还有4张黑桃的牌，叫3♠时，就排除有4张红心的牌），都是逼叫；③无止张也无4张高花的牌时，当同伴所叫低花的级别低于干扰花色时，可以用3阶扣叫干扰花色来表示。总之，开叫人不要轻易越过3NT叫牌，以便在应叫人为无4张高花，有止张的牌时，还可以叫回3NT进局。

对3♥/3♠应叫——当开叫人：①加叫应叫高花进局时，为有支持的牌，都不逼叫；②再叫3NT时，通常为有止张，无支持的牌（也可能有支持但干扰花色大牌张位置不好，想打3NT定约），不逼叫。

对扣叫应叫——当开叫人：①无止张也无4张高花的牌时，则要平阶叫出一门4张以上低花逃叫，不逼叫；②有止张，无4张高花的牌时，则应再叫3NT进局，止叫；③有一门4张高花和止张的牌时，通常应该优先叫出此高花来（有4张高花但干扰花色的大牌张位置不好时除外），逼叫。此后，当应叫人对此高花有4张配合时，就加叫进局，无配合时就叫回3NT，表示有另一门4张高花且无止张的牌，不逼叫，由开叫人去依据自己的牌情去选择定约。

（2）莱本索尔应叫后上家进行干扰时1NT开叫人的再叫

当同伴示弱应叫后，除了开叫人为15点高限牌力，对示弱应叫花色有4张配合时允许进行加叫外，都是不允许1NT开叫人再主动参与叫牌的。而当同伴示强应叫后，开叫人的再叫都是自然实叫，应该符合桥牌逻辑。当开叫人：

Pass——为13点，成局无望的牌。

平阶出高花——都为14~15点，4张的牌，都不逼叫。

加叫应叫人花色或3NT进局——为有对应牌力和牌型的牌，都不逼叫。

对对方干扰的加倍——都是惩罚性加倍。

三、莱本索尔应叫人的再叫及后续叫牌

当莱本索尔示强应叫后，无论对方是否再次干扰叫牌，应叫人的再叫及后续叫牌都是自然实叫，应该符合桥牌逻辑。此时，分析叫牌信息，按桥牌逻辑来推断1NT开叫人或莱本索尔应叫人的牌力和牌型，并采用与其相适应的叫牌原则来指导叫牌，共同选择联手合理的定约是其精髓所在。莱本索尔应叫人的再叫及后续叫牌，都应符合常规的后续叫牌，详见本书088~089页，只是此时他们对对方干扰的加倍都是惩罚性加倍，这点略有不同而已。

四、莱本索尔应叫的应用举例

1. 莱本索尔应叫的举例

【例1】 你持有♠K72 ♥Q2 ♦K106542 ♣J5，9点，3-2-6-2牌型。同伴开叫1NT，上家Pass或分别进行2♣/2♦/2♥/2♠干扰时，你该如何应叫呢？

答 上家Pass时，你持9点，有6张方块长套的牌，该应叫2NT进行邀请。

上家2♣干扰时，你该应叫2NT，当同伴无条件应答3♣时，你就再叫3♦，表示为8~10点，5张以上的牌。请注意：如果你直接应叫2♦，则表示为5~7点，5张以上的牌。如果你直接应叫3♦，则表示为11点以上，5张以上的牌。这两种应叫显然都是错误的。

上家2♦干扰时，你如果叫加倍，对方可能会找到红心或黑桃配合，此牌属于应该Pass的类型，因为你Pass，肯定能得正分。

上家2♥/2♠干扰时，你都该应叫2NT，当同伴无条件应答3♣时，你都再叫3♦，表示为8~10点，5张以上的牌。请注意：你若直接应叫3♦，则表示为11点以上，5张以上的牌。

【例2】 你持有♠K9672 ♥2 ♦K10542 ♣105，6点，5-1-5-2牌型。同伴开叫1NT，上家Pass或分别做加倍/2♣/2♦/2♥/2♠干扰时，你该如何应叫呢？

答 上家Pass时，你该应叫2♠，表示为最多7点，5张以上的牌。

上家加倍干扰时，你应叫Pass或2♠都行。综合而言，笔者推荐你叫2♠，其优点是使得下家不能轻易在2阶参与竞技叫牌。

上家2♣/2♦干扰时，你都该应叫2♠，表示为5~7点，5张以上的牌。

上家2♦干扰时，你如果应叫加倍，对方很可能会找到红心配合，此牌属于该应叫Pass的类型，因为你Pass，肯定能得到正分。

上家2♠干扰时，你该应叫加倍予以惩罚，此时与对方2♦干扰时的Pass相比，差别在于对方要逃叫其余花色，就必须叫到3阶了。

【例3】 你持有♠92 ♥QJ2 ♦KQ92 ♣AJ75，13点，2-3-4-4牌型。同伴开叫1NT，上家Pass或分别做2♣/2♦/2♥/2♠干扰时，你该如何应叫呢？

答 上家Pass时，你该应叫3NT进局。

上家2♣/2♦干扰时，你都该应叫加倍予以惩罚。

上家2♥干扰时，你该应叫2NT。当同伴无条件应答3♣时，你就再叫3NT，表示为11点以上，对红心有止张的牌。

上家2♠干扰时，你该应叫3NT，表示为11点以上，无4张红心，对黑桃无止张的牌。此时，若是开叫人对黑桃有止张，则应该Pass。若对黑桃无止张，则要选择一门4张以上的低花进行逃叫。

2. 同伴莱本索尔应叫后1NT开叫人的再叫举例

【例】 你持有♠AK2 ♥QJ52 ♦K942 ♣J5，14点，3-4-4-2牌型。开叫1NT，下家争叫2♦，同伴Pass或分别应叫加倍/2♥/2♠/2NT/3♣/3♦/3♥/3♠/3NT/4♣/4♦/4♥/4♠且上家都没有

再参与叫牌时，表示什么含义？你应如何再叫呢？

答　同伴应叫Pass时，为无自由应叫牌力的牌。你应该Pass，因为1NT开叫人在同伴没有示强应叫的情况下，是绝对不允许其再主动进行叫牌的。

同伴应叫加倍时，是惩罚性加倍，你应该Pass。

同伴应叫2♥/2♠时，都为5~7点，5张以上的牌。你都应该Pass。

同伴应叫3♣时，为11点以上，5张以上的牌。你对方块有好止张，应再叫3NT进局。

同伴扣叫3♦时，为11点以上，对方块无止张，至少有一门4张高花的牌。你应再叫3♥，表示有4张红心的牌。此后如果应叫人：①加叫4♥进局时，则表示他对红心有4张配合的牌，你应该Pass；②叫回3NT时，则表示为11点以上，有4张黑桃，对方块无止张的牌。你对方块有好止张，应该Pass。

同伴跳应叫3♥/3♠时，都为11点以上，5张以上的牌。你♦K的位置不好，应再叫3NT。此牌你分别对红心和黑桃有好支持，也可以分别加叫4♥/4♠进局，此时你的经验和牌感将决定所选定约的成败走向。

同伴跳应叫3NT时，为11点以上，无4张高花，对方块无止张的牌。你对方块有好止张，应该Pass。

同伴跳应叫4♣/4♦时，都是逻辑错误的应叫。你应如何再叫，凭牌感自定吧。

同伴跳应叫4♥/4♠时，都为11点左右，6张以上的牌，通常是封局止叫。你都应该Pass。

当同伴应叫2NT时，是傀偏2NT应叫。你必须无条件应答3♣。再继续进行后续叫牌的假设，假设对方没有再参与叫牌，同伴Pass或分别再叫3♦/3♥/3♠/3NT时，表示什么含义？你应如何再叫呢？

答　同伴Pass时，为最多9点，有6张以上草花，成局无望的牌。你已经没有再叫牌的机会了。

同伴扣叫3♦时，为11点以上，有未叫4张高花，对方块有止张的牌。你应再叫3♥，表示有4张红心的牌。如果此后应叫人：①加叫4♥进局时，则表示为11~15点，对红心有4张配合的牌，你应该Pass；②再叫3NT时，则表示有4张黑桃，对方块有止张的牌，你也应该Pass。

同伴再叫3♥时，为8~10点，5张以上的牌。你有14点，对红心有好支持，但♦K的位置不好，应该进行减点调整，你应该Pass。

同伴再叫3♠时，为8~10点，5张以上的牌。你有14点，对黑桃有好支持，但♦K的位置不好，应该进行减点调整，你应该Pass。

同伴再叫3NT时，为11点以上，对方块有止张的牌。你应该Pass。

第九节　满贯问叫

当你方的联手牌力接近了尝试满贯定约的门槛牌力时，为了赢取更多的得分，通常是要进行满贯定约试探的。其表现形式主要是关心同伴A的数量，以避免叫到缺两个A的满贯定约。在21世纪以前，桥牌界流行的是黑木问叫体系。随着桥牌的普及和发展，人们会发现，打有将满贯定约时，将牌K的威力会等同甚至超过边花A的威力。于是桥牌界中的有识之士，对满贯问A的叫牌体系做了大量的研究与改进，进而演变出了罗马关键张问叫体系。

除此以外，本节还收集了排除关键张问叫、变通的低花和高花关键张问叫、对纳姆雅姿转移开叫的接力关键张问叫、对2NT开叫低花转移叫后的接力关键张问叫、试探满贯的扣叫、将牌问叫、A问叫、花色控制问叫、特殊的花色控制问叫、4♣的格伯问叫、4NT的6NT定约满贯邀叫、5阶出高花将牌的满贯邀叫、5NT的大满贯定约邀叫等常用的满贯问叫知识。掌握这些试探满贯问叫的知识，对于提高大家的牌技会有很大帮助。

一、罗马关键张问叫体系

罗马关键张问叫体系（以下简称为关键张问叫），缩写用RKB表示。其使用前提是在已经确定了将牌花色，并且显示有满贯前景时，由非限制性牌力的开叫人或应叫人（通常情况下，持有限制性牌力的开叫人或应叫人在同伴做限制性牌力的应叫时，是不会去发起满贯试探的，只有在同伴已经明确显示出为限制性牌力的高限且有单缺花色而你在此花色中无废点的牌时，是个例外）所做出的4NT叫牌就是关键张问叫，逼叫。其关键点是把将牌K也作为关键张，这样全副牌就有4个A加上将牌K，共有5个关键张了。其接力将牌Q问叫、出新花问边花K的大满贯邀叫和派生的系列叫品，逐渐被绝大多数桥牌专家和爱好者所接受，现在，已经逐步取代了流行上百年的黑木问叫体系，成为满贯定约的首选问叫方式。

1. 对关键张问叫的应答

（1）对以高花为将牌关键张问叫的应答

加一级应答5♣，为有1个或4个关键张的牌，逼叫。

加两级应答5♦，为有0个或3个关键张的牌，逼叫。

加三级应答5♥，为有2个关键张，无将牌Q的牌，逼叫。

加四级应答5♠，为有2个关键张，还有将牌Q的牌，逼叫。

按以上约定的应答，以下简称为按14、03、22Q的约定加级应答。

（2）对以低花为将牌关键张问叫的应答

加一级应答5♣，为有0个或3个关键张的牌，逼叫。

加两级应答5♦，为有1个或4个关键张的牌，逼叫。

加三级应答5♥，为有2个关键张，无将牌Q的牌，逼叫。

加四级应答5♠，为有2个关键张，还有将牌Q的牌，逼叫。

按以上约定的应答，以下简称为按03、14、22Q的约定加级应答。

需要说明的是，对低花为将牌的关键张问叫，现在更多的牌手都采用变通的低花关键张问叫，其应答方式也是按03、14、22Q的约定加级应答的。

（3）有2个关键张，另有缺门花色牌的应答

对以高花为将牌的关键张问叫，当应答人有2个关键张，另有一门边花为缺门的牌时，应答人可以按如下约定作出高于5♠水平的应答。当应答人缺门的边花是低花或低于将牌的高花时，就用6阶叫出该花色来表示，逼叫；当应答人缺门的边花是高于将牌花色的高花时，就用5NT来表示，逼叫。此后当问叫人：①叫回将牌花色时，都是止叫；②再出新花时，就是问此边花K的大满贯邀叫，都是逼叫。

需要说明的是，有两个关键张和缺门边花且有将牌Q的应答约定，并没有被定义，笔者很想推荐应答人用6阶叫将牌来表示，至于是否采用，可以和同伴协商确定。

（4）将牌不明确时对关键张问叫的应答

在叫牌进程中，当对方高阶阻击叫牌剥夺了大量的叫牌空间或是对方用不寻常2NT争叫后，都可能会出现将牌不是十分明确的4NT关键张问叫。这时问叫人只是关心应答人A的个数，应答人应按03、1、2的约定来加级应答持有A的数量。必须说明的是，这只是对小概率事件的一个应急补救措施。

当应答人有缺门边花的牌时，对关键张问叫及变通的低花关键张问叫，通常都是不能按有A来应答的。只有你和同伴做出特殊约定时是个例外。

2. 关键张问叫的后续叫牌

（1）问叫人叫回将牌花色的叫牌都是止叫

无论是以高花还是低花为将牌的关键张问叫，当问叫人5阶或6阶叫回将牌花色时，都是止叫。

（2）高花为将牌的接力将牌Q问叫

对以高花为将牌的关键张问叫应答5♣，表示有一个关键张后，当问叫人，加一级接力再叫5♦时，就是对将牌Q的接力问叫，应答人应按如下约定进行应答。

5阶叫回将牌应答，为无将牌Q的牌，止叫。

6阶叫回将牌应答，为有将牌Q，无其他边花K的牌，不逼叫。

6♣/6♦应答，都为有将牌Q，额外还有所叫边花K的牌，都是逼叫。

对红心为将牌的5♠应答，特指有红心将牌Q[1]，还有♠K的牌，逼叫。

对黑桃为将牌的6♥应答，特指有黑桃将牌Q，还有♥K的牌，逼叫。

5NT应答，为有将牌Q，还有两个边花K的牌，逼叫。

6NT应答，为有将牌Q，还有三个边花K的牌（由于6NT已经超过6阶高花定约，是否采用此约定，请和同伴协商确定），不逼叫。

（3）问叫人再叫5NT是对边花K数量的问叫

无论以高花还是低花为将牌的4NT关键张问叫后，问叫人的5NT再叫，都是对边花K数量的问叫，逼叫。此时必须满足5个关键张不缺，将牌无失墩的条件才可以使用。其应答有两种方式：

第一种应答方式为简单地按照03、1、2约定加级应答K数量的方法，非常适合于大

---

[1] 需要说明的是，当联手有10张或以上将牌时，可以按照有将牌Q来应答。

家使用。

第二种应答方式需遵循如下规定。当应答人：①无边花K的牌时，就6阶叫回将牌花色，止叫。②有一个边花K的牌时，就叫出该K所在的花色，逼叫。③有两个边花K的牌时，先应答比较便宜的花色，如果问叫人还需某一花色的K支持才能打大满贯定约，就再叫出此花色，当应答人有此花色的K的牌时，就跳叫7阶将牌大满贯定约；无此花色的K的牌时，则叫到6阶将牌小满贯定约，都是止叫。④有3个边花K的牌时，就应答6NT，不逼叫。⑤当有一旁门的长套已经树立的牌时，就可以直接跳叫将牌的大满贯定约，止叫。

由于后一种应答约定过于烦琐且使用的机会并不很多，笔者推荐第一种简单的应答方式。至于采用哪种应答方式，请和同伴协商确定。

（4）问叫人再叫出新花为问该边花K的大满贯邀叫

进行关键张问叫之后，在5个关键张和将牌Q齐全、已经确保满贯定约能够打成的前提下，大多数能否叫大满贯定约的牌并不是取决于同伴边花K的个数，而是取决于应答人某门特定边花是否有K及其牌张结构的情况。因而，如果当问叫人此时再叫出新花时，就是问该边花K的大满贯邀叫。应答人如果有此边花A，只要有K就直接叫到7阶将牌花色，没有K就叫回6阶将牌花色。如果没有此边花A，就按照：①无该边花K时，就叫回6阶将牌花色。②有该边花的K、KX、KQ、KQX或KQXX结构的牌时，就叫7阶将牌花色的大满贯定约，止叫。③有该花色的KXX或KXXX结构的牌时，当问叫花色为5阶时，就用5NT来表示，逼叫；为6阶且与将牌花色有叫牌空间时，就用接力出新花来表示，逼叫；为6阶且与将牌花色无叫牌空间时，就用7阶出将牌花色来表示（以上应答后再叫的细节仅供参考），止叫。按上述约定进行的应答，以下简称为按问边花K大满贯邀叫的约定应答。

需要解释的是：也有牌手此时把出新花的再叫，当作该花色的控制问叫。相比而言，其传递信息所包含的含义远不如前者。因而，笔者在本书中把问叫人出新花的再叫，都统一按照问该边花K的大满贯邀叫来表示。

二、派生的关键张问叫

1.排除关键张问叫

（1）越过4NT出缺门花色的排除关键张问叫

高花将牌花色确定后，当问叫人某门边花为缺门需要进行满贯试探时，就可以采用越过4NT，用5阶跳叫该缺门花色来进行关键张问叫，都是逼叫。该问叫就是排除关键张问叫（也有叫"除外关键张问叫"的），其要求是让应答人按03、14、22Q的约定，应答出有此门边花以外的关键张数量。通常情况下，无论是开叫人还是应叫人进行排除关键张问叫时，都应该确保应答人在问叫花色中有大牌废点时，所停叫在5阶的定约是安全的。因而该约定叫在以低花为将牌时，很少采用。至于是否采用，应和同伴协商确定。

（2）排除关键张问叫的后续叫牌

无论应答人是否做出关键张的应答，当问叫人：①对加级应答凑巧是5阶将牌花色Pass时，是示弱止叫；②5阶叫回将牌花色时，也是示弱止叫；③再出新花时，是问该边花K的大满贯邀叫，都是逼叫，应答人应按问边花K大满贯邀叫的约定进行应答；④6阶或7阶将牌花色封贯时，都是止叫；⑤5NT时，是问边花K数量的问叫，应答人应该按03、1、2的约定加级应答。逼叫。

需要指出的是，当采用排除关键张问叫时，的确存在着同伴在问叫人缺门花色中有废点时出现冒叫的风险。因而笔者并不打算推荐此约定叫，而是建议在能够用改良的爆裂叫告诉同伴你的缺门边花时，不采用风险更大的排除关键张问叫，让同伴对你们联手满贯的前景发表意见，才是最佳选择。

改良的爆裂叫，就是把斯普林特爆裂叫的报单缺改为报缺门约定叫。当联手有25点左右牌力，有将牌配合，有单缺边花时，成局已经不是应该讨论的议题了，此时报缺门对试探满贯将起决定性的作用，当你或同伴在彼此缺门边花中无废点时，满贯定约将垂手而得。因而笔者强烈推荐大家采用改良的爆裂叫替代斯普林特爆裂叫。后续叫牌，当你在同伴缺门边花中有废点（以下简称对满贯不感兴趣）时，就平阶叫回将牌花色示弱，不逼叫。当你在同伴缺门边花中无废点（或有废点但牌力相应增加，以下简称无废点）时，应进行如下叫牌：①出新花时，都是扣A的牌，都是逼叫；②4NT时，是排除同伴缺门花色的关键张问叫（以下简称关键张问叫），逼叫；③5阶跳叫高花将牌时，是凭牌力的满贯邀叫，不逼叫；④6阶/7阶再叫将牌花色时，都是封贯止叫。

2. 变通的低花关键张问叫

（1）4阶跳加低花变通的低花关键张问叫

其应用条件是：①开叫人1♦/2♣低花实套开叫，持有非限制牌力的应答人都4阶跳加叫开叫人低花；②1♣开叫人面对2♣/2♦花色示强应答都4阶跳加应答人低花；③2♣/2♦应答人面对1♣开叫人花色或无将再叫后都4阶跳叫应答低花；④应叫人4阶跳加1♣开叫人的再叫低花。以上都是以该低花为将牌变通的低花关键张问叫，都是逼叫。其优点是如果联手关键张的数量不满足满贯定约的要求时，就可以使定约安全地停在5阶低花定约上。此时应答人都应按以低花为将牌03、14、22Q的约定加级应答。

需要说明的是，对4♣变通的低花关键张问叫，当应答人跳阶应答：①5♦、5♥和5♠时，都表示有两个关键张，所叫花色为缺门的牌，都是逼叫；②6♣时，为有两个关键张，有♣Q，且有一门不确定边花为缺门的牌，不逼叫。

同理，对4♦变通的低花关键张问叫，当应答人跳阶应答：①5♥、5♠和6♣时，都表示有两个关键张，所叫花色为缺门的牌，都是逼叫；②6♦时，为有两个关键张，有♦Q，且有一门不确定边花为缺门的牌，不逼叫。

（2）变通的低花关键张问叫的后续叫牌

进行变通的低花关键张问叫后，当问叫人：①5阶、6阶或7阶再叫回将牌花色时，都是止叫；②非接力出新花时，是问该边花K的大满贯邀叫，应答人应按问边花K大满贯邀叫的约定进行应答，都是逼叫；③平阶再叫无将时，是问边花K数量的问叫，应答人应该按03、1、2约定加级应答❶，逼叫。

（3）变通的低花关键张问叫后的接力将牌Q问叫

对4♣/4♦变通的低花关键张问叫，应答人应答4♥/4♠表示有一个关键张后，当问叫人，加一级接力再叫4♠/5♣时，就可以视为对将牌Q的接力问叫，应答人应按如下约定进行应答。

5♣/5♦叫回将牌低花应答，都为无将牌Q的牌，都是止叫。

6♣/6♦阶叫回将牌低花应答，都为有将牌Q，无其他边花K的牌，不逼叫。

5阶出新花应答，都为有将牌Q，额外还有所叫花色K的牌，都是逼叫。

5NT应答，为有将牌Q，还有两个边花K的牌，逼叫。

需要说明的是，变通的低花关键张问叫，只在对方没有参与干扰的前提下可以使用。如果对方干扰叫牌后，4阶跳加低花则被定义为5阶低花定约的邀叫。此时，就只有再叫4NT为关键张问叫了。

3. 3NT变通的高花关键张问叫

其使用条件是：①应叫人对2♥/2♠高花阻击开叫进行过2NT问单缺应叫，开叫人报单张再叫；②1♣开叫人对2♥/2♠建设性应叫进行过2NT问单缺应叫，应叫人报单张应叫；③2♥开叫人对2♠应叫加叫3♠；④1♣开叫人面对同伴1♦应叫，跳叫2♥/2♠，在同伴有支持的加叫后（即肯定不会打3NT定约的前提下），问叫人再叫的3NT，都可以视为以该阻击开叫、建设性应叫高花、应叫人高花或1♣开叫人跳叫高花为将牌变通的高花关键张问叫。其优点是当联手的关键张数量不满足满贯定约的要求时，可以把定约安全地停在4阶。此时应答人应按以高花为将牌14、03、22Q的约定加级应答。其对应的后续叫牌与高花为将牌的关键张问叫相同（详见本书127~129页），只是阶数不同而已。

需要说明的是，3NT变通的高花关键张问叫，只在对方没有干扰叫牌的前提下可以使用。如果对方干扰叫牌后，3NT则被定义为有成局牌力，对干扰花色有止张，不想打同伴高花定约的牌了，此时，就只能再叫4NT问关键张了。

4. 针对2NT开叫低花斯台曼应叫后的接力关键张问叫

针对2NT开叫的3♠低花斯台曼应叫，要求应叫人必须为7点以上，有5-5以上分布低花的牌。当开叫人没有4张以上低花的牌时，就必须无条件应答3NT。之后应叫人再叫4♣/4♦时，就表示为有6张以上方块/草花的牌。此时，2NT开叫人可以分别加一级4♦/4♥进行接力关键张问叫，都是逼叫。应叫人按照其6张低花长套为将牌03、14、22Q的约定进行加级应答（此时，是否用6阶跳加应叫人长套表示有两个关键张，有将牌Q，且有一门花色为缺门的牌，你可以和同伴协商确定）。此后，当2NT开叫人：①再叫4NT时，不逼叫；②再叫回5阶/6阶长套低花时，也都是止叫；③再出新花时，都是问该边花K的大满贯邀叫，都是逼叫。

---

❶ 加级应答是包含平阶无将叫牌的。

5. 针对纳姆雅姿转移叫的接力关键张问叫

4♣/4♦开叫，别名叫纳姆雅姿转移开叫，表示为11~15点，有7张以上半坚固红心/黑桃套的牌。应叫人可以分别用加一级4♦/4♥进行接力关键张问叫，都是逼叫，开叫人应按照以开叫人高花为将牌14、03、22Q的约定加级应答（此时，是否用6阶跳加应叫人长套花色表示有两个关键张，有将牌Q，且有一门花色为缺门的牌，你可以和同伴协商确定）。此后，当问叫人：①5阶叫回开叫人高花时，都是止叫；②6阶/7阶叫回开叫人高花时，也都是止叫；③再出新花时，都是问该边花K的大满贯邀叫，都是逼叫。

三、关键张问叫受到干扰时的应答

（1）被对方花色干扰时的应答

此时应答人都应该按03、14、22Q的约定进行加级应答，都是逼叫。其中加倍等于加一级，Pass等于加两级，干扰花色加一级等于加三级，干扰花色加两级等于加四级。

（2）被对方加倍干扰时的应答

此时应答人都应该按03、14、22Q的约定进行加级应答，都是逼叫。其中再加倍等于加一级，Pass等于加两级，问叫（花色或无将）加一级等于加三级，问叫（花色或无将）加两级等于加四级。

四、其他常用的试探满贯叫牌

1. 试探满贯的扣叫

（1）试探满贯扣叫的适用条件

在试探满贯的叫牌中，有时只知道联手A的个数还是不够的，尤其是在有一门边花是缺门或是某一边花为双张以上小牌张，需要核查特定花色的控制情况时，则应该考虑用试探满贯的扣叫（以下也简称为扣A）的方法来进行满贯试探，都是逼叫。

利用扣A进行满贯试探有以下三大优点。即你方：①可以核查每一边花是否都有控制（必要时要求有第二轮控制），因而可以避免在某一门边花没有控制时叫到满贯定约；②具有很强的针对性，特别适用于某门边花为缺门的牌进行满贯试探；③具有很大的灵活性，当发现情况不妙时可以随时刹车，把定约安全地停在5阶水平以下。

（2）扣A触发信号的识别

在将牌已经确定且联手有满贯前景的情况下，你或同伴立即在3♠以上水平再叫出新花时，通常就是扣A，用以表示扣叫人对满贯有兴趣，有该花色第一轮控制的牌，逼叫。同时是要求其同伴有A时继续扣叫，无A时叫回将牌花色。通过一定规律的后续扣叫，就可以显示清楚联手在各门边花的首轮控制和次轮控制的情况了，能为你们确定合理的定约提供帮助。

（3）扣A应遵循的五项法则

扣A应遵循的五项法则为：①一次显示一门边花的控制情况；②首轮控制要显示在次轮控制之前；③显示同级控制时，必须先显示较低花色的控制情况（有将牌和另一边花同级控制时是个例外），即扣叫所越过的边花中应该没有同级控制的牌张；④当扣叫人第二轮扣叫的花色等于或低于第一轮扣叫的花色时，都可以理解为是次轮控制的扣叫；⑤扣A通常只要一开始，就要继续下去，直到显示完全部控制或是有了足够的信息去决定最终定约为止。在扣叫的叫牌过程中，一旦其中的一方叫回将牌花色时，则表示其边花没有首控或是其控制已经显示完毕，无力继续维持扣叫的牌，以后是否继续叫牌应全凭同伴来决定。

需要说明的是，当被动扣A人某门边花为缺门/单张的牌时，是可以按照有此边花第一轮/第二轮控制的牌进行扣叫的。只是要求扣A的发起人一定要打有将定约而以。

另外，当扣A发起人某门边花为缺门时，采用常规的扣A是很难表达清楚自己所扣叫的是A还是缺门的牌，因而，笔者推荐此时应优先采用改良的爆裂叫或排除关键张问叫来报出你的缺门花色。至于实战中具体该如何选择，请和同伴协商确定。

2. 将牌问叫

（1）将牌问叫的含义

1♣开叫人对同伴花色示强应叫进行的平阶加叫，就是以该花色为将牌的将牌问叫，表示为19点以上，对同伴应叫花色有支持的牌，都是逼叫。主要问应叫人该将牌花色的张数和是否有A、K、Q的大牌张情况，要求应答人按如下约定进行加级应答。

加一级应答，表示为5张以上无大牌张的牌，逼叫。

加两级应答，表示为5张有一个大牌张（以下简称5张一大，以此类推）的牌，逼叫。

加三级应答，表示为5张两大的牌，逼叫。

加四级应答，表示为6张以上一大的牌，逼叫。

加五级应答，表示为6张以上两大的牌，逼叫。

加六级应答，表示为5张以上三大的牌，逼叫。

（2）将牌问叫的后续叫牌

当问叫人叫回问叫的将牌花色封局或封贯时，都是止叫。

当问叫人再出新花时，都是该边花的控制问叫，逼叫。此时应答人应按如下约定进行加级应答。

加一级应答，为无控制，即无Q且为多张小牌结构的牌，逼叫。

加两级应答，为有第三轮控制，即有Q双张以上不定套或是无Q双张的牌，逼叫。

加三级应答，为有第二轮控制，即有K的不定套牌或是为单张的牌，逼叫。

加四级应答，为有第一轮控制，即有A的不定套牌或是为缺门的牌，逼叫。

加五级应答，为有第一轮控制及附加牌力，即同时有AK或AQ的牌，逼叫。

3. A问叫

（1）A问叫的含义

A问叫使用的条件是，问叫人有半坚固以上所叫花色套，并准备以该花色为将牌试探满贯定约。A问叫的表现形式为：①对花色开叫的跳阶出新花应叫，为19点以上的牌；②对1NT开叫的跳阶出高花应叫，为17点以上的牌（对1NT开叫的跳阶出低花应叫，是17点以上的A问叫，还是为最多8点有6张以上低花的示弱应叫，是你需要和同伴协商确定的）；③1♣开叫人对花色或1NT示强应叫后的跳阶出新花再叫，为21点以上的牌；④1♣开叫人对2NT示强应叫后的跳阶出新花再叫，为19点以上的牌，都是逼叫。

对A问叫的应答，应答人应根据有无问叫花色（A、K、Q）大牌张，以及有无边花A的情况，按如下约定进行逼叫性应答。

无问叫花色大牌张，无边花A的牌，平阶应答无将。

无问叫花色大牌张，有一个边花A的牌，平阶应答有A花色。

无问叫花色大牌张，有两个边花A的牌，跳阶应答无将。

有问叫花色大牌张，无边花A的牌，平阶加叫问叫花色。

有问叫花色大牌张，有一个边花A的牌，跳阶应答有A花色。

有问叫花色大牌张，有两个边花A的牌，跳加叫问叫花色。

需要解释的是，当应答人边花有缺门的牌时，面对A问叫是不能按有A来应答的。如果问叫人打满贯定约确实需要了解此门边花的控制情况，可以接着采用花色的控制问叫来了解此门边花控制情况。

（2）A问叫问叫人的后续叫牌

当问叫人叫回问叫花色封局或封贯时，都是止叫。当问叫人再出新花时，就是该边花的控制问叫（也有叫"花色控制问叫"的），逼叫。由于应答人不确定是否对A问叫花色有支持的牌，因而其对边花控制问叫的应答与将牌问叫后的应答是有区别的。通常，当应答人持有两张以上A问叫花色的牌时，其应答与将牌问叫后的应答相同。而当应答人没有或只有单张A问叫花色的牌时，其加级应答就应该排除牌型的因素，只应答是否有对应花色的大牌张。

4. 花色的特殊控制问叫（也有叫边花的特殊控制问叫的）

当同伴阻击性开叫（或是你1♣开叫，同伴进行建设性应叫以后），应叫人（或1♣开叫人）跳阶叫出新花时，都是该花色的特殊控制问叫，逼叫。表示问叫人有试探满贯实力，对应答人所叫花色有好支持。要求应答人按如下约定进行该花色的加级应答。

加一级应答，为无该花色前两轮控制的牌。

加两级应答，为有该花色第二轮控制，即有K或是单张的牌。

加三级应答，为有该花色第一轮控制，即有A或是缺门的牌。

当应答花色凑巧是阻击原花或建设性应叫花色时，不逼叫，否则都是逼叫。

需要说明的是，在花色控制问叫及花色的特殊控制问叫后，如果问叫人在已经得知应答人某门花色有第一或第二轮控制的情况下，继续再叫同一花色时，则是该花色的控制类型问叫。应答人应该按照加一级时，表示为牌型控制的牌，加两级时，表示为大牌张控制的牌进行加级应答。

5. 4♣格伯问叫

（1）4♣格伯问叫的使用条件

4♣格伯问叫（也有译为"戈伯问叫"的）其使用条件是：①同伴开叫1NT或2NT，

你跳叫4♣；②你1♣开叫，在同伴1NT或2NT应叫后，你跳叫4♣；③持有非限制性牌力的同伴，对你花色开叫后的1NT或2NT再叫，跳叫4♣，以上都是问A数量的4♣格伯问叫，逼叫。应答人应按如下约定进行加级应答。

加一级应答4♦，为没有A的牌，逼叫。

加两级应答4♥，为有1个A的牌，逼叫。

加三级应答4♠，为有2个A的牌，逼叫。

加四级应答4NT，为3个A的牌，逼叫。

按以上约定的加级应答，以下简称为按0、1、2、3的约定加级应答。

（2）格伯问叫的后续叫牌

问叫人再叫5♣时，表示联手不缺A，是继续问K的牌，应答人也按0、1、2、3的约定加级应答。

当问叫人跳叫5NT时，是7NT大满贯定约的邀叫。要求应答人：①为低限的牌时，就叫6NT，止叫；②为高限的牌时，就叫7NT，止叫；③为中限的牌时，就在6NT和7NT之间进行选择。

此时，问叫人其他的再叫，都是止叫。

6. 对无将开叫或应叫的跳叫4NT满贯邀叫

在1NT或2NT开叫或是对1♣开叫的1NT或2NT应叫后，当问叫人直接跳叫4NT时，都是对6NT满贯定约的邀叫。要求应答人：①为低限的牌时，就Pass；②为高限的牌时，就加叫6NT止叫；③为中限的牌时，就在Pass和6NT之间进行选择。如特别纠结时，应答人也可以加叫5NT，把是否叫6NT的选择权交给问叫人。

7. 5阶跳出高花将牌的问将牌大牌张数的满贯邀叫

（1）当同伴明确表示为5张套/6张以上高花长套，持有对此高花有支持/帮助的问叫人，在没有使用4NT关键张问叫的情况下，直接在5阶叫出高花将牌时，是表示只关心应答人将牌强度（只适用于问叫人只有一个大牌张的牌，当问叫人有两个大牌张时，必须改用其他的叫牌试探）的满贯邀叫。要求应答人在将牌花色中：①有一个或没有大牌张时，就Pass；②有两个大牌张，没有边花K时，就加叫该高花进贯，不逼叫；③有两个大牌张且有一个边花K时，就平阶叫出有K的花色，逼叫；④有两个大牌张且有两个边花K时，就平阶叫出5NT，逼叫。

（2）高花将牌长套方在同伴对此高花有支持（或是同伴表示对高花没有支持）时，问叫人在没有使用4NT关键张问叫的情况下，直接5阶再叫自己高花长套的将牌，表示只关心应答人将牌中是否有大牌张（当问叫人将牌没有输墩时，必须改用其他的叫牌试探），满贯邀叫。要求应答人在将牌花色中：①没有大牌张时，就Pass；②有一个大牌张且没有边花K时，就加叫该高花进贯，不逼叫；③有一个大牌张且有一个边花K时，就平阶叫出有K的花色，逼叫；④有一个大牌张且有两个边花K时，就平阶叫出5NT，逼叫。对按以上约定进行的应答，简称（一大进贯）满贯邀叫的应答。

（3）同伴明确表示有4张高花，或是同伴对你再叫的4张高花有4张好配合的情况下，问叫人没有使用4NT关键张问叫，而直接在5阶再叫出此高花时，很难分清楚是应该按两大进贯还是一大进贯进行应答，在大多数情况下，都可以视为在进行一大进贯的满贯邀叫，对此笔者统一用一大进贯的满贯邀叫予以表示。

（4）阻击开叫人或建设性应叫人，对应叫人应叫花色采用改良的爆裂叫后或是明显表示不可能再有应叫人应叫花色或是1♣开叫人问叫花色的大张时，当问叫人直接跳出5阶应叫或问叫高花时，都是凭牌力的满贯邀叫。

（5）当问叫人对高花开叫或高花阻击开叫进行以其花色为将牌跳叫5阶高花时，则是问该高花大牌张数的满贯邀叫。

（6）当问叫人对高花建设性应叫进行以其花色为将牌跳叫5阶高花时，可以视为问该高花大牌张数（一大进贯）的满贯邀叫。

8. 5NT的大满贯定约邀叫

其又分为有将定约和无将定约的两个类型。

（1）有将定约的5NT大满贯邀叫

对已经确定将牌花色后的有将定约，当问叫人在没有使用4NT关键张问叫的情况下，直接叫5NT时，就是只关心将牌大牌张数的大满贯邀叫，逼叫。要求应答人在将牌花色中：①有两个大牌张时，就叫到7阶将牌花色的大满贯定约，止叫；②没有两个大牌张时，就叫到6阶将牌花色的满贯定约，止叫。

当将牌花色的长套方直接用5NT问没有显示过支持将牌花色的短套方，或是明显显示为有将牌强套的长套方直接叫5NT时，就是只关心将牌大牌张数的大满贯邀叫，逼叫。要求应答人在将牌花色中：①有一个大牌张时，就叫到7阶将牌花色的大满贯定约，止叫；②没有大牌张时，就叫到6阶将牌花色的满贯定约，止叫。

（2）无将定约的5NT大满贯邀叫

对1NT、2NT开叫直接跳叫5NT或1♣开叫人对应叫人1NT、2NT和3NT示强应叫，直接跳叫5NT，都是7NT定约的大满贯邀叫，逼叫。要求应答人：①持有低限牌力时，再叫6NT，止叫；②持有高限牌力时，再叫7NT，止叫；③而持有中限牌力时，是否叫7NT，由应答人凭牌感自行决定。对此，笔者很想推荐用应答人应答6♣来表示持有中限牌力的叫牌约定，让问叫人参与是否打7NT定约的决策。至于是否采用，请和同伴协商确定。

9. 面对赌博性3NT开叫的4NT满贯邀叫

面对赌博性3NT开叫的4NT应叫，是问将牌强度和长度的满贯约定叫，逼叫。其要求开叫人：①持有8张或以上坚固套，旁门有Q以上富裕牌力时，就6阶叫自己长套花色的满贯定约，不逼叫；②而当低花长套不够8张或没有Q以上富裕牌力时，就5阶叫自己的低花长套进局，不逼叫。

10. 面对赌博性3NT开叫的4♦问缺门约定叫

面对赌博性3NT开叫的4♦应叫，是想打满贯定约问缺门花色的特殊约定叫，逼叫。其后续叫牌详见本书158页。

通常在你们进行上述满贯试探时，对方是很少在高阶参与干扰的。当对方对你们进行的上述满贯试探进行干扰时，其后续叫牌将是很难用几句话讲明白的事情。对此，你和同伴应制定相应的预案备用。当面对高阶干扰不好再叫时，对对方干扰叫牌进行惩罚性加倍，令其不敢再轻易进行干扰也是不错的选择。

第十节　2NT开叫后的叫牌

2NT开叫，为22~24点，允许有5张（通常不允许有6张）低花，不允许有5张高花和单缺花色的均型牌，不逼叫。其低限为22点，中限为23点，高限为24点。应叫人对2NT开叫的应叫，大多是以约定叫的形式进行的。通常其后续叫牌及定约的选择由应叫人来主导。

一、对2NT开叫的应叫及后续叫牌

见表2-4。

表2-4　对2NT开叫的应叫及后续叫牌

应叫	开叫人的再叫	应叫人的再叫	开叫人的第三次叫牌
Pass：为最多3点，无5张高花或无6张低花的牌			
3♣：是斯台曼问叫，通常为3点以上，至少有一门4张高花的牌，逼叫 近期开始流行最多2点，草花为单张4-4-4-1或为缺门4-4-5-0牌型时，也进行3♣应叫 当应叫人为3~7点，有一门4张高花，任意4-3-3-3牌型时，可以考虑应叫3NT	应答3♦：为22~24点，无4张高花的牌，不逼叫	Pass：为最多2点，草花为单张4-4-4-1或最多为1点，草花为缺门4-4-5-0牌型的牌	
		4♣/4♦：都为8点以上，5张以上，有一门4张高花的牌，都是逼叫	4NT/6NT：为22~23点/24点，对应叫低花无支持的牌，是6NT邀叫/封贯叫牌，都不逼叫 5阶/6阶加叫应叫低花：为22点/23~24点，有好支持的牌，都不逼叫 对4♣再叫的4♦：为23~24点，5张的，逼叫到4NT 对4♣再叫的4♥：可以视为特殊约定叫，为23~24点，有5张草花的牌（开叫人不要轻易越过4NT），逼叫到4NT
		3NT：为3~7点，至少有一门4张高花的均型牌，止叫 4NT/6NT：为9点/10~12点，至少有一门4张高花的均型牌，是6NT邀叫/封贯止叫 5阶/6阶出低花：为5~7点/9~11点，6张以上，有一门4张高花的牌，都是止叫	
	应答3♥：为22~24点，4张，不排除还有4张黑桃的牌，不逼叫	Pass：为最多2点，对红心有支持，成局无望的牌	

137

应　　叫	开叫人的再叫	应叫人的再叫	开叫人的第三次叫牌
3♣：是斯台曼问叫，通常为3点以上，至少有一门4张高花的牌，逼叫 近期开始流行最多2点，草花为单张4-4-4-1或为缺门4-4-5-0牌型时，也进行3♣应叫 当应叫人为3~7点，有一门4张高花，任意4-3-3-3牌型时，可以考虑应叫3NT	应答3♥：为22~24点，4张，不排除还有4张黑桃的牌，不逼叫	3♠：可以视为特殊约定叫，为8点以上，对红心无配合，有4张黑桃的牌，逼叫 其与3NT再叫的区别是所表达的牌力范围不同	3NT/6NT：为22点/24点的均型牌，都不逼叫 4NT：为23~24点，对黑桃有4张配合的牌，是以黑桃为将牌的关键张问叫，逼叫 4♣/4♦：都为23~24点，5张的牌，都逼叫到4NT 4♠：为22点，对黑桃有4张配合的低值牌，不逼叫 5♠/6♠：为22点/23~24点，对黑桃有4张配合的牌，是凭牌力的满贯邀叫/封贯叫牌，都不逼叫
		3NT：为3~7点，有4张黑桃的均型牌，不逼叫	Pass：为同意打3NT定约的牌 4♥：可以视为特殊约定叫，为24点，对黑桃有4张好配合的牌，逼叫，要求应叫人为3~5点时，就再叫4♠，为6~7点时，可以叫6♠进贯 4♠：为22~23点，对黑桃有4张配合的牌，不逼叫
		4♣/4♦：都为8点以上，5张以上（或7点，6张以上），有4张黑桃的牌，都是逼叫	4♠：为22点，对黑桃有4张配合的低值牌，不逼叫 5♠/6♠：为22点/23~24点，对黑桃有4张配合的牌，是凭牌力的满贯邀叫/封贯叫牌，都不逼叫 4NT/6NT：为22~23点/24点，对应叫低花无支持且对黑桃无配合的牌，是6NT邀叫/封贯叫牌，都不逼叫 5阶/6阶加叫应叫低花：为22点/23~24点，有支持的牌，都不逼叫 对4♣再叫的4♦：为23~24点，5张的牌，逼叫到4NT 对4♦再叫的4♥：可以视为特殊约定叫，为23~24点，有5张草花的牌，逼叫到4NT
		4♥：为3~6点，有4张配合，对满贯不感兴趣的牌，止叫 5♥/6♥：为7~8点/9~11点，有4张好配合的牌，是凭牌力的满贯邀叫/封贯止叫 4♠/5阶出低花：都可以视为改良的爆裂叫，为5点以上，对红心有4张配合，所叫花色为缺门的牌，都是逼叫 4NT/5NT：为8点以上/14~15点，对红心有4张配合的牌，是以红心为将牌的关键张问叫/是问红心大牌张数的大满贯邀叫，都是逼叫 6阶出低花：为9~11点，6张以上，有4张黑桃的牌，都不逼叫（允许开叫人有4张黑桃配合时改叫6♠）	

应　　叫	开叫人的再叫	应叫人的再叫	开叫人的第三次叫牌
3♣：是斯台曼问叫，通常为3点以上，至少有一门4张高花的牌，逼叫 近期开始流行最多2点，草花为单张4-4-4-1或为缺门4-4-5-0牌型时，也进行3♣应叫 当应叫人为3~7点，有一门4张高花，任意4-3-3-3牌型时，可以考虑应叫3NT	应答3♠：为22~24点，4张，肯定无4张红心的牌，不逼叫 此时，开叫人超过3♠的其他应答，都是逻辑错误的叫牌	Pass：为最多2点，对黑桃有支持，成局无望的牌	
		4♣/4♦：都为8点以上，5张以上（或7点，6张以上），有4张红心的牌，都是逼叫	4NT/6NT：为22~23点/24点，对应叫低花无支持的牌，是6NT邀叫/封贯邀叫牌，都不逼叫 　　5阶/6阶加叫应叫低花：为22~23点/23~24点，有支持的牌，都不逼叫 　　对4♣再叫的4♦：为23~24点，5张的牌，逼叫到4NT 　　对4♦再叫的4♥：可以视为特殊约定叫，为23~24点，有5张草花的牌，逼叫到4NT
		3NT：为3~7点，有4张红心的均型牌，止叫 4NT/5NT：为8点以上/14~15点，对黑桃有4张配合牌，是以黑桃为将牌的关键张问叫/是问是否黑桃大牌张数的大满贯邀叫，都是逼叫 6NT：为10~12点，有4张红心的均型牌，止叫 4♠：为4~6点，有4张配合，对满贯不感兴趣的牌，止叫 5♠/6♠：为8点/9~11点，有4张配合的牌，是凭牌力的满贯邀叫/封贯止叫 5阶出低花/5♥：都可以视为改良的爆裂叫，为5点以上，对黑桃有4张配合，所叫花色为缺门的牌，都是逼叫 6阶出低花：都为9~11点，6张以上，有4张红心的牌，都是止叫	
3♦：是杰克贝转移叫，为任意牌力，有5张以上红心的牌，逼叫	必须加一级应答3♥，不逼叫 此时，开叫人的其他应答，都是逻辑错误的叫牌	Pass：为最多2点，有5张红心，成局无望的牌	
		3♠：为8点以上，4张，有5张红心的牌（有6张红心且有4张黑桃时，应优先按6张红心进行叫牌），逼叫	3NT/6NT：为22点/24点，对黑桃无配合且对红心无支持的牌，都不逼叫 　　4NT：为23~24点，对黑桃有4张配合的牌，是以黑桃为将牌的关键张问叫，逼叫 　　4♣/4♦：为23~24点，5张的牌，都逼叫到4NT 　　4♥：为22点，对红心有支持的低值牌，不逼叫 　　5♥/6♥：为22点/23~24点，对红心有支持的牌，是凭牌力的满贯邀叫/封贯叫牌，都不逼叫 　　4♠：为22点，有4张配合的低值牌，不逼叫 　　5♠/6♠：为22点/23~24点，有4张配合的牌，是凭牌力的满贯邀叫/封贯叫牌，都不逼叫
		3NT：为4~7点，有5张红心的均型牌，不逼叫	Pass：为22~23点，对红心无支持或有支持也想打3NT定约的牌 　　4♣/4♦：都可以视为特殊约定叫，为24点，对红心有一大张/两大张好支持的牌，都是逼叫，要求应叫人为4~5点时，就再叫4♥，为6~7点时，可以叫6♥进贯 　　4♥：为22~23点，对红心有支持，或为24点，无好支持的牌，不逼叫

应　　叫	开叫人的再叫	应叫人的再叫	开叫人的第三次叫牌
3♦：是杰克贝转移叫，为任意牌力，有5张以上红心的牌，逼叫	必须加一级应答3♥，不逼叫 此时，开叫人的其他应答，都是逻辑错误的叫牌	4♣/4♦：都为8点以上，4张以上，有5张红心的牌（有6张红心且有4张低花时，应优先按6张红心进行叫牌），都是逼叫	4♥：为22点，对红心有支持的低值牌，不逼叫 5♥/6♥：为22点/23~24点，对红心有支持的牌，是凭牌力的满贯邀叫/封贯叫牌，都不逼叫 4NT/6NT：为22~23点/24点，对红心无支持且对应叫低花无配合的牌，是6NT邀叫/封贯叫牌，都不逼叫 5阶/6阶加应叫低花：为22点/23~24点，有4张以上配合的牌，都不逼叫 对4♣再叫的4♦：为23~24点，5张的牌，逼叫到4NT 对4♦再叫的4♠：可以视为特殊约定叫，为23~24点，5张草花的牌，逼叫到4NT
		4♥：为3~6点，6张以上的牌，通常是止叫 5♥/6♥：为7~8点/9~10点，6以上强套的牌，是凭牌力的满贯邀叫/封贯止叫 4NT：为8点以上，有6张以上红心的牌，是以红心为将牌的关键张问叫，逼叫 5NT/6♦：都可以视为特殊约定叫，为8~9点/10~11点，有5张红心且无其他4张花色套的均型牌，不逼叫/逼叫 4♠/5阶出新花：都可以视为改良的爆裂叫，为5点以上，有6张以上红心，所叫花色为缺门的牌，都是逼叫	
3♥：是杰克贝转移叫，为任意牌力，有5张以上黑桃的牌，逼叫	必须加一级应答3♠，不逼叫 此时，开叫人的其他应答，都是逻辑错误的叫牌	Pass：为最多2点，有5张黑桃，成局无望的牌	
		4♣/4♦：都为8点以上，4张以上，有5张黑桃的牌（有6张黑桃且有4张低花时，应优先按6张黑桃进行叫牌），都是逼叫	4♠：为22点，对黑桃有支持的低值牌，不逼叫 5♠/6♠：为22点/23~24点，对黑桃有支持的牌，是凭牌力的满贯邀叫/封贯叫牌，都不逼叫 4NT/6NT：为22~23点/24点，对黑桃无支持且对再叫低花无配合的牌，是6NT邀叫/封贯叫牌，都不逼叫 5阶/6阶加应叫低花：为22点/23~24点，有4张以上配合的牌，都不逼叫 对4♣再叫的4♦：为22点，5张的牌，逼叫到4NT 对4♦再叫的4♥：可以视为特殊约定叫，为23~24点，有5张草花的牌，逼叫到4NT
		4♦：为8点以上，4张，有5张黑桃的牌（有6张黑桃且有4张红心时，应优先按6张黑桃进行叫牌），逼叫	4♠：为22点，对黑桃有支持的低值牌，不逼叫 5♠/6♠：为22点/23~24点，对黑桃有支持的牌，是凭牌力的满贯邀叫/封贯止叫 4NT：为23~24点，对红心有4张配合的牌，是以红心为将牌的关键张问叫，逼叫 6NT：为24点，对黑桃无支持且对红心无配合的牌，不逼叫 5♣/5♦：为23~24点，5张的牌（是否采用，请和同伴协商确定），逼叫到5NT 5♥/6♥：为22点/23~24点，有4张配合的牌，是凭牌力的满贯邀叫/满贯叫牌，都不逼叫

应　　叫	开叫人的再叫	应叫人的再叫	开叫人的第三次叫牌
3♥：是杰克贝转移叫，为任意牌力，有5张以上黑桃的牌，逼叫	必须加一级应答3♠，不逼叫 此时，开叫人的其他应答，都是逻辑错误的叫牌	3NT：为4~7点，有5张黑桃的均型牌，不逼叫	Pass：为22~24点，对黑桃无支持或有支持也想打3NT定约的牌 4♣/4♦：都可以视为特殊约定叫，为24点，对黑桃有一大张/两大张以上好支持的牌，都是逼叫，要求应叫人为4~5点时，就再叫4♠，为6~7点时，可以叫6♠进贯 4♠：为22~23点，对黑桃有支持，或为24点，无好支持的牌，止叫
		4♠：为3~6点，6张以上的牌，止叫 5♠/6♠：为7~8点/9~11点，6以上强套的牌，是凭牌力的满贯邀叫/封贯止叫 4NT：为8点以上，有6张以上黑桃强套的牌，是以黑桃为将牌的关键张问叫，逼叫 5NT/6♥：都可以视为特殊约定叫，为8~9点/10~11点，有5张黑桃且无其他4张花色套的均型牌，不逼叫/逼叫 5阶出低花/5♥：都可以视为改良的爆裂叫，为5点以上，有6张以上黑桃，所叫花色为缺门的牌，都是逼叫	
3♠：是低花斯台曼问叫，为7点以上，有5-5以上分布低花或6-4以上分布低花的牌，进局逼叫	应答3NT：为22~24点，无4张以上低花的牌，逼叫到开叫人的4NT	4♣/4♦：都是特殊约定叫，为7点以上，有6张以上方块/草花，4张或5张另一门低花的牌，都逼叫到4NT 当应叫人有6-5或6-4分布低花，没有缺门时，应优先采用4♣或4♦再叫	接力4♦/4♥：为23~24点，对方块/草花有支持或有帮助的牌，是以方块/草花为将牌的关键张问叫，逼叫 5阶出低花：为22点，对所叫低花长套有支持或有帮助的牌，不逼叫 6阶出低花：为24点，对所叫低花有支持或有帮助的牌，不逼叫 4♥/4♠：都为23~24点，对应叫人低花长套有好支持或有帮助扣A的牌，都是逼叫 4NT：为22点，对所叫低花长套无支持也无帮助的牌，不逼叫
		4♥/4♠：都是特殊约定叫，为7点以上，有5-5分布低花，所叫花色为单张的牌，都逼叫到4NT	4NT：为22~23点，对两门高花都有好止张，想打4NT定约的牌，不逼叫 5阶/6阶出低花：为22点/23~24点，对所叫低花有支持的牌，都不逼叫
		4NT/5♣：都可以视为特殊约定叫，为7点以上，红心/黑桃为缺门，有5-5以上分布低花的牌（当有6张低花又有缺门花色时，应优先报出缺门花色），都是逼叫。此后，开叫人的再叫及后续叫牌的细化，可以和同伴协商确定。 6♣/6♦：为9~11点，6张以上强套的牌，都是止叫	
	应答4♣/4♦：都为22~24点，4张以上的牌，都是逼叫	4♥/4♠：都可以视为报缺门约定叫，为7点以上，所叫花色为缺门的牌，都是逼叫 4NT：为8点以上的牌，是以应答低花为将牌的关键张问叫，逼叫 平阶出未叫低花：为9点以上，是以应答低花为将牌扣A的牌，逼叫 5阶加叫应答低花：为7~8点的牌，邀叫 6阶加叫应答低花：为9~11点的牌，止叫	

应　　叫	开叫人的再叫	应叫人的再叫	开叫人的第三次叫牌
4♦/4♥：都是德克萨斯转移叫，为4点以上，有6张以上红心/黑桃的牌，都是逼叫	对4♦必须加一级应答4♥，不逼叫 对4♥必须加一级应答4♠，不逼叫 此时，开叫人的其他应答，都是逻辑错误的叫牌	Pass：为4~6点，满贯无望的牌	
		出新花：都为8点以上，有6张以上被转移高花强套，是以该高花为将牌扣A的牌，都是逼叫	出新花：都为22~24点，对被转移高花有支持或帮助扣A的牌，都是逼叫
			对4♠的4NT和5阶再叫被转移高花：都为22点，对被转移高花无好支持或无帮助的牌，都不逼叫
			6阶再叫被转移高花：为23~24点，有支持或有帮助的牌，不逼叫
		4NT：为8点以上，有6张以上被转移高花强套的牌，是以该高花为将牌的关键张问叫，逼叫	
		5阶/6阶加叫被转移高花：为7~8点/9~11点，6张以上强套的牌，是问该高花大牌张数（一大进贯）的满贯邀叫/封贯止叫	

3NT：为4~7点，无4张高花的均型牌（或是有4张高花任意4-3-3-3牌型），止叫

4NT/6NT：为8~9点/10~12点，无4张高花的均型牌，邀叫/止叫

4♣：是格伯问A的牌，逼叫

4♠：是逻辑错误的叫牌，你可以赋予其特定的叫牌约定

5阶/6阶跳出低花：都为3~6点/9~11点，6张以上的非均型牌，都是止叫

需要说明的是，杰克贝转移叫和德克萨斯转移叫，在某些功能上是有重叠的。笔者倒是很希望读者赋予两者牌力及牌型范围不同的约定。

二、上家干扰后对2NT开叫的应叫

一般同伴2NT开叫后，上家是极少进行争叫和加倍干扰的。如上家进行干扰，当应叫人：

Pass——为最多3点的示弱叫牌。

3阶出新花——都是3~4点，5张以上的牌，都不逼叫。

4阶出高花——都为3~6点，6张以上的牌，都是止叫。

4阶/5阶出低花——为3~6点，6张以上，有单张/缺花色的牌，邀叫/止叫。

3NT——为3~5点的均型牌，止叫。

加倍——是惩罚性加倍。

三、2NT开叫人的再叫及后续叫牌

2NT开叫后，无论对方是否干扰叫牌，开叫人的再叫及后续叫牌，都是自然实叫，应该符合桥牌逻辑。此时，分析叫牌信息，按桥牌逻辑来推断应叫人或2NT开叫人的牌力和牌型，并采用与其相适应的叫牌原则来指导叫牌，共同选择联手的合理定约是其精髓所在。2NT开叫人的再叫及后续叫牌，都应符合常规的后续叫牌，详见本书088~089页，只是此时他们对对方干扰的加倍都是惩罚性加倍，这点略有不同而已。

四、2NT开叫的后续叫牌举例

1. 对2NT开叫的应叫举例

你持有如下牌时，该如何应叫？

【例1】♠Q92　♥92　♦K872　♣9863，5点，3-2-4-4牌型。

答　你该应叫3NT，你方联手至少有27点，应该进局。

【例2】♠Q972　♥92　♦87　♣K9863，5点，4-2-2-5牌型。

答　你该应叫3♣进行斯台曼问叫。当开叫人：①应答3♦或3♥时，你都再叫3NT进局；②应答3♠时，你就加叫4♠进局。

【例3】♠QJ9　♥92　♦K1092　♣K1093，9点，3-2-4-4牌型。

答　此牌中间张很多，为满贯定约的边缘牌，你该应叫4NT进行邀叫。当开叫人为23~24点时，就可以尝试6NT。

【例4】♠A5　♥92　♦J972　♣AQ853，11点，2-2-4-5牌型。

答　你该应叫6NT进贯

2. 2NT开叫斯台曼应叫后的后续叫牌举例

【例】你持有♠AK52　♥KQ73　♦AQ　♣KJ2，22点，4-4-2-3牌型。开叫2NT，对方一直没有参与叫牌，同伴应叫3♣时，你应答3♥。同伴Pass或分别再叫3♠/3NT/4♣/4♦/4♥/4♠/4NT/5♣/5♦/5♥时，表示什么含义？你应如何再叫呢？

答　同伴Pass时，为最多2点，草花是短套的牌。你已经没有叫牌的机会了。

同伴再叫3♠时，为8点以上，4张的牌。你应再叫5♠，表示为22点，对黑桃有4张配合的牌（你再叫4♠时，表示为22点，对黑桃有4张配合的低值牌），由同伴决定是否要打满贯定约。

同伴再叫3NT时，为3~7点，对红心无配合的牌，此时同伴必然有4张黑桃的牌，你应再叫4♠，表示为22~23点，对黑桃有4张配合的牌，当你有24点，对黑桃有4张好配合的牌时，就应该用再叫4♥的特殊约定叫来表示。

同伴再叫4♣/4♦时，都为8点以上，5张以上，有4张黑桃的牌。你都应再叫5♠，表示为22点，对黑桃有4张配合的牌。由同伴决定是否要打满贯定约。

同伴加叫4♥时，表示为3~6点，有4张配合的牌，你应该Pass。

同伴跳叫4♠时，可以视为改良的爆裂叫，为5点以上，对红心有4张配合，黑桃为缺门的牌。你黑桃的废点太多，应再叫5♥示弱。

同伴跳叫4NT时，为8点以上，对红心有4张配合的牌，是以红心为将牌的关键张问叫。你应加两级应答5♦，表示有0或3个关键张，显然是3个关键张的牌。

同伴跳叫5♣/5♦时，都可以视为改良的爆裂叫，为5点以上，对红心有4张配合，所叫花色为缺门的牌。你持草花和方块废点都很多的低限牌，都应再叫5♥示弱。

同伴跳加叫5♥时，表示为7~8点，有4张配合的牌，你应该Pass。

3. 2NT开叫低花斯台曼问叫的后续叫牌举例

你持有如下牌时，该如何应叫及再叫？

【例1】♠—　♥A9　♦KJ10872　♣96542，8点，0-2-6-5牌型

答　你该应叫3♠，为7点以上的低花斯台曼问叫，当开叫人：①应答3NT时，你就跳叫5♣，表示为7点以上，有5-5以上分布低花，黑桃为缺门的牌（当方块为6张以上，有缺门的牌时，应优先报出缺门花色）；②应答4♣/4♦，分别表示为4张以上的牌时，你都应再叫4♠，表示为7点以上，黑桃为缺门的牌。

【例2】♠A5　♥2　♦KJ972　♣Q10853，10点，2-1-5-5牌型

答　你该应叫3♠，为7点以上的低花斯台曼问叫，当开叫人：①应答3NT时，你就再叫4♥，表示有5-5分布低花，红心为单张的牌；②应答4♣/4♦，分别表示为4张以上的牌时，你都应再叫4NT进行以开叫人应答低花为将牌的关键张问叫。

4. 杰克贝转移叫后2NT开叫人的再叫举例

【例】你持有♠AJ84　♥AQ　♦KQ64　♣AK5，23点，4-2-4-3牌型。开叫2NT，对方一直没有参与叫牌，同伴应叫3♦，你应答3♥后，同伴Pass或分别再叫3♠/3NT/4♣/4♦/4♥/4♠/4NT/5♣/5♦时，表示什么含义？你应如何再叫呢？

答　同伴Pass时，为最多2点，有5张以上红心的牌。你已经没有叫牌的机会了。

同伴再叫3♠时，为8点以上，除了有5张红心以外，还有4张黑桃的牌。你应再叫6♠，表示为23~24点，对黑桃有4张配合的牌，由同伴决定是否打大满贯定约。此时，你也可以再叫4NT进行关键张问叫，表示为23~24点，对黑桃有4张好配合的牌。

同伴再叫3NT时，为3~7点，有5张红心的均型牌。你可以再叫Pass，也可以加叫4♥进局。笔者倾向选择4♥进局，因为打3NT定约，同伴可能缺乏进张兑现不了红心的赢墩。

同伴再叫4♣/4♦时，都为8点以上，4张以上，有5张红心的牌。对4♣，你应再叫4NT，表示22~23点，对红心无支持，对草花无配合的牌，由同伴决定是否打满贯定约。对4♦，你应跳加6♦进贯，表示为23~24点，有4张配合的牌。

同伴加叫4♥时，为3~6点，6张以上的牌。你应该Pass。

同伴跳叫4♠时，可以视为改良的爆裂叫，为5点以上，有6张以上红心，黑桃为缺门的牌。你黑桃废了5点，感觉还是叫回5♥为好，由同伴决定是否打满贯定约。

同伴跳叫4NT时，为8点以上，有6张以上红心的牌，是以红心为将牌的关键张问叫。你该加两级应答5♦，表示有0或3个关键张，显然是3个关键张的牌。

同伴跳叫5♣/5♦时，都可以视为改良的爆裂叫，为5点以上，有6张以上红心，所叫花色为缺门的牌。对5♣，你草花中的废点太多了，应再叫5♥示弱。对5♦，你废了5点，就按18点算，同伴有5点时，联手也够23点了，稳妥点，你就叫回5♥，看同伴是否有进贯的实力。激进点，你就再叫6♥进贯。

5. 低花斯台曼问叫后2NT开叫人的再叫举例

【例】你持有♠AKQ4　♥Q86　♦KJ4　♣AK3，22点，4-3-3-3牌型。开叫2NT，对

方一直没有参与叫牌，同伴3♠应叫，你应答3NT后，同伴分别再叫4♣/4♦/4♥/4♠/4NT/5♣时，表示什么含义？你应如何再叫呢？

答　同伴再叫4♣/4♦时，为7点以上，有6张以上方块/草花的牌，你有7个控制的牌，应该分别用4♦/4♥接力问叫，进行以方块/草花为将牌的关键张问叫。

同伴再叫4♥时，为7点以上，有5-5分布低花，红心为单张的牌。你红心有2个废点，你们联手至少还有27点，应再叫6♣或6♦进贯。

同伴再叫4♠时，为7点以上，有5-5分布低花，黑桃为单张的牌。你黑桃上有太多的废点，应再叫5♣或5♦，表示为22~23点，对所叫花色有支持的牌。注意，此时你不能再叫4NT示弱，因为你红心的止张让人担心。

同伴再叫4NT时，可以视为7点以上，有5-5以上分布低花，红心为缺门的牌。显然对方红心的8点都是废点了，对方最多只有一个低花Q的牌。你至少要叫到6♣或6♦定约，至于怎么进行大满贯试探，需要和同伴认真探讨。

同伴跳叫5♣时，可以视为7点以上，有5-5以上分布低花，黑桃为缺门的牌。你黑桃的废点太多了，应再叫5♦维持叫牌。注意，此时你不要有Pass想打5♣的想法，以免同伴有10点以上牌力时而丢失满贯定约。

第十一节　阻击开叫后的叫牌

阻击开叫是以剥夺叫牌空间，给对方信息交换制造困难为目的的叫牌，使用得当时会有很大收获的。精确体系对阻击开叫的应叫设有许多特殊的约定叫。其后续叫牌，除了约定叫以外，都是自然实叫，应该符合桥牌逻辑。

一、对阻击开叫的应叫及后续叫牌

1. 对2♥/2♠高花阻击开叫的应叫及后续叫牌

2♥/2♠高花阻击开叫，都为7~10点，6张的牌（通常此高花应该有5点以上），都不逼叫。其低限为7~8点，中限为8~9点，高限为9~10点。其叫牌应该符合"二三原则"，即有局时允许宕二，无局时允许宕三。

对2♥/2♠高花阻击开叫的应叫，现在流行一种"16法则的应叫法"（以下简称"16法则"）：即当应叫人该高花张数+大牌点≥16时进局，不足16时不进局。当应叫人对阻击叫高花有支持且有单张/缺门时，有12点/9点，即可加叫进局，有19点/16点，即可尝试满贯。需要说明的是，在2♥/2♠高花阻击开叫后，定约方是很少会去打3NT定约的，这是因为开叫人的牌力有限，常会出现所叫高花打立却因为缺少进张而无法兑现的情况。

用以上如此简捷的方法就能应付大多数的叫牌，其余对2♥/2♠高花阻击开叫的应叫及后续叫牌见表2-5。

表2-5　对2♥/2♠高花阻击开叫的应叫及后续叫牌

应　　叫	开叫人的再叫	应叫人的再叫
Pass：为不够自由应叫牌力或不满足以下各应叫要求的牌		
对2♥开叫的2♠：为13点以上，5张以上，对红心无支持的牌，逼叫	对黑桃有支持或有帮助时，应优先叫出，其次报出自己有止张花色，都不满足时，就叫回3♥ 2NT：可以视为特殊约定叫，为7~10点，对黑桃有帮助的牌，逼叫	3♣/3♦：都可以视为特殊约定叫，为20点以上，有6张以上黑桃强套，是以黑桃为将牌扣A的牌，都是逼叫 4♣/4♦：都可以视为改良的爆裂叫，为18点以上，有6张以上黑桃强套，所叫花色为缺门的牌，都是逼叫 3♥/4♥：为13点/14~18点，有双张红心，感觉打红心定约更有利的牌，邀叫/止叫 5♥/6♥：为20点/21~25点，有帮助，感觉打红心定约更有利的牌，是问红心大牌张数的满贯邀叫/封贯止叫 3♠/4♠：为13~14点/15~18点，6张以上的，邀叫/止叫 5♠/6♠：为21点/22~25点，6张以上强套的牌，是凭牌力的满贯邀叫/封贯止叫 3NT：为16~19点，有5张黑桃，通常无双张红心（有双张应优先打4♥），以下简称为不适合打高花定约的牌，不逼叫 4NT❶：为21点以上，有6张以上黑桃强套的牌，是以黑桃为将牌的关键张问叫，逼叫 6NT：为24~26点的均型牌❷，止叫
	3♠：为12支持点以上，有支持的牌，逼叫	3NT：可以视为以黑桃为将牌变通的高花关键张问叫，为19点以上，有5张以上黑桃强套的牌，逼叫 4♣/4♦：都为19点以上，有5张以上黑桃强套，是以黑桃为将牌扣A的牌，都是逼叫 5♣/5♦：都可以视为改良的爆裂叫，为16点以上，有5张以上黑桃强套，所叫花色为缺门的牌，都是逼叫 4♥：为13~17点，有双张红心，感觉打红心定约更有利的牌，不逼叫 5♥/6♥：为20点/21~25点，有帮助，感觉打红心定约更有利的牌，是问红心大牌张数的满贯邀叫/封贯止叫 4♠：为13~16点的牌，止叫 5♠/6♠：为19点/20~25点，5张以上强套的牌，是问黑桃大牌张数（一大进贯）的满贯邀叫/封贯止叫
	4♠：为8~11支持点，有支持的牌，不逼叫	Pass：为13~15点的牌 4NT/平阶出新花：都为20点以上，有5张以上黑桃强套的牌，是以黑桃为将牌的关键张问叫/牌扣A的牌，都是逼叫 5♥/6♥：为20点/21~25点，有帮助，感觉打红心定约更有利的牌，是问红心大牌张数的满贯邀叫/封贯止叫 5♠/6♠：为20点/21~25点，5张以上强套的牌，是问黑桃大牌张数（一大进贯）的满贯邀叫/封贯止叫

❶　由于对阻击开叫直接叫4NT，是以原花为将牌的关键张问叫，所以应叫人此时的4NT再叫，一定是以应叫花色为将牌的关键张问叫。此叫牌逻辑同样也适用应叫人的其他再叫。

❷　通常同伴阻击开叫后，联手打6NT定约是非常罕见的，因而以下统一省略对阻击开叫后的6NT再叫。

应　　叫	开叫人的再叫	应叫人的再叫
对2♥开叫的2♠：为13点以上，5张以上，对红心无支持的牌，逼叫	4♣/4♦：都可以视为改良的爆裂叫，为7~10点，对黑桃有支持，所叫花色为缺门的牌，都是逼叫	4♥：为13~14点，有帮助，感觉打红心定约更有利，对满贯不感兴趣的牌，止叫 5♥/6♥：为16点/17~18点，有帮助，在同伴缺门花色中无废点，感觉红心定约更有利的牌，是问红心大牌张数的满贯邀叫/封贯止叫 4♠：为13~15点，满贯无望的牌，止叫 5♠/6♠：为16点/17~18点，5张以上强套，在同伴缺门花色中无废点的牌，是凭牌力的满贯邀叫/封贯止叫 4NT/平阶出新花：都为16点以上，有5张以上黑桃强套，在同伴缺门花色中无废点的牌，是以黑桃为将牌的关键张问叫/扣A的牌，都是逼叫
	3♣/3♦：都为7~10点，对所叫花色有止张的牌，都是逼叫	3♥/4♥：为13点/14~18点，有双张红心的牌，邀叫/止叫 5♥/6♥：为20点/21~25点，有帮助的牌，是问红心大牌张数的满贯邀叫/封贯止叫 3♠/4♠：为13~14点/15~18点，6张以上的牌，邀叫/止叫 5♠/6♠：为22点/23~25点，最多只有一个输墩强套的牌，是凭牌力的满贯邀叫/封贯叫牌，不逼叫/止叫 3NT：为16~19点，有5张黑桃，不适合打高花定约的牌，不逼叫 4NT：为22点以上，最多只有一个输墩黑桃强套的牌，是以黑桃为将牌的关键张问叫，逼叫
	3♥：为7~10点，对旁门花色无止张的牌，不逼叫	Pass：为13点，同意打3♥定约的牌 3♠/4♠：为13~14点/15~17点，6张以上的牌，邀叫/止叫 5♠/6♠：为22点/23~25点，最多只有一个输墩强套的牌，是凭牌力的满贯邀叫/封贯止叫 3NT：为16~19点，有5张黑桃，不适合打高花定约的牌，不逼叫 4NT：为22点以上，最多只有一个输墩黑桃强套的牌，是以黑桃为将牌的关键张问叫，逼叫 4♥：为14~18点，有双张红心的牌，止叫 5♥/6♥：为20点/21~25点，有帮助的牌，是问红心大牌张数的满贯邀叫/封贯止叫
	3NT：是逻辑错的叫牌，你可以赋予其特定的叫牌约定	
2NT：是问单缺约定叫，为13点以上，对原花有支持的牌，逼叫	3阶出新花：都为7~10点，所叫花色为单张的牌，都是逼叫	3阶叫回原花：为13点，在同伴单张花色中有废点的牌，邀叫 4阶叫回原花：为14~16点，有支持的牌，止叫 5阶/6阶叫回原花：为17点/18~20点，有好支持，在同伴单张花色中无废点的牌，是问原花大牌张数的满贯邀叫/封贯止叫 3NT：可以视为以原花为将牌变通的高花关键张问叫，为17点以上，对原花有好支持，在同伴单张花色中无废点的牌，逼叫 出新花：都为17点以上，对原花有好支持，在同伴单张花色中无废点扣A的牌，都是逼叫

应　　叫	开叫人的再叫	应叫人的再叫
2NT：是问单缺约定叫，为13点以上，对原花有支持的牌，逼叫	**3阶再叫原花**：为7~10点，无单缺花色的牌，逼叫	**3NT**：可以视为以原花为将牌变通的高花关键张问叫，为19点以上，对原花有好支持的牌，逼叫 **出新花**：都为19点以上，对原花有好支持，是以原花为将牌扣A的牌，都是逼叫 **4阶叫回原花**：为13~18点，对满贯不感兴趣的牌，止叫 **5阶/6阶叫回原花**：为19点/20~25点，有好支持的牌，是问原花大牌张数的满贯邀叫/封贯止叫
	4阶出低花/2♥开叫人的3NT：都是报缺门约定叫，为7~10点，所叫花色/黑桃为缺门的牌，都是逼叫	对4阶出新花/对2♥的3NT应答都叫回4阶原花：都为13~15点，对满贯不感兴趣的牌，都是止叫 **5阶/6阶叫回原花**：为15点/16~18点，有好支持，在同伴缺门花色中无废点的牌，是凭牌力的满贯邀叫/封贯止叫 **4NT/平阶出新花**：都为15点以上，对原花有好支持，在同伴缺门花色中无废点的牌，是以原花为将牌的关键张问叫/扣A的牌，都是逼叫
3♣/3♦：都为13点以上，5张以上的牌，都是逼叫 当应叫人为14点以上，有5张低花套且对原花有帮助或有双张原花的牌时，除非是对满贯感兴趣，否则笔者推荐尽量打4阶原花的成局定约	对应叫低花有支持时，应优先进行加叫，其次在不超过3NT水平报出旁门花色的止张，都不满足时，就叫回3阶原花 **4阶加叫应叫低花**：为7~10点，有支持且有单张花色的牌，邀叫	**Pass**：为13~14点，成局无望的牌 **4阶叫回原花**：为14~18点，有双张原花，感觉打原花定约更有利的牌，止叫 **5阶/6阶叫回原花**：为20点/21~25点，有帮助，感觉打原花定约更有利的牌，是问原花大牌张数的满贯邀叫/封贯止叫 **4阶出新花**：都为20点以上，有5张以上应叫低花强套扣A的牌，都是逼叫 **4NT**：为20点以上，有5张以上应叫低花强套的牌，是以应叫低花为将牌的关键张问叫，逼叫 **5阶再叫应叫低花**：为15~18点的牌，止叫 **6阶再叫应叫低花**：为21~25点，5张以上强套的牌，止叫
	4阶出新花：都可以视为改良的爆裂叫，为7~10点，对应叫低花有支持，所叫花色为缺门的牌，都是逼叫	**平阶叫回原花**：为13~14点，有双张原花，感觉打原花定约更有利的牌，止叫 **5阶/6阶叫回原花**：为15点/16~18点，有帮助，在同伴缺门花色中无废点，感觉打原花定约更有利的牌，是问原花大牌张数的满贯邀叫/封贯止叫 **4NT**：为15点以上，有5张以上应叫低花强套，在同伴缺门花色中无废点的牌，是以应叫低花为将牌的关键张问叫，逼叫 **平阶出未叫新花**：为15点以上，有5张以上应叫低花强套，在同伴缺门花色中无废点的牌，是以应叫低花为将牌扣A的牌，逼叫 **5阶再叫应叫低花**：为13~14点，对满贯不感兴趣的牌，止叫 **6阶再叫应叫低花**：为16~18点，5张以上强套，在同伴缺门花色中无废点的牌，止叫
	3阶出新花：都为7~10点，对所叫花色有止张的牌，都是逼叫 当有止张，对应叫低花有支持且无单缺花色时，笔者建议应优先报止张	**3阶/4阶叫回原花**：为13点/14~18点，有双张原花的牌，邀叫/止叫 **5阶/6阶叫回原花**：为20点/21~25点，有帮助的牌，是问原花大牌张数的满贯邀叫/封贯止叫 **3NT**：为16~19点，不适合打原花定约的牌，不逼叫 **4阶/5阶再叫应叫低花**：为13~15点/16~18点，6张以上强套，不适合打3NT和原花定约的非均型牌，不逼叫/止叫 **6阶再叫应叫低花**：为23~25点，最多只有一个输墩强套的牌，止叫

应　叫	开叫人的再叫	应叫人的再叫
3♣/3♦：都为13点以上，5张以上的牌，都是逼叫 当应叫人为14点以上，有5张低花套且对原花有帮助或有双张原花的牌时，除非是对满贯感兴趣，否则笔者都推荐尽量打4阶原花的成局定约	对3♣应叫的3NT：可以视为特殊约定叫，为7~10点，有双张一大或3张一大草花，无旁门单张的牌，不逼叫	Pass：为16~19点，同意打3NT定约的牌 4♣/5♣：为13~15点/16~18点，6张以上强套，不适合打3NT和原花定约的非均型牌，不逼叫/止叫 6♣：为21~25点，最多只有一个输墩强套的牌，止叫 4阶叫回原花：为14~18点，有双张原花的牌，止叫 5阶/6阶叫回原花：为20点/21~25点，有帮助的牌，是问原花大牌张数的满贯邀叫/封贯止叫
	对3♦应叫的3NT：为7~10点，对草花有止张的牌，不逼叫	Pass：为16~19点，同意打3NT定约的牌 4♣/5♣：为13~14点/15~19点，方块和草花为5-5以上分布的牌，邀叫/不逼叫 4♦/5♦：为13~15点/16~19点，6张以上强套，不适合打3NT和原花定约的非均型牌，不逼叫/止叫 6♦：为23~25点，最多只有一个输墩强套的牌，止叫 4阶叫回原花：为14~19点，有双张原花的牌，止叫 5阶/6阶叫回原花：为20点/21~25点，有帮助的牌，是问原花大牌张数的满贯邀叫/封贯止叫
	3阶再叫原花：为7~10点，对旁门花色无止张，不满足再叫3NT的牌，不逼叫	Pass：为13~14点，同意打3阶原花定约的牌 3NT：为16~20点，不适合打原花定约的牌，不逼叫 3♣应叫的4♣/5♣：为13~14点/15~19点，方块和草花为5-5以上分布的牌，邀叫/不逼叫 4阶/5阶再叫应叫低花：为13~15点/16~20点，6张以上强套，不适合打3NT和原花定约的非均型牌，不逼叫/止叫 6阶再叫应叫低花：为23~25点，最多只有一个输墩强套的牌，止叫 4阶叫回原花：为14~19点，有双张原花的牌，止叫 5阶/6阶叫回原花：为20点/21~25点，有帮助的牌，是问原花大牌张数的满贯邀叫/封贯止叫
	5阶跳加应叫低花：为8~10点，有支持且有单张花色的牌（有蒙局的嫌疑），不逼叫	
对2♠开叫的3♥：为13点以上，5张以上的牌，逼叫	对红心有支持时，应优先加叫，其次在不超过3NT水平报出对旁门花色的止张，都不满足时，就叫回3♠ 4♥：为7~10点，有支持的牌，不逼叫	Pass：为13~17点，对满贯不感兴趣牌 4♠：为14~19点，有双张黑桃，感觉打黑桃定约更有利的牌，止叫 5♣/6♠：为20点/21~25点，有帮助，感觉打黑桃定约更有利的牌，是问黑桃大牌张数的满贯邀叫/封贯止叫 4NT：为20点以上，有5张以上红心强套的牌，是以红心为将的关键张问叫，逼叫 5♣/5♦：都为20点以上，有5张以上红心强套，是以红心为将牌扣A的牌，都是逼叫 5♥/6♥：为20点/21~25点，5张以上强套的牌，是问红心大牌张数（一大进贯）的满贯邀叫/封贯止叫

应　　叫	开叫人的再叫	应叫人的再叫
对2♠开叫的3♥：为13点以上，5张以上的牌，逼叫	4♣/4♦：都可以视为改良的爆裂叫，为7~10点，对红心有支持，所叫花色为缺门的牌，都是逼叫	4♥：为13~15点，对满贯不感兴趣的牌，止叫
		5♥/6♥：为15点/16~18点，5张以上强套，在同伴缺门花色中无废点的牌，是凭牌力的满贯邀叫/封贯止叫
		4♠：为13~14点，有双张黑桃，感觉打桃定约更有利的牌，止叫
		5♠/6♠：为15点/16~18点，有帮助，在同伴缺门花色中无废点，感觉打黑桃定约更有利的牌，是问黑桃大牌张数的满贯邀叫/封贯止叫
		4NT/平阶出新花：都为15点以上，有5张以上红心强套，在同伴缺门花色中无废点的牌，是以红心为将牌的关键张问叫/扣A的牌，都是逼叫
	3♠：为7~10点，对两门低花都无止张的牌（有可能对红心有帮助），不逼叫	Pass：为13~14点，同意打3♠定约的牌
		3NT：为16~19点，对两门低花都有止张，不适合打高花定约的牌，不逼叫
		4NT：为22点以上，最多只有一个输墩红心强套的牌，是以红心为将牌的关键张问叫，逼叫
		4♥：为15~19点，6张以上强套的牌，止叫
		5♥/6♥：为22点/23~25点，最多只有一个输墩强套的牌，是凭牌力的满贯邀叫/封贯止叫
		4♠：为14~19点，有双张黑桃的牌，止叫
		5♠/6♠：为20点/21~25点，有帮助的牌，是问黑桃大牌张数的满贯邀叫/封贯止叫
	3NT：为7~10点，不确定对草花或方块哪门花色有止张的牌，不逼叫	Pass：为13~19点，同意打3NT定约的牌（由于不清楚同伴对哪门花色有止张，因此有蒙着打3NT的嫌疑）
		4♥：为15~19点，6张以上强套的牌，不逼叫
		5♥/6♥：为22点/23~25点，最多只有一个输墩强套的牌，是凭牌力的满贯邀叫/封贯止叫
		4♠：为13~19点，有双张黑桃的牌，止叫
		5♠/6♠：为20点/21~25点，有帮助的牌，是问黑桃大牌张数的满贯邀叫/封贯止叫
		4NT：为22点以上，最多只有一个输墩红心强套的牌，是以红心为将牌的关键张问叫，逼叫

3阶加叫原花：为6~10点，有支持的牌，是进一步阻击叫，不逼叫

4阶跳加原花：有两种可能，第一种是满足"16法则"的牌，第二种是为6~8点，有支持的提前牺牲叫，都是止叫

5阶/6阶跳加原花：为19点/20~25点，有好支持的非均型牌（对有试探满贯需求的牌，笔者推荐应优先应叫2NT，问清楚牌型才有利于选择合理的定约），是问原花大牌张数的满贯邀叫/封贯止叫

3NT：为16~19点，不适合打原花定约的牌（应叫人应尽量去打4阶原花定约，因为同伴极有可能缺少进张），不逼叫

跳阶出新花：都为19点以上，对原花有好支持的牌，是问该花色的特殊控制问叫，都是逼叫

双跳出新花：都可以视为改良的爆裂叫，为16点以上，对原花有好支持，所叫花色为缺门的牌（该问叫只适用于最高为2阶的阻击叫），都是逼叫

4NT：为19点以上，对原花有好支持的牌，是以原花为将牌的关键张问叫，逼叫

在老版精确体系中对2♥/2♠高花阻击开叫的2NT，是问单缺约定叫，开叫人再叫新花时，表示所叫花色为单缺的牌，但开叫人到底是单张还是缺门并没有表示清楚。因而，为了更加准确地通报开叫人的牌型，笔者推荐将其修改为，用平阶出新花来表示所叫花色为单张的牌，用跳阶出新花来表示所叫花色为缺门的牌，而用跳叫3NT来表示2♥高花阻击开叫人黑桃为缺门的牌。

现在有许多牌手，会在持有10点左右，对原花有支持的牌时，也采用2NT应叫，当在2♥/2♠高花阻击开叫人报出的单缺花色中无废点时进局，其余情况则都平阶叫回原花示弱，以此来把握成局的机会，同时还对对方参与叫牌起到了很好的阻击作用。笔者是很推崇此约定的，至于是否采用此约定参与比赛，请和同伴协商确定。

2. 对3阶阻击开叫的应叫及后续叫牌

3阶阻击开叫，为7~10点，高花时为7张以上强套，低花时可以是6张以上强套的牌，不逼叫。其低限为7~8点，中限为8~9点，高限为9~10点。其叫牌应该符合"二三原则"，即有局时允许宕二，无局时允许宕三。

对3♥/3♠高花阻击开叫的应叫，现在流行一种"15法则"：即当应叫人该高花张数+大牌点≥15时进局，不满足"15法则"时不进局。当应叫人对阻击叫高花有支持且有单张/缺门时，有11点/8点，即可加叫进局，有19点/15点，即可尝试满贯。需要说明的是，在同伴3阶高花阻击开叫后，定约方是很少会去打3NT定约的，这是因为开叫人的牌力有限，会出现所叫高花打立却因为缺少进张而无法兑现的情况。

对3♣/3♦低花阻击开叫的应叫，现在流行一种"17法则"：即当应叫人该低花张数+大牌点≥17时进局，不满足"17法则"时不进局。当应叫人对阻击叫低花有支持且有单张/缺门时，有14点/11点，即可加叫进局，有19点/15点，即可尝试满贯。需要说明的是，在同伴低花阻击开叫后，应叫人在对阻击开叫低花有好支持且无单缺花色的均型牌时，通常会优选打3NT定约，其也符合"17法则"应叫法。

用以上简捷的方法就能应付大多数的叫牌。其余对3阶阻击开叫的应叫及后续叫牌见表2-6。

表2-6　对3阶阻击开叫的应叫及后续叫牌

应　　叫	开叫人的再叫	应叫人的再叫
Pass：为最多12点且不满足以下各应叫要求的牌		
对3♣开叫的3♦：为13点以上，5张以上强套，可能对草花有支持的牌，逼叫	对方块有支持且有单缺色时，应优先加叫，有支持、无单缺色时，就叫3NT，其次报出对高花的止张，都不满足时，就叫回4♣ 4♦：为7~10点，有支持且有单张花色的牌，邀叫	Pass：为13~14点，成局无望的牌 4NT/平阶出新花：都为19点以上，有5张以上方块强套，是以方块为将的关键张问叫/扣A的牌，都是逼叫 5♣/6♣：为15~18点/20~24点，有支持或帮助，感觉打草花定约更有利的牌，都是止叫 5♦：为15~18点的牌，止叫 6♦：为19~24点，5张以上强套的牌，止叫

应　叫	开叫人的再叫	应叫人的再叫
对3♣开叫的3♦：为13点以上，5张以上强套，可能对草花有支持的牌，逼叫	4♥/4♠：都可以视为改良的爆裂叫，为7~10点，对方块有支持，所叫花色为缺门的牌，都是逼叫	4NT/平阶出新花：都为15点以上，有5张以上方块强套，在同伴缺门花色中无废点的牌，是以方块为将牌的关键张问叫/扣A的牌，都是逼叫
		5♣：为13~15点，有好支持或帮助，感觉打草花定约更有利的牌，止叫
		6♣：为16~18点，有好支持或帮助，在同伴缺门花色中无废点，感觉打草花定约更有利的牌，止叫
		5♦：为13~16点，对满贯不感兴趣的牌，止叫
		6♦：为16~18点，5张以上强套，在同伴缺门花色中无废点的牌，止叫
	3NT：可以视为特殊约定叫，为7~10点，有双张一大或三张方块，无单缺花色，保留打3NT定约机会的牌，不逼叫	Pass：为16~19点，同意打3NT定约的牌
		4♣/5♣：为13~14点/15~18点，有支持或帮助，感觉打草花定约更有利的牌，邀叫/止叫
		6♣：为20~24点，有好支持或帮助，感觉打草花定约更有利的牌，止叫
		4♦/5♦：为13~14点/15~18点，6张以上强套，不适合打3NT定约的非均型牌，不逼叫/止叫
		6♦：为20~25点，6张以上强套的牌，止叫
		4♥/4♠：为20点以上，有6张以上方块强套，是以方块为将牌扣A的牌，都是逼叫
	3♥/3♠：为7~10点，对所叫花色有止张的牌，都是逼叫	3NT：为16~19点的均型牌，止叫
		4♣/5♣：为13~14点/15~18点，有支持或帮助的牌，邀叫/止叫
		6♣：为20~24点，有支持或帮助的牌，止叫
		4♦/5♦：为13~14点/15~18点，6张以上强套，不适合打3NT定约的非均型牌，邀叫/止叫
		6♦：为23~25点，最多只有一个输墩强套的牌，止叫
	4♣：为7~10点，对高花无止张，对方块无双张一大或三张，无单张的牌，不逼叫	Pass：为13~14点，同意打4♣定约的牌
		4♦/5♦：为13~14点/15~19点，6张以上强套，不适合打草花定约的牌，邀叫/止叫
		6♦：为23~25点，最多只有一个输墩强套的牌，止叫
		5♣/6♣：为15~18点/20~24点，有支持或帮助的牌，都是止叫
	5♦：为9~10点，有支持，有单张花色的牌（有蒙局嫌疑），不逼叫	
对3♣开叫的3♥：为13点以上，5张以上，可能对草花有支持的牌，逼叫	对红心有支持时，应优先加叫，其次在不超过3NT水平报出有止张的花色，都不满足时，就叫回4♣。4♥：为7~10点，有支持❶的牌，不逼叫	Pass：为13~15点的牌
		4NT/平阶出新花：都为19点以上，有5张以上红心强套，是以红心为将牌的关键张问叫/扣A的牌，都是逼叫
		5♣/6♣：为15~18点/20~24点，有支持或帮助的牌，感觉打草花定约更有利的牌，都是止叫
		5♥/6♥：为19点/20~24点，5张以上强套的牌，是问红心大牌张数（一大进贯）的满贯邀叫/封贯止叫

---

❶ 阻击开叫人对应叫高花有双张一大的牌时是否进行加叫，请和同伴协商确定。以下省略此说明。

应　　叫	开叫人的再叫	应叫人的再叫
对3♣开叫的3♥：为13点以上，5张以上，可能对草花有支持的牌，逼叫	4♦/4♠：都可以视为改良爆裂叫，为7~10点，对红心有支持，所叫花色为缺门的牌，都是逼叫 对4♠再叫，确实存在可能错过最佳4♥定约的情况，对此要有所警觉	对4♦再叫的4♥/对4♠再叫的5♥：都为13~14点，对满贯不感兴趣的牌，都是止叫 对4♦再叫的5♥：为15点，5张以上强套，在方块中无废点的牌，是凭牌力的满贯邀叫 6♥：为16~18点，5张以上强套，在同伴缺门花色中无废点的牌，止叫 4NT/平阶出新花：都为15点以上，有5张以上红心强套，在同伴缺门花色中无废点的牌，是以红心为将牌的关键张问叫/扣A的牌，都是逼叫 5♣：为13~14点，有支持或帮助，对满贯不感兴趣，感觉打草花定约更有利的牌，止叫 6♣：为16~18点，有好支持或帮助，在同伴缺门花色中无废点，感觉打草花定约更有利的牌，止叫
	3♠：为7~10点，对黑桃有止张的牌，逼叫	3NT：为16~19点的均型牌，止叫 4♣/5♣：为13~14点/15~18点，有支持或帮助的牌，不逼叫/止叫 6♣：为20~24点，有好支持或帮助的牌，止叫 4♥：为14~18点，6张以上强套的牌，不逼叫 5♥/6♥：为22点/23~25点，最多只有一个输墩强套的牌，是凭牌力的满贯邀叫/封贯叫牌，不逼叫/止叫
	3NT：可以视为特殊约定叫，为7~10点，对方块有止张的牌，不逼叫	Pass：为16~19点，同意打3NT定约的牌 4♣/5♣：为13~14点/15~18点，有支持或帮助的牌，不逼叫/止叫 6♣：为20~24点，有好支持或帮助的牌，止叫 4♥：为14~18点，6张以上强套的牌，不逼叫 5♥/6♥：为22点/23~25点，最多只有一个输墩强套的牌，是凭牌力的满贯邀叫/封贯止叫
	4♣：为7~10点，对旁门花色无止张的牌（不排除有红心大牌张），不逼叫	Pass：为13~14点，同意打4♣定约的牌 4♥：为14~18点，6张以上强套的牌，不逼叫 5♥/6♥：为22点/23~25点，最多只有一个输墩强套的牌，是凭牌力的满贯邀叫/封贯止叫 5♣：为14~18点，有支持或帮助的牌，止叫 6♣：为20~24点，有好支持或帮助的牌，止叫
对3♣开叫的3♠：为13点以上，5张以上，可能对草花有支持的牌，逼叫	对黑桃有支持时，应优先加叫，其次在不超过3NT水平报出有止张的花色，都不满足时，就叫回4♣ 4♠：为7~10点，有支持的牌，不逼叫	Pass：为13~15点，对满贯不感兴趣的牌 4NT/平阶出新花：都为19点以上，有5张以上黑桃强套的牌，是以黑桃为将牌的关键张问叫/扣A的牌，都是逼叫 5♣/6♣：为15~18点/20~24点，有好支持或帮助，感觉打草花定约更有利的牌，都是止叫 5♠/6♠：为19点/20~24点，5张以上强套的牌，是问黑桃大牌张数（一大进贯）的满贯邀叫/封贯止叫
	4♦/4♥：都可以视为改良爆裂叫，为7~10点，对黑桃有支持，所叫花色为缺门的牌，都是逼叫	4♠：为13~14点，对满贯不感兴趣的牌，止叫 5♠/6♠：为15点/16~18点，5张以上强套，在同伴缺门花色中无废点的牌，是凭牌力的满贯邀叫/封贯止叫 4NT/平阶出新花：都为15点以上，有5张以上黑桃强套，在同伴缺门花色中无废点的牌，是以黑桃为将牌的关键张问叫/扣A的牌，都是逼叫 5♣：为13~14点，有支持或帮助，感觉打草花定约更有利的牌，止叫 6♣：为16~18点，有好支持或帮助，在同伴缺门花色中无废点，感觉打草花定约更有利的牌，止叫

应　　叫	开叫人的再叫	应叫人的再叫
对3♣开叫的3♦：为13点以上，5张以上，可能对草花有支持的牌，逼叫	3NT：为7~10点，不确定对方块或红心哪门花色有止张的牌，不逼叫	Pass：为16~19点，同意打3NT定约的牌 4♣/5♣：为13~14点/15~18点，有支持或帮助的牌，邀叫/止叫 6♣：为20~24点，有支持或帮助的牌，止叫 4♥：为14~19点，5张以上且还有5张以上黑桃的牌，不逼叫 4♠：为14~20点，6张以上强套的牌，不逼叫 5♠/6♣：为22点/23~25点，最多只有一个输墩强套的牌，是凭牌力的满贯邀叫/封贯止叫
	4♣：为7~10点，对旁门花色无止张的牌（不排除有黑桃大张），不逼叫	Pass：为13~14点，同意打4♣定约的牌 4♥：为14~19点，5张以上且还有5张以上黑桃的牌，不逼叫 4♠：为14~20点，6张以上强套的牌，不逼叫 5♠/6♣：为22点/23~25点，最多只有一个输墩强套的牌，是凭牌力的满贯邀叫/封贯止叫 5♣：为15~18点，有支持或有帮助的牌，止叫 6♣：为20~24点，有好支持或帮助的牌，止叫
对3♣开叫的其他应叫：①3NT时，为16~19点的均型牌，通常是止叫，也允许开叫人再叫4♣改善定约；②4♣时，是进一步阻击叫，为6~10点，有支持的牌，不逼叫；③5♣时，有两种可能：第一种为满足"17法则"的牌；第二种为6~8点，对草花有支持提前牺牲叫的牌，都是止叫；④6♣时，为20~24点，有好支持的非均型牌，止叫；⑤4NT时，为19点以上，对草花有好支持的牌，是以草花为将牌的关键张问叫，逼叫；⑥跳阶出新花时，都为18点以上，对草花有好支持的牌，是问该花色的特殊控制问叫，都是逼叫		
对3♦开叫的3♥：为13点以上，5张以上，可能对方块有支持的牌，逼叫	对红心有支持时，应优先加，其次报出对黑桃的止张，都不满足时，就叫回4♦ 4♥：为7~10点，有支持的牌，不逼叫	Pass：为13~17点，对满贯不感兴趣的牌 4NT/平阶出新花：都为19点以上，有5张以上红心强套的牌，是以红心为将牌的关键张问叫/牌扣A的牌，都是逼叫 5♦/6♦：为15~18点/20~24点，有好支持或帮助，感觉打方块定约更有利的牌，都是止叫 5♥/6♥：为19点/20~24点，5张以上强套的牌，是问红心大牌张数（一大进贯）的满贯邀叫/封贯止叫
	4♣/4♠：都可以视为改良爆裂叫，为7~10点，对红心有支持，所叫花色为缺门的牌，都是逼叫 对4♦的再叫，确实存在可能错过最佳4♥定约的情况，对此要有所警觉	对4♣再叫的4♥/对4♠再叫的5♥：都为13~14点，对满贯不感兴趣的牌，都是止叫 对4♣再叫的5♥：为15点，5张以上强套，在草花中无废点的牌，是凭牌力的满贯邀叫 6♥：为16~18点，5张以上强套，在同伴缺门花色中无废点的牌，止叫 4NT/平阶出新花：都为15点以上，有5张以上红心强套，在同伴缺门花色中无废点的牌，是以红心为将牌的关键张问叫/扣A的牌，都是逼叫 5♦：为13~14点，有好支持或帮助，感觉打方块定约更有利的牌，止叫 6♦：为16~18点，有好支持或帮助，在同伴缺门花色中无废点，感觉打方块定约更有利的牌，止叫
	3♠：为7~10点，对黑桃有止张的牌，逼叫	3NT：为16~19点的均型牌，不逼叫 4NT：为22点以上，最多只有一个输墩红心强套的牌，是以红心为将牌的关键张问叫，逼叫 4♦/5♦：为13~14点/15~19点，有支持或帮助的牌，不逼叫/止叫 6♦：为20~24点，有好支持或帮助的牌，止叫 4♥：为14~17点，6张以上强套的牌，不逼叫 5♥/6♥：为22点/23~25点，最多只有一个输墩强套的牌，是凭牌力的满贯邀叫/封贯止叫

应　　叫	开叫人的再叫	应叫人的再叫
对3♦开叫的3♥：为13点以上，5张以上，可能对方块有支持的牌，逼叫	3NT：为7~10点，对草花有止张的牌，不逼叫	Pass：为16~19点，同意打3NT定约的牌 4♣/5♣：为13~14点/15~18点，有支持或帮助，不适合打3NT定约非均型的牌，邀叫/止叫 6♣：为20~24点，有好支持或帮助的牌，止叫 4♥：为14~19点，6张以上强套的牌，不逼叫 5♥/6♥：为22点/23~25点，最多只有一个输墩强套的牌，是凭牌力的满贯邀叫/封贯叫牌，不逼叫/止叫
	4♣：为7~10点，对旁门花色无止张的牌（不排除对红心有帮助），不逼叫	Pass：为13~14点，同意打4♣定约的牌 4♥：为14~19点，6张以上强套的牌，不逼叫。 5♥/6♥：为22点/23~25点，最多只有一个输墩强套的牌，是凭牌力的满贯邀叫/封贯止叫 4NT：为22点以上，最多只有一个输墩红心强套的牌，是以红心为将牌的关键张问叫，逼叫 5♣：为15~18点，有支持或帮助的牌，止叫 6♣：20~24点，有好支持或帮助的牌，止叫
对3♦开叫的3♠：为13点以上，5张以上，可能对方块有支持的牌，都是逼叫	对黑桃有支持时，应优先加叫，其次在不超过3NT水平报出止张的花色，都不满足时就叫回4♦ 4♠：为7~10点，有支持的牌，不逼叫	Pass：为13~17点，对满贯不感兴趣的牌 4NT/平阶出新花：都为19点以上，有5张以上黑桃强套的牌，是以黑桃为将牌的关键张问叫/扣A的牌，都是逼叫 5♣/6♣：为15~18点/20~24点，有好支持或帮助，感觉打方块定约更有利的牌，都是止叫 5♠/6♠：为19点/20~24点，5张以上强套的牌，是问黑桃大牌张数（一大进贯）的满贯邀叫/封贯止叫
	4♣/4♥：都可以视为改良的爆裂叫，为7~10点，对黑桃有支持，所叫花色为缺门的牌，都是逼叫	4♠：为13~15点，对满贯不感兴趣的牌，止叫 5♣/6♠：为15点/16~18点，5张以上强套，在同伴缺门花色中无废点的牌，是以黑桃为将牌，凭牌力的满贯邀叫/封贯止叫 4NT/平阶出新花：都为15点以上，有5张以上黑桃强套，在同伴缺门花色中无废点的牌，是以黑桃为将牌的关键张问叫/扣A的牌，都是逼叫 5♦：为13~14点，有支持或帮助，对满贯不感兴趣，感觉打方块定约更有利的牌，止叫 6♦：为16~18点，有好支持或帮助，在同伴缺门花色中无废点，感觉打方块定约更有利的牌，止叫
	3NT：为7~10点，草花或红心不确定哪门花色有止张的牌，不逼叫	Pass：为16~19点，同意打3NT定约的牌 4♣/5♣：为13~14点/15~18点，有支持或帮助的牌，邀叫/止叫 6♣：为20~24点，有好支持或帮助的牌，止叫 4♥：为14~19点，5张以上且还有5张以上黑桃的牌，不逼叫 4♠：为14~19点，6张以上强套的牌，不逼叫 5♠/6♠：为22点/23~24点，最多只有一个输墩强套的牌，是凭牌力的满贯邀叫/封贯止叫
	4♦：为7~10点，对旁门花色无止张，不排除对黑桃有帮助的牌，不逼叫	Pass：为13~14点，同意打4♦定约的牌 4♥：为14~19点，5张以上且还有5张以上黑桃的牌，不逼叫 4♠：为15~17点，6张以上强套的牌，不逼叫 5♠/6♠：为22点/23~25点，最多只有一个输墩强套的牌，是凭牌力的满贯邀叫/封贯止叫 5♦/6♦：为15~18点/20~24点，有支持或帮助的牌，都是止叫

应　　叫	开叫人的再叫	应叫人的再叫
对3♦开叫的 4♣：为14点 以上，6张以 上强套的牌， 逼叫	对草花有支持时， 应该优先加叫，不满 足时，就叫回4♦	Pass：为14点，同意打4♦定约的牌
		4NT：为22点以上，最多只有一个输墩草花强套的牌，是以草花为将牌的关键张问叫，逼叫
	4♦：为7~10点，对 草花无支持的牌，不 逼叫	5♣：为15~19点，超长套的牌，止叫
		6♣：为23~25点，最多只有一个输墩强套的牌，止叫
		5♦/6♦：为15~18点/20~24点，有好支持或帮助的牌，都是止叫
	5♣：为7~10点，有支持的牌（有帮助时是否加叫，请和同伴协商确定），不逼叫	

对3♦开叫的其他应叫：①3NT时，为16~19点的均型牌，通常是止叫，也允许开叫人再叫4♦改善定约；②4♦
时，是进一步阻击叫，为6~10点，有支持的牌，不逼叫；③5♣时，有两种可能：第一种为满足"17法则"的
牌；第二种为6~8点，有支持提前牺牲叫的牌，都是止叫；④6♦时，为20~24点，有好支持的非均型牌，止叫；
⑤4NT时，为19点以上，对方块有好支持的牌，是以方块为将牌的关键张问叫，逼叫；⑥跳阶出新花时，都为
18点以上，对方块有好支持的牌，是问该花色的特殊控制问叫，都是逼叫

	对黑桃有支持时， 应优先加叫，其次在 不超过3NT水平报出有 止张的花色，都不满 足时，就叫回4♥	Pass：为13~17点，对满贯不感兴趣的牌
		4NT/平阶出新花：都为19点以上，有5张以上黑桃强套的牌，是以黑桃为将牌的关键张问叫·扣A的牌，都是逼叫
		5♥/6♥：为19点/20~24点，有帮助，感觉打红心定约更有利的牌，是问红心大牌张数的满贯邀叫/封贯止叫
	4♠：为7~10点，有 支持的牌，不逼叫	5♠/6♠：为19点/20~24点，5张以上强套的牌，是以黑桃为将牌，问黑桃大牌张数（一大进贯）的满贯邀叫/封贯止叫
对3♥开叫的 3♠：为13点以 上，5张以上 的牌，逼叫	4♣/4♦：都可以视为 改良爆裂叫，为7~10 点，对黑桃有支持， 所叫花色为缺门的 牌，都是逼叫	4♥：为13~14点，有双张红心，感觉打红心定约更有利的牌，止叫
		5♥/6♥：为15点/16~18点，有帮助，在同伴缺门花色中无废点，感觉打红心定约更有利的牌，是问红心大牌张数（一大进贯）的满贯邀叫/封贯止叫
		4♠：为13~15点，对满贯不感兴趣的牌，止叫
		5♠/6♠：为15点/16~18点，5张以上强套，在同伴缺门花色中无废点的牌，是以黑桃为将牌，凭牌力的满贯邀叫/封贯止叫
		4NT/平阶出新花：都为15点以上，有5张以上黑桃强套，在同伴缺门花色中无废点的牌，是以黑桃为将牌的关键张问叫/扣A的牌，都是逼叫
	3NT：为7~10点， 草花或方块不确定哪 门花色有止张的牌， 不逼叫	Pass：为13~19点，同意打3NT定约的牌
		4♥：为15~18点，有双张红心的牌，止叫
		5♥/6♥：为20点/21~24点，有帮助，是问红心大牌张数的满贯邀叫/封贯止叫
		4♠：为15~18点，6张以上强套的牌，止叫
		5♠/6♠：为22点/23~24点，最多只有一个输墩强套的牌，是凭牌力的满贯邀叫/封贯止叫
		4NT：为22点以上，最多只有一个输墩黑桃强套的牌，是以黑桃为将牌的关键张问叫，逼叫

应　　叫	开叫人的再叫	应叫人的再叫
对3♥开叫的3♠：为13点以上，5张以上的牌，逼叫	4♥：为7~10点，对旁门花色无止张的牌（不排除对黑桃有帮助），不逼叫	Pass：为13~17点，同意打4♥定约的牌 4♠：为15~17点，6张以上强套的牌，止叫 5/6♠：为22点/23~25点，最多只有一个输墩强套的牌，是凭牌力的满贯邀叫/封贯止叫 4NT：为22点以上，最多只有一个输墩黑桃强套的牌，是以黑桃为将牌的关键张问叫，逼叫 5♥/6♥：为19点/20~24点，有帮助的牌，是问红心大牌张数的满贯邀叫/封贯止叫
对3♥开叫的4♣/4♦：都为14点以上，6张以上强套的牌，都是逼叫	对应叫低花有支持时，应优先加叫，不满足时，就叫回4♥ 4♥：为7~10点，对应叫低花无支持的牌，不逼叫	Pass：为14~18点，同意打4♥定约的牌 4NT：为22点以上，最多只有一个输墩应叫低花强套的牌，是以该低花为将牌的关键张问叫，逼叫 5阶再叫应叫低花：为15~18点的牌，止叫 6阶再叫应叫低花：为23~25点，最多只有一个输墩强套的牌，止叫 5♥/6♥：为19点/20~24点，有帮助的牌，是问红心大牌张数的满贯邀叫/封贯止叫
	5阶加叫应叫低花：为7~10点，有支持的牌（有帮助的牌是否加叫，请和同伴协商确定），不逼叫	

对3♥开叫的其他应叫：①3NT时，为16~19点的均型牌，通常是止叫，也允许开叫人再叫4♥改善定约；②4♥时，有两种可能，第一种是满足"15法则"的牌，第二种为6~10点，有支持提前牺牲叫的牌，都是止叫；③5♥/6♥时，为19点/20~24点，有好支持的非均型牌，是问红心大牌张数的满贯邀叫/封贯止叫；④4NT时，为19点以上，对红心有好支持的牌，是以红心为将牌的关键张问叫，逼叫；⑤跳阶出新花时，都为18点以上，对红心有好支持的牌，是该花色的特殊控制问叫，都是逼叫

| 对3♠开叫的4♣/4♦：都为14点以上，6张以上强套的牌，都是逼叫 | 对应叫低花有支持时，应优先加叫，不满足时，就叫回4♠
4♠：为7~10点，对应叫低花无支持的牌，不逼叫 | Pass：为14~18点，同意打4♠定约的牌
4NT：为22点以上，最多只有一个输墩应叫低花强套的牌，是以该低花为将牌的关键张问叫，逼叫
5阶/6阶再叫应叫低花：为15~19点/22~24点，7张以上超长强套的牌，都是止叫
4♠应叫的5♣/6♣：为15~19点/22~24点，5张/6张的牌，都不逼叫
5♠/6♠：为19点/20~24点，有帮助的牌，是问黑桃大牌张数的满贯邀叫/封贯止叫 |
| | 5阶加叫应叫低花：为7~10点，有支持的牌，不逼叫 | |

对3♠开叫的其他应叫：①3NT时，为16~19点的均型牌，通常是止叫，也允许开叫人再叫4♠改善定约；②4♥时，为15点左右，6张以上强套的牌，不逼叫；③4♠时，有两种可能：第一种为满足"15法则"的牌，第二种为6~10点，有支持提前牺牲叫的牌，都是止叫；④5♠/6♠时，为19点/20~23点，有好支持的非均型牌，是问黑桃大牌张数的满贯邀叫/封贯止叫；⑤4NT时，为19点以上，对黑桃有好支持的牌，是以黑桃为将牌的关键张问叫，逼叫；⑥跳阶出新花时，都为18点以上，对黑桃有好支持的牌，是该花色的特殊控制问叫，都是逼叫；⑦6♥时，为20~24点，红心为半坚固套以上的牌，止叫

3. 对赌博性3NT开叫的应叫及后续叫牌

赌博性3NT开叫，为11~14点（15点时，通常可以进行1♣开叫），有一门7张以上坚固低花套的牌，不逼叫。其低限为11点，中限为12点，高限为13~14点。对赌博性3NT开叫的应叫及后续叫牌，多以约定叫的形式进行（应叫人的应叫多与牌力有关，而此时是否对该花色有支持就显得不重要了），见表2-7。

表2-7　对赌博性3NT开叫的应叫及后续叫牌

应　叫	开叫人的再叫	应叫人的再叫
Pass：为8~13点，认可打3NT定约的牌		
接力4♣：为最多7点，逃叫的牌，不逼叫	Pass：有草花长套的牌 4♦：有方块长套的牌，止叫	
4♦：可以视为改良的问缺门花色约定叫❶，为13点以上，通常对两门低花都有支持的牌，逼叫	4♥/4♠：都为11~14点，所叫花色为缺门的牌，都是逼叫	4NT：为13点以上，在同伴缺门花色中无废点的牌，是以不确定低花为将牌的关键张问叫，逼叫。开叫人应按03、14、22Q的约定加级应答。此后当应叫人：①叫回6♣/7♣时，要求开叫人有草花长套时就Pass，有方块长套时就分别改叫6♦/7♦；②出高花新花时，都是问此花色K的大满贯邀叫，逼叫。要求开叫人有/无此花色的K时，就叫自己长套花色的大满贯/满贯定约 5♣：是成局约定叫，为13~15点，对满贯不感兴趣的牌。要求开叫人有草花长套时就Pass，有方块长套时就改叫5♦ 6♣/7♣：是满贯/大满贯约定叫，为13~16点/17~18点，在同伴缺门花色中无废点的牌。要求开叫人有草花长套时就Pass，方块长套时就改叫6♦/7♦
	5♣：为11~14点，有草花长套，方块为缺门的牌，不逼叫	Pass：为13~15点，对满贯不感兴趣的牌 6♣/7♣：为13~15点/16~18点，在方块中无废点的牌，都是止叫
	5♦：为11~14点，有方块长套，草花为缺门的牌，不逼叫	Pass：为13~15点，对满贯不感兴趣的牌 6♦/7♦：为13~15点/16~18点，在草花中无废点的牌，都是止叫
	4NT：为11~14点，无缺门花色的牌，逼叫	5♣/6♣：是成局/满贯的约定叫，为13~16点/17~19点的牌，要求开叫人有草花长套时就Pass，有方块长套时就改叫5♦/6♦
4NT：是问将牌强度和长度的满贯约定叫，为16点以上逼叫 此时的5♦应叫，是逻辑错误的叫牌，你可以赋予其特定的叫牌约定	5♣/5♦：都为11~14点，有7张所叫花色坚固套的牌，都不逼叫	Pass：为16点，满贯无望的牌 6♣/6♦：都为17~20点的牌，都是止叫
	6♣/6♦：都为11~14点，有8张以上所叫花色坚固套，边花有Q以上大牌张的牌，都不逼叫	通常应该Pass 7♣/7♦加叫应答低花：都为17点以上的畸形牌（只有数够13个赢墩，才允许叫大满贯定约），都是止叫

❶　在老版精确体系中，该应叫是问单缺约定叫，笔者认为，此时应叫人更加关注开叫人是否有缺门的牌，因而以改良约定叫的形式予以推荐。

应　　叫	开叫人的再叫	应叫人的再叫
5♣：为11~13点，通常对两门低花都有支持的牌，不逼叫	Pass：为11~14点，有草花长套的牌 5♦：为11~14点，有方块长套的牌，止叫 6♣/6♦：都为14点，所叫花色为长套，有缺门花色蒙贯的牌，都是止叫	
6♣：为17~19点（笔者推荐应优先采用4♦应叫），通常对两门低花都有支持的牌，不逼叫	Pass：为11~14点，有草花长套的牌 6♦：为11~14点，有方块长套的牌，止叫 7♣/7♦：都为14点，有所叫花色长套，有缺门花色蒙贯的牌，都是止叫	

4♥/4♠：都可以视为特殊约定叫，为13点以上，对两门低花都有支持，所叫花色为缺门的牌，都是逼叫。当开叫人再叫：①5♣/5♦时，都为11~14点，有所叫花色长套，在同伴缺门花色中有废点的牌，都不逼叫；②6♣/6♦时，都为11~13点，有所叫花色长套，在同伴缺门花色中无废点的牌，都不逼叫；③4NT时，可以视为特殊约定叫，为14点，在同伴缺门花色中无废点的牌，逼叫。此后应叫人为13点/14~16点时，就分别再叫6♣/7♣，开叫人有草花长套的牌时则Pass，有方块长套的牌时就改叫6♦/7♦

4. 对4♥/4♠高花阻击开叫的应叫及后续叫牌

4♥/4♠高花开阻击叫，都为7~10点，8张以上的牌，不逼叫。其低限为7~8点，中限为9点，高限为10点。应叫人只需要记住，当对满贯感兴趣时进行4NT关键张问叫或5阶原花邀叫，否则Pass即可。其后续叫牌都是自然实叫，应该符合桥牌逻辑，因篇幅所限且出现的概率不高，笔者就不进行详细介绍了。

二、上家干扰后对阻击开叫的应叫

1. 上家干扰后对2♥/2♠高花阻击开叫的应叫

（1）上家花色干扰后对2♥/2♠高花阻击开叫的应叫

Pass——为最多7点，无支持，或为8~12点，感觉不叫更能获利且不够在同阶参与叫牌或进行惩罚性加倍的牌。

平阶出新花——都为8~10点，6张以上强套的牌，都不逼叫。

跳阶出新花——都为12~15点，6张以上强套的牌，都不逼叫。

加叫原花——为6~10支持点，有支持的牌，不逼叫。

加叫原花进局——有两种可能：第一种为满足"16法则"的牌；第二种为6~8点，有支持提前牺牲叫的牌，都是止叫。

2NT——不再是问单缺约定叫，而是表示为14~15点，有止张的牌，是在进行3NT邀叫。

3NT——为16~17点，有好止张的牌（应首选加倍惩罚），不逼叫。

4NT——为17点以上，对原花有支持，干扰花色为缺门或20点以上，干扰花色为单张的牌，是以原花为将牌的关键张问叫，逼叫。

扣叫干扰花色和跳阶出新花——都可以视为此花色的特殊控制问叫，为19点以上，对原花有好支持的牌，都是逼叫。开叫人按是否有此花色前两轮控制，进行加级应答。

跳扣叫干扰花色——为13点以上，对原花有好支持，扣叫花色为缺门的牌，逼叫。

加倍——都是惩罚性加倍。

（2）上家加倍干扰后对2♥/2♠高花阻击开叫的应叫

此时，应叫人的Pass、加叫原花、跳加叫原花、出新花都表示原有的含义，只是此时的再加倍，表示为13点以上，对原花无支持的牌，不逼叫。此后如果对方再次干扰叫牌，开叫人或应叫人所做的加倍，都是惩罚性加倍。

（3）上家2NT干扰后对2♥/2♠高花阻击开叫的应叫

Pass——为最多10点，不够惩罚对方的牌。

3阶/4阶加叫原花——为10~11点/12~16点，有支持的牌，邀叫/止叫。

加倍——为15点以上的牌，是惩罚性加倍。

（4）上家扣叫干扰后对2♥/2♠高花阻击开叫的应叫

Pass——为最多10点的牌。

4阶加叫原花——为13点以上，有支持的牌，止叫。

加倍——为13点以上，对原花不支持的牌，都是惩罚性加倍。此后如果对方再次干扰叫牌，开叫人或应叫人所做的加倍，也都是惩罚性加倍。

2. 上家干扰后对3阶阻击叫的应叫

（1）上家花色干扰后对3阶阻击开叫的应叫

Pass——为最多7点，无支持，或是为8点以上感觉不叫更能获利且不够进行惩罚性加倍的牌。

4阶加叫低花原花——为7~10点，有支持的牌，是进一步阻击叫，止叫。

5阶加叫低花原花——有两种可能：第一种为满足"17法则"的牌；第二种为6~8点，有支持提前牺牲叫的牌，都是止叫。

4阶加叫高花原花——有两种可能：第一种为满足"15法则"的牌；第二种为6~8点，有支持提前牺牲叫的牌，都是止叫。

出新花——都为11~13点，6张以上强套的牌，都不逼叫。

3NT——为14~17点，有好止张的牌（应优先加倍惩罚），不逼叫。

扣叫干扰花色和跳阶出新花——都可以视为此花色的特殊控制问叫，为19点以上，对原花有好支持的牌，都是逼叫。开叫人按是否有此花色前两轮控制，进行加级应答。

加倍——为13点以上，对原花不支持的牌，都是惩罚性加倍。

（2）上家加倍干扰后对3阶阻击开叫的应叫

应叫人对上家加倍干扰后的应叫，原则上都与上家花色干扰后的应叫相同，只是对上家加倍干扰的再加倍时，表示为13点以上，对原花无支持的牌，不逼叫。此后如果对方再次干扰叫牌，开叫人或应叫人所做的加倍，都是惩罚性加倍。

（3）上家扣叫干扰后对3阶阻击开叫的应叫

Pass——为最多12点的牌。

4阶加叫高花原花——为12点以上，有支持的非均型牌，止叫。

5阶加叫低花原花——为14点以上，有支持的非均型牌，止叫。

加倍——为13点以上，对原花不支持的牌，是惩罚性加倍。此后如果对方再次干扰叫牌，开叫人或应叫人所做的加倍，都是惩罚性加倍。

（4）上家3NT干扰后对3阶阻击开叫的应叫

Pass——为最多12点，不够惩罚对方的牌。

4阶加叫高花原花——为12点以上，有支持的非均型牌，止叫。

4阶/5阶加叫低花原花——为10~12点/13点以上，有支持的非均型牌，不逼叫/止叫。

加倍——为13点以上，对原花不支持的牌，是惩罚性加倍。此后如果对方再次参与叫牌时，开叫人或应叫人所做的加倍，都是惩罚性加倍。

3. 上家干扰后对4阶高花及3NT开叫的应叫

上家干扰后对4阶高花及3NT开叫的应叫，都是自然实叫，应该符合桥牌逻辑。此时，当应叫人：

Pass——都是示弱叫牌。

加叫原花——都为改善定约的叫牌，止叫。

对对方干扰加倍——都是惩罚性加倍。

由于叫牌的阶数太高，且应用的机会并不多，笔者就不再对同伴4阶高花/3NT开叫对方干扰后的后续叫牌进行举例讲解了，敬请大家谅解。

三、对方干扰后阻击开叫人的再叫

1. 同伴没有参与叫牌，对方干扰后阻击开叫人的再叫

此时，是绝对不允许阻击开叫人再次主动参与叫牌的，这是铁的纪律必须贯彻执行。

2. 同伴参与叫牌后阻击开叫人的再叫

此时，无论上家此时是否参与叫牌，定约的选择大多应该由应叫人来决定。当阻击开叫人：

Pass——为最多10点，成局无望的示弱叫牌。

加叫应叫人花色——为对8~10点，有支持的牌，不逼叫。

迫不得已再叫原花——为改善定约的牌，不逼叫。

4阶加叫应叫人高花/5阶加叫应叫人低花——为9~10点，有支持，通常会有单缺花色的牌，止叫。

对上家干扰加倍——是有干扰花色可靠赢墩的惩罚性加倍。

四、阻击开叫对方干扰后应叫人的再叫及后续叫牌

阻击开叫后，无论对方是否再次干扰叫牌，应叫人的再叫及后续叫牌都是自然实叫。此时，分析叫牌信息，按照桥牌逻辑来推断阻击开叫人或应叫人的牌力范围和牌

型，并采用与其相适应的叫牌原则来指导叫牌，共同选择联手合理的定约是其精髓所在。其应叫人的再叫及后续叫牌，都应符合常规的后续叫牌，详见本书088~089页。只是此时他们对对方干扰的加倍，都是惩罚性加倍这点略有不同而已。

五、阻击开叫的后续叫牌举例

1. 对阻击开叫的应叫举例

【例1】你持有♠A　♥A53　♦9642　♣87642，8点，1-3-4-5牌型。同伴分别开叫2♥/2♠/3♣/3♦/3♥/3♠/3NT/4♥/4♠且上家都Pass时，你该如何应叫呢？

答　同伴开叫2♥/3♥时，你都该应叫4♥，都是进一步阻击性叫牌。

同伴开叫2♠/3♠时，你都应该Pass。

同伴开叫3♣/3♦时，你该分别加叫4♣/4♦，都是进一步阻击性叫牌。

同伴开叫3NT时，你有2个A，对两门低花都有好支持的牌，建议你再叫4♦进行问缺门花色的约定叫，当同伴应答5♣/5♦，分别表示方块/草花为缺门时，你就加叫6♣/6♦进贯。当同伴进行其他应答时，你都再叫5♣，让同伴有草花长套时就Pass，有方块长套时就改叫5♦。

同伴开叫4♥/4♠时，你都应该Pass。

【例2】你持有♠K52　♥A2　♦AKQJ4　♣853，17点，3-2-5-3牌型。同伴分别开叫2♥/2♠/3♣/3♦/3♥/3♠/3NT/4♥/4♠且上家都Pass时，你该如何应叫呢？

答　同伴开叫2♥/3♥时，你都该加叫4♥进局。请注意，此时不要选择3NT进局，因为开叫人可能缺少旁门的进张无法进手兑现红心赢墩。

同伴开叫2♠时，建议你跳叫4♣进行草花的特殊控制问叫。当同伴：①加一级应答4♦，表示对草花无前两轮控制时，你就再叫4♠结束叫牌；②加两级应答4♥，表示对草花有第二轮控制时，你就再叫6♠；③加三级应答4♠，表示草花为缺门的牌时，你就再叫5NT进行邀叫，要求开叫人黑桃有两大的牌时，就叫7♠大满贯定约，否则就叫6♠满贯定约。

同伴开叫3♣时，你稳妥点就加叫5♣，激进点就蒙着打6♣。

同伴开叫3♦时，你的方块如此强大，同伴的开叫肯定是逻辑错误的叫牌。该怎样应叫，应凭牌感而定。

同伴开叫3♠时，建议你跳叫5♣进行草花的特殊控制问叫。当同伴：①加一级应答5♦，表示对草花无前两轮控制时，你就再叫5♠结束叫牌；②加两级应答5♥，表示对草花有第二轮控制时，你就再叫6♠；③加三级应答5♠，表示草花为缺门时，你就再叫5NT进行邀叫，要求开叫人黑桃有两大的牌时，就叫7♠大满贯定约，否则就叫6♠满贯定约。

同伴开叫3NT时，明显是有草花坚固套的牌，你应再叫4♦进行问缺门约定叫。当同伴：①应答4♠，表示黑桃为缺门的牌时，你就再叫7♣；②进行其他应答时，你都该蒙着叫6♣。

同伴开叫4♥/4♠时，你稳妥点都应该Pass，激进点都应该再叫4NT进行关键张问叫。

2. 对方没有干扰时阻击开叫人的再叫举例

【例】你持有♠K52 ♥KQ10542 ♦— ♣J842，9点，3-6-0-4牌型。开叫2♥，对方一直没有参与叫牌，同伴Pass或分别应叫2♠/2NT/3♣/3♦/3♥/3♠/3NT/4♣/4♦/4♥/4♠/4NT时，表示什么含义？你应如何再叫呢？

答 同伴Pass时，表示成局无望的牌。你已没有叫牌的机会了。

同伴应叫2♠时，为13点以上，5张以上的牌。你应跳叫4♦，表示为7~10点，对黑桃有支持，方块为缺门的牌。

同伴应叫2NT时，是问单缺约定叫。你该跳阶应答4♦，表示为7~10点，方块为缺门的牌。

同伴应叫3♣时，为13点以上，5张以上的牌。你应跳叫4♦，表示为7~10点，对草花有支持，方块为缺门的牌（你虽然有黑桃止张，但当你对草花有支持且有缺门时，应优先报出缺门花色）。

同伴应叫3♦时，为13点以上，5张以上的牌。你应再叫3♠，表示为7~10点，对黑桃有止张的牌。

同伴加叫3♥时，为6~10点，有支持的牌，是进一步阻击叫。你持有缺门的畸形牌，应力争主打定约，应再叫4♥进局。

同伴跳应叫3♠时，为19点以上，对红心有好支持，是问黑桃花色的特殊控制问叫。你应加两级应答4♣，表示对黑桃有第二轮控制的牌。

同伴跳应叫3NT时，为15~18点，对红心没有帮助的牌。你可以Pass，也可以再叫4♥改善定约。笔者感觉再叫4♥似乎更好一些。

同伴跳应叫4♣时，为19点以上，对红心有好支持的牌，是问草花花色的特殊控制问叫。你应加一级应答4♦，表示对草花无前两轮控制的牌。

同伴跳应叫4♦时，为19点以上，对红心有好支持的牌，是问方块花色的特殊控制问叫。你应加三级应答4NT，表示对方块有第一轮控制的牌。

同伴跳加叫4♥时，是封局止叫。你应该Pass。

同伴双跳应叫4♠时，可以视为改良的爆裂叫，为16点以上，对红心有好支持，黑桃为缺门的牌。你方块为缺门的牌，应该再叫5♦示强，也可以直接跳叫6♥进贯。

同伴跳应叫4NT时，为19点以上，对红心有好支持的牌，是以红心为将牌的关键张问叫。你应加一级应答5♣，表示为1个或4个关键张的牌。

3. 下家干扰同伴应叫后阻击开叫人再叫的举例

【例】你持有♠K52 ♥KQ10542 ♦J842 ♣—，9点，3-6-4-0牌型。开叫2♥，下家争叫3♦，同伴Pass或分别应叫加倍/3♥/3♠/3NT/4♣/4♦/4♥/4♠/4NT/5♣/5♦/5♥/5♠/5NT且上家都Pass时，表示什么含义？你应如何再叫呢？

答 同伴Pass时，通常为最多12点的牌。你应该Pass。

同伴加倍时，为13点以上对红心不支持的牌，是惩罚性加倍。你应该Pass。

同伴3♥加叫时，为8~10点，有支持的牌。你有缺门，应再叫4♥进局。

同伴再叫3♠时，为8~10点，6张以上的牌。你持对黑桃有支持且草花为缺门的牌，应加叫4♠进局。

同伴再叫3NT时，为16点左右，有方块止张的均型牌。你应再叫4♥改善定约，此时你Pass也不为过。

同伴再叫4♣时，为8~10点，6张以上的牌。你的草花为缺门，应再叫4♥改善定约。

同伴扣叫4♦时，为16点以上，对红心有支持，是问方块花色的特殊控制问叫，你应加一级再叫4♥，表示对方块无前两轮控制的牌。

同伴加叫4♥时，为满足"16法则"要求或为6~8点，对红心有支持的提前牺牲叫，你应该Pass。

同伴跳叫4♠时，为11~15点，6张以上的牌。你持对黑桃有好支持的牌且草花为缺门，稳妥点可以Pass，激进点可以加叫5♠进行满贯邀叫。

同伴跳叫4NT时，为19点以上，对红心有支持的关键张问叫。你应加一级应答5♣，表示有一个关键张的牌。

同伴跳叫5♣时，为12~15点，6张以上强套的牌。你应该Pass。

同伴跳扣叫5♦时，为13点以上，对红心有好支持，方块为缺门的牌。显然对方方块的9点牌都废掉了，你们至少应该叫到6♥，笔者推荐你再叫6♣，表示草花为缺门的牌，由同伴确定是否打大满贯定约。

同伴跳加叫5♥时，为17点以上，对红心有支持的问红心大牌张数的满贯邀叫，你应再叫6♥，表示有红心两大的牌。

同伴双跳5♠时，是逻辑含糊的叫牌，你该如何再叫，可凭牌感自定。

同伴跳叫5NT时，为24点以上，对红心有支持的问红心大牌张数的大满贯邀叫，你该应答7♥，表示有红心两大的牌。

第十二节　2♣开叫后的叫牌

2♣开叫，为11~15点。当有5张草花强套（通常要求草花中要有5点以上牌力）开叫时，必须另有一门4张高花的牌。当有6张及以上草花（草花中至少要有4点牌力）开叫时，对高花套的张数没有限制，不逼叫。其低限为11~12点，中限为13~14点，高限为14~15点。其应叫及后续叫牌多以约定叫的形式进行。

一、对2♣开叫的应叫及后续叫牌

见表2-8。

表2-8 对2♣开叫的应叫及后续叫牌

应　叫	开叫人的再叫	应叫人的再叫	开叫人的第三次叫牌
Pass：为最多9点，牌力或牌型不符合以下各种应叫条件的牌			
2♦：是问牌型约定叫，为11点以上，至少有4张以上高花、5张以上方块或对草花有好支持的牌，逼叫到开叫人的2NT或3♣ 当应叫人为13点以上，对草花有支持，另有一门4张高花且有缺门花色的牌时，是采用改良的爆裂叫直接双跳出缺门花色，还是先采用2♦应叫，需要你和同伴协商。对此，笔者的建议是，当想要尝试满贯定约时，还是要优先考虑用改良的爆裂叫	应答2♥/2♠：都为11~15点，4张的牌，都是逼叫 当开叫人有6张草花，又有4张高花的牌时，应该优先叫出4张高花来。老版精确体系会用跳叫3♥/3♠，来表示14~15点，4张的牌，由于其太浪费叫牌空间了，不符合好牌慢叫的叫牌原则，不利于联手定约的合理选择，因而，笔者不推荐大家采用	对2♥再叫的2♠：为11点以上，5张以上的牌（当为6张以上时，也必须先叫2♠），逼叫	2NT/3NT：为11~13点/14~15点的均型牌，都不逼叫 　3♣：为11~12点，6张以上的牌，不逼叫 　4♣/5♣：为13~14点/14~15点，6张以上强套，不适合打3NT和黑桃定约的非均型牌，邀叫/不逼叫 　3♦：为11~15点，4张，黑桃为缺门的牌，逼叫 　4♦：可以视为改良的爆裂叫，为11~15点，对黑桃有好支持，方块为缺门的牌，逼叫 　3♥：可以视为特殊约定叫，为13~15点，让应叫人有方块止张时，叫3NT定约的牌，逼叫 　3♠/4♠：为15点/11~14点，有好支持/有支持，或为15点无好支持，方块为单张的牌，逼叫/不逼叫
		对2♠再叫的3♥：为11点以上，5张以上的牌（当为6张以上时，也必须先叫3♥），逼叫	接力3♠：可以视为特殊的约定叫，为15点，对红心有好支持，方块为单张的牌，逼叫 3NT：为13~15点，有方块止张的牌，不逼叫 　4♣/5♣：为11~13点/14~15点，6张以上强套，不适合打3NT和红心定约的非均型牌，邀叫/不逼叫 　4♦：可以视为改良的爆裂叫，为11~15点，对红心有好支持，方块为缺门的牌，逼叫 　4♥：为11~14点，有支持，或为15点，无好支持，方块为单张的牌，不逼叫
		3♣：为11~12点，有支持的牌，不逼叫	Pass：为11~13点，成局无望的牌 3阶再叫应答高花：可以视为特殊约定叫，为14~15点，有6张以上草花强套，通常对未叫高花无止张的牌，是希望应叫人：①有未叫高花止张时，就叫3NT，止叫；②无未叫高花止张时，就依牌力叫回4♣或5♣，都不逼叫；③对应答高花有好支持时，可以考虑4阶加叫，打4-3配合高花成局约的牌，止叫 3NT：为14~15点，有未叫高花止张的牌，不逼叫 　3♦：是逻辑含糊的叫牌，你可以赋予其特定的叫牌约定 4♦或4阶出另一未叫高花：都可以视为改良的爆裂叫，为14~15点，有6张以上草花强套，所叫花色为缺门的牌，都是逼叫 　4♣/5♣：为13~14点/15点，6张以上强套，不适合打3NT定约的非均型牌，邀叫/止叫

应　　叫	开叫人的再叫	应叫人的再叫	开叫人的第三次叫牌
2♦：是问牌型约定叫，为11点以上，至少有4张以上高花、5张以上方块或对草花有好支持的牌，逼叫到开叫人的2NT或3♣ 当应叫人为13点以上，对草花有支持，另有一门4张高花且有缺门花色的牌时，是采用改良的爆裂直接双跳出缺门花色，还是先采用2♦应叫，需要你和同伴协商。对此，笔者的建议是，当想要尝试满贯定约时，还是要优先考虑用改良的爆裂叫	应答2♥/2♠：都为11~15点，4张的牌，都是逼叫 当开叫人有6张草花，又有4张高花的牌时，应该优先叫出4张高花来。老版精确体系会用跳叫3♥/3♠，来表示14~15点，4张的牌，由于其太浪费叫牌空间了，不符合好牌慢叫的叫牌原则，不利于联手定约的合理选择，因而，笔者不推荐大家采用	3♦：为11点以上，5张以上的牌，逼叫	3阶再叫应答高花：可以视为特殊约定叫，为15点，对方块有好支持，未叫高花为单张的牌，逼叫 3阶出另一门未叫高花：是逻辑含糊的叫牌，你可以赋予其特定的叫牌约定 4阶跳出另一门未叫高花：可以视为改良的爆裂叫，为13~15点，对方块有好支持，所叫花色为缺门的牌，逼叫 3NT：为13~15点，不要求一定要对未叫高花有止张的均型牌，不逼叫 4♣/5♣：为11~13点/14~15点，6张以上强套，不适合打3NT和方块定约的非均型牌，邀叫/不逼叫 4♦/5♦：为11~13点/14~15点，有支持，未叫高花为单张的牌，邀叫/不逼叫
		2NT/3NT：为11~12点/13~15点，对另一门未叫高花有止张的牌，邀叫/止叫	
		4NT：为18点以上，对应答高花有4张以上好配合的牌，是以该高花为将牌的关键张问叫，逼叫	
		3阶/4阶加叫应答高花：为15~17点/12~14点，有4张以上配合的牌，逼叫/止叫	
		5阶/6阶跳加叫应答高花：为18点/19~21点，有4张以上好配合的牌，是问该花色大牌张数（一大进贯）的满贯邀叫/封贯止叫	
		4♣/6♣：为18点以上/19~21点，有好支持的牌，是以草花为将牌变通的低花关键张问叫/封贯叫牌，逼叫/止叫	
		5♣：为13~15点，有支持，不适合打3NT定约的非均型牌，止叫	
		对2♥再叫的3♠、对2♠再叫的4♥和4♦：都可以视为改良的爆裂叫，为13点以上，对应答高花有4张以上好配合，所叫花色为缺门的牌，都是逼叫	
	应答2NT：是特殊约定叫，为11~15点，有6张以上草花，对另外两门花色有止张的牌，逼叫 当开叫人有4张高花时，应该优先叫出4张高花来	3♣：为11~12点，对草花有支持的牌，不逼叫	
		3♦：是问止张情况的约定叫	应答3♥：对红心和方块有止张的牌，逼叫 应答3♠：对黑桃和方块有止张的牌，逼叫 应答3NT：对红心和黑桃有止张的牌，不逼叫
		3♥：为11点以上，5张以上的牌（当为6张以上时，也必须先叫3♥），逼叫	接力3♠：可以视为特殊约定叫，为15点，对红心有好支持的牌，逼叫 3NT：为11~15点，对方块和黑桃都有止张的牌，不逼叫 4♣：为11~15点，6张以上，对红心有帮助且对另外一门不确定花色有止张的牌，不逼叫 4♦/4♠：都可以视为改良的爆裂叫，为13~15点，对红心有好支持，所叫花色为缺门的牌，都是逼叫 4♥：为11~14点，有支持，或为15点，无好支持的牌，不逼叫

应　叫	开叫人的再叫	应叫人的再叫	开叫人的第三次叫牌
2♦：是问牌型约定叫，为11点以上，至少有4张以上高花、5张以上方块或对草花有好支持的牌，逼叫到开叫人的2NT或3♣ 当应叫人为13点以上，对草花有支持，另有一门4张高花且有缺门花色的牌时，是采用改良的爆裂叫直接双跳出缺门花色，还是先采用2♦叫，需要你和同伴协商。对此，笔者的建议是，当想要尝试满贯定约时，还是要优先考虑用改良的爆裂叫	应答2NT：是特殊约定叫，为11~15点，有6张以上草花，对另外两门花色有止张的牌，逼叫 当开叫人有4张高花时，应该优先叫出4张高花来	3♠：为11点以上，5张以上的牌（当为6张以上时，也必须先叫3♠），逼叫	3NT：为11~15点，对方块和红心都有止张的牌，不逼叫 4♣：为11~15点，6张以上，对黑桃有帮助且对另外一门不确定花色有止张的牌，不逼叫 4♦/4♥：都可以视为改良的爆裂叫，为13~15点，对黑桃有好支持，所叫花色为缺门的牌，都是逼叫 4♠：为11~15点，有支持的牌，不逼叫
			3NT：是不推荐的叫品，通常应该问清楚止张情况后再决定是否打3NT定约，否则会有蒙局的嫌疑 4♣/6♣：为18点/19~20点，有好支持或帮助，是以草花为将牌变通的低花关键张问叫/封贯叫牌，逼叫/止叫 5♣：为13~15点，有支持或帮助，不适合打3NT定约的非均型牌，止叫 4阶跳出新花：都可以视为改良的爆裂叫，为11~12点，对草花有好支持，所叫花色为缺门的牌，都是逼叫
	应答3♣：是特殊约定叫，为11~15点，有6张以上草花，对另外一门花色有止张的牌，逼叫 当开叫人有4张高花的牌时，应该优先叫出4张高花来	3♦：是问止张约定叫，逼叫	应答3♥：对红心有止张的牌，逼叫 应答3♠：对黑桃有止张的牌，逼叫 应答3NT：对方块有止张的牌，不逼叫
		3♥：为11点以上，5张以上的牌（当为11~13点，6张以上时，也必须先叫3♥），逼叫	接力3♠：可以视为特殊约定叫，为15点，对红心有好支持的牌，逼叫 3NT：为11~15点，不确定对方块或黑桃哪门花色有止张的牌，不逼叫 4♣：为11~15点，6张以上，对红心有帮助且对方块和黑桃都无止张的牌，不逼叫 4♦/4♠：都可以视为改良的爆裂叫，为13~15点，对红心有好支持，所叫花色为缺门的牌，都是逼叫 4♥：为11~14点，有支持，或为15点，无好支持的牌，不逼叫
		3♠：为11点以上，5张以上的牌（当为6张以上时，也必须先叫3♠），逼叫	3NT：为11~15点，不确定对方块或红心哪门花色有止张的牌，不逼叫 4♣：为11~15点，6张以上，对黑桃有帮助且对方块和红心都无止张的牌，不逼叫 4♦/4♥：都可以视为改良的爆裂叫，为13~15点，对黑桃有好支持，所叫花色为缺门的牌，都是逼叫 4♠：为11~15点，有支持的牌，不逼叫
			3NT：是不推荐的叫牌，通常应该问清楚止张情况后再决定是否打3NT定约，否则会有蒙局的嫌疑 4♣/6♣：为18点以上/19~21点，有好支持或帮助的牌，是以草花为将牌，变通的低花关键张叫叫/封贯叫牌，逼叫/止叫 5♣：为13~15点，有支持或帮助，不适合打3NT定约的非均型牌，止叫 4阶跳出新花：都可以视为改良的爆裂叫，为13点以上，对草花有好支持，所叫花色为缺门的牌，都是逼叫

应　　叫	开叫人的再叫	应叫人的再叫	开叫人的第三次叫牌
2♦：是问牌型约定叫，为11点以上，至少有4张以上高花、5张以上方块或对草花有好支持的牌，逼叫到开叫人的2NT或3♣ 当应叫人为13点以上，对草花有支持，另有一门4张高花且有缺门花色的牌时，是采用改良的爆裂叫直接双跳出缺门花色，还是先采用2♦应叫，需要你和同伴协商。对此，笔者的建议是，当想要尝试满贯定约时，还是要优先考虑用改良的爆裂叫	应答3♦：为11~15点，5张，且有6张以上草花的牌，逼叫	3♥/3♠：都为11点以上，5张以上的牌，都是逼叫	开叫人已经有11张低花的牌了，通常应先叫4♣维持叫牌，让应叫人决定打什么定约，不逼叫
		3NT：为12~15点，对两门高花都有止张的牌，不逼叫 4♣/6♣：为16点以上/17~20点，有好支持或帮助的牌，是以草花为将牌变通的低花关键张问叫/封贯叫牌，逼叫/止叫 5♣：为12~14点，有支持或帮助，不适合打3NT定约的非均型牌，不逼叫 4♦/6♦：为16点以上/17~20点，有好支持的牌，是以方块为将牌变通的低花关键张问叫/封贯叫牌。逼叫/止叫 5♦：为11~12点，有支持，不适合打3NT定约的非均型牌，止叫 4♥/4♠：都可以视为改良的爆裂叫，为13点以上，对方块有好支持，所叫花色为缺门的牌，都是逼叫。此后，当开叫人再叫：①5♦时，为11~13点，对满贯不感兴趣的牌，不逼叫；②6♦时，为12~14点，在同伴缺门花色中无废点的牌，止叫 此时应叫人高于4NT的其他再叫，都是非常罕见的叫牌，你可以赋予其特定的叫牌约定	
	应答3NT：为14~15点，有半坚固以上草花套的牌，不逼叫	Pass：为11~14点，同意打3NT定约的牌 4♣/6♣：为16点以上/17~20点，有支持的牌，是以草花为将牌变通的低花关键张问叫/封贯叫牌，逼叫/止叫 5♣：为12~14点，有支持或帮助，不适合打3NT定约的非均型牌，止叫 4♦/6♦：为16点以上/17~20点，最多只有一个输墩强套的牌，是以方块为将牌变通的低花关键张问叫/封贯叫牌，逼叫/止叫 5♦：是非常罕见的叫牌，你可以赋予其特定的叫牌约定 4♥/4♠：都为12~14点，6张以上强套的牌，都不逼叫 此时应叫人高于4NT的其他再叫，都是非常罕见的叫牌，你可以赋予其特定的叫牌约定	
	4♣/5♣：都是逻辑错误的叫牌，此叫品有可能会错过最佳的3NT或4阶高花定约，因而笔者不希望大家采用，而是希望大家优先采用2NT或3♣应答，至于是否采用此约定，请和同伴协商确定		
2♥/2♠：都为8~10点，5张以上的牌，都不逼叫 当应叫人同时还有5张以上方块的牌时，根据高花优先的应叫法则，应该优先应叫高花。当应叫人有5张以上高花，同时对草花有支持的牌时，根据高花优先的应叫法则，也应该优先应叫高花	Pass：为11~12点，有双张应叫高花或为13支持点以下，对应叫高花有支持且成局无望的牌		
	对2♥应叫的2♠：为13~15点，4张的牌，不逼叫	Pass：为8~9点，对黑桃有支持，成局无望的牌	
		2NT：为8~10改善定约的叫牌，不逼叫	Pass：为成局无望的牌 3♣：为12~13点，6张以上的牌，不逼叫 4♣/5♣：为14~15点/15点，6张以上强套，不适合打3NT和红心定约的非均型牌，邀叫/止叫 3♥/4♥：为13~14点/15点，有帮助的牌，邀叫/止叫 3NT：为14~15点的均型牌，止叫

应 叫	开叫人的再叫	应叫人的再叫	开叫人的第三次叫牌
2♥/2♠：都为8~10点，5张以上的牌，都不逼叫　　当应叫人同时还有5张以上方块的牌时，根据高花优先的应叫法则，应该优先应叫高花。当应叫人有5张以上高花，同时对草花有支持的牌时，根据高花优先的应叫法则，也应该优先应叫高花	对2♥应叫的2♠：为13~15点，4张的牌，不逼叫	3♣：为8~10点，有支持的牌，不逼叫	Pass：为13~14点，成局无望的牌
			3♥/4♥：为13~14点/15点，有帮助的牌，邀叫/止叫
			3NT：14~15点，有方块止张的牌，止叫
			4♣/5♣：为14~15点/15点，6张以上强套，不适合打3NT和红心定约的非均型牌，邀叫/止叫
		3♥：8~10点，6张以上的牌，不逼叫	Pass：为13点，成局无望的牌
			3NT：14~15点的均型牌，不逼叫
			4♣/5♣：为14~15点/15点，6张以上强套，不适合打3NT和红心定约的非均型牌，不逼叫/止叫
			4♥：为14~15点，有帮助的牌，止叫
		3♦：为8~10点，5张以上的牌，不逼叫	
		4♦：可以视为改良的爆裂叫，为9~10点，对黑桃有4张配合，方块为缺门的牌，逼叫	
		3♠/4♠：为8~9点/10点，有4张配合的牌，邀叫/止叫	
		3NT：为10点，对方块有止张的牌，止叫	
		4♣/5♣：为9~10点/10点，有好支持，不适合打3NT和高花定约的非均型牌，邀叫/止叫	
		4♥：为10点，6张以上强套的牌，止叫	
	2NT：为14~15点的均型牌，邀叫	Pass：为8~9点，成局无望的均型牌	
		3♣：为8~9点，有支持，改善定约的牌，不逼叫	Pass：为14点，成局无望的均型牌
			3阶/4阶加叫应叫高花：为14点/15点，有帮助的牌，邀叫/止叫
			3NT：为15点的均型牌，止叫
		3阶再叫应叫高花：为9~10点，6张以上的牌，不逼叫	Pass：为14点，成局无望的均型牌
			3NT：为15点的均型牌，止叫
			4阶加叫应叫高花：为14~15点，有帮助的牌，止叫
		3♦：为9~10点，5张以上的牌，不逼叫	
		2♠应叫人的3♥/4♥：为9~10点，4张/5张，有5张以上黑桃的牌，都不逼叫	
		2♥应叫人的3♠：是比较少见的叫牌，开叫人已经表明无4张黑桃的牌，应叫人此时再叫3♠，表示为4张套的牌时，只能理解为10点，想打黑桃4-3配合成局定约的邀叫	
		3NT：为10点的均型牌，止叫	
		4♣/5♣：为9~10点/10点，有好支持，不适合打3NT和应叫高花定约的非均型牌，邀叫/止叫	
		4阶再叫应叫高花：为10点，6张以上强套的牌，止叫	
	3♣：为14~15点，6张以上强套的牌，不逼叫	Pass：为8~9点，对草花有支持或帮助，成局无望的牌	

应　　叫	开叫人的再叫	应叫人的再叫	开叫人的第三次叫牌
2♥/2♠：都为8~10点，5张以上的牌，都不逼叫 当应叫人同时还有5张以上方块的牌时，根据高花优先的应叫法则，应该优先应叫高花。 当应叫人有5张以上高花，同时对草花有支持的牌时，根据高花优先的应叫法则，也应该优先应叫高花	3♣：为14~15点，6张以上强套的牌，不逼叫	3阶再叫应叫高花：为8~10点，6张以上的牌，不逼叫	Pass：为14点，成局无望的牌
			3NT：为14~15点的均型牌，不逼叫
			4♣/5♣：为14点/15点，不适合打3NT和应叫高花定约的非均型牌，邀叫/止叫
			4阶加叫应叫高花：为14~15点，有帮助的牌，止叫
		3♦：为8~10点，5张以上的牌，不逼叫	
		3NT：为10点的均型牌，止叫	
		4♣/5♣：为9~10点/10点，有支持，有单缺花色，不适合打3NT和应叫高花定约的非均型牌，邀叫/止叫	
		4阶再叫应叫高花：为10点，6张以上强套的牌，止叫	
	3♦：为13~15点，5张，草花为6张以上的牌，不逼叫 当为11~12点，5张方块，6张以上草花时，推荐再叫3♣	Pass：为8~9点，对方块有支持或帮助，成局无望的牌	
		3阶再叫应叫高花：为8~10点，6张以上的牌，不逼叫	Pass：为11~13点，成局无望的牌
			3NT：是逻辑错误的叫牌，因为开叫人两门低花已经至少有11张牌了，不应该再去选择无将定约了，你可以赋予其特定的叫牌约定
			4♣/5♣：为11~13点/14~15点，6张以上强套，不适合打3NT和应叫高花定约的非均型牌，邀叫/止叫
			4阶加叫应叫高花：为14~15点，双张，另一门未叫高花为缺门的牌，止叫
		3NT：为10点，对两门高花都有止张的牌（有蒙局的嫌疑），不逼叫	
		4♣/5♣：为8~9点/10点，有支持的牌，邀叫/止叫	
		4♦/5♦：为8~9点/10点，有支持的牌，邀叫/止叫	
		4阶再叫应叫高花：为10点，6张以上强套的牌，不逼叫	
	3NT：为14~15点，有半坚固以上草花套的牌，不逼叫	Pass：为同意打3NT定约的牌	
		4♣/5♣：为8~9点/10点，有支持，不适合打3NT和应叫高花定约的非均型牌，邀叫/止叫	
		4阶再叫应叫高花：为10点，6张以上强套的牌，不逼叫	
	3阶/4阶加叫应叫高花：为14~15支持点/16支持点以上，有支持的牌，邀叫/止叫		
	4♣/5♣：为13~14点/14~15点，6张以上强套，不适合打3NT和应叫高花定约的非均型牌，邀叫/止叫		
	跳阶出新花：都可以视为改良的爆裂叫，为14~15点，对应叫高花有好支持，所叫花色为缺门的牌，都是逼叫		
2NT：为11~12点，无4张高花，无5张方块，对草花肯定有支持的均型牌，邀叫	Pass：为11~12点，成局无望的均型牌		
	3♣：为11~13点，6张以上的牌，不逼叫	Pass：为11点，成局无望的牌	
		3NT：为12点的均型牌，止叫	
		4♣/5♣：为12点，有好支持，不适合打3NT定约的非均型牌，邀叫/止叫	

应　　叫	开叫人的再叫	应叫人的再叫	开叫人的第三次叫牌
2NT：为11~12点，无4张高花，无5张方块，对草花肯定有支持的均型牌，邀叫	3♦：为11~15点，5张，且有6张以上草花的畸形牌，不逼叫	Pass：为11~12点，对方块有支持，成局无望的牌	
		3NT：为12点，对两门高花都有止张的牌，不逼叫	Pass：为同意打3NT定约的牌 4♣/5♣：为11~13点/14~15点，改善定约的牌，邀叫/止叫 4♦/5♦：都为逻辑含糊的叫牌，你可以赋予其特定的约定
		4♣/5♣：为11点/12点，有支持的牌，邀叫/止叫 4♦/5♦：为11点/12点，有支持，感觉打方块定约有利的牌，邀叫/止叫	
	3♥/3♠：为14~15点，4张的牌，都是逼叫	3NT：为11~12点的牌，止叫 4♣/5♣：为11~12点，有支持，不适合打3NT和再叫高花定约的非均型牌，邀叫/止叫 4阶加叫再叫高花：为11~12点，有好支持，认可打再叫高花4-3配合成局定约的牌，止叫	
	3NT：为14~15点的均型牌，止叫 4♣/5♣：为12~13点/14~15点，6张以上强套，不适合打3NT定约的非均型牌，邀叫/止叫 4阶跳出新花：都可以视为改良的爆裂叫，为14~15点，有6张以上草花强套，所叫花色为缺门的牌，都是逼叫		
3♣：为8~10点，有支持的牌，不逼叫	Pass：为11~13点，成局无望的牌		
	3♦：为11~15点，5张，且有6张以上草花的畸形牌，都是逼叫	3NT：为10点，对两门高花都有止张的牌，不逼叫	Pass：为14~15点，同意打3NT定约的牌 4♣/5♣：为11~13点/14~15点，6张以上强套，不适合打3NT定约的畸形牌，不逼叫/止叫 4♦/5♦：都为逻辑含糊的叫牌，你可以赋予其特定的约定
		4♣：为8~9点，改善定约的牌，不逼叫	Pass：为11~13点，成局无望的牌 5♣：为14~15点的牌，止叫
		4♦：为9~10点，有支持的牌，邀叫	Pass：为13点，成局无望的牌 5♣：为14~15点，感觉打草花定约更有利的牌，止叫 5♦：为14~15点的牌，止叫
		5♣：为9~10点，有好支持的牌，止叫 5♦：为9~10点，有支持，感觉打方块定约更有利的牌，止叫	
	3♥/3♠：为14~15点，4张的牌，都是邀叫	Pass：为8~9点，对再叫高花有支持，成局无望的牌 3NT：为10点，对未叫高花有止张的均型牌，止叫 4♣/5♣：为8~9点/10点，有支持，不适合打3NT和再叫高花定约的非均型牌，邀叫/止叫 4阶加叫再叫高花：为10点，有4张配合的牌（或有好支持准备打4-3高花将牌成局），止叫	

应　　叫	开叫人的再叫	应叫人的再叫	开叫人的第三次叫牌
3♣：为8~10点，有支持的牌，不逼叫	3NT：为14~15点，有6张以上草花强套的均型牌，止叫 4♣/5♣：为14点/15点，6张以上强套，不适合打3NT定约的非均型牌，邀叫/止叫 4阶跳出新花：都可以视为改良的爆裂叫，为14~15点，有6张以上草花强套，所叫花色为缺门的牌，都是逼叫		

3阶跳出新花：都为19点以上，有半坚固以上所叫花色套A问叫的牌，都是逼叫

3NT：为13~15点，无4张高花的均型牌，通常是止叫

4NT：是逻辑错误的应叫，你可以赋予其特定的叫牌约定

4♦/6♣：为17点以上/18~20点，有好支持的非均型牌，是以草花为将牌变通的低花关键张问叫/封贯叫牌，逼叫/止叫

5♣：为11~12点，有好支持，不适合打3NT定约的非均型牌，止叫

4阶跳出新花：都可以视为改良的爆裂叫，为13点以上，对草花有好支持，所叫花色为缺门的牌，都是逼叫

　　需要解释的是，笔者不推荐应叫人用3♦跳叫和3阶跳叫高花来表示为14点以上，5张以上的牌，而推荐此类叫品为A问叫。这些叫品与老版精确体系会有所不同，敬请大家谅解。

二、上家干扰后对2♣开叫的应叫

1. 上家花色干扰后对2♣开叫的应叫

　　Pass——为最多7点，无支持，或为8~12点，感觉不叫更能获利且不够在同阶参与叫牌或进行惩罚性加倍的牌。

　　2阶出新花——都为8~10点，5张以上的牌，都不逼叫。

　　3阶（含跳阶）出新花——都为8~10点，6张以上强套的牌，都不逼叫。

　　3♣加叫草花——为8~10点，有支持的牌，不逼叫。

　　4♣/5♣跳加草花——为11~12点/13~14点，有支持的非均型牌，邀叫/止叫。

　　2NT——可以视为逼叫性的特殊约定叫，为11~15点，在上家干扰花色中有止张且有4张高花的牌，逼叫。此时，当开叫人：①为14~15点的牌时，就应优先叫出4张高花来，无4张高花的牌时，就加叫3NT进局。②为11~13点的牌时，就先应答3♣；此后当应叫人为11~12点时，就可以在Pass和3NT之间进行选择；13~15点的牌时，就可以叫出4张高花来寻求配合，逼叫。此后，开叫人应在加叫高花进局和再叫3NT进局中进行选择。

　　3NT——为13~15点，有止张，无4张高花的均型牌，止叫。

　　对2阶花色干扰加倍——有以下两种可能。第一种为负加倍，为8~10点，有4-4以上分布未叫花色的牌。第二种为11点以上，对草花无支持，有5张未叫花色的牌（再叫时用出新花予以区别），都不逼叫。

　　对3阶以上花色干扰加倍——都为11点以上的惩罚性加倍。

　　扣叫干扰花色——为11点以上，对草花有支持的牌（通常无止张），逼叫。其后续叫牌可以按如下约定，当开叫人：①再叫3NT时，为有下家干扰花色止张的牌（有4张高花和止张时优先叫3NT），不逼叫；②平阶出高花时，为4张，无止张的牌，都是逼

叫；③再叫4♣时，为11~13点，无止张也无4张高花，有6张以上草花的牌，邀叫；④再叫5♣时，为14~15点，无止张也无4张高花的非均型牌，不逼叫。

跳扣叫干扰花色——为13点以上，对草花有好支持，扣叫花色为缺门的牌，逼叫。

2. 上家加倍干扰后对2♣开叫的应叫

Pass——为最多7点，可能有支持的牌。

2阶/3阶出方块——为8~10点，5张/6张的牌，都不逼叫。

4阶/5阶跳出方块——为11~12点/13~14点，6张以上强套，且不适合打3NT定约的非均型牌，邀叫/止叫。

2阶/3阶出高花——为8~10点，5张/6张的牌，都不逼叫。

4阶跳出高花——都为11~14点，6张以上的牌，都是止叫。

2NT——为11~12点的均型牌，邀叫。

3♣加叫/4♣跳加草花——为8~10点/11~12点，有支持的牌，不逼叫/邀叫。

5♣跳加草花——为13~14点，有好支持的非均型牌，止叫。

再加倍——为11点以上，对草花可能有支持的牌，不逼叫。

3. 上家2NT干扰后对2♣开叫的应叫

Pass——为最多7点，可能有支持的牌。

3♣加叫草花——为8~10点，有支持的牌，不逼叫。

3阶出新花——都为8~10点，6张以上的牌，都不逼叫。

加倍——为11点以上的牌，有很强的惩罚性加倍含义，不逼叫。

4. 上家扣叫干扰后对2♣开叫的应叫

Pass——为最多7点，可能有支持的牌。

加倍——为8点以上的牌，不逼叫。

4♣/5♣跳加草花——为11~12点/13~14点，有支持的非均型牌，邀叫/止叫。

3NT——为12~14点的均型牌，止叫。

5. 上家跳阶阻击干扰后对2♣开叫的应叫

上家阻击干扰后，应叫人的应叫都是自然实叫，应参考本书085~086页的八条常规介绍。

三、对方干扰后2♣开叫人的再叫

1. 同伴没有参与叫牌时2♣开叫人的再叫

此时开叫人通常应该Pass，只有在持14~15点高限牌力和好的牌型两个必要条件同时满足时，才允许主动参与再叫。其再叫的约定如下：

2阶出高花——都为14~15点，4张的牌，都不逼叫。

2NT——为14~15点，有半坚固以上草花套且有止张的牌，不逼叫。

3♣再叫草花——为14~15点，6张以上强套的牌，不逼叫。

对花色干扰加倍——为14~15点，对另两门未叫花色有好支持的牌，不逼叫。

2. 下家加倍干扰同伴没有参与叫牌时2♣开叫人的再叫

Pass——为认可打2♣加倍定约的牌，此时，有一个重要的信息一定要牢记，你的上家有草花长套的概率非常大。

出新花——都为12~14点，4张，草花相对较弱的牌，都不逼叫。

3. 同伴花色示强应叫上家干扰后2♣开叫人的再叫

Pass——为11~12点，其牌力和牌型都不足以再参与叫牌的牌。

3♣/4♣再叫草花——为12~13点/14~15点，6张以上强套的牌，不逼叫。

5♣再叫草花——为14~15点，7张以上强套的畸形牌，止叫。

平阶出高花——都为14~15点，4张的牌，都不逼叫。

3阶加叫/4阶加叫应叫人高花——为12~13点/14~15点，有支持的牌，邀叫/不逼叫。

2NT/3NT——为12~14点/15点，有止张的牌，邀叫/止叫。

扣叫干扰花色——为14~15点，有半坚固以上草花套的牌，是寻求同伴有干扰花色半止张时，打3NT定约的牌，逼叫。

对上家扣叫干扰加倍——为14~15点的牌，不逼叫。

对上家加倍干扰再加倍——为14~15点的牌，不逼叫。

对上家2NT干扰加倍——为14~15点的牌，是惩罚性加倍。

对上家花色干扰加倍——当同伴不是加叫性的示强应叫时，开叫人对上家花色干扰的加倍都是惩罚性加倍。当同伴是加叫性的3♣应叫时，开叫人对上家花色干扰的加倍是不逼叫的选择性加倍，表示开叫人为14~15点，有上家争叫花色4张的牌，此时，联手定约的决定权在应叫人手中。当应叫人：①Pass时，就转换成惩罚性加倍；②觉得打宕对方的定约没把握时，就叫回4♣或再叫应叫花色止叫；③觉得打宕对方定约不合算时，就再叫3NT、应叫花色或5♣封局止叫。

四、2♣开叫对方干扰后应叫人的再叫

同伴2♣开叫后，无论对方是否再次干扰叫牌，应叫人的再叫都是自然实叫，应该符合桥牌逻辑，当应叫人：

Pass——为8~10点，联手成局无望的牌。

再叫应叫花色——为8~10点，有6张以上应叫花色的牌，不逼叫。

花色或3NT定约进局——都为有对应特定牌力和牌型的牌，都是止叫。

对对方不成局/成局加叫性干扰加倍——是选择性/惩罚性加倍，都不逼叫。

对对方非加叫性干扰加倍——都是惩罚性加倍。

五、对方干扰后2♣开叫人的第三次叫牌及后续叫牌

2♣开叫后，无论对方是否再次干扰叫牌，2♣开叫人的第三次叫牌及后续叫牌，都是自然实叫，应该符合桥牌逻辑，此时，分析叫牌信息，按照桥牌逻辑来推断应叫人或2♣开叫人的牌力范围和牌型，并采用与其相适应的叫牌原则来指导叫牌，共同选择

联手的合理定约是其精髓所在。其2♣开叫人的第三次叫牌及后续叫牌，都是自然实叫，都应符合常规的后续叫牌，详见本书088~089页。只是此时他们对对方干扰的加倍都是惩罚性加倍这点略有不同而已。

六、2♣开叫的后续叫牌举例

1. 对同伴2♣开叫的应叫举例

【例1】你持有♠975　♥AJ93　♦52　♣J652，6点，3-4-2-4牌型。同伴开叫2♣，上家Pass或分别进行加倍/2♦/2♥/2♠/2NT/3♣/3♦/3♥/3♠干扰时，你该如何应叫呢？

答　上家Pass时，你应该Pass。

上家加倍干扰时，你应该Pass，表示为最多7点，可能有支持的牌。

上家3♥跳叫干扰时，你该应叫加倍予以惩罚，此种牌型结构，应该能把庄家将牌打失控的牌。

上家进行其他干扰时，你都应该Pass。

【例2】你持有♠A1065　♥KQ3　♦KJ2　♣952，13点，4-3-3-3牌型。同伴开叫2♣，上家Pass或分别进行加倍/2♦/2♥/2♠/2NT/3♣/3♦/3♥/3♠干扰时，你该如何应叫？

答　上家Pass时，你该应叫2♦，表示为11点以上，可能有4张高花的牌。

上家加倍干扰时，你该应叫再加倍，表示为11点以上的牌。

上家2♦干扰时，你该应叫2NT，表示为11~15点，对方块有止张且有4张高花的牌。当开叫人再叫：①3♣，表示为11~13点的牌时，你应再叫3NT止叫；②3♥，表示为14~15点，有4张红心的牌时，你应再叫3NT，不逼叫；③3♠，表示为14~15点，有4张黑桃的牌时，你应加叫4♠封局止叫；④3NT，表示为14~15点，无4张高花的牌时，你应再叫Pass。

上家2♥干扰时，你该应叫2NT，表示为11~15点，对红心有止张且有4张黑桃的牌。当开叫人再叫：①3♣，表示为11~13点的牌时，你应再叫3NT，不逼叫；②3♠，表示为14~15点，有4张黑桃的牌时，你应加叫4♠，止叫；③3NT，表示为14~15点，无4张黑桃的牌时，你应再叫Pass。

上家2♠干扰时，你该跳应叫3NT，表示为13~15点，有好止张的牌，止叫。

上家进行其他干扰时，你都该应叫加倍予以惩罚。

2. 2♣开叫人的再叫举例

【例】你持有♠AQ53　♥8　♦K82　♣KQJ52，15点，4-1-3-5牌型。开叫2♣，对方一直没有参与叫牌，同伴Pass或分别应叫2♦/2♥/2♠/2NT/3♣/3♦/3♥/3♠/3NT/4♣/4♦/4♥/4♠时，表示什么含义？你应如何再叫呢？

答　同伴Pass时，为成局无望的牌，你已经没有叫牌的机会了。

同伴应叫2♦时，为11点以上的问牌型约定叫。你该应答2♠，表示有4张黑桃。

同伴应叫2♥时，为8~10点，5张以上的牌。你应再叫2♠，表示有4张黑桃，是改善定约的叫牌。

同伴应叫2♠时，为8~10点，5张以上的牌。此时，你加牌型点已有15+3=18支持点了，你应加叫4♠进局。

同伴应叫2NT时，为11~12点，无4张高花的均型牌。你们联手红心的止张状况很令人担忧。建议你再叫3♠，表示为14~15点，4张的牌，保留打4-3分布黑桃成局定约的机会。

同伴加叫3♣时，为8~10点，有支持的牌，你稳妥点就应该Pass，激进点也可以再叫3♠进行邀叫，表示为14~15点，还有4张黑桃的牌。

同伴跳应叫3♦/3♥时，为19点以上，有半坚固以上方块/红心套A问叫的牌。对3♦，你该跳阶应答4♠，表示有方块大牌张且有♠A的牌。对3♥，你该应答3♠，表示无红心大牌张且有♠A的牌。

同伴跳应叫3♠时，是逻辑错误的叫牌，你的黑桃如此强大，同伴的牌一定是不符合A问叫要求的。至于你应如何再叫，应凭牌感而定。

同伴跳应叫3NT时，为13~15点，无4张高花或5张低花的均型牌，你应该Pass。

同伴跳加4♣时，是以草花为将牌变通的关键张问叫，你应加三级应答4NT，表示有两个关键张且有♣Q。

同伴双跳应叫4♦时，可以视为改良的爆裂叫，为13点以上，对草花有好支持，方块为缺门的牌。你在方块中虽有3点废点，但联手依然超过25点，你应再叫6♣进贯。

同伴双跳应叫4♥/4♠，都可以视为改良的爆裂叫，为13点以上，对草花有好支持，所叫花色为缺门的牌。对4♥，显然对方红心的10点牌力都废了，你应再叫7♣。对4♠，你应再叫5♣，表示对满贯不感兴趣。

3. 同伴2♣开叫后应叫人的再叫举例

【例】你持有♠A9853　♥KJ　♦KJ42　♣52，12点，5-2-4-2牌型。同伴开叫2♣，对方一直没有参与叫牌，你应叫2♦，同伴Pass或分别应答2♥/2♠/2NT/3♣/3♦/3♥/3♠/3NT时，表示什么含义？你应如何再叫呢？

答　同伴Pass时，是逻辑错误的叫牌，你的2♦应叫是逼叫，是不允许开叫人Pass的。可惜你已经没有再叫的机会了。

同伴应答2♥时，为11~15点，4张的牌。你应再叫2♠，表示为11点以上，5张以上的牌。

同伴应答2♠时，为11~15点，4张的牌。你应跳加4♠进局，表示有4张以上配合，对满贯不感兴趣。

同伴应答2NT/3♣时，分别为11~15点，有6张以上草花，对另外两门/一门花色有止张的牌。你都应再叫3♠，表示为11点以上，5张以上的牌。

同伴应答3♦时，为11~15点，5张，另有6张以上草花的畸形牌。你应加叫5♦进局。

同伴跳阶应答3♥时，是笔者不推荐的叫牌，如同伴这样应答了，你应再叫3♠，表示11点以上，5张以上的牌。

同伴跳阶应答3♠时，是笔者不推荐的叫牌，如同伴这样应答了，你应加叫4♠进局，表示有4张以上配合，对满贯不感兴趣。

同伴应答3NT时，为14~15点，有半坚固以上草花套的牌。你应再叫Pass。

第十三节　2◆和纳姆雅姿转移开叫后的叫牌

2◆和纳姆雅姿转移叫（4♣/4◆）开叫，都属于特定牌型类的开叫。其应叫和开叫人的再叫，多以约定叫的方式进行。其后续叫牌都是自然实叫，应该符合桥牌逻辑。

一、对2◆开叫的应叫及后续叫牌

2◆开叫，为11~15点，方块为单张4-4-1-4和缺门4-4-0-5牌型的牌或是方块为单张3-4-1-5或4-3-1-5牌型，草花套很弱不适合开叫♣的牌（需要说明的是，现在有许多牌手对3-4-1-5和4-3-1-5牌型的牌，开叫2◆是有很大抵触情绪的，至于你持有此类牌型时，是否进行2◆开叫，应该和同伴协商达成共识），不逼叫。其低限为11~12点，中限为13~14点，高限为14~15点。对2◆开叫的应叫及后续叫牌多以约定叫的形式进行，见表2-9。

表2-9　对2◆开叫的应叫及后续叫牌

应　叫	开叫人的再叫	应叫人的再叫	开叫人的第三次叫牌
Pass：为最多10点，有6张以上方块，认为打2◆定约不吃亏的牌			
2♥/2♠：都为最多7点，3张以上的牌，都不逼叫	通常都应该Pass		
	3阶加叫应叫高花：为14~15点，4-4-0-5牌型的牌，邀叫	Pass：为0~5点，成局无望的牌 4阶再叫应叫高花：为6~7点，4张以上，在方块中无废点的牌，止叫	
3♣：为最多7点，4张以上的牌，不逼叫	通常应该Pass		
	4♣：为14~15点，4-4-0-5牌型的牌，邀叫	Pass：为0~5点，成局无望的牌 5♣：为6~7点，在方块中无废点的牌，止叫	
2NT：是问牌型的约定叫，为11点以上，有4张以上高花或有4张以上草花配合的牌，逼叫 由于开叫人其中一门高花可能是3张的牌，因而，2NT应叫人要有迫不得已打4-3配合高花成局约的思想准备。因而当应叫人只有一门4张高花且方块没有好止张的牌时，其持有的牌力应更高一些才稳妥	应答3♣：为11~15点，3-4-1-5牌型的牌，逼叫	3◆：是问牌力的约定叫，逼叫	应答3♥：为11~13点的牌，不逼叫 应答3♠：为14~15点的牌，逼叫
		3♥：为13点以上，4张以上，在方块中无废点的牌（含有废点时，牌力要对应增加的牌，以下省略该解释），逼叫	3NT：可以视为以红心为将牌变通的高花关键张问叫，为14~15点，在方块中无废点的牌，逼叫 出新花：为14~15点，在方块中无废点，以红心为将牌扣A（包括◆A，以下省略该解释）的牌，都是逼叫 4♥：为11~14点，对满贯不感兴趣的牌，不逼叫 5♥/6♥：为13点/14~15点，在方块中无废点的牌，是凭牌力的满贯邀叫/封贯叫牌，都不逼叫

应　　叫	开叫人的再叫	应叫人的再叫	开叫人的第三次叫牌
2NT：是问牌型的约定叫，为11点以上，有4张以上高花或有4张以上草花配合的牌，逼叫 由于开叫人其中一门高花可能是3张的牌，因而，2NT应叫人要有迫不得已打4–3配合高花成局定约的思想准备。因而当应叫人只有一门4张高花且方块没有好止张的牌时，其持有的牌力应更高一些才稳妥	应答3♣：为11~15点，3-4-1-5牌型的牌，逼叫	3♠：为13点以上，5张以上，在方块中无废点的牌，逼叫	3NT：可以视为以黑桃为将牌变通的高花关键张问叫，为14~15点，在方块中无废点的牌，逼叫 出新花：为14~15点，在方块中无废点的牌，是以黑桃为将牌扣A的牌，都是逼叫 4♠：为11~14点，对满贯不感兴趣的牌，不逼叫 5♠/6♠：为14点/15点，在方块中无废点的牌，是凭牌力的满贯邀叫/封贯叫牌，都不逼叫
		4♣：为13点以上，4张以上，在方块中无废点的牌，逼叫	出新花：为13点以上，在方块中无废点扣A的牌，都是逼叫 4NT：可以视为特殊约定叫，为13点，有两个关键张的牌，逼叫 5♣：为11~14点，对满贯不感兴趣的牌，不逼叫 6♣：为14~15点，在方块中无废点的牌，不逼叫
		3NT：为11~15点，对方块有好止张的牌，止叫	
		4◆/4NT：可以视为以草花/红心为将牌的关键张问叫，为15点以上，有4张以上草花/红心强套，在方块中无废点的牌（如果想试探以黑桃为将牌的满贯，推荐采用3♠先定将牌，待开叫人进局时，再进行关键张问叫），都是逼叫	
		4♥：为11~14点，4张以上，对满贯不感兴趣的牌，止叫	
		5♥/6♥：为15点/16~19点，4张以上强套，在方块中无废点的牌，是凭牌力的满贯邀叫/封贯止叫	
		4♠：为11~14点，5张以上，对满贯不感兴趣的或为12~15点，4张不好叫的牌（打4–3高花将牌定约时，应叫人应避免打开叫人为4张的高花定约，让短套方将吃方块才是正解，以下省略该解释），止叫	
		5♠/6♠：为15点/16~19点，5张以上，在方块中无废点的牌，是凭牌力的满贯邀叫/封贯止叫	
		5◆：为12~14点，4张以上，不适合打3NT和高花定约的非均型牌，止叫	
		6♣：为16~19点，4张以上，在方块中无废点的牌，止叫	
	应答3◆：为11~15点，4-3-1-5牌型的牌，逼叫	3♥：为13点以上，5张以上，在方块中无废点的牌，逼叫	3NT：可以视为以红心为将牌变通的高花关键张问叫，为14~15点，在方块中无废点的牌，逼叫 出新花：都为14~15点，在方块中无废点，是以红心为将牌扣A的牌，都是逼叫 4♥：为11~13点，对满贯不感兴趣的牌，不逼叫 5♥/6♥：为14点/15点，在方块中无废点的牌，是凭牌力的满贯邀叫/封贯叫牌，都不逼叫

应　　叫	开叫人的再叫	应叫人的再叫	开叫人的第三次叫牌
2NT：是问牌型的约定叫，为11点以上，有4张以上高花或有4张以上草花配合的牌，逼叫 由于开叫人其中一门高花可能是3张的牌，因而，2NT应叫人要有迫不得已打4-3配合高花成局定约的思想准备。因而当应叫人只有一门4张高花且方块没有好止张的牌时，其持有的牌力更高一些才稳妥	应答3◆：为11~15点，4-3-1-5牌型的牌，逼叫	3♠：为13点以上，4张以上，在方块中无废点的牌，逼叫	3NT：可以视为以黑桃为将牌变通的高花关键张问叫，为14~15点，在方块中无废点的牌，逼叫 出新花：都为14~15点，在方块中无废点，是以黑桃为将牌扣A的牌，都是逼叫 4♠：为11~13点，对满贯不感兴趣的牌，不逼叫 5♠/6♠：为14点/15点，在方块中无废点的牌，是凭牌力的满贯邀叫/封贯叫牌，都不逼叫
		4♣：为13点以上，4张以上，在方块中无废点的牌，逼叫	出新花：都为13点以，在方块中无废点扣A的牌，都是逼叫 4NT：可以视为特殊约定叫，为13点，在方块中无废点，有两个关键张的牌，逼叫 5♣：为11~13点，对满贯不感兴趣的牌，不逼叫 6♣：为14~15点，在方块中无废点的牌，不逼叫
		3NT：为11~15点，对方块有好止张的牌，止叫	
		4◆：可以视为以红心为将牌的关键张问叫，为15点，有4张以上红心强套，在方块中无废点的牌（如果想试探以黑桃/草花为将牌的满贯，推荐采用3♠/4♣先定将牌，待开叫人加叫进局时，再进行试探满贯叫牌），逼叫	
		4♥：为11~14点，5张以上或为12~15点，4张不好叫的牌，止叫	
		5♥/6♥：为15点/16~19点，5张以上强套，在方块中无废点的牌，是凭牌力的满贯邀叫/封贯止叫	
		4♠：为11~14点，4张以上的牌，止叫	
		5♠/6♠：为15点/16~19点，4张以上强套，在方块中无废点的牌，是凭牌力的满贯邀叫/封贯止叫	
		5♣：为12~14点，4张以上，不适合打3NT和高花定约的非均型牌，止叫	
		6♣：为16~19点，4张以上强套，在方块中无废点的牌，止叫	
	应答3♥：为11~13点，4-4-1-4牌型的牌，逼叫	3NT：为13~15点，对方块有好止张的均型牌，止叫	
		3♠：为14点以上（当开叫人高限为13点/15点时，应叫人再出新花为14点以上/13点以上），4张以上，在方块中无废点的牌，逼叫	3NT：可以视为以黑桃为将牌变通的高花关键张问叫，为13点，在方块中无废点的牌，逼叫 出新花：都为13点，在方块中无废点，是以黑桃为将牌扣A的牌，都是逼叫 4♠：为11~12点，对满贯不感兴趣的牌，不逼叫 5♠/6♠：为12点/13点，在方块中无废点的牌，是凭牌力的满贯邀叫/封贯叫牌，都不逼叫

应　　叫	开叫人的再叫	应叫人的再叫	开叫人的第三次叫牌
2NT：是问牌型的约定叫，为11点以上，有4张以上高花或有4张以上草花配合的牌，逼叫 由于开叫人其中一门高花可能是3张的牌，因而，2NT应叫人要有迫不得已打4-3配合高花成局定约的思想准备。因而当应叫人只有一门4张高花且方块没有好止张的牌时，其持有的牌力应更高一些才稳妥	应答3♥：为11~13点，4-4-1-4牌型的牌，逼叫	4♣：为14点以上，4张以上，在方块中无废点的牌，逼叫	出新花：都为13点，在方块中无废点扣A的牌，都是逼叫 4NT：可以视为是特殊约定叫，为13点，在方块中无废点，有两个关键张的牌，逼叫 5♣：为11~12点，对满贯不感兴趣的牌，不逼叫 6♣：为13点，在方块中无废点的牌（感觉有点冒叫），不逼叫
		应答3♥：为11~13点，4-4-1-4牌型的牌，逼叫	4◆：可以视为以红心为将牌的关键张问叫，为15点以上，有4张以上红心，在方块中无废点的牌，逼叫 4♥/4♠：都为11~15点，4张以上，对满贯不感兴趣的牌，都是止叫 5阶/6阶出高花：为15点/16~19点，4张以上强套，在方块中无废点的牌，是凭牌力的满贯邀叫/封贯止叫 4NT：可以视为以黑桃为将牌关键张问叫，为15点以上，有4张以上黑桃强套，在方块中无废点的牌，逼叫 5♣：为12~14点，4张以上，不适合打3NT和高花定约的非均型牌，止叫 6♣：为16~19点，4张以上强套，在方块中无废点的牌，止叫
	应答3♠：为14~15点，4-4-1-4牌型（单张方块无废点）的牌，逼叫 当单张为◆K或◆Q，4-4-1-4牌型，15点时，由于此时的◆K或◆Q大概率是废点，笔者推荐要采用3♥来降级应答	3NT：为11~15点，对方块有好止张的牌，止叫	
		4♣：可以视为以草花为将牌的关键张问叫，为13点以上，4张以上强套，在方块中无废点的牌，逼叫	
		5♣：为11~14点，4张以上，对满贯不感兴趣的牌，止叫	
		6♣：为13~16点，4张以上强套，在方块中无废点的牌，止叫	
		4◆：可以视为以红心为将牌的关键张问叫，为13点以上，有4张以上红心强套，在方块中无废点的牌，逼叫	
		4♥/4♠：为11~14点，4张以上，对满贯不感兴趣的牌，都是止叫	
		5阶/6阶出高花：为12点/13~16点，4张以上强套，在方块中无废点的牌，是凭牌力的满贯邀叫/封贯止叫	
		4NT：可以视为以黑桃为将牌的关键张问叫，为13点以上，有4张以上黑桃强套，在方块中无废点的牌，逼叫	
	应答3NT：为14~15点，单张为◆A，4-4-1-4牌型的牌，不逼叫 需要解释的是，老版精确体系是允许单张◆K的牌进行3NT应答的，由于此时的◆K大概率会是废点，因而笔者不推荐大家采用，敬请大家谅解 另外，开叫人为11~13点，单张◆A，4-4-1-4牌型的牌时，应该应答3♥	Pass：为11~15点，对方块有好止张的牌	
		4♣：为13点以上，4张以上，在方块中无废点的牌，逼叫	4♥/4♠：都可以视为以草花为将牌扣A的牌（同时还表示有两个关键张+♣Q），都是逼叫 4NT：可以视为有三个关键张的特殊约定叫，逼叫 5♣：可以视为最多有两个关键张的特殊约定叫，不逼叫 6♣：可以视为有三个关键张+♣Q的特殊约定叫，不逼叫

应　　叫	开叫人的再叫	应叫人的再叫	开叫人的第三次叫牌
2NT：是问牌型的约定叫，为11点以上，有4张以上高花或有4张以上草花配合的牌，逼叫 由于开叫人其中一门高花可能是3张的牌，因而，2NT应叫人要有迫不得已打4-3配合高花成局定约的思想准备。因而当应叫人只有一门4张高花且方块没有好止张的牌时，其持有的牌力应更高一些才稳妥		4♦：可以视为以红心为将牌的关键张问叫，为13点以上，有4张以上红心强套，在方块中无废点的牌，逼叫 4♥/4♠：都为11~13点，4张以上，对满贯不感兴趣的牌，都是止叫 5阶/6阶出高花：为13点/14~16点，4张以上强套，在方块中无废点的牌，是凭牌力的满贯邀叫/封贯止叫 4NT：可以视为以黑桃为将牌的关键张问叫，为13点以上，有4张以上黑桃强套，在方块中无废点的牌，逼叫 5♣：为12~14点，4张以上，对满贯不感兴趣的牌，止叫 6♣：为13~16点，4张以上强套，在方块中无废点的牌，止叫
	应答4♣：为11~13点，4-4-0-5牌型的牌，逼叫	4♦：可以视为以草花为将牌排除方块的关键张问叫，为12点以上，对草花有好支持，在方块中无废点的牌，逼叫 5♦：可以视为以黑桃为将牌排除方块的关键张问叫，为12点以上，有4张以上黑桃强套，在方块中无废点的牌，逼叫 4♥/4♠：都为11~14点，4张以上，对满贯不感兴趣的牌，都是止叫 5阶/6阶跳出高花：为12点/13~15点，4张以上强套，在方块中无废点的牌，是凭牌力的满贯邀叫/封贯止叫 4NT：可以视为以红心为将牌排除方块的关键张问叫，为12点以上，有4张以上红心强套，在方块中无废点的牌，逼叫 5♣：为11~14点，3张以上，对满贯不感兴趣的牌，止叫 6♣：为13~15点，4张以上强套，在方块中无废点的牌，止叫
	应答4♦：为14~15点，4-4-0-5牌型的牌，逼叫 开叫人此时超过4♦水平的其他应答，都是逻辑错误的叫牌	4♥/4♠：都为11~13点，4张以上，对满贯不感兴趣的牌，都是止叫 5阶/6阶跳出高花：为11点/12~13点，4张以上强套，在方块中无废点的牌，都是凭牌力的满贯邀叫/封贯止叫 4NT：可以视为以草花为将牌的关键张问叫，为11点以上，对草花有好支持，在方块中无废点的牌，逼叫 5♣：为11~13点，3张以上，对满贯不感兴趣的牌，止叫 6♣：为12~13点，对草花有好支持，在方块中无废点的牌，止叫
3♦：为11~13点，6张以上强套的牌，不逼叫	Pass：为11~13点，成局无望的牌 3NT：为13~15点，想打该定约的牌，止叫		

3♥/3♠：都为6~8点，5张以上或为8~10点，4张（由于开叫人其中一门高花有可能是3张的牌，因此应叫人以4张高花进行邀叫时要慎重），在方块中无废点的牌，都是邀叫

4♥/4♠：都为11~15点，4张或为8~13点，5张以上的牌（当应叫人为11点以上时，笔者推荐应优先采用2NT应叫，以保证在开叫人为高限牌力4-4-0-5牌型时，不丢贯），都是止叫

3NT：为13~16点，对方块有好止张，无4张高花或有4张高花也想打3NT定约的牌，止叫

4♣/5♣：为8~11点/12~15点，4张以上，不适合打3NT和高花定约的非均型牌，邀叫/止叫。

应叫人4NT以上的应叫：都是不推荐的叫牌，笔者建议还是应该遵循好牌慢叫的叫牌原则，先应叫2NT，问清开叫人牌型后，再决定打什么定约

需要解释的是，老版精确体系对2♦开叫的2NT应叫，最低为8点，有5张以上高花，在方块中无废点的牌。笔者更推荐以11点，有4张以上高花或是有4张以上草花的牌，作为应叫2NT的门槛牌力。而当你持有8~10点，有5张以上高花的牌时，稳妥点就选择3阶高花邀叫，激进点就直接选择4阶高花进局，没有必要以如此低的牌力进行绕圈叫牌。

二、上家干扰后对2♦开叫的应叫

1. 上家花色干扰后对2♦开叫的应叫

Pass——为最多7点，或为最多9点，感觉不叫更能获利且不够进行惩罚性加倍的牌。

2NT/3NT——为11~12点/13~15点，对方块有好止张的均型牌，邀叫/止叫。

3♣——为8~10点，4张以上的牌，不逼叫。

4♣/5跳出草花——为10~11点/12~15点，5张以上的非均型牌，邀叫/止叫。

3♥/3出高花——都为6~8点，5张以上或为9~10点，4张（要有打将牌4-3配合的思想准备）的牌，都是邀叫。

4♥/4跳出高花——都为9~13点，5张以上或为11~15点，4张的牌（要有打将牌4-3配合的思想准备），都是止叫。

加倍——都是惩罚性加倍。

需要解释的是，此时应叫人对干扰花色的扣叫和跳扣叫，并没有被明确的定义，你可以赋予其特定的叫牌约定。

2. 上家加倍干扰后对2♦开叫的应叫

上家的加倍干扰，是争叫性加倍，表示其为11~15点，有5张以上方块的牌。当应叫人：

Pass——为8~10点，有6张以上方块，认为打被加倍2♦定约不吃亏的牌。

2♥/2出高花——都为最多7点，3张以上的花色选择示弱应叫（不保证一定有4张配合的牌，以下用3张以上的示弱应叫来表示），都不逼叫。

3♥/3跳出高花——都为6~8点，5张以上或为9~10点，4张的牌，都是邀叫。

4♥/4跳出高花——都为9~13点，5张以上或为11~15点，4张的牌，都是止叫。

3♣——为最多7点，4张以上的花色选择示弱应叫，不逼叫。

4♣/5跳出草花——为8~11点/12~15点，5张以上的非均型牌，邀叫/止叫。

3NT——为13~15点，有方块好止张的牌，止叫。

再加倍——为11点以上，有6张以上方块的牌，允许开叫人Pass。如果对方进行逃叫，开叫人或应叫人所做的加倍，都是惩罚性加倍。

3. 上家2NT干扰后对2♦开叫的应叫

Pass——为最多7点的牌。

3♣——为8~10点，4张以上的牌，不逼叫。

3♥/3♠出高花——都为6~8点，5张以上或为9~10点，4张的牌，都是邀叫。

4♥/4♠跳出高花——都为9~13点，5张以上或为11~15点，4张的牌，都是止叫。

4♣/5♣跳出草花——为8~11点/12~15点，5张以上的非均型牌，邀叫/止叫。

3NT——为13~15点，有方块好止张的牌，止叫。

加倍——为11点以上的牌，是惩罚性加倍。

4. 上家扣叫干扰后对2♦开叫的应叫

应该说明的是，由于开叫人的特定牌型，此时上家3♦扣叫的含义是表示7~10点，有7张以上方块的阻击叫，还是表示正常的扣叫，是必须搞清楚的问题。综合分析后，笔者感觉更像是前者。此后，应叫人的再叫都是自然实叫，应该符合桥牌逻辑。当应叫人：

Pass——为不够自由应叫牌力的牌。

3阶/4阶出高花——为6~8点，5张以上或9~10点，4张/9~10点，5张以上或为11~14点，4张的牌，都是邀叫/都是止叫。

3NT——13~15点，对方块有好止张的牌，都是止叫。

4♣/5♣跳出草花——为11~12点/13~14点，4张以上不适合打3NT定约的牌，邀叫/止叫。

加倍——为11点以上，有方块可靠赢墩的牌，是惩罚性加倍。

5. 上家阻击干扰后对2♦开叫的应叫

应该说明的是，由于开叫人的特定牌型，此时上家3阶花色的阻击叫，将是比较罕见的叫品，应和同伴参考本书085~086页的八条常规介绍，共同商讨对策。

三、对方干扰后2♦开叫人的再叫

当同伴示弱应叫对方干扰后或是下家干扰同伴没有参与叫牌时，2♦开叫人通常就不应该再主动参与叫牌了，除非开叫人持有高限牌力，为4-4-0-5牌型的牌时，是个例外。

同伴示强应叫上家干扰或是下家干扰同伴示强应叫后，当开叫人：

Pass——都为11~13点的示弱叫牌。

主动加高定约阶数——都为14~15点的牌，都是邀叫。

对同伴示强邀叫的高花或低花加叫进局——都为14~15点的牌，都是止叫。

对同伴2NT邀叫加叫3NT进局——为14~15点的牌，止叫。

对上家干扰加倍——都是惩罚性加倍。

四、2♦开叫对方干扰后应叫人的再叫及后续叫牌

同伴2♦开叫后，无论对方是否再次干扰叫牌，应叫人的再叫及后续叫牌都是自然实叫。此时，分析叫牌信息，按桥牌逻辑来推断2♦开叫人或应叫人的牌力范围和牌型，并采用与其相适应的叫牌原则来指导叫牌，共同选择联手合理的定约是其精髓所在。其应叫人的再叫及后续叫牌，都应符合常规的后续叫牌，详见本书088~089页，只是此

时他们对对方干扰的加倍都是惩罚性加倍这点略有不同而已。

五、2♦开叫的后续叫牌举例

1. 对2♦开叫的应叫举例

【例1】你持有 ♠Q5 ♥J3 ♦9752 ♣108652，3点，2-2-4-5牌型。同伴开叫2♦，上家Pass或分别进行加倍/2♥/2♠/2NT/3♣/3♦/3♥/3♠/3NT干扰时，你该如何应叫呢？

答 上家Pass时，你该应叫3♣，表示为不够自由应叫牌力，4张以上的牌。此牌例中你红心和黑桃的张数都只有2张，即使是2阶也不能叫。

上家加倍干扰时，你该应叫3♣，表示不够自由应叫牌力，4张以上的牌。因为你如果Pass，则表示你持有方块长套想打该定约的牌。同伴若是不叫牌，你们将会遭受巨大的罚分。

上家进行其他干扰时，你都应该Pass。

【例2】你持有 ♠AQ75 ♥J53 ♦K9842 ♣2，10点，4-3-5-1牌型。同伴开叫2♦，上家Pass或分别：加倍/2♥/2♠/2NT/3♣/3♦/3♥/3♠/3NT干扰时，你该如何应叫呢？

答 上家Pass时，虽然你已经有13支持点的牌了，但并不能确保开叫人有4张黑桃，你该应叫3♠进行邀请。

上家加倍干扰时，你该应叫3♠进行邀请。

上家进行其他干扰时，你都该应叫加倍予以惩罚。

2. 2♦开叫人的再叫举例

【例】你持有♠KQ75 ♥A853 ♦J ♣Q832，12点，4-4-1-4牌型。开叫2♦，对方一直没有参与叫牌，同伴Pass或分别应叫2♥/2♠/2NT/3♣/3♦/3♥/3♠/3NT/4♣/4♦/4♥/4♠时，表示什么含义？你应如何再叫呢？

答 同伴Pass时，为最多10点，有6张以上方块的牌。你已经没有再叫牌的机会了。

同伴应叫2♥/2♠时，都为最多7点，3张以上的花色选择示弱应叫。你都应该Pass。

同伴应叫2NT时，为11点以上的问牌型约定叫。你该应答3♥，表示为11~13点，4-4-1-4牌型的牌。

同伴应叫3♣时，为最多7点，4张以上的花色选择示弱应叫。你应该Pass。

同伴应叫3♦时，为11~13点，有6张以上方块强套的牌。你再叫3NT或Pass都行，该如何再叫，应凭牌感而定。

同伴跳应叫3♥/3♠时，为6~8点，5张以上或为9~10点，4张的牌。你都有14支持点牌力，稳妥点就都Pass吧。

同伴跳应叫3NT时，都为13~15点，无4张高花，对方块有好止张的牌。你应该Pass。

同伴跳应叫4♣时，为8~11点，4张以上的牌，是5♣进局邀请。你持低限牌，应该Pass。因为应叫人如真的持有16点以上想尝试满贯强牌，他就应该先应叫2NT，然后有机会再叫4♣来显示强牌。

同伴跳应叫4♦时，是逻辑错误的叫牌。你应如何再叫，可凭牌感而定。

同伴跳应叫4♥/4♠时，都为8~13点，5张以上或为11~15点，4张的牌，你都应该Pass。

3. 同伴2♦开叫后应叫人的再叫举例

【例】你持有 ♠AQ75　♥KQ3　♦9752　♣A2，15点，4-3-4-2牌型。同伴开叫2♦，对方一直没有参与叫牌，你应叫2NT，同伴Pass或分别应答3♣/3♦/3♥/3♠/3NT/4♣/4♦时，表示什么含义？你应如何再叫？

答　同伴Pass时，是逻辑错误的叫牌。你的2NT应叫是逼叫，是不允许开叫人Pass的。可惜你已经没有再叫牌的机会了。

同伴应答3♣时，为11~15点，3-4-1-5牌型的牌。你应再叫4♠进局，虽然是打4-3配合的高花，也只能如此了。此牌联手的红心和黑桃都是4-3配合，笔者建议打开叫人为短将牌的4♠定约，让短将牌方进行方块将吃更为有利。

同伴应答3♦时，为11~15点，4-3-1-5牌型的牌。你应再叫3♠，表示为13点以上，对黑桃有4张以上配合，在方块中无废点的牌，是不强的满贯试探。

同伴应答3♥时，为11~13点，4-4-1-4牌型的牌。你应再叫3♠，表示为14点以上，对黑桃有4张以上配合，在方块中无废点的牌，是不强的满贯试探。

同伴应答3♠时，为14~15点，4-4-1-4牌型的牌。你应再叫4NT，表示为13点以上，对黑桃有4张以上好配合，进行以黑桃为将牌的关键张问叫，4♦指定以红心为将牌，4♣指定以草花为将牌。

同伴应答3NT时，为14~15点，方块单张为A，4-4-1-4牌型的牌。显然对方方块的6点牌都废掉了，你应再叫6♠进贯。

同伴应答4♣/4♦时，为11~13点/14~15点，4-4-0-5牌型的牌。请大家注意，对方方块的10点牌全都废掉了。对4♣，你至少应再叫6♠进贯。对4♦，你方联手有29点以上，应再叫7♠大满贯。

六、纳姆雅姿转移叫后的叫牌

4♣/4♦开叫，别名叫纳姆雅姿转移叫，为11~15点，有7张以上红心/黑桃半坚固套的牌，逼叫。其低限为11~12点，中限为13~14点，高限为14~15点。

1. 对4♣/4♦开叫的应叫及后续叫牌约定

应叫人此时只需要记住：①如果没有试探满贯的需要，当开叫人开叫4♣时，你就应叫4♥；当开叫人开叫4♦时，你就应叫4♠。②如果想试探满贯，就用加一级的接力叫牌进行以开叫人高花为将牌的关键张问叫。开叫人应按14、03、22Q的约定加级应答。

需要解释的是，对4♣/4♦纳姆雅姿转移叫的后续叫牌，另有一套完整的问A和问旁门K的应叫约定，其烦琐程度令有中、高级水平的牌手看着都会头疼。为了不让大家死记硬背这些使用频率不高的约定叫，笔者推荐采用上述的约定来简化其应叫即可。

2. 同伴4♣/4♦开叫上家干扰后的应叫

无论对方是花色干扰还是加倍干扰时，当应叫人：

Pass——都是示弱叫牌。

主动叫回开叫原花——为3~8点，有双张以上开叫原花的牌，不逼叫。

对对方干扰加倍——都是惩罚性加倍，不逼叫。

由于其叫牌的阶数太高，而使用的频率又非常之低，笔者在此就不对此开叫后的应叫和后续叫牌进行详细讲解了。

第十四节　1♣开叫后的应叫

精确体系的1♣开叫，为16点以上的牌（不包含22~24点的2NT开叫），逼叫。精确体系为其应叫和后续叫牌设计了许多实用的约定叫，以便开叫人和应叫人之间更准确地交换牌力和牌型的信息。

一、对1♣开叫的应叫

1♦——有两种可能：第一种为最多7点，不够建设性应叫牌型的牌；逼叫。第二种为8点以上，任意4-4-4-1牌型的假示弱牌，都是逼叫。

1♥/1♠出高花——都为8点以上，5张以上的牌，都是逼叫。

1NT/2NT——为8~10点/11~13点，无5张花色长套，无单缺花色的均型牌，都是逼叫。

2♣/2♦出低花——都为8点以上，5张以上的牌，都是逼叫。

2阶/3阶跳出高花——都是高花建设性应叫，为4~7点，6张套/7张以上的牌（通常所叫花色中应该有大牌张），都不逼叫。

3♣/3♦跳出低花——都是低花建设性应叫，为4~7点，7张以上，通常所叫花色中应该有大牌张的牌，都不逼叫。

3NT——为14~15点，无5张花色长套，无单缺花色的均型牌，不逼叫。

由于1♣开叫人持有没有上限限制的牌，即使是应叫人持有最多7点的应叫或是建设性应叫的牌，联手的定约范畴也都可能会涵盖部分定约、成局定约和满贯定约。而当应叫人无将类或花色类示强应叫后，成局定约范畴的牌和满贯定约边缘范畴的牌会占非常大的比例。因此，合理地采用与其相适应的叫牌原则来指导其后续叫牌，选择联手最佳的定约就需要牌手们积累叫牌的经验和牌感了。

二、上家干扰后对1♣开叫的应叫

需要说明的是，同伴1♣开叫上家干扰后，应叫人应如何表示自己的牌，在桥牌的发展史上也是经历过重大变革的。在21世纪以前，应叫人对上家花色干扰，大多是用加倍来表示为9点以上的牌，而用直接出套来表示为5~8点（也就是所谓弱自由）的牌。

进入21世纪，对上家花色干扰采用直接出套来表示应叫人为9点以上（也就是所谓的强自由），5张以上的牌；而用加倍来表示为5~8点的叫品，已经渐渐成为主流，因而，为了更好地普及改进后的精确体系，本书采用现在最流行的强自由版本进行介绍。

1. 上家花色干扰后对1♣开叫的应叫

Pass——为最多4点，其牌型不足以参与叫牌。

对1阶/2阶花色干扰加倍——都为5~8点，不够建设性应叫的牌，都不逼叫。

对平阶花色干扰的1NT/2NT——为6~8点/9~11点，有止张的均型牌，不逼叫/逼叫。

对平阶花色干扰的3NT——为12~13点，有好止张的均型牌，不逼叫。

平阶出新花——都为9点以上，5张以上的牌，都是逼叫。

2阶/3阶跳出高花——都是高花建设性应叫，为5~8点，6张套/7张以上的牌（8张时是否4阶跳出高花，请和同伴协商确定），都不逼叫。

3♣/3◆跳出低花——都是低花建设性应叫，为5~8点，7张以上的牌，都不逼叫。

扣叫干扰花色——为9点以上，对干扰花色无止张，无5张花色长套的牌，逼叫。

需要解释的是，如应叫人为5~8点，6张高花的牌时，对上家的1◆干扰，是采用先加倍再出套来表示为5~8点，5张以上的牌，还是采用2阶跳出高花建设性应叫来表示更好，对此，笔者推荐优先采用高花建设性应叫来表示，而用加倍后再出高花套的叫品表示有5张高花，这样就能更准确地向同伴表示你的牌力和牌型信息，有利于同伴进行最佳定约的选择。

2. 上家加倍干扰后对1♣开叫的应叫

Pass——为最多4点的牌。

再加倍——为5~8点，不够建设性应叫牌型的牌，不逼叫。

1NT/2NT——为6~8点/9~11点的均型牌，不逼叫/逼叫。

3NT——为12~13点的均型牌，不逼叫。

平阶出新花——都为9点以上，5张以上的牌，都是逼叫。

2阶/3阶跳出高花——为5~8点，6张套/7张以上的牌，都不逼叫。

4阶跳出高花/5阶跳出低花——都为8~9点，7张以上的非均型牌，都不逼叫。

3阶/4阶跳出低花——为5~6点/7~8点，7张以上的非均型牌，不逼叫/邀叫。

3. 上家1NT干扰后对1♣开叫的应叫

Pass——为最多4点的牌。

加倍——为5~8点，不够建设性应叫牌型的牌，不逼叫。

2阶出新花——为9点以上，5张以上的牌，都是逼叫。

3阶跳出新花——为5~8点，7张以上的非均型牌，都不逼叫。

4阶跳出高花/5阶跳出低花——都为8~9点，7张以上的非均型牌，都不逼叫。

4. 上家2♣干扰后对1♣开叫的应叫

上家的2♣干扰，可以理解为是11~15点，5张以上的牌，当应叫人：

Pass——为最多4点的牌。

加倍——为5~8点，不够建设性应叫牌型的牌，不逼叫。

平阶出新花——都为9点以上，5张以上的牌，都是逼叫。

3阶跳出新花——都为5~8点，7张以上的非均型牌（当应叫人持有5~8点，6张套的牌时，如何应叫更好，请和同伴协商确定），都不逼叫。

2NT/3NT——为9~11点/12~13点，有止张的均型牌，逼叫/不逼叫。

4阶跳出高花/5阶跳出低花——都为8~10点，7张以上的非均型牌，都不逼叫。

5. 上家阻击干扰后对1♣开叫的应叫

上家阻击干扰后，对3阶以上花色干扰加倍时，为5~8点任意牌型的牌，可以理解为是惩罚含义更强的选择性加倍，不逼叫。对跳阶花色干扰平阶2NT/3NT时，为7~9点/10~12点，有止张的均型牌，邀叫/不逼叫。此时，应叫人的其余应叫都是自然实叫，应参考本书085~086页的八条常规介绍。

三、对1♣开叫的应叫举例

1. 应叫人为最多4点时的应叫举例

【例】你持有♠KJ964　♥53　♦9862　♣95，4点，5-2-4-2牌型。同伴开叫1♣，上家Pass或分别进行加倍/1♦/1♥/1♠/1NT/2♣/2♦/2♥/2♠/2NT/3♣/3♦/3♥/3♠干扰时，你该如何应叫呢？

答　上家Pass时，你该应叫1♦，维持叫牌。

上家加倍干扰时，你该Pass，表示为最多4点的牌。

上家3♠跳叫干扰时，你该应叫加倍，为惩罚含义更强的选择性加倍。

上家进行其他干扰时，你都应该Pass。

2. 应叫人为5~8点时的应叫举例

【例1】你持有♠KJ964　♥53　♦K862　♣95，7点，5-2-4-2牌型。同伴开叫1♣，上家Pass或分别进行加倍/1♦/1♥/1♠/1NT/2♣/2♦/2♥/2♠/2NT/3♣/3♦/3♥/3♠干扰时，你该如何应叫呢？

答　上家Pass时，你该应叫1♦，维持叫牌。

上家加倍干扰时，你该应叫再加倍，表示为5~8点的牌。

上家1♦/1♥干扰时，你都该应叫加倍，表示为5~8点的牌，以后有机会再平阶叫出黑桃来。

上家1♠干扰时，你该应叫1NT，表示为6~8点，有止张的牌。

上家进行其他干扰时，你都该应叫加倍，表示为5~8点的牌。

【例2】你持有♠KJ9854　♥3　♦9862　♣K5，7点，6-1-4-2牌型。同伴开叫1♣，上家Pass或分别进行加倍/1♦/1♥/1♠/1NT/2♣/2♦/2♥/2♠/2NT/3♣/3♦/3♥/3♠干扰时，你该如何应叫呢？

答　上家Pass时，你该跳应叫2♠，表示为4~7点，6张的牌。

上家加倍干扰时，你该跳应叫2♠，表示为5~8点，6张的牌。

上家1♦/1♥干扰时，你都该跳应叫2♠，表示为5~8点，6张的牌。

上家1♠干扰时，你该应叫1NT，表示为6~8点，有止张的牌。

上家进行其他干扰时，你都该应叫加倍，表示为5~8点的牌。

3. 应叫人为9点以上时的应叫举例

【例1】你持有♠KJ964　♥J53　♦K62　♣K5，11点，5-3-3-2牌型。同伴开叫1♣，上家Pass或分别进行加倍/1♦/1♥/1♠/1NT/2♣/2♦/2♥/2♠/2NT/3♣/3♦/3♥/3♠干扰时，你该如何应叫呢？

答　上家Pass时，你该应叫1♠，表示为8点以上，5张以上的牌。

上家加倍干扰时，你该应叫1♠，表示为9点以上，5张以上的牌。

上家1♦/1♥干扰时，你都该应叫1♠，表示为9点以上，5张以上的牌。

上家1♠干扰时，你该跳应叫2NT，表示为9~11点，有止张的牌。

上家1NT干扰时，可以视为特殊1NT争叫，为11~15点，双低套的牌（你方联手至少有27点，上家不可能有争叫1NT的牌力）。你该应叫2♠，表示为9点以上，5张以上的牌。

上家2NT跳叫干扰时，你方联手至少有27点牌力，上家的2NT是不应出现的逻辑错误叫牌，如果真的出现了，你还真不好叫，如想加倍惩罚，你的加倍只表示你有5~8点，如出套可能就便宜了争叫人。综合而言，笔者推荐你先叫加倍。

上家2♣/2♦干扰时，你都该应叫2♠，表示为9点以上，5张以上的牌。

上家2♥跳叫干扰时，你该应叫2♠，表示为9点以上，5张以上的牌。

上家2♠跳叫干扰时，你该跳应叫3NT，表示为10~12点，有止张的牌。

上家3阶花色跳叫干扰时，你都该应叫加倍。对3阶花色干扰的加倍，都是惩罚性含义更强的选择性加倍，你也可以再叫3♠，表示9点以上，5张以上的牌，具体该怎么叫，应凭牌感而定（最好你能提前和同伴协商达成共识）。

【例2】你持有♠4　♥K953　♦K862　♣KJ95，10点，1-4-4-4牌型。同伴开叫1♣，上家Pass或分别进行加倍/1♦/1♥/1♠/1NT/2♣/2♦/2♥/2♠/2NT/3♣/3♦/3♥/3♠干扰时，你该如何应叫呢？

答　上家Pass时，你该应叫1♦，有机会再跳叫新花或无将来表示假示弱的牌。

上家加倍干扰时，由于你没有5张长套的牌，还真不好叫，笔者建议先叫再加倍表示为5~8点的牌。

上家1♦/1♥干扰时，你都该跳应叫2NT，表示为9~11点，有止张的牌。

上家1♠/2♠干扰，你该分别扣叫2♠/3♠，表示为9点以上，无止张，也无5张花色长套的牌。

上家1NT干扰时，是特殊1NT争叫，为11~15点，双低套的牌。你还真不好叫，综合而言，笔者推荐你先叫加倍。

上家2NT跳叫干扰时，你方联手至少有26点，上家的2NT是不应出现的逻辑错误叫牌。实战中如果真的出现了，笔者推荐你再叫加倍，虽然感觉没有叫足你的牌，但也只能如此了。

上家2♣/2♦干扰时，你都该跳应叫3NT，表示为9~11点，有止张的牌。

上家2♥跳叫干扰时，你该应叫3NT，表示为9~11点，有止张的牌。

上家3♥跳叫干扰时，你可以应叫3NT，表示为9~11点，有止张的牌。也可以加倍进行惩罚，具体怎样应叫更好，应凭牌感而定。

上家3♠跳叫干扰时，你该应叫加倍，虽然没有叫足你的牌，也只能如此了。

上家3♣/3♦跳叫干扰时。你都该应叫加倍，对3阶花色干扰的加倍可以理解为惩罚性含义更强的选择性加倍。

第十五节　对1♣开叫1♦应叫后的叫牌

对1♣开叫的1♦应叫，有两种可能：第一种为最多7点，不够建设性应叫牌型的牌，其低限为0~3点，中限为4~5点，高限为6~7点；第二种为8点以上，任意4-4-4-1牌型假示弱的牌，都是逼叫。

一、对1♣开叫1♦应叫的后续叫牌

见表2-10。

表2-10　对1♣开叫1♦应叫的后续叫牌

开叫人的再叫	应叫人的再叫	开叫人的第三次叫牌
1♥/1♠：都为16~21点，通常为5张以上的牌，都不逼叫 当开叫人持有任意4-4-4-1牌型的牌时，其再叫会很尴尬。想出花色，没有5张。想叫1NT，有单张也不符合要求，这是精确体系自身的缺陷。对此，笔者的建议是选一门较强的4张高花叫出，即使让同伴误解也在所不惜。其后续叫牌中需要开叫人随机应变地进行调整 另外，当开叫人持有6张低花和5张高花的牌时，面对同伴1♦应叫时，应优先叫出5张高花	Pass：为最多4点，成局无望的牌	
	对1♥再叫的1♠：为5~7点，5张的牌（通常当有6张或以上时，应该优先进行建设性应叫，以下省略该解释），不逼叫	Pass：为16~17点，有双张黑桃，成局无望的牌 1NT/2NT：为16~17点/18点的均型牌，不逼叫/邀叫 3NT：为19~21点的均型牌，止叫 2♣/2♦：都为16~18点，4张以上的牌，都不逼叫 3♣/3♦：都为19~21点，4张以上的牌，都是逼叫 2♥：为16~17点，6张以上的牌，不逼叫 3♥/4♥：为17~18点/19~21点，6张以上强套的牌，邀叫/止叫 2♠：为16~17点，有支持的牌，不逼叫 3♠：为17~18点，有好支持，或为19点，有帮助的牌，邀叫 4♠：为19~21点，有好支持，或为20~21点，有帮助的牌，止叫 4♣/4♦：都可以视为改良的爆裂叫，为18点以上，对黑桃有好支持，所叫花色为缺门的牌，都是逼叫

开叫人的再叫	应叫人的再叫	开叫人的第三次叫牌
1♥/1♠：都为16~21点，通常为5张以上的牌，都不逼叫 当开叫人持有任意4-4-4-1牌型的牌时，其再叫会很尴尬。想出花色，没有5张。想叫1NT，有单张也不符合要求，这是精确体系自身的缺陷。对此，笔者的建议是选一门较强的4张高花叫出，即使让同伴误解也在所不惜。其后续叫牌中需要开叫人随机应变地进行调整 另外，当开叫人持有6张低花和5张高花的牌时，面对同伴1♦应叫时，应优先叫出5张高花	1NT：为5~7点的均型牌，不逼叫	Pass：为16~17点，成局无望的均型牌 2阶/3阶出新花：为16~18点/19~21点，所叫花色低于原花时，为4张以上的牌，高于原花时，为4张或以上的牌，不逼叫/逼叫 2阶再叫原花：为16~17点，6张的牌，不逼叫 3阶/4阶再叫原花：为17点/18~21点，6张以上强套的牌，邀叫/止叫 2NT/3NT：为18点/19~21点的均型牌，邀叫/止叫
	2♣/2♦：都为5~7点，5张或6张的牌（7张以上时，应优先进行建设性应叫），都不逼叫	Pass：为16~17点，对应叫低花有支持或帮助，成局无望的牌 2阶/3阶出新花：为17~18点/19~21点，所叫花色低于原花时，为4张以上的牌，高于原花时，为4张或以上的牌，不逼叫/逼叫 4阶跳出新花：都可以视为改良的爆裂叫，为18点以上，对应叫低花有好支持，所叫花色为缺门的牌，都是逼叫 对2♦再叫的3♣：为18点以上，5张以上的牌，逼叫到3阶原花 2阶再叫原花：为16~17点，6张的牌，不逼叫 3阶/4阶再叫原花：为17点/18~21点，6张以上强套的牌，邀叫/止叫 2NT/3NT：为18点/19~21点的均型牌，邀叫/止叫 3阶加叫应叫低花：为16~18点，有好支持的牌，不逼叫 4阶/5阶跳加应叫低花：为18~19点/20~21点，有好支持，不适合打3NT定约的非均型牌，邀叫/止叫
	对1♠再叫的2♥：为5~7点，5张的牌，不逼叫	Pass：为16~17点，有双张红心或为16点，对红心有支持，成局无望的牌 2♠：为16~17点，6张的牌，不逼叫 3♠/4♠：为17点/18~21点，6张以上强套的牌，邀叫/止叫 2NT/3NT：为18点/19~21点的均型牌，邀叫/止叫 3♣/3♦：都为18~21点，4张以上的牌，都是逼叫 3♥/4♥：为17~18点/19~21点，有支持的牌，邀叫/止叫 4♣/4♦：都可以视为改良的爆裂叫，为18点以上，对红心有好支持，所叫花色为缺门的牌，都是逼叫
	2NT：为8~11点，原花为单张，4-4-4-1牌型的假示弱牌，逼叫	3阶/5阶出低花：为19点/16~18点，有4张以上配合的牌，逼叫/止叫 4阶/6阶跳出低花：为20点以上/20~21点，有4张以上好配合，原花有A不超过6点或无A不超过2点的牌，是以该低花为将牌，变通的低花关键张问叫/封贯叫牌，逼叫/止叫 3阶/4阶再叫原花：为19~21点/17~18点，最多只有一个输墩强套/6张以上的牌，逼叫 3NT：为16~18点的均型牌，止叫 先应叫1♠再叫3♥/4♥：为19~21点/16~18点，4张以上，有5张黑桃的牌，逼叫/止叫 先应叫1♥再叫3♠/4♠：为19~21点/16~18点，4张，有5张红心的牌，逼叫/止叫 5阶/6阶跳出另一高花：为20点/21点，有4张或以上好配合，原花为有A不超过6点或无A不超过2点的牌，是凭牌力的满贯邀叫/封贯止叫

开叫人的再叫	应叫人的再叫	开叫人的第三次叫牌
1♥/1♠：都为16~21点，通常为5张以上的牌，都不逼叫 当开叫人持有任意4-4-4-1牌型的牌时，其再叫会很尴尬。想出花色，没有5张。想叫1NT，有单张也不符合要求，这是精确体系自身的缺陷。对此，笔者的建议是选一门较强的4张高花出，即使让同伴误解也在所不惜。其后续叫牌中需要开叫人随机应变地进行调整 另外，当开叫人持有6张低花和5张高花的牌时，面对同伴1♦应叫时，应优先叫出5张高花	跳阶出新花：都为8~11点，所叫花色为单张，4-4-4-1牌型的假示弱牌（通常在单张花色中无废点），都是逼叫	3阶/4阶再叫原花：为18~21点/16~17点的牌，逼叫/不逼叫 5阶/6阶再叫原花：为18点/19~21点，5张以上强套，在同伴单张花色中无废点的牌，是问原花大牌张数（一大进贯）的满贯邀叫/封贯止叫 平阶出新花：都为18点以上，在同伴单张花色中无废点，是以原花为将牌扣A的牌，都是逼叫 4NT：为18点以上，在同伴单张花色中无废点的牌，是以原花为将牌的关键张问叫，逼叫
		2阶加叫原花：为4~5支持点，有支持的牌，不逼叫 3阶/4阶跳加原花：为6~7支持点/8~10支持点，有支持的牌，邀叫/不逼叫 5阶/6阶跳加原花：为12~13点/14~15点，有4张好配合的假示弱牌（笔者推荐优先进行关键张问叫），是凭牌力的满贯邀叫/封贯止叫 3NT：可以视为特殊约定叫，为12~13点，原花为单张假示弱牌，不逼叫 4NT：为12点以上，对原花有4张好配合的假示弱牌，是以原花为将牌的关键张问叫，逼叫 双跳出新花：都可以视为改良的爆裂叫，为5~7点，对原花有支持，所叫花色为缺门的牌，都是逼叫
1NT：为16~19点，允许有5张低花的均型牌，不逼叫 为稳妥起见，笔者推荐无6个控制的19点牌，尽量采用1NT应叫，这与老版精确体系中的高限为18点要求会略有不同	Pass：为最多5点的均型牌	
	2♣：是斯台曼问叫，为5~7点，至少有一门4张高花或最多4点，草花为单张4-4-4-1或缺门4-4-5-0牌型的牌，逼叫	应答2♦：为16~19点，无4张高花的牌，不逼叫 应答2♥：为16~19点，4张，不排除还有4张黑桃的牌，不逼叫 应答2♠：为16~19点，4张，肯定无4张红心的牌，不逼叫 因为应叫人的2♣还可能是最多4点，草花为单张4-4-4-1或缺门4-4-5-0牌型的牌，所以，开叫人此时超过2♠水平的其他应答，都是逻辑错误的叫牌
	2♦：是低花斯台曼问叫，为3~7点，有5-5以上分布低花或是有6张以上方块和4张以上草花的牌（有6张以上草花和4张以上方块时，是否采用低花斯台曼问叫，请和同伴协商确定），逼叫	应答2NT：为16~19点，无4张以上低花的牌，逼叫。此后当应叫人再叫：①3♣时，为3~5点，有5-5以上分布低花的牌，不逼叫；②4♣/5♣时，为6点/7点，有5-5以上分布低花，无缺门花色的牌，或是3~4点/5点，有缺门花色的牌，邀叫/止叫；③3♦时，为3~5点，有6张以上方块且有4张以上草花，无缺门花色的牌，不逼叫；④4♦/5♦时，为6点/7点，有6张方块且有4张或5张草花，无缺门花色的牌，邀叫/止叫；⑤3♥/3♠时，都可以视为报缺门约定叫，为6~7点，有5-5以上分布低花，所叫花色为缺门的牌，都是逼叫；⑥3NT时，为6~7点，有一门低花强套想打3NT定约的牌，止叫 应答3♣/3♦：都为16~19点，4张以上的牌，都不逼叫。此后，当应叫人再叫：①Pass时，为3~5点，成局无望的牌；②3♥/3♠时，都可以视为报缺门约定叫，为6~7点，所叫花色为缺门的牌，都是逼叫；③3NT时，为6~7点，有一门低花强套的牌，不逼叫；④4阶/5阶加叫应答低花时，为6点/7点，无缺门花色的牌，或是3~4点/5点，有缺门花色的牌，邀叫/止叫 应答3NT：是逻辑错误的叫牌，你可以赋予其特定的叫牌约定

开叫人的再叫	应叫人的再叫	开叫人的第三次叫牌
1NT：为16~19点，允许有5张低花的均型牌，不逼叫 为稳妥起见，笔者推荐无6个控制的19点牌，尽量采用1NT应叫，这与老版本精确体系中的高限为18点要求会略有不同	3阶跳出新花：都为8~11点，所叫花色为单张，4-4-4-1牌型的假示弱牌（通常在单张花色中无废点，有废点时应进行减值叫牌），都是逼叫	对3♣再叫的3♦：为16~19点，4张以上，对草花无好止张，无4张高花的牌，逼叫 3♥/3♠：都为18~19点，4张，在同伴单张花色中无废点的牌，都是逼叫 4♥/4♠：都为16~17点，4张，对满贯不感兴趣的牌，止叫 5阶/6阶跳出高花：为18点/19点，4张强套，在同伴单张花色中无废点的牌，是问该高花大牌张数（一大进贯）的满贯邀叫/封贯止叫 3NT：为16~18点，对应叫人单张花色有好止张，无4张高花的牌，止叫 4阶/6阶跳出低花：为17点以上/18~19点，4张以上强套，在同伴单张花色中无废点的牌，是以该低花为将牌变通的低花关键张问叫/封贯叫牌，逼叫/止叫 5阶出低花：为17~18点，4张以上，不适合打3NT定约，对满贯不感兴趣的牌，止叫
	2♦/2♥：都是雅各比转移叫，其有两种可能：第一种为0~3点时，有5张以上被转移高花的牌；第二种为4~7点时，有5张被转移高花的牌，都是逼叫，此后，开叫人必须约定分别加一级应答2♥/2♠，都不逼叫 2NT/3NT：为6~7点/7点（有蒙局的嫌疑），无4张高花的均型牌或是有4张高花4-3-3-3牌型的牌，邀叫/止叫 4阶/5阶跳出新花：都可以视为特殊的假示弱约定叫，为12~13点/14~15点，所叫花色为单张4-4-4-1牌型的牌，都是逼叫，由开叫人决定打什么定约	
2NT：为19~21点（稳妥起见，笔者推荐为19点再叫2NT时，要有6个控制以上的牌，这会与老版本精确体系的要求不同），允许有5张低花的均型牌，不逼叫	Pass：为最多4点，成局无望的均型牌。当持有最多3点，草花为单张4-4-4-1牌型的牌时，是否该进行3♣应叫，争议很大，你应和同伴进行协商来决定是否采用此约定，笔者推荐可以使用）	
	3♣：是斯台曼问叫，为4~7点，至少有一门4张高花或为8~11点的假示弱牌，逼叫	应答3♦：为19~21点，无4张高花的牌，不逼叫 应答3♥：为19~21点，4张，不排除还有4张黑桃的牌，不逼叫 应答3♠：为19~21点，4张，肯定无4张红心的牌，不逼叫 应答3NT：是逻辑错误的叫牌，你可以赋予其特定的叫牌约定
	3♦：是低花斯台曼问叫，为最多7点，有5-5以上分布低花或是有6张方块，4张以上草花的牌（有6张以上草花，4张方块时，是否采用低花斯台曼问叫，请和同伴协商确定），逼叫	应答3NT：为19~21点，无4张以上低花的牌，不逼叫。此后当应叫人再叫：①Pass时，为6~7点，有一门低花强套，又想打3NT定约的牌；②4♣/5♣时，为最多5点/6~7点，有5-5以上分布低花，无缺门花色的牌，或为2~3点/4~5点，有缺门花色的牌，都不逼叫（由开叫人决定是打草花还是方块定约）；③4♦/5♦时，为最多5点/6~7点，6张，有4张以上草花的牌，或为2~3点/4~5点，有缺门花色的牌，都不逼叫；④4♥/4♠时，都可以视为报缺门约定叫，为6~7点，有5-5以上分布低花，所叫花色为缺门的牌，都是逼叫 应答4♣/4♦：都为19~21点，4张以上的牌，都不逼叫，此后，当应叫人再叫：①Pass时，为最多4点，成局无望的牌；②4♥/4♠时，都可以视为报缺门约定叫，为5~7点，所叫花色为缺门的牌，都是逼叫；③5阶加叫应叫低花时，为5~7点，无缺门花色或为3~4点，有缺门花色的牌，止叫

开叫人的再叫	应叫人的再叫	开叫人的第三次叫牌
2NT：为19~21点（稳妥起见，笔者推荐为19点再叫2NT时，要有6个控制以上的牌，这会与老版本精确体系的要求不同），允许有5张低花的均型牌，不逼叫	4阶跳出新花：都为12~13点，所叫花色为单张，4-4-4-1牌型的假示弱牌，都是逼叫	4阶出未叫花色：为21点。方块时，为4张以上，红心和黑桃时，都为4张，定将牌的约定叫，都是逼叫
		对4♠的5♣/5♦：都为21点，4张以上，定将牌的牌，都是满贯逼叫，由于此时应叫人无法使用4NT问叫，其后续叫牌的细化，请和同伴协商确定
		6阶出未叫花色：为19~20点。方块时，为4张以上，红心和黑桃时，都为4张的牌，都是止叫
		4NT/6NT：为19点/21点，对同伴所叫花色有好止张的牌，不逼叫/止叫
		5NT：可以视为特殊的6NT邀叫，为20点，对同伴所叫花色有好止张的牌，止叫
	3♦/3♥：都是雅各比转移叫，其有两种可能：第一种为最多3点，有5张以上被转移高花的牌，第二种为4~7点，有5张被转移高花的牌，都是逼叫。此后，开叫人必须按约定分别加一级应答3♥/3♠，都不逼叫	
	3NT：为5~7点，无4张高花的均型牌或为有4张高花任意4-3-3-3牌型的牌，止叫	
	5阶跳出新花：都可以视为特殊的假示弱约定叫，为14~15点，所叫花色为单张4-4-4-1牌型的牌，都是逼叫	
2♣/2♦：都为16~21点，5张以上的牌，都不逼叫	Pass：为最多5点，有双张原花或对原花有支持，成局无望的牌	
	对2♣再叫的2♦：为5~7点，5张或6张的牌，不逼叫	Pass：为16~17点，对方块有支持或帮助，成局无望的牌
		2♥/2♠：都为16~18点，4张的牌，都不逼叫
		3♥/3♠：都为19~20点，4张的牌，都是逼叫
		4♥/4♠：都可以视为改良的爆裂叫，为18点以上，对方块有好支持，所叫花色为缺门的牌，都是逼叫
		2NT/3NT：为18~19点/20~21点的均型牌，邀叫/止叫
		3♣：为16~17点，6张以上强套的牌，不逼叫
		4♣/5♣：为18~19点/20~21点，6张以上强套，不适合打3NT定约的非均型牌，邀叫/止叫
		3♦：为17~18点，有支持的牌，不逼叫
		4♦/5♦：为19点/20~21点，有好支持，不适合打3NT定约的非均型牌，邀叫/止叫
	对2♦再叫的3♣：为5~7点，5张或6张的牌，不逼叫	Pass：为16~17点，对草花有支持或帮助，成局无望的牌
		3♦：为16~17点，6张以上的牌，不逼叫
		4♦/5♦：为18~19点/20~21点，6张以上强套，不适合打3NT定约的非均型牌，邀叫/止叫
		3♥/3♠：都为19点以上，4张的牌，都是逼叫
		4♥/4♠：都可以视为改良的爆裂叫，为18点以上，对草花有好支持，所叫花色为缺门的牌，都是逼叫
		3NT：为19~21点的均型牌，止叫
		4♣/5♣：为18~19点/20~21点，有好支持，不适合打3NT定约的非均型牌，邀叫/止叫

开叫人的再叫	应叫人的再叫	开叫人的第三次叫牌
2♣/2♦：都为16~21点，5张以上的牌，都不逼叫	2♥/2♠：都为5~7点，5张的牌，都不逼叫	Pass：为16~17点，有双张应叫高花，成局无望的牌 平阶出新花：都为19点以上，所叫花色低于原花时，为4张以上的牌，高于原花时，为4张或以上的牌，都是逼叫 跳阶出新花：都可以视为改良的爆裂叫，为19点以上，对应叫高花有好支持，所叫花色为缺门的牌，都是逼叫 2NT/3NT：为18~19点/20~21点的均型牌，邀叫/止叫 3阶再叫原花：为16~17点，6张以上的牌，不逼叫 4阶/5阶再叫原花：为18~19点/20~21点，6张以上强套，不适合打3NT和高花定约的非均型牌，邀叫/止叫 3阶/4阶加叫应叫高花：为17~18支持点/19~21支持点，有支持或牌力相应增加有帮助的牌，邀叫/止叫
	3NT：为8~11点，原花为单张4-4-4-1牌型的假示弱牌，不逼叫	Pass：为16~17点，同意打3NT定约的牌 4阶出另一门低花：为20~21点，4张以上强套，原花有A低于6点或原花低于2点的牌，是以该低花为将牌变通的关键张问叫，逼叫 5阶跳出另一门低花：为16~18点，4张以上的牌，止叫 4♥/4♠：为16~18点，4张的牌，都不逼叫 5阶/6阶跳出高花：为19~20点/21点，4张强套的牌，是凭牌力的满贯邀叫/封贯止叫 4NT：为21点，中间张丰富的均型牌，是6NT邀叫 4阶再叫原花：可以视为以原花为将牌的变通低花关键张问叫，为20~21点，最多只有一个输墩强套的牌，逼叫 5阶/6阶再叫原花：为16~20点/21点，最多只有一个输墩强套的牌，都不逼叫
	跳阶出新花：都为8~11点，所叫花色为单张（该花色应该无废点，如有废点应降级叫牌）4-4-4-1牌型的假示弱牌，都是逼叫	3NT：为16~18点，对应叫人单张花色有好止张的牌，不逼叫 平阶再叫新花：都为19点以上，在同伴单张花色中无废点，是以原花为将牌扣A的牌，都是逼叫 4阶/6阶再叫原花：为19点以上/20~21点，在同伴单张花色中无废点的牌，是以原花为将牌变通的低花关键张问叫/封贯叫牌，逼叫/止叫 5阶再叫原花：为16~17点，对满贯不感兴趣的牌，不逼叫 4阶出高花：为16~17点，4张的牌，止叫 5阶/6阶跳出高花：为18点/19~21点，4张或以上强套，在同伴单张花色中无废点的牌，是问该高花大牌张数（一大进贯）的满贯邀叫/封贯止叫
	2NT：为6~7点的均型牌，邀叫 3阶加叫原花：为6~7点，有支持的牌，不逼叫 4阶/5阶跳加原花：为6~7点，有支持，通常有单张花色，不适合打3NT定约的非均型牌，邀叫/止叫 6阶跳加原花：为12点以上，对原花有4张配合，在单张花色中无废点的假示弱牌（有蒙贯的嫌疑），止叫 双跳出新花：都可以视为改良的爆裂叫，为6~7点，对原花有支持，所叫花色为缺门的牌，都是逼叫 4NT/5NT：都可以视为特殊假示弱约定叫，为12~13点/14~15点，原花为单张的假示弱牌，都是逼叫，由开叫人决定打什么定约	

开叫人的再叫	应叫人的再叫	开叫人的第三次叫牌
2♥/2♠：都为21点以上，6张以上强套，或是19点以上，有半坚固以上所叫花色套且有9个赢墩的牌，都是逼叫 此时开叫人的3♥/3♠再叫都是逻辑错误的叫牌，你可以赋予其特定的叫牌约定	对2♥接力应答2♠：有两种含义，第一种是二次示弱约定叫，为最多3点，对红心无支持的牌，逼叫。第二种为4~7点，有5张黑桃的牌，此后应叫人再主动示强叫牌，即表示为后者，逼叫	2NT/3NT：为21~23点/24~25点，想打3NT定约的牌，邀叫/止叫 3♣/3♦：都为21点以上，4张的牌，都逼叫到3♥ 4♣：可以视为以红心为将牌的关键张问叫，为25点以上，最多只有一个输墩红心强套的牌，逼叫 3♥/4♥：为21~23点/24点的牌，邀叫/止叫 5♥/6♥：为25点/26点以上，最多只有一个输墩强套的牌，是问红心大牌张数（一大进贯）的满贯邀叫/封贯止叫 3♠：可以视为特殊约定叫，为23~25点，对黑桃有好支持的牌，逼叫到4♥。要求应叫人为4~5点/6~7点，5张黑桃的牌时，就加叫4♠/5♠，否则就叫回4♥
	对2♠接力应答3♣：有两种含义，第一种是二次示弱约定叫，为最多3点，对黑桃无支持的牌，逼叫。第二种为4~7点，有5张草花的牌，此后应叫人再主动示强叫牌，即表示为后者，逼叫	3♦/3♥：都为21点以上，4张以上的牌，都逼叫到3♠ 4♦：可以视为以黑桃为将牌的关键张问叫，为25点以上，最多只有一个输墩黑桃强套的牌，逼叫 3♠/4♠：为21~23点/24点的牌，邀叫/不逼叫 5♠/6♠：为25点/26点以上，最多只有一个输墩强套的牌，是问黑桃大牌张数（一大进贯）的满贯邀叫/封贯止叫 3NT：为22~24点，想打3NT定约的牌，止叫 4♣：可以视为特殊约定叫，为23~25点，对草花有好支持的牌，逼叫到4♠。要求应叫人为4~5点/6~7点，5张以上草花的牌时，就加叫5♣/6♣，否则就叫回4♠
	平阶出新花（对2♥接力2♠的应答和对2♠接力3♣的应答除外）：都为4~7点，所叫高花为5张，低花为5张或6张的牌，都是逼叫	3NT：为21~24点的牌，止叫 4NT跳叫：为25点以上，原花为最多只有一个输墩强套的牌，是以原花为将牌的关键张问叫，逼叫 4阶/5阶加叫应叫低花：为21~22点/23~24点，有支持的牌，邀叫/止叫 6阶跳加叫应叫低花：为25~26点，有好支持的牌，止叫 4阶加叫应叫高花：为21~22点，有好支持的牌，止叫 5阶/6阶跳加应叫高花：为23~24点/25~26点，有好支持的牌，是凭牌力的满贯邀叫/封贯止叫 平阶出新花：都为22点以上。高于原花时，为4张以上，低于原花时，为4张以上的牌，都是逼叫 3阶/4阶再叫原花：为24点以上/21~23点的牌，逼叫/止叫 5阶/6阶再叫原花：为23~24点/25~26点以上，最多只有一个输墩强套的牌，是问原花大牌张数（一大进贯）的满贯邀叫/封贯止叫

开叫人的再叫	应叫人的再叫	开叫人的第三次叫牌
2♥/2♠：都为21点以上，6张以上强套，或是19点以上，有半坚固以上所叫花色套且有9个赢墩的牌，都是逼叫 此时开叫人的3♥/3♠再叫都是逻辑错误的叫牌，你可以赋予其特定的叫牌约定	**2NT**：为4~7点的均型牌，逼叫	**3NT**：为21~24点，想打3NT定约的牌，止叫 **4NT/6NT**：为25~26点/27~28点的均型牌，是6NT邀叫/止叫 **3阶/4阶再叫原花**：为24~25点/21~22点的牌，逼叫/止叫 **5阶/6阶再叫原花**：为23~24点/25点以上，最多只有一个输墩强套的牌，是问原花大牌张数（一大进贯）的满贯邀叫/封贯止叫 **3♣/3♦**：都为21点以上，4张以上的牌，都是逼叫 开叫人2♥再叫后的3♠：为21点以上，4张或以上的牌，逼叫 开叫人2♠再叫后的3♥：为21点以上，4张以上的牌，逼叫 **4♣**：可以视为以原花为将牌的关键张问叫，为25点以上，有最多只有一个输墩原花强套的牌，逼叫
	3阶加叫原花：为7~10支持点，有支持的牌，逼叫	**3NT**：可以视为以原花为将牌变通的高花关键张问叫，为22点以上的牌，逼叫 **4阶再叫原花**：为20点，对满贯不感兴趣的牌，止叫 **5阶/6阶再叫原花**：为21点/22~24点的牌，是问原花大牌张数（一大进贯）的满贯邀叫/封贯止叫 **平阶出新花**：为21点以上，是以原花为将牌扣A的，都是逼叫
	4阶跳加原花：为3~6支持点，有支持，或为4~6点，有帮助的牌，不逼叫	**Pass**：为20~21点，对满贯不感兴趣的牌 **4NT**：为24点以上的牌，是以原花为将牌的关键张问叫，逼叫 **平阶出新花**：都为24点以上，是以原花为将牌扣A的，都是逼叫 **5阶/6阶再叫原花**：24点/25~27点，是问原花大牌张数（一大进贯）的满贯邀叫/封贯止叫
	3NT：为8~11点，原花为单张4-4-4-1牌型的假示弱牌，不逼叫	**Pass**：为19~21点，满贯无望的牌 **4阶/6阶再叫原花**：为21点/23~25点，最多只有一个输墩强套的牌，都是止叫 **5阶再叫原花**：为22点，最多只有一个输墩强套的牌，是凭牌力的满贯邀叫 **4阶出低花**：都可以视为以该低花为将牌变通的低花关键张问叫，为22点以上，有4张以上配合的牌，都是逼叫 **5阶/6阶跳出低花**：为21点/22~24点，4张以上的牌，是以该低花为将牌的满贯邀叫/封贯止叫 **4阶出另一高花**：为19~20点，4张，对满贯不感兴趣的牌，不逼叫 **5阶/6阶跳出另一高花**：为21点/22~24点，4张强套的牌，是凭牌力的满贯邀叫/封贯止叫 **4NT/6NT**：为22~23点/24~25点，无另外4张花色套的均型牌，是6NT邀叫/封贯止叫

开叫人的再叫	应叫人的再叫	开叫人的第三次叫牌
2♥/2♠：都为21点以上，6张以上强套，或是19点以上，有半坚固以上所叫花色套且有9个赢墩的牌，都是逼叫 此时开叫人的3♥/3♠再叫都是逻辑错误的叫牌，你可以赋予其特定的叫牌约定	跳阶出新花：都为8~11点，所叫花色为单张（通常该花色中无废点，如有废点应降级叫牌）4-4-4-1牌型的假示弱牌，逼叫	4阶再叫原花：为19~20点，对满贯不感兴趣的牌，不逼叫 5阶/6阶再叫原花：为20~21点/22~24点，在同伴单张花色中无废点的牌，是问原花大牌张数（一大进贯）的满贯邀叫/封贯止叫 4NT：为21点以上，在同伴单张花色中无废点的牌，是以原花为将牌的关键张问叫，逼叫 平阶出新花（含再叫同伴单张花色）：都为21点以上，在同伴单张花色无废点，是以原花为将牌扣A的牌，逼叫 跳阶出新花：都可以视为报缺门的特殊约定叫，为21点以上，所叫花色为缺门的牌，都是逼叫
		4NT/5NT跳叫：都可以视为特殊假示弱约定叫，为12~13点/14~15点，原花为单张4-4-4-1牌型的假示弱牌，都是逼叫 双跳出新花：都可以视为改良的爆裂叫，为6~7点，对原花有支持，所叫花色为缺门的牌，都是逼叫
3♣/3♦：都为21点以上，6张以上强套，或是为19点以上，有半坚固以上所叫花色套，有9个赢墩的牌，都是逼叫 此时开叫人的4♣/4♦再叫都是逻辑错误的叫牌，你可以赋予其特定的叫牌约定	对3♣接力应答3♦：有两种含义，第一种为二次示弱约定叫，为最多3点，对草花无支持的牌，逼叫。第二种为4~7点，有5张或6张方块的牌，此后，应叫人再主动示强叫牌，即表示为后者，逼叫	3♥/3♠：都为21~24点，4张或以上的牌，逼叫到3NT或4♣ 4♥：可以视为以草花为将牌的关键张问叫，为25点以上，最多只有一个输墩草花强套的牌，逼叫 3NT：为21~24点有半坚固以上草花套想打3NT定约的牌，止叫 4♣/5♣：为21~23点/24~25点的牌，邀叫/止叫 6♣：为26点以上，最多只有一个输墩强套的牌（有蒙贯嫌疑），止叫 4♦：可以视为特殊约定叫，为23~25点，对方块有好支持的牌，逼叫。要求应叫人，为最多3点，有5张以上方块的牌时，就Pass，否则就叫回5♣。为4~5点/6~7点，5张以上方块的牌时，就加叫5♦/6♦，否则就叫回5♣
	对3♦接力应答3♥：有两种含义，第一种为二次示弱约定叫，为最多3点，对方块无支持的牌，逼叫。第二种为4~7点，有5张红心的牌，此后应叫人再主动示强叫牌，即表示为后者，逼叫	3♠：为21~24点，4张或以上的牌，逼叫到3NT或4♣ 4♣：可以视为以方块为将牌的关键张问叫，为25点以上，最多只有一个输墩方块强套的牌，逼叫 3NT：为21~24点，有半坚固以上方块套，想打3NT定约的牌，止叫 4♦：为21~24点，4张以上的牌，逼叫到4♦ 4♦/5♦：为21~23点/23~25点的牌，邀叫/止叫 6♦：为26点以上，最多只有一个输墩强套的牌（有蒙贯嫌疑），止叫 4♥：可以视为特殊约定叫，为23~25点，对红心有好支持的牌，不逼叫。要求应叫人，为最多3点，有5张以上红心的牌时，就Pass，否则就叫回5♦。为4~5点/6~7点，有5张红心的牌时，就加叫5♥/6♥，否则就叫回5♦

开叫人的再叫	应叫人的再叫	开叫人的第三次叫牌
3♣/3♦：都为21点以上，6张以上强套，或是为19点以上，有半坚固以上所叫花色套，有9个赢墩的牌，都是逼叫 此时开叫人的4♣/4♦再叫都是逻辑错误的叫牌，你可以赋予其特定的叫牌约定	对3♣再叫的3♥：为4~7点，5张的牌，逼叫 对3♣或3♦再叫的3♠：为4~7点，5张的牌，逼叫	对3♥再叫的3♠：为21~23点，4张或以上的牌，逼叫 3NT：为21~24点，有半坚固以上原花套，想打3NT定约的牌，止叫 4NT：为24点以上，对应叫高花有好支持的牌，是以应叫高花为将牌的关键张问叫，逼叫 4阶/6阶叫回原花：为24点以上/25~27点，最多只有一个输墩原花强套的牌，是以原花为将牌变通的低花关键张问叫/封贯叫叫牌，逼叫/止叫 5阶叫回原花：为21~23点，不适合打3NT和应叫高花定约的牌，止叫 4阶加叫应叫高花：为23点以下，有支持，对满贯不感兴趣的牌，不逼叫 5阶/6阶加叫应叫高花：为24点/25~27点，有好支持的牌，是问应叫高花大牌张数（一大进贯）的满贯邀叫/封贯止叫
	3NT：为4~7点的均型牌（对开叫人的3♦，当应叫人为4~7点，5张以上草花，对方块无支持时，也该应叫3NT，不要轻易越过3NT进行叫牌），不逼叫 4NT：为8~11点，原花为单张4-4-4-1牌型的牌，由开叫人决定打什么定约，都是满贯逼叫 5NT/6NT：都可以视为特殊假示弱约定叫，为12~13点/14~15点，原花为单张4-4-4-1牌型的牌（应与同伴协商细化其后续后续叫牌），逼叫/不逼叫 对3♦再叫的4♣：为6~7点，有6张草花的牌，逼叫 4阶/5阶加叫原花：为6~7点/4~5点，有支持的牌，逼叫/不逼叫 跳阶出新花：都为8~11点，所叫花色为单张4-4-4-1牌型的假示弱牌，都是逼叫 双跳出新花：都可以视为改良的爆裂叫，为5~7点，对原花有支持，所叫花色为缺门的牌，都是逼叫	
3NT：为25~26点的均型牌，不逼叫	Pass：为最多4点，满贯无望的牌	
	4♣：是变通的斯台曼问叫，为5点以上的牌（含任意4-4-4-1牌型的假示弱牌），逼叫到4NT	此时，开叫人应该从最低花色开始应答4张套，所越过的花色是没有4张套的牌 应答4♦：4张的牌，逼叫 应答4♥：4张，无4张方块的牌，逼叫 应答4♠：4张，无4张方块和4张红心的牌，逼叫 应答4NT：有4张草花的牌，不逼叫
	4♦：为5~7点，5张或6张的牌，逼叫 4♥/4♠：都为5~7点，5张的牌，都逼叫到4NT 4NT/6NT：为6点/7点的均型牌，是6NT邀叫/封贯止叫	

开叫人的再叫	应叫人的再叫	开叫人的第三次叫牌
4♥/4♠：都为16~17点，7张以上强套的牌，都不逼叫		Pass：为对满贯不感兴趣的牌（含最高12点，原花为单张的假示弱牌） 对4♥/4♠的接力4♠/5♣：都可以视为特殊假示弱约定叫，为13~14点，原花为单张4-4-4-1牌型的假示弱牌，要求开叫人有4张套时，就6阶叫出，否则就叫回4NT，由应叫人决定打什么定约 4NT：为13~14点，对原花有4张配合任意4-4-4-1牌型，在单张花色中无废点的假示弱牌，是以原花为将牌的关键张问叫，逼叫 5NT：可以视为特殊假示弱定约，为15~17点，原花为单张4-4-4-1牌型的假示弱牌，由开叫人决定打什么满贯定约，逼叫 5阶/6阶加叫原花：为12~13点/14~15点，有4张好配合任意4-4-4-1牌型，任单张花色中无废点的假示弱牌，是问原花大牌张数的满贯邀叫/封贯止叫
5♣/5♦：都为16~17点，7张以上强套的牌，都不逼叫		Pass：为对满贯不感兴趣的牌（含最高12点，原花为单张的假示弱牌） 6♣/6♦加叫原花：为13~14点，有4张配合任意4-4-4-1牌型，在单张花色中无废点的假示弱牌，止叫 5NT：可以视为特殊假示弱约定叫，为15~17点，原花为单张4-4-4-1牌型的假示弱牌，由开叫人决定打什么满贯定约，逼叫

　　需要解释的是，当1♣开叫人再叫2NT时，在老版精确体系中，也是不允许应叫人为8~10点假示弱牌时，用跳出新花来表示的。因而笔者建议进行如下改进：即当应叫人持有4~7点的牌或8~10点假示弱牌时，继续采用斯台曼问叫维持后续叫牌；而当应叫人为12点以上的假示弱牌时，采用4阶跳出新花为单张的方法来表示。这样有利于开叫人对是否叫满贯定约做出正确的选择。当然了，你也可以和同伴进行协商，确定适合你们的叫品。

二、1♦应叫上家干扰后1♣开叫人的再叫

1. 1♦应叫上家花色或1NT干扰后1♣开叫人的再叫

对花色干扰Pass——表示有上家所叫花色长套，不适合打无将定约的牌。

平阶出新花——都为16~18点，5张以上的牌，都不逼叫。

跳阶出新花——都为19~21点，5张以上强套的牌，都不逼叫。

加倍——当开叫人对上家：①平阶花色干扰加倍时，是技术性加倍，通常是逼叫；②1NT干扰加倍时，为19点以上的牌，是选择性加倍。

1NT——为16~18点，有止张的牌（19~21点，有止张时，用先叫加倍，之后再平阶叫无将予以区别），不逼叫。

对2阶干扰平阶叫2NT——为18~20点，有止张的牌，不逼叫。

对1阶高花干扰跳叫2NT/4NT——为16~20点/21~24点，有5-5以上分布的低花的牌，都是逼叫。

扣叫干扰花色——为19点以上，对其余未叫花色有好支持的牌，逼叫。

3NT——为24点以上，有止张的均型牌，止叫。

4阶跳出高花/5阶跳出低花——都为16~20点，7张以上超长套的非均型牌，都是止叫。

2. 1♦应叫上家阻击干扰后1♣开叫人的再叫

上家阻击干扰后，对2阶阻击干扰的加倍是技术性加倍，对3阶以上阻击干扰的加倍，为19点以上的牌，是选择性加倍。开叫人的其余再叫都是自然实叫，应该符合桥牌逻辑。具体叫牌应参考本书085~086页的八条常规介绍。

三、1♣开叫人再叫后1♦应叫人的再叫

1. 1♣开叫人花色再叫后1♦应叫人的再叫

无论是下家干扰1♣开叫人花色再叫，还是1♣开叫人花色再叫上家干扰时，当1♦应叫人：

Pass——为最多4点的牌。

平阶出高花——都为5~7点，5张的牌，都不逼叫。

平阶出低花——都为5~7点，5张或6张的牌，都不逼叫。

1NT——为5~7点，有对方首次干扰花色止张的牌，不逼叫。

跳阶2NT/3NT——为8~9点/10~12点，原花为单张的假示弱牌，逼叫/不逼叫。

2阶加叫/3阶跳加高花原花——为4~5支持点/6~7支持点，有支持的牌，不逼叫/邀叫。

4阶跳加高花原花——为8~10支持点，有支持的牌，止叫。

3阶/4阶跳加低花原花——为6~7点，有支持的非均型牌，不逼叫/邀叫。

5阶跳加低花原花——为6~7点，有支持，通常干扰花色为单张的非均型牌，止叫。

扣叫干扰花色——为8点以上，对方干扰花色为单张的假示弱牌，逼叫。

对花色干扰加倍——是负加倍，为5~7点，对原花不支持，有4-4以上分布的另外两门未叫花色，逼叫。

跳扣叫干扰花色——为5~7点，对原花有好支持，对方干扰花色为缺门的牌，逼叫。

对扣叫干扰加倍——为6点以上，对原花无支持或是原花为单张的假示弱牌，不逼叫。

对加倍干扰再加倍——为6点以上，对原花无支持的牌或是原花为单张的假示弱牌，不逼叫。

2. 1♣开叫人1NT再叫上家干扰后1♦应叫人的再叫

此时，转移叫自动失效，其后续叫牌都是自然实叫，当应叫人：

Pass——为最多4点的示弱叫牌。

平阶出新花——都为5~7点，所叫高花时为5张，低花时为5张或6张的牌，都不逼叫。

2NT——为6~7点的均型牌，邀叫。

3NT——为8~10点，干扰花色有好止张的假示弱牌，止叫。

扣叫干扰花色——为8~10点，对方干扰花色为单张的假示弱牌，逼叫。

对上家2阶加叫性干扰加倍——为6~7点，该花色有可靠赢墩的牌，是选择性加倍，

不逼叫。

对上家3阶以上加叫性干扰加倍——为6~7点，该花色有可靠赢墩的牌，是惩罚性加倍。

对上家非加叫性干扰加倍——为6~10点，该花色有可靠赢墩的牌，是惩罚性加倍。

四、1♦应叫人再叫后1♣开叫人的第三次叫牌及后续叫牌

1♦应叫人再叫后，无论对方是否再次干扰叫牌，1♣开叫人的第三次叫牌及后续叫牌，都是自然实叫，应该符合桥牌逻辑。此时，分析叫牌信息，按照桥牌逻辑来推断1♦应叫人或1♣开叫人的牌力范围和牌型，并采用与其相适应的叫牌原则来指导叫牌，共同选择联手的合理定约是其精髓所在。开叫人的第三次叫牌及后续叫牌，都应符合常规的后续叫牌，详见本书088~089页。

五、对1♣开叫1♦应叫的后续叫牌举例

1. 最多7点牌力应叫人的后续叫牌举例

【例】你持有♠J　♥K53　♦Q9842　♣9542，6点，1-3-5-4牌型。同伴开叫1♣，对方一直没有参与叫牌，你应叫1♦，同伴Pass或分别再叫1♥/1♠/1NT/2♣/2♦/2♥/2♠/2NT/3♣/3♦/3♥/3♠/3NT/4♣/4♦/4♥/4♠时，表示什么含义？你应如何再叫呢？

答　同伴Pass时，是逻辑错误的叫牌，你的1♦应叫是逼叫，因为你有可能持有假示弱的牌，是绝不允许同伴Pass的。可惜你已经没有叫牌的机会了。

同伴再叫1♥时，为16~21点，5张以上的牌。你应跳加4♥，表示为8~10支持点，有支持的牌。

同伴再叫1♠时，为16~21点，5张以上的牌。你应再叫2♦，表示为5~7点，5张以上，对黑桃无支持的牌。

同伴再叫1NT时，为16~19点的均型牌，你稳妥点就Pass，激进点就再叫2NT邀叫。请注意，此时你不能叫2♦，因为2♦是转移叫。

同伴再叫2♣/2♦时，都为16~21点，5张以上的牌。你应分别跳加4♣/4♦，表示为6~7点，有支持，通常有单张花色邀叫的牌。

同伴跳叫2♥时，为21点以上，6张以上强套或为19点以上，有九个赢墩的牌。你应加叫3♥，表示为7~10支持点，有支持的牌。

同伴跳叫2♠时，为21点以上，6张以上强套或为19点以上，有九个赢墩的牌。你应再叫3♦，表示为4~7点，5张以上的牌。

同伴跳叫2NT时，为19~21点的均型牌，你应加叫3NT进局。

同伴跳叫3♣/3♦时，都为21点以上，6张以上强套或为19点以上，有九个赢墩的牌。你应分别加叫4♣/4♦，表示为6~7，有支持，有单张花色的牌。

同伴3阶跳叫高花/4阶跳叫低花时，都是逻辑错误的叫牌，该怎么应叫，应凭牌感而定。

同伴跳叫3NT时，为25~26点的均型牌，你应再叫4♦，表示为6~7点，5张以上的牌。

同伴跳叫4♥/4♠时，都为16~17点，7张以上超长套的牌。你都应该Pass。

2. 1♦假示弱应叫人的后续叫牌举例

【例】你持有♠6　♥K763　♦A842　♣KJ65，11点，1-4-4-4牌型。同伴开叫1♣，对方一直没有参与叫牌，你应叫1♦，同伴Pass或分别再叫1♥/1♠/1NT/2♣/2♦/2♥/2♠/2NT/3♣/3♦/3♥/3♠/3NT/4♣/4♦/4♥/4♠时，表示什么含义？你应如何再叫呢？

答　同伴Pass时，是逻辑错误的叫牌，你的1♦应叫是逼叫，因为你有可能持有假示弱的牌，是绝不允许同伴Pass的。可惜你已经没有叫牌的机会了。

同伴再叫1♥时，为16~21点，5张以上的牌。你应跳叫2♠，表示为8~11点，有单张黑桃的假示弱牌。

同伴再叫1♠时，为16~21点，5张以上的牌。你应跳叫2NT，表示为8~11点，有单张黑桃的假示弱牌。

同伴再叫1NT时，为16~19点的均型牌，你应跳叫3♣，表示为8~11点，有单张黑桃的假示弱牌。

同伴再叫2♣/2♦时，都为16~21点，5张以上的牌。你都应跳叫3♠，表示为8~11点，有单张黑桃的假示弱牌。

同伴跳叫2♥时，为21点以上，6张以上强套或是为19点以上，有九个赢墩的牌。你应跳叫3♠，表示为8~11点，有单张黑桃的假示弱牌。

同伴跳叫2♠时，为21点以上，6张以上强套或是为19点以上，有九个赢墩的牌。你应跳叫3NT，表示为8~11点，有单张黑桃的假示弱牌。

同伴跳叫2NT时，为19~21点的均型牌，你应再叫3♣进行斯台曼问叫。

同伴跳叫3♣/3♦时，都为21点以上，6张以上强套或是为19点以上，有九个赢墩的牌。你都应跳叫4♠，表示为8~11点，有单张黑桃的假示弱牌。

同伴3阶跳叫高花/4阶跳叫低花时，都是逻辑错误的叫牌，该怎么应叫，应凭牌感而定。

同伴跳叫3NT时，为25~26点的均型牌，你应再叫4♣进行斯台曼问叫。

同伴跳叫4♥/4♠时，都为16~17点，7张以上超长套的牌。你都应该Pass。

第十六节　1♣开叫花色应叫后的叫牌

对1♣开叫的1阶高花和2阶低花示强应叫（以下简称花色应叫），都为8点以上，5张以上的牌，都是逼叫。其低限为8~11点，中限为12~13点，超低限[1]为12点以上（有太多11点超低限冒叫的经历，笔者推荐改为12点以上），有4个以上控制（含14点以上无4

---

❶　周家骝在《精确体系叫牌法》中首次提出，后为约定俗成的桥牌术语。

个控制）的牌。

一、对1♣开叫花色应叫的后续叫牌

见表2-11。

表2-11　对1♣开叫花色应叫的后续叫牌

应叫	开叫人的再叫	应叫人的再叫
1♥/1♠：都为8点以上，5张以上的牌，都逼叫到应叫人的2NT或应叫人3阶平叫应叫花色　需要说明的是，当应叫人有两门5张长套的牌时，应该先应叫级别更高的花色。而当应叫人有一门5张高花和另一门6张低花的牌时，要看其持有的牌力，当持有8~11点的牌时，应遵循高花优先的应叫法则，优先应叫高花，而当持有12点以上或超低限牌力时，则应遵循长套优先的应叫法则，优先应叫6张低花，而当应叫人两门高花为6-5分布的牌时，则无论其牌力多少，都要优先应叫6张花色	对1♥应叫的1♠：通常为16~19点（也可能为20点以上不好叫的牌），5张以上的牌，逼叫	1NT/2NT：为8~11点/12~13点或最多为13点，超低限牌力的均型牌，都是逼叫 3NT：可以视为特殊的6NT邀叫，为14~15点的均型牌，个逼叫 4NT：为12点以上或为超低限牌力（以下简称12点以上），对黑桃有好支持的牌，是以黑桃为将牌的关键张问叫，逼叫 6NT：为16~17点的均型牌，止叫 2阶/3阶出低花：为8~11点/12点以上，4张以上的牌，都是逼叫 4♣/4♦：都可以视为改良的爆裂叫，为8点以上，对黑桃有支持，所叫花色为缺门的牌，都是逼叫 2♥/4♥：为8~11点，6张套/7张以上的牌，逼叫/止叫 3♥：为12点以上，6张以上强套的牌，逼叫 5♥/6♥：为12~13点/超低限牌力，最多只有一个输墩强套的牌，是问红心大牌张数（一大进贯）的满贯邀叫/封贯止叫 2♠/4♠：为8~9点/10~11点，有支持的牌，逼叫/止叫 3♠：为12点以上，有好支持的牌，逼叫 5♠/6♠：为12~13点/超低限牌力，有好支持的牌，是问黑桃大牌张数的满贯邀叫/封贯止叫
	1NT：为16~19点的均型牌（笔者推荐无6个控制19点的牌时，叫1NT），逼叫	2阶/3阶出新花：为8~11点/12点以上，4张以上的牌，都是逼叫 2阶/3阶再叫应叫高花：为8~11点/12点以上，5张以上套/6张以上强套的牌，都是逼叫 4阶再叫应叫高花：为8~11点，7张以上超长套的牌，止叫 5阶/6阶再叫应叫高花：为12~13点/超低限牌力，最多只有一个输墩强套的牌，是问该高花大牌张数（一大进贯）的满贯邀叫/封贯止叫 2NT/3NT：为8点/9~12点的均型牌，邀叫/止叫 4NT/6NT：为14~15点/16~17点的均型牌，是6NT邀叫/止叫
	2NT：为19~21点的均型牌（笔者推荐有6个控制以上的19点时，叫2NT），逼叫	3阶出新花：都为8~11点，4张以上的牌（12点以上，5张以上草花时也先叫3♣，而把4♣再叫视为以应叫高花为将牌的关键张叫），都是逼叫 4♣：可以视为以应叫高花为将牌变通的关键张问叫，为12点以上，最多只有一个输墩应叫高花强套的牌，逼叫 4阶跳出新花（不含4♣）：12点以上，4张以上的牌，都是逼叫 3阶再叫应叫高花：为12点以上，6张以上强套的牌，逼叫 4阶再叫应叫高花：为8~10点，6张以上的牌，止叫 5阶/6阶再叫应叫高花：11点/12点以上，最多只有一个输墩强套的牌，是问该高花大牌张数（一大进贯）的满贯邀叫/封贯止叫 3NT/4NT：为8~10点/11~12点的均型牌，止叫/6NT邀叫 6NT：为13~15点的均型牌，止叫

应 叫	开叫人的再叫	应叫人的再叫
1♥/1♠：都为8点以上，5张以上的牌，都逼叫到应叫人的2NT或应叫人3阶平应叫花色 需要说明的是，当应叫人有两门5张长套的牌时，应该先应叫级别更高的花色。而当应叫人有一门5张高花和另一门6张低花的牌时，要看其持有的牌力，当持有8~11点的牌时，应遵循高花优先的应叫法则，优先应叫高花，而当持有12点以上或超低限牌力时，则应遵循长套优先的应叫法则，优先应叫6张低花，而当应叫人两门高花为6-5分布的牌时，则无论其牌力多少，都要优先应叫6张花色	2♣/2♦：通常都为16~19点，5张以上的牌，都是逼叫	2阶/3阶再叫应叫高花：为8~11点/12点以上，6张以上套/6张以上强套的牌，都是逼叫
		4阶再叫应叫高花：为8~11点，7张以上超长套的牌，止叫
		5阶/6阶再叫应叫高花：为12~13点/超低限牌力，最多只有一个输墩强套的牌，是问该高花大牌张数（一大进贯）的满贯邀叫/封贯止叫
		平阶/跳阶出新花：为8~11点/12点以上，4张以上的牌，都是逼叫
		双跳出新花：都可以视为改良的爆裂叫，为8点以上，对原花有支持，所叫花色为缺门的牌，都是逼叫
		2NT/3NT：为8~11点/9~12点对原花无好支持的均型牌，邀叫/止叫
		4NT：为12点以上，最多只有一个输墩应叫高花强套的牌，是以应叫高花为将牌的关键张问叫，逼叫
		6NT：为16~17点的均型牌，不逼叫
		3阶加叫原花：为8~11点，有好支持的牌，逼叫
		4阶/6阶跳加原花：为12~13点/超低限牌力，有好支持的牌，是以原花为将牌变通的低花关键张问叫/封贯叫牌，逼叫/止叫
		5阶跳加原花：为9~11点，有支持，不适合打3NT和应叫高花定约的非均型牌，止叫
	对1♠应叫的2♥：通常为16~19点，5张以上的牌，逼叫 当开叫人为16~18点，有红心超长套，对满贯不感兴趣的牌时，也必须先叫2♥，而应将跳阶4♥作为改良的爆裂叫	2♠/4♠：为8~9点/10~11点，6张以上套/6张以上强套的牌，逼叫/止叫
		3♠：为12点以上，6张以上强套的牌，逼叫
		5♠/6♠：为12~13点/超低限牌力，最多只有一个输墩强套的牌，是问黑桃大牌张数（一大进贯）的满贯邀叫/封贯止叫
		2NT/3NT：为8~11点/12~13点的均型牌，逼叫/不逼叫
		4NT：为超低限牌力，对红心有好支持的牌，是以红心为将牌的关键张问叫，逼叫
		6NT：为16~17点的均型牌，止叫
		3阶/4阶出低花：为8~11点/12点以上，4张以上的牌，都是逼叫
		5♣/5♦：都可以视为改良的爆裂叫，为8点以上，对红心有支持，所叫花色为缺门的牌，都是逼叫
		3♥/4♥：为12点以上/8~11点，有支持的牌，逼叫/止叫
		5♥/6♥：为12~13点/超低限牌力，有好支持的牌，是以红心为将牌，问红心大牌张数的满贯邀叫/封贯止叫
	2阶加叫应叫高花：都是将牌问叫，为19点以上，有好支持的牌，都是逼叫	
	3阶/4阶跳加应叫高花：为17~18点/16点，有支持的牌，逼叫/不逼叫	
	5阶/6阶跳加应叫高花：为20点/21~22点，有好支持的非均型牌，是问该高花大牌张数的满贯邀叫，不逼叫	
	跳阶出新花：都是A问叫，为21点以上，有半坚固以上所叫花色套的牌，都是逼叫	
	双跳出新花：都可以视为改良的爆裂叫，为16点以上，对应叫高花有好支持，所叫花色为缺门的牌，都是逼叫	
	3NT：为25~26点的均型牌，逼叫	
	4NT：为20点以上，对应叫高花有好支持的牌，是以应叫高花为将牌的关键张问叫，逼叫	

应　叫	开叫人的再叫	应叫人的再叫
2♣/2♦：都为8点以上，5张以上的牌，都逼叫到应叫人再叫3阶应叫低花	对2♣应叫的2♦：为16~19点，5张以上的牌（也可能为16~18点，对草花有支持的牌），逼叫 当对应叫花色有支持，不够将牌问叫牌力，没有5张以上花色套时，是否可以再叫出4张花色套，请与同伴协商确定	2阶/3阶出高花：为8~11点/12点以上，4张的牌，都是逼叫 4♥/4♠：都可以视为改良的爆裂叫，为8点以上，对方块有支持，所叫花色为缺门的牌，都是逼叫 2NT/3NT：为8~11点/12~13点的均型牌，逼叫/不逼叫 4NT：可以视为特殊6NT邀叫约定，为14~15点的均型牌，不逼叫 6NT：为16~17点的均型牌，止叫 3♣：为8点，6张以上的牌，不逼叫 4♣/6♣：为12~13点/超低限牌力，最多只有一个输墩强套的牌，是以草花为将牌变通的低花关键张问叫/封贯叫牌，逼叫/不逼叫 5♣：为9~10点，6张以上强套，不适合打3NT定约的非均型牌，不逼叫 3♦：为8~9点，有支持的牌，逼叫 4♦/6♦：为12点以上/超低限牌力，有好支持的牌，是以方块为将牌变通的低花关键张问叫/封贯止叫，逼叫/止叫 5♦：为10~11点，有支持，不适合打3NT定约的非均型牌，不逼叫
	2♥/2♠：都为16~19点，5张以上的牌，都是逼叫 当对应叫花色有支持，不够将牌问叫牌力，没有5张以上花色套时，是否可以再叫出4张花色套，请与同伴协商确定 当为16~18点，有高花超长套的牌时，也必须先2阶叫出高花	2NT/3NT：为8~11点/12~13点的均型牌，逼叫/不逼叫 4NT：为12点以上，对原花有好支持的牌，是以原花为将牌的关键张问叫，逼叫 6NT：为16~17点的均型牌，止叫 3阶再叫应叫低花：为8点，6张以上的牌，不逼叫 4阶/6阶再叫应叫低花：为12点以上/超低限牌力，最多只有一个输墩强套的牌，是以该低花为将牌变通的低花关键张问叫/封贯叫牌，逼叫/止叫 5阶再叫应叫低花：为10~11点，6张以上强套，不适合打3NT和原花定约的非均型牌，止叫 3阶/4阶加叫原花：为12点以上/8~11点，有好支持/有支持的牌，逼叫/不逼叫 5阶/6阶跳加原花：为12~13点/超低限牌力，有好支持的牌，是问原花大牌张数的满贯邀叫/封贯止叫 平阶/跳阶出新花：都为8~11点/12点以上，4张以上的牌，都是逼叫 双跳出新花：都可以视为改良的爆裂叫，为8点以上，对原花有支持，所叫花色为缺门的牌，都是逼叫
	对2♣/2♦应叫的2NT：为16~18点，对应叫低花可能有支持的均型牌，逼叫	3阶再叫应叫低花：为8点，6张以上的牌，不逼叫 4阶/6阶再叫应叫低花：为12点以上/超低限牌力，最多只有一个输墩强套的牌，是以应叫低花为将牌变通的低花关键张问叫/封贯叫牌，逼叫/止叫 5阶再叫应叫低花：为9~11点，6张以上强套，不适合打3NT定约的非均型牌，止叫 平阶/跳阶出新花：为9~11点/12点以上，4张的牌，都是逼叫/都逼叫到4NT 3NT：为8~11点的均型牌，止叫 4NT/6NT：为14~15点/16~17点的均型牌，是6NT邀叫/止叫

应　　叫	开叫人的再叫	应叫人的再叫
2♣/2♦：都为8点以上，5张以上的牌，都逼叫到应叫人再叫3阶应叫低花	对2♦应叫的3♣：通常为16~19点，5张以上的牌，逼叫	3♦：为8点，6张以上的牌，不逼叫
		4♦/6♦：为12点以上/超低限牌力，最多只有一个输墩强套的牌，是以方块为将牌变通的低花关键张问叫/封贯叫牌，逼叫/止叫
		5♦：为9~11点，5张以上强套，不适合打3NT定约的非均型牌，止叫
		3♥/3♠：都为8点以上（当应叫人为超低限牌力时，下次再主动越过3NT进行叫牌），4张的牌，都是逼叫
		4♥/4♠：都可以视为改良的爆裂叫，为8点以上，对草花有支持，所叫花色为缺门的牌，都是逼叫
		3NT：为8~11点，对草花可能有支持的均型牌（持有11点以下的牌时，不要越过3NT叫牌），不逼叫
		4NT/6NT：为14~15点/16~17点的均型牌，是6NT邀叫/封贯止叫
		4♣/6♣：为12点以上/超低限牌力，有好支持的牌，是以草花为将牌变通的低花关键张问叫/封贯叫牌，逼叫/止叫
		5♣：为8~11点，有支持，不适合打3NT定约的非均型牌，不逼叫
	3阶加叫应叫低花：都是将牌问叫，为19点以上，有好支持的牌，都是逼叫	
	4阶/6阶跳加应叫低花：为20点以上/21~22点，有好支持的牌，是以该低花为将牌变通的关键张问叫/封贯叫牌，逼叫/不逼叫	
	5阶跳加应叫低花：为16~18点，有支持，不适合打3NT定约的非均型牌，不逼叫	
	跳阶出新花：都是A问叫，为21点以上，有半坚固以上所叫花色套的牌，都是逼叫	
	3NT：为19~21点的均型牌，不逼叫	
	4NT：是逻辑错误的叫牌，你可以赋予其特定的叫牌约定	
	双跳出新花：都可以视为改良的爆裂叫，为16点以上，对应叫低花有好支持，所叫花色为缺门的牌，都是逼叫	

二、花色应叫上家干扰后1♣开叫人的再叫

1. 同伴花色应叫上家花色、1NT和加倍干扰后1♣开叫人的再叫

Pass——通常有对方干扰花色长套，不适合打无将定约的牌。如果对方是2阶争叫，开叫人此后最想听到的叫牌就是应叫人的加倍。

出新花——都为16~18点，5张以上的牌，都是逼叫。

跳阶出新花——都为19~21点，5张以上强套的牌，都是逼叫。

4阶跳出高花——都为16~18点，6张以上强套的牌，都不逼叫。

5阶跳出低花——都为16~18点，6张以上强套，不适合打3NT定约的非均型牌，都不逼叫。

2NT/3NT——为16~17点/18~20点，有止张的均型牌，邀叫/止叫。

4NT——为20点以上，对应叫人花色有好支持的非均型牌，是以应叫花色为将牌的关键张问叫，逼叫。

2阶/3阶加叫应叫人高花——为16~17点/20~21点，有支持的牌（此时的加叫不再是将牌问叫了），邀叫/逼叫。

3阶/4阶加叫应叫人低花——为16~17点/20~21点，有支持的牌（此时的加叫不再是将牌问叫了），不逼叫/逼叫。

4阶跳加叫应叫人高花/5阶跳加叫应叫人低花——都为17~19点，对应叫人高花/低花有支持，对满贯不感兴趣的牌，都不逼叫。

扣叫干扰花色——为19点以上，对应叫人花色有好支持，通常干扰花色为单张的牌（是否有此约定，请和同伴协商确定），逼叫。

跳扣叫干扰花色——为18点以上，对应叫人花色有好支持，扣叫花色为缺门的牌，有尝试满贯的含义，逼叫。

加倍——当开叫人对上家：①2阶以下花色干扰加倍时，都是技术性加倍，通常是逼叫；②1NT干扰加倍时，为18点以上的牌，有惩罚性加倍的含义，不逼叫。

对加倍干扰再加倍和对扣叫干扰加倍——都为18点以上的牌，都不逼叫。如果对方进行逃叫，无论是开叫人还是应叫人所做的加倍，都是惩罚性加倍。

2. 上家阻击干扰后1♣开叫人的再叫

上家阻击干扰后，对3阶以上阻击干扰的加倍，为18点以上的牌，是选择性加倍。开叫人的其余应叫都是自然实叫，应该符合桥牌逻辑。应参考本书085~086页的八条常规介绍。

三、1♣开叫人再叫上家干扰后花色应叫人的再叫

1. 1♣开叫人花色再叫上家干扰后花色应叫人的再叫

Pass——为8~9点，对原花不支持，不适合打无将定约或不好叫的牌。

平阶/跳阶出新花——为8~11点/12点以上，4张以上的牌，都是逼叫。

再叫/跳叫应叫花色——为8~11点/12点以上或超低限牌力，6张以上的牌，都是逼叫。

4阶再叫应叫高花/5阶再叫应叫低花——都为8~11点，7张以上超长套的牌，都不逼叫。

2NT/3NT——为8~9点/10~12点，有止张的均型牌，邀叫/止叫。

扣叫干扰花色——为12点以上或超低限牌力，对原花有支持，比直接加叫原花进局更强的牌（是否表示干扰花色为单张，请和同伴协商确定），逼叫。

跳扣叫干扰花色——为9点以上，对原花有支持，对方干扰花色为缺门的牌，逼叫。

加倍——当应叫人对上家：①首次花色干扰加倍时，为10点以上，对原花无支持，有干扰花色可靠赢墩的牌，是惩罚性加倍；②无将类干扰加倍时，为8点以上的牌，是惩罚性加倍；③不成局/成局花色加叫性干扰加倍时，为10点左右，在对方花色中有可靠赢墩的牌，是选择性/惩罚性加倍；④非加叫性干扰加倍时，都是惩罚性加倍。

加叫原花——为8~9点，有支持的牌，逼叫。

跳加叫原花进局——为10~11点，有支持的牌，不逼叫。

4NT——为12点以上，对原花有好支持的非均型牌，是以开叫人原花为将牌的关键张问叫，逼叫。

2. 1♣开叫人无将再叫上家干扰后花色应叫人的再叫

此时应叫人出新花、再叫应叫花色、加叫原花和扣叫都保持原有的含义，进局时，都是止叫。总之应叫人的再叫都是自然实叫，应该符合桥牌逻辑。只是应叫人此时的加倍，都是惩罚性加倍。

四、花色应叫人再叫后1♣开叫人的第三次叫牌及后续叫牌

无论对方是否再次干扰叫牌，1♣开叫人的第三次叫牌及后续叫牌，都是自然实叫，应该符合桥牌逻辑。分析叫牌信息，按照桥牌逻辑来推断花色应叫人或1♣开叫人的牌力范围和牌型，并采用与其相适应的叫牌原则来指导叫牌，共同选择联手的合理定约是其精髓所在。1♣开叫人的第三次叫牌及后续叫牌，都应符合常规的后续叫牌（详见本书088~089页），只是此时他们对对方干扰的加倍都是惩罚性加倍，这点略有不同而已。

五、对1♣开叫花色应叫的后续叫牌举例

1. 同伴花色应叫后1♣开叫人的再叫举例

【例1】你持有♠AK4 ♥Q653 ♦KJ42 ♣K5，16点，3-4-4-2牌型。开叫1♣，对方一直没有参与叫牌，同伴分别应叫1♥/1♠/2♣/2♦时，表示什么含义？你应如何再叫呢？

答　同伴应叫1♥时，为8点以上，5张以上的牌。你应跳加4♥进局，表示为16点，有支持的牌。

　　同伴应叫1♠时，为8点以上，5张以上的牌。你应跳加4♠进局，表示为16点，有支持的牌。

　　同伴应叫2♣时，为8点以上，5张以上的牌。你应再叫2NT，表示为16~19点的均型牌，请注意，此时的2NT应叫是逼叫。

　　同伴应叫2♦时，为8点以上，5张以上的牌。你应再叫2NT，表示为16~19点的均型牌进行逼叫。此牌你没有将牌问叫的实力，是不能加叫3♦的。

【例2】你持有♠AK4 ♥AKQ653 ♦A42 ♣5，20点，3-6-3-1牌型。开叫1♣，对方一直没有参与叫牌，同伴分别应叫1♥/1♠/2♣/2♦时，表示什么含义？你应如何再叫呢？

答　同伴应叫1♥时，为8点以上，5张以上的牌。你的红心如此之强大，还有草花单张的牌，你应再叫4NT，进行满贯试探。

　　同伴应叫1♠时，为8点以上，5张以上的牌。你应加叫2♠，是将牌问叫，表示为19点以上，有支持的牌。

　　同伴应叫2♣时，为8点以上，5张以上的牌。你应跳叫3♥，表示为19点以上，有半坚固以上红心套A问叫的牌。

　　同伴应叫2♦时，为8点以上，5张以上的牌。你应加叫3♦，是将牌问叫，表示为19

点以上，有好支持的牌。

2. 同伴1♣开叫后花色应叫人的再叫举例

【例1】你持有♠AKJ94　♥853　♦Q62　♣95，10点，5-3-3-2牌型。同伴开叫1♣，对方一直没有参与叫牌，你应叫1♠，同伴Pass或分别再叫1NT/2♣/2♦/2♥/2♠/2NT/3♣/3♦/3♥/3♠/3NT/4♣/4♦/4♥/4♠/4NT时，表示什么含义？你应如何再叫呢？

答　同伴Pass时，是逻辑错误的叫牌。因为你的1♠应叫是逼叫，是不允许同伴Pass的。可惜你已经没有叫牌的机会了。

同伴再叫1NT时，为16~19点，对黑桃无支持的均型牌。你应再叫3NT，表示为9~12点的均型牌。请注意，此时你若再叫4NT，则表示你持14~15点的均型牌。

同伴再叫2♣时，为16~19点，5张以上的牌。你应再叫2NT，表示为8~11点，对草花无好支持，逼叫的牌。请注意，此时你若跳叫3NT，则表示为12~13点的均型牌。

同伴再叫2♦时，为16~19点，5张以上的牌。你应加叫3♦，表示为8~11点，有好支持的牌。

同伴再叫2♥时，为16~19点，5张以上的牌。你应跳加4♥，表示为8~11点，有支持的牌。此时加叫3♥，则表示为12点以上，有支持的牌。

同伴加叫2♠时，为19点以上，有支持将牌问叫的牌。你应加三级应答3♦，表示黑桃有5张两大的牌。

同伴跳叫2NT/3NT时，为19~21点/25~26点的均型牌。你应分别再叫3NT/6NT。

同伴跳叫3♣/3♥时，为19点以上，有半坚固以上草花/红心套，A问叫的牌。你都应按约定应答3♠，表示问叫花色无大牌张且有♠A。

同伴跳叫3♦时，为19点以上，有半坚固以上方块套，A问叫的牌。你应按约定应答4♠，表示有方块大牌张且有♠A。

同伴跳加3♠/4♠时，为17~18点/16点，有支持的牌。你应分别再叫4♠/Pass。

同伴双跳4♣/4♦时，都可以视为改良的爆裂叫，为16点以上，对黑桃有好支持，所叫花色为缺门的牌。对4♣，显然对方草花的10点牌力都废了，你们至少要叫到6♠。对4♦，你只废了2点，联手至少有24点，应再叫4NT进行关键张问叫。

同伴双跳4♥时，可以视为改良的爆裂叫，为16点以上，对黑桃有好支持，红心为缺门的牌。显然对方红心的10点牌力都废了，你们至少要叫到6♠。至于怎么叫更加科学，就要发挥你的聪明才智了。

同伴跳叫4NT时，为20点以上，对黑桃有好支持的非均型牌，是以黑桃为将牌的关键张问叫。你该加三级应答5♥，表示有两个关键张，无将牌Q的牌。

【例2】你持有♠AKJ94　♥853　♦Q62　♣95，10点，5-3-3-2牌型。同伴开叫1♣，上家Pass，你应叫1♠，下家争叫2♣，同伴Pass或分别再叫2♦/2♥/2♠/2NT/3♣/3♦/3♥/3♠/3NT/4♣/4♦/4♥/4♠/4NT且上家都没有参与叫牌时，表示什么含义？你应如何再叫呢？

答　同伴Pass时，表示可能持有草花长套的牌。你应再叫加倍，让开叫人选择是否放罚。

同伴再叫2♦/3♦时，为16~18点/19~21点，5张以上套/5张以上强套的牌。你应分别加叫3♦/4♦，表示为8~11点，有支持的牌。

同伴再叫2♥/3♥时，为16~18点/19~21点，5张以上套/6张以上强套的牌。你应都加叫4♥进局。

同伴加叫2♠时，为16~17点，有支持的牌。你应再叫4♠进局。

同伴再叫2NT时，为16点，对草花有止张的牌。你应加叫3NT进局。

同伴扣叫3♣时，为19点以上，对黑桃有支持，通常草花为单张的牌。显然，对方草花的10点牌力，只能获取一墩，你应再叫6♠。

同伴跳加叫3♠时，为20~21点，有支持的牌。你应再叫5♠进行满贯邀叫。

同伴跳叫3NT时，为17~20点，对草花有止张的牌。你应该Pass。

同伴跳扣叫4♣时，为18点以上，对黑桃有支持，草花为缺门的牌。显然，对方草花的10点牌力都废了，你至少要叫6♠，激进点就再叫7♠。

同伴跳叫4♦时，是逻辑含糊的叫牌。你应怎样再叫，可凭牌感自定。

同伴跳叫4♥时，为17~18点，6张以上强套，对满贯不感兴趣的牌。你应该Pass。

同伴跳加4♠时，为17~18点，有支持，对满贯不感兴趣的牌。你应该Pass。

同伴跳叫4NT时，为20点以上，对黑桃有好支持的牌，是以黑桃为将牌的关键张问叫。你该加三级应答5♥，表示有两个关键张，无将牌Q。

3. 同伴花色应叫后1♣开叫人的第三次叫牌举例

【例】你持有♠Q9　♥AQ43　♦AK652　♣K5，18点，2-4-5-2牌型。开叫1♣，对方一直没有参与叫牌，同伴应叫1♠，你再叫2♦，同伴Pass或分别再叫2♥/2♠/2NT/3♣/3♦/3♥/3♠/3NT/4♣/4♦/4♥/4♠/4NT/5♣/5♦时，表示什么含义？你应如何再叫呢？

答　同伴Pass时，是逻辑错误的叫牌。因为1♣开叫，同伴花色示强应叫后至少是要逼叫到3阶应叫花色的，本轮是不允许同伴Pass的。可惜你已经没有叫牌的机会了。

同伴再叫2♥/3♥时，为8~11点/12点以上，4张以上的牌。对2♥，你应再叫4♥进局。对3♥，你应再叫4NT，进行以红心为将牌的关键张问叫。

同伴再叫2♠/3♠时，为8~11点/12点以上，6张以上套/6张以上强套的牌。对2♠，你应加叫4♠进局。对3♠，你们联手已至少有30点了，你持对黑桃有帮助的牌，应再叫4NT，进行以黑桃为将牌的关键张问叫。

同伴再叫2NT/3NT时，为8~11点/12~13点的均型牌。你应分别再叫3NT/Pass。

同伴再叫3♣时，为8~11点，4张以上的牌。你应再叫3NT。

同伴加叫3♦时，为8~11点，有好支持的牌。你应再叫3NT。

同伴跳叫4♣时，为12~13点或超低限牌力，4张以上的牌。你们联手已经有30点以上，该怎样再叫，应凭牌感而定。

同伴跳加4♦时，为12点以上，有好支持的牌，是以方块为将牌变通的低花关键张问叫。你该加一级应答4♥，表示有0或3个（显然是3个）关键张的牌。

同伴双跳再叫4♥时，可以视为改良的爆裂叫，为8点以上，对方块有支持，红心为缺门的牌。你红心中有6点废了，应再叫5♦示弱。

同伴跳叫4♠时，为8~10点，有超长黑桃套的牌。你应该Pass。

同伴跳叫4NT时，为12点以上，6张以上强套的牌，是以黑桃为将牌的关键张问叫。你应该加三级应答5♠，表示有2个关键张且有♠Q。

同伴双跳再叫5♣时，可以视为改良的爆裂叫，为8点以上，对方块有支持，草花为缺门的牌。你虽然在草花中有3点的废点，依然应再叫6♦进贯。

同伴跳加5♦时，为9~11点，对方块有支持，不适合打3NT和黑桃定约的非均型牌。你应该Pass。

第十七节　1♣开叫无将类应叫后的叫牌

对1♣开叫的1NT应叫为8~10点的均型牌，逼叫到2NT。2NT应叫为11~13点的均型牌，逼叫。3NT应叫为14~15点的均型牌，不逼叫。其后续叫牌都是自然实叫，应该符合桥牌逻辑。

一、1♣开叫1NT应叫的后续叫牌

对1♣开叫的1NT应叫，为8~10点，无5张花色长套，无单缺花色的均型牌。其低限为8点，中限为9点，高限为10点。其后续叫牌见表2-12。

表2-12　1♣开叫1NT应叫的后续叫牌

开叫人的再叫	应叫人的再叫	开叫人的第三次叫牌
2♣：是斯台曼问叫，为16点以上，至少有一门4张高花的牌，逼叫到开叫人的2NT 当1♣开叫人为16点/17~20点，有一门4张高花，任意4-3-3-3牌型的牌时，可以考虑应叫2NT/3NT 当1♣开叫人有5张或6张草花，有另外4张高花的牌时，应该进行斯台曼问叫。无4张高花的牌时，则应视其牌力，优先加叫2NT或3NT	应答2♦：为8~10点，无4张高花的牌（肯定有3张以上草花，且至少有一门4张低花），逼叫	2NT/3NT：为16点/17~20点，至少有一门4张高花的均型牌，邀叫/止叫 4NT：为22~23点，有5张以上草花强套（没有开叫2NT）的均型牌，是6NT邀叫 6NT：为24~26点，至少有一门4张高花的均型牌，止叫 3♣：为18点以上，5张以上，有一门4张高花的牌，逼叫 4♣/6♣：为21点以上/22~24点，5张以上强套，有一门4张高花的牌，是以草花为将牌，变通的低花关键张问叫/封贯叫牌，逼叫/止叫 5♣：为17~19点，6张以上，有一门4张高花的非均型牌，不逼叫 3♦：可以视为特殊约定叫，为23点以上，有4张方块强套的牌，逼叫。要求应叫人对方块有4张配合时，就叫6♦，不逼叫；8~9点/10点，无配合时，就叫4NT/6NT，都不逼叫

开叫人的再叫	应叫人的再叫	开叫人的第三次叫牌
2♣：是斯台曼问叫，为16点以上，至少有一门4张高花的牌，逼叫到开叫人的2NT 当1♣开叫人为16点/17~20点，有一门4张高花，任意4-3-3-3牌型的牌时，可以考虑应叫2NT/3NT 当1♣开叫人有5张或6张草花，有另外4张高花的牌时，应该进行斯台曼问叫。无4张高花的牌时，则应视其牌力，优先加叫2NT或3NT	**应答2♥**：为8~10点，4张，不排除还有4张黑桃的牌，逼叫	2♠/3♣：都是逻辑错误的叫牌，你都可以赋予其特定的叫牌约定 3♠/4♣：都可以视为改良的爆裂叫，为16点以上，对红心有4张好配合，所叫花色为缺门，有5张以上草花的牌，都是逼叫 4♣：可以视为特殊的约定叫，为24~25点，对红心无配合，有4张黑桃的牌，逼叫。要求应叫人对黑桃有4张配合时，就叫6♠，无配合时，就叫6NT 2NT/3NT：为16点/17~20点，有4张黑桃的均型牌，邀叫/不逼叫（允许应叫人有4张黑桃时改叫4♠） 4NT：为21点以上，对红心有4张好配合的牌，是以红心为将牌的关键张问叫，逼叫 3♣：为18点以上，5张以上，有4张黑桃的牌，逼叫 4♣/6♣：为21点以上/22~24点，6张以上强套，有4张黑桃的牌，是以草花为将牌，变通的低花关键张问叫/封贯叫牌，逼叫/止叫 3♥/4♥：为19点以上/16~18点，有4张好配合/有4张配合的牌，逼叫/止叫 5♥/6♥：为21点/22~24点，有4张好配合的牌，是问红心大牌张数（一大进贯）的满贯邀叫/封贯止叫
	应答2♠：为8~10点，4张，无4张红心的牌，逼叫 应叫人此时超过2♠的其他应答，都是逻辑错误的叫牌，你可以赋予其特定的叫牌约定	2NT/3NT：为16点/17~20点，有4张红心的均型牌，邀叫/止叫 4NT：为21点以上，对黑桃有4张好配合的牌，是以黑桃为将牌的关键张问叫，逼叫 6NT：为24~26点，有4张红心的均型牌，止叫 3♣：为18点以上，5张以上，有4张红心的牌，逼叫 4♣/6♣：为21点以上/22~24点，6张以上强套，有4张红心的牌，是以草花为将牌变通的低花关键张问叫/封贯叫牌，逼叫/止叫 3♦/3♥：都是逻辑错误的叫牌，你都可以赋予其特定的叫牌约定 4♦/4♥：都可以视为改良的爆裂叫，为16点以上，对黑桃有4张好配合，所叫花色为缺门，有5张以上草花的牌，都是逼叫 3♠/4♠：为19点以上/16~18点，有4张好配合/4张配合的牌，逼叫/止叫 5♠/6♠：为21点/22~25点，有4张好配合的牌，是问黑桃大牌张数（一大进贯）的满贯邀叫/封贯止叫

开叫人的再叫	应叫人的再叫	开叫人的第三次叫牌
2♦：为16点以上，5张以上的牌，逼叫到开叫人的2NT或3♦ 当1♣开叫人有5张以上方块及一门4张高花的牌时，根据持有非限制性牌力时，长套优先的开叫法则，应先叫2♦，有机会再叫出4张高花来	2♥：为8~10点，4张（当应叫人同时有4张红心和对方块支持的牌时，要优先叫出4张红心）不排除还有4张黑桃的牌，逼叫 此时应叫人跳叫3♥的再叫，是逻辑错误的叫牌，你可以赋予其特定的叫牌约定	2♠：为16~20点，4张或以上的牌，逼叫 3♣/4♣：都可以视为改良的爆裂叫，为16点以上，对红心有4张好配合，所叫花色为缺门的牌，都是逼叫 4♦：可以视为特殊的约定叫，为24~25点，对红心无配合，有4张黑桃的牌，逼叫。要求应叫人对黑桃有4张好配合时，就叫6♣，无配合时，就在6♦和6NT之间进行选择 2NT/3NT：为16点/17~20点的均型牌，邀叫/止叫 4NT：为21点以上，对红心有4张好配合的牌，是以红心为将牌的关键张问叫，逼叫 3♠：为17点以上，有5-5以上分布低花的牌，逼叫 3♦：为16点，6张以上的牌，不逼叫 4♦/6♦：为20点以上/22~24点，最多只有一个输墩强套的牌，是以方块为将牌变通的低花关键张问叫/封贯叫牌，邀叫/止叫 5♦：为18~19点，6张以上强套，不适合打3NT和红心定约非均型的牌，止叫 3♥/4♥：为19点以上/16~18点，有4张或以上好配合/配合的牌，逼叫/止叫 5♥/6♥：为21点/22~24点，有4张或以上好配合的牌，是问红心大牌张数（一大进墩）的满贯邀叫/封贯止叫
	2♠：为8~10点，4张的牌（当应叫人同时有4张黑桃和对方块有支持的牌时，要优先叫出4张黑桃），逼叫 此时应叫人超叫3♠的再叫，都是逻辑错误的叫牌，你可以赋予其特定的叫牌约定	2NT/3NT：为16点/17~20点的均型牌，邀叫/止叫 4NT：为21点以上，对黑桃有4张好配合的牌，是以黑桃为将牌的关键张问叫，逼叫 3♣：17点以上，有5-5以上分布低花的牌，逼叫 4♣/4♥：都可以视为改良的爆裂叫，为16点以上，对黑桃有4张或以上好配合，所叫花色为缺门的牌，都是逼叫 3♦：为16点，6张以上的牌，不逼叫 4♦/6♦：为21点以上/22~24点，最多只有一个输墩强套的牌，是以方块为将牌变通的低花关键张问叫/封贯叫牌，逼叫/止叫 5♦：为18~19点，6张以上强套，不适合打3NT和黑桃定约的非均型牌，止叫 3♥：为17~20点，4张的牌，逼叫 3♠/4♠：为19点以上/16~18点，有4张或以上好配合/配合的牌，逼叫/止叫 5♠/6♠：为21点/22~24点，有4张或以上好配合的牌，是问黑桃大牌张数（一大进贯）的满贯邀叫/封贯止叫
	2NT：为8~10点，无4张高花，对方块有支持但无好支持的牌，逼叫	3♣：17点以上，有5-5以上分布低花的牌，逼叫 3♦：为16点，6张以上的牌，不逼叫 4♦/6♦：为21点以上/22~24点，6张以上强套的牌，是以方块为将牌变通的低花关键张问叫/封贯叫牌，逼叫/止叫 5♦：为18~19点，6张以上强套，不适合打3NT定约的非均型牌，止叫 3♥/3♠：都是不适合打3NT定约，想打4-3高花配合成局定约的非均型牌，为17~19点，4张的牌，都是逼叫。要求应叫人对所叫高花有好支持的牌时，可以考虑加叫高花进局或蒙着叫3NT进局，否则就叫回4♦或5♦ 3NT：为17~20点的均型牌，止叫

开叫人的再叫	应叫人的再叫	开叫人的第三次叫牌
2♦：为16点以上，5张以上的牌，逼叫到开叫人的2NT或3♦ 当1♣开叫人有5张以上方块及一门4张高花的牌时，根据持有非限制性牌力时，长套优先的开叫法则，应先叫2♦，有机会再叫出4张高花来	3♣：为8~10点，无4张高花，对方块有好支持，有4张草花的牌，逼叫	3♦：为16点，6张以上的牌，不逼叫 4♦/6♦：为21点以上/22~24点，5张以上强套的牌，是以方块为将牌变通的低花关键张问叫/封贯叫牌，逼叫/止叫 5♦：为18~19点，6张以上强套，不适合打3NT定约的非均型牌，止叫 3♥/3♠：为17~19点，4张，不适合打3NT定约，想打4-3高花配合成局定约的牌，都是逼叫。要求应叫人对所叫高花有好支持的牌时，可以考虑加叫高花进局或蒙着叫3NT进局，否则就叫回4♦或5♦ 4♥/4♠：都可以视为改良的爆裂叫，为16点以上，对草花有4张以上好配合，所叫花色为缺门的牌，都是逼叫 3NT：为17~20点的均型牌，止叫 4♣/6♣：为21点以上/22~24点，有4张以上好配合的牌，是以草花为将牌变通的低花关键张问叫/封贯叫牌，逼叫/止叫 5♣：为17~19点，有4张以上配合，不适合打3NT定约的非均型牌，止叫
	3♦：为10点，有好支持的牌，逼叫	平阶出新花：都为21点以上，有5张以上方块强套，以方块为将牌扣A的牌，都是逼叫 跳阶出新花：都可以视为改良的爆裂叫，为16点以上，有5张以上方块强套，所叫花色为缺门的牌，都是逼叫 3NT：为17~20点的均型牌，止叫 4♦/6♦：为21点以上/22~24点，5张以上强套的牌，是以方块为将牌变通的低花关键张问叫/封贯叫牌，逼叫/止叫 5♦：为17~19点，不适合打3NT定约的非均型牌，止叫
	3NT：为8~10点的均型牌，不逼叫。必须说明，此时的跳叫是很尴尬的叫牌。另外，应叫人超过3NT的其他再叫，都是逻辑错误的叫牌	
2♥/2♠：都为16点以上，5张以上的牌，逼叫到开叫人的2NT 当1♣开叫人黑桃和红心高花都是5张的牌时，应先叫2♠，有机会再连续叫红心。而当1♣开叫人有5张高花套和5张低花的牌时，根据高花优先的开叫法则，应优先叫出5张高花	对2♥再叫的2♠：为8~10点，4张的牌，逼叫	2NT/3NT：为16点/17~20点的均型牌，邀叫/止叫 4NT：为21点以上，对黑桃有4张或以上好配合的牌，是以黑桃为将牌的关键张问叫，逼叫 3♣/3♦：都为17~19点，5张以上的牌，都是逼叫 4♣/4♦：都可以视为改良的爆裂叫，为16点以上，对黑桃有4张或以上好配合，所叫花色为缺门的牌，都是逼叫 3♥：是逻辑错误的叫牌（因为16~17点，6张以上的牌时，应该对1NT应叫直接再叫4♥，以下省略该解释），你可以赋予其特定的叫牌约定 4♥：为18~19点，6张以上强套的牌，不逼叫 3♠/4♠：为19点以上/16~18点，有4张或以上好配合/有4张或以上配合的牌，逼叫/止叫 5♠/6♠：为21点/22~24点，有4张或以上好配合的牌，是问黑桃大牌张数（一大进贯）的满贯邀叫/封贯止叫

开叫人的再叫	应叫人的再叫	开叫人的第三次叫牌
2♥/2♠：都为16点以上，5张以上的牌，逼叫到开叫人的2NT 当1♣开叫人黑桃和红心高花都是5张的牌时，应先叫2♠，有机会再连续叫红心。而当1♣开叫人有5张高花套和5张低花的牌时，根据高花优先的开叫法则，应优先叫出5张高花	3♣/3♦：都为9~10点，4张，无4张高花的牌，都是逼叫	3阶再叫原花：是逻辑错误的叫牌，你可以赋予其特定的叫牌约定 4阶再叫原花：为18~19点，6张以上强套的牌，不逼叫 对2♥再叫的3♣：为17~19点，4张或以上，有相对更长红心的牌，逼叫 对2♠再叫的3♥：为17~19点，4张/5张，有5张以上黑桃的牌，逼叫/不逼叫 3NT：为16~19点的均型牌，止叫 4阶/6阶叫应叫低花：为21点以上/22~24点，有4张以上好配合的非均型牌，是以该低花为将牌的变通低花关键张问叫/封贯叫牌，逼叫/止叫 5阶加叫应叫低花：为16~19点，有4张以上配合，不适合打3NT和原花定约的非均型牌，止叫 4阶出未叫新花：都可以视为改良的爆裂叫，为16点以上，对应叫低花有4张以上好配合，所叫花色为缺门的牌，都是逼叫
	对2♠再叫的3♥：为8~10点，4张的牌，逼叫	3♠：是逻辑错误的叫牌，你可以赋予其特定的叫牌约定 4♠：为18~19点，6张以上强套的牌，不逼叫 3NT：为16~19点的均型牌，止叫 4NT：为21点以上，对红心有4张以上好配合的牌，是以红心为将牌的关键张问叫，逼叫 4♣/4♦：都可以视为改良的爆裂叫，为16点以上，对红心有4张以上好配合，所叫花色为缺门的牌，都是逼叫 4♥：为16~19点，有4张以上配合的牌，止叫 5♥/6♥：为21点/22~24点，有4张以上好配合的牌，是问红心大牌张数（一大进贯）的满贯邀叫/封贯止叫
	2NT：为8~10点，对原花无支持也无另外4张高花的牌，逼叫	3♣/3♦：都为17~19点，4张以上的牌，都是逼叫 3阶再叫原花：是逻辑错误的叫牌，你可以赋予其特定的叫牌约定 4阶再叫原花：为18~19点，6张以上强套的牌，不逼叫 对2♠再叫的3♥/4♥：为16~18点，4张/5张，有5张以上黑桃的牌，逼叫/不逼叫 对2♥再叫的3♠：为16~18点，4张或以上，有相对更长红心的牌，逼叫 3NT：为17~19点的均型牌，止叫 4NT/6NT：为23点/24~26点的均型牌，是6NT邀叫/封贯止叫
	3阶加叫原花：为10点，有好支持的牌，逼叫	3NT：为17~19点的均型牌，不逼叫 4NT/平阶出新花：为20点以上，有5张以上原花强套，是以原花为将牌的关键张问叫/扣A的牌，都是逼叫 4阶再叫原花：为16~19点的牌，止叫 5阶/6阶再叫原花：为20点/21~24点，5张以上强套的牌，是问原花大牌张数（一大进贯）的满贯邀叫/封贯止叫 平阶出未叫高花/4阶出低花：都为20点以上，有5张以上原花强套扣A的牌，都是逼叫 跳阶出未叫高花/5阶出低花：都可以视为改良的爆裂叫，为16点以上，有5张以上原花强套，所叫花色为缺门的牌，都是逼叫

开叫人的再叫	应叫人的再叫	开叫人的第三次叫牌
2♥/2♠：都为16点以上，5张以上的牌，逼叫到开叫人的2NT 当1♣开叫人黑桃和红心高花都是5张的牌时，应先叫2♠，有机会再连续叫红心。而当1♣开叫人有5张高花和5张低花的牌时，根据高花优先的开叫法则，应优先叫出5张高花	4阶跳加原花：为8~9点，有支持，或为10点，无好支持的牌，不逼叫	Pass：为对满贯不感兴趣的牌 4NT/平阶出新花：为21点以上，有5张以上原花强套，是以原花为将牌问叫/扣A的牌，都是逼叫 5阶/6阶再叫原花，为21点/22~24点，5张以上强套的牌，是凭牌力的满贯邀叫/封贯止叫
	3NT：为8~10点的均型牌，不逼叫。必须说明，此时跳叫3NT是很尴尬的叫牌。另外应叫人超过3NT的其他再叫，都是逻辑错误的叫牌	

2NT/3NT：为16点/17~20点，无4张高花的均型牌（含有4张高花，任意4-3-3-3的牌型），邀叫/止叫

4NT：为23点，有5张低花强套，无4张高花（没进行2NT开叫）的均型牌，是6NT邀叫，不逼叫

6NT：为24~25点，无4张高花的均型牌（含有4张高花，任意4-3-3-3的牌型），止叫

跳阶出新花：都是A问叫，21点以上，有半坚固以上所叫花色套的牌，都是逼叫

4♣：是格伯问叫，为21点以上的牌，逼叫

4♥/4♠：都为16~17点，6张以上强套的牌，都是止叫

5♣/5♦：都为16~17点，7张以上强套，不适合打3NT定约的非均型牌，都是止叫

二、1♣开叫2NT应叫的后续叫牌

对1♣开叫的2NT应叫，为11~13点，无5张花色长套和单缺花色的均型牌，逼叫。其低限为11点，中限为12点，高限为13点。其后续叫牌见表2-13。

表2-13　1♣开叫2NT应叫的后续叫牌

开叫人的再叫	应叫人的再叫	开叫人的第三次叫牌
3♣：是斯台曼问叫，为16点以上，大多数情况下为至少有一门4张高花的牌（当有6张草花的牌时，不保证有4张高花），逼叫 当1♣开叫人为16~18点，有一门4张高花，任意4-3-3-3牌型的牌时，可以考虑直接再叫3NT	应答3♦：为11~13点，无4张高花的牌，逼叫	3NT：为16~17点的均型牌，止叫 4NT/6NT：为20点/21~23点的均型牌，是6NT邀叫/封贯止叫 4♣/6♣：为19点以上/20~23点，6张以上强套的牌，是以草花为将牌变通的低花关键张问叫/封贯叫牌，逼叫/止叫 5♣：为16~18点，6张以上，不适合打3NT定约的非均型牌，止叫 4♦：可以视为特殊约定叫，为20点以上，有4张方块强套的牌，逼叫。要求应叫人对方块有4张配合时，就叫6♦，不逼叫；11~12点/13点，无配合时，就叫4NT/6NT，都不逼叫

开叫人的再叫	应叫人的再叫	开叫人的第三次叫牌
3♣：是斯台曼问叫，为16点以上，大多数情况下为至少有一门4张高花的牌（当有6张草花的牌时，不保证有4张高花），逼叫 当1♣开叫人为16~18点，有一门4张高花，任意4-3-3-3牌型的牌时，可以考虑直接再叫3NT	应答3♥：为11~13点，4张，不排除还有4张黑桃的牌，逼叫 应答3♠：为11~13点，4张，无4张红心的牌，逼叫 此时，应叫人其他超过3♠的应答都是逻辑错误的叫牌	平阶出新花（不含草花）：都是19点以上，对应叫高花有4张好配合扣A的牌，都是逼叫 跳阶出新花（不含草花）：都可以视为改良的爆裂叫，为16点以上，对应答高花有4张好配合，所叫花色为缺门的牌，都是逼叫 对3♥应答的3NT：为16~18点，对红心无配合，有4张黑桃的牌，不逼叫 对3♥应答的5♣：可以视为特殊的满贯邀叫约定叫，为20点以上，有4张黑桃强套的牌，不逼叫，要求应叫人，有4张黑桃的牌时，就叫6♣，不逼叫；11~12点/13点，对黑桃无配合的牌时，就叫5NT/6NT，都不逼叫 对3♠应答的3NT：为16~18点，对黑桃无配合，有4张红心的牌，止叫 对3♠应答的6NT：为21~22点，有4张红心的均型牌，止叫 4NT：19点以上，对应答高花有4张好配合的牌，是以应叫高花为将牌的关键张问叫，逼叫 4♣/6♣：为19点以上/20~22点，6张以上强套的牌，是以草花为将牌变通的低花关键张问叫/封贯叫牌，逼叫/止叫 5♣：为16~18点，6张以上，不适合打3NT定约的非均型牌，止叫 4阶加叫应答高花：为16~17点，有4张配合的牌，止叫 5阶/6阶跳加应答高花：为19点/20~22点，有4张好配合的牌，是问应答高花大牌张数（一大进贯）的满贯邀叫/封贯叫牌
3♦：为16点以上，5张以上的牌，逼叫 当1♣当开叫人有5张方块以及一门4张高花的牌时，根据长套优先的开叫法则，应先叫2♦，有机会在不超过3NT水平时叫出4张高花	3♥：为11~13点，4张，不排除还有4张黑桃，可能对方块有支持的牌，逼叫 3♠：为11~13点，4张，可能对方块有支持的牌，逼叫 此时应叫人不能轻易越过3NT叫牌	对3♥再叫的3♠：为16点以上，4张或以上的牌，逼叫 跳阶出新花：都可以视为改良的爆裂叫，为16点以上，对再叫高花有4张或以上好配合，所叫花色为缺门的牌，都是逼叫 3NT/6NT：为16~17点/21~23点的均型牌，都是止叫 4NT：为19点以上，对再叫高花有4张或以上好配合的牌，是以再叫高花为将牌的关键张问叫，逼叫 4♣：为18点以上，有5-5以上分布低花的牌，逼叫 4♦/6♦：为19点/20~22点，6张以上强套的牌，是以方块为将牌变通的低花关键张问叫/封贯叫牌，逼叫/止叫 5♦：为16~17点，6张以上强套的非均型牌，止叫 4阶加叫再叫高花：为16~17点，有4张或以上配合的牌，止叫 5阶/6阶跳加再叫高花：为18点/19~21点，有4张或以上好配合的牌，是问应叫高花大牌张数（一大进贯）的满贯邀叫/封贯止叫

开叫人的再叫	应叫人的再叫	开叫人的第三次叫牌
3♦：为16点以上，5张以上的牌，逼叫 当1♣当开叫人有5张方块以及一门4张高花的牌时，根据长套优先的开叫法则，应先叫2♦，有机会在不超过3NT水平时叫出4张高花	3NT：为11~13点，无4张高花，肯定对方块有支持（含13点，无4个控制，对方块有支持）的牌，不逼叫	Pass：为16~17点，满贯无望的牌 4♣：为18点以上，有5-5以上分布低花的牌，逼叫 4♦/6♦：为19点/20~22点，5张以上强套的牌，是以方块为将牌变通的低花关键张问叫/封贯叫牌，逼叫/止叫 5♦：为16~17点，5张以上强套的非均型牌，止叫 4NT/6NT：都是逻辑含糊的叫牌，因为通常联手有30点以上牌力且方块有配合时，应该优先打以方块为将牌的满贯定约，你可以赋予其特定的叫牌约定
	4♣：为13点，4个控制，无4张高花，有4张草花，对方块肯定有支持的牌（有好支持时，优先叫4♦或4阶高花的特殊约定叫），逼叫	4♦/6♦：为17点以上/18~21点，5张以上强套的牌，是以方块为将牌变通的低花关键张问叫/封贯叫牌，逼叫/止叫 5♦：为16点，5张以上的非均型牌，不逼叫 4♥/4♠：都为17点以上，对草花有4张以上好配合扣A的牌，都是逼叫 4NT：为17点以上，对草花有4张以上好配合的牌，是以草花为将牌的关键张问叫，逼叫 5♣/6♣：为16~17点/18~21点，有4张以上配合/好配合的牌，都是止叫
	4♦：可以视为特殊约定叫，为13点，4个控制，对方块有好支持的牌（13点无4个控制时，应再叫3NT；13点，4个控制，有好支持，且有4张高花的牌时，推荐优先再叫4♦），逼叫 4♥/4♠：都可以视为特殊约定叫，为13点，5个控制/6个控制，对方块有好支持的牌，都是逼叫	
3♥/3♠：都为16点以上，5张以上的牌，都是逼叫 需要说明的是，此时开叫人即使只有16点，对满贯不感兴趣，有超长高花套的牌时，也必须先3阶叫出，之后再4阶示弱叫牌，而将4阶跳出高花按照A问叫来看待	对3♥再叫的3♠：为11~13点，4张，且有一门4张不确定低花的牌，逼叫	3NT/6NT：为16~17点/21~23点的均型牌，都是止叫 4NT：为19点以上，对黑桃有4张或以上好配合的牌，是以黑桃为将牌的关键张问叫，逼叫 4♣/4♦：都为19点以上，4张以上的牌，都是逼叫 5♣/5♦：都可以视为改良的爆裂叫，为16点以上，对黑桃有4张或以上好配合，所叫花色为缺门的牌，都是逼叫 4♥：为16~17点，6张以上的牌，止叫 5♥/6♥：为19点/20~21点，6张以上强套的牌，是问红心大牌张数（一大进贯）的满贯邀叫/封贯止叫 4♠：为16~17点，有4张或以上配合的牌，止叫 5♠/6♠：为18点/19~21点，有4张或以上好配合的牌，是问黑桃大牌张（一大进贯）的满贯邀叫/封贯止叫
	对3♥再叫的3NT：为11~12点，有4-4低花的牌，不逼叫 对3♠再叫的3NT：为11~12点，有两门4张不确定花色的牌，不逼叫	Pass：为16~18点，同意打3NT定约的牌 4♣/4♦：都为19点以上，4张的牌，是寻求花色配合试探满贯的叫牌，都是逼叫。要求应叫人为：①11点/12点，有4张配合的牌时，就进行5阶/6阶叫叫，都不逼叫；②无配合的牌时，就叫回4NT，不逼叫 4阶再叫原花：为16~17点，6张以上的牌，止叫 5阶/6阶再叫原花：为19点/20~22点，6张以上强套的牌，是问原花大牌张数（一大进贯）的满贯邀叫/封贯止叫 4NT/6NT：为21点/22~24点的均型牌，是6NT邀叫/封贯止叫

开叫人的再叫	应叫人的再叫	开叫人的第三次叫牌
3♥/3♠：都为16点以上，5张以上的牌，都是逼叫 需要说明的是，此时开叫人即使只有16点，对满贯不感兴趣，有超长高花套的牌时，也必须先3阶叫出，之后再4阶示弱叫牌，而将4阶跳出高花按照A问叫来看待	4阶加叫原花：为11~12点（含13点，无4个控制），有支持的牌，不逼叫 5阶/6阶加叫原花：为13点，4个/5个控制，对原花有好支持的牌，都不逼叫 对3♥/3♠再叫的4♣：都可以视为特殊约定叫，为13点，4个控制以上，有4-4低花/有4张草花及4张不确定方块或红心的牌，都逼叫到4NT 4NT：为13点，6个控制，对原花有支持的牌，是以原花为将牌的关键张问叫，逼叫	

3NT：为16~18点，无4张高花或有4张高花，任意4-3-3-3牌型的均型牌，止叫

4NT：为20点的均型牌，是6NT邀叫

5NT/6NT：为24点/21~23点的均型牌，是7NT的大满贯邀叫/封贯止叫

4♣：是格伯问叫，为20点以上的牌，逼叫

4♥/4阶跳出高花：都是A问叫，为19点以上，有半坚固以上所叫花色套的牌，都是逼叫

5♣/5♦：都为16~17点，6张以上强套，对满贯不感兴趣的非均型牌，都是止叫

需要指出的是，在老版精确体系中，1♣开叫人对2NT跳叫4♥/4♠时，都为16~17点，有6张以上长套的封局止叫。这样当开叫人持有19点以上，有半坚固以上高花长套的牌时，反而不好进行后续叫牌了，因而笔者推荐将此时的跳叫视为A问叫，而用平阶出高花后再叫该花色来表示此种类型的牌。

另外，现在已经有一些牌手开始尝试采用1NT/2NT应叫来分别表示8~13点/14~15点的均型牌，以节约叫牌空间。而用3NT来表示为16点以上的均型牌。虽然笔者也倾向于此种改进，但由于其并未被大多数牌手所认可，故还沿用2NT/3NT分别表示为11~13点/14~15点的均型牌。至于到底采用哪种应答方式参加比赛，请和同伴协商确定。

三、下家干扰同伴1NT/2NT应叫后1♣开叫人的再叫

1. 下家花色干扰同伴1NT应叫后1♣开叫人的再叫

1♣开叫下家1阶花色干扰后，同伴的1NT应叫，表示为6~8点，有止张的均型牌，不逼叫。此后开叫人应按如下约定进行叫牌。

Pass——为16点的均型牌。

平阶/跳阶出新花——为16~18点/19点以上，5张以上的牌，逼叫到2NT/进局逼叫。

2NT/3NT——为17~18点/19~21的均型牌，邀叫/止叫。

扣叫——为19点以上的牌，逼叫。以后当开叫人：①再出新花时，为5张以上的牌，逼叫；②加叫应叫人再叫花色时，为有4张好配合的牌，逼叫；③再叫新花或3NT进局时，都为有对应特定牌型的牌，都是止叫。

4阶跳出高花/5阶跳出低花——为17~18点/19~20点，6张以上强套的牌，都是止叫。

2. 下家花色干扰同伴跳叫2NT应叫后1♣开叫人的再叫

1♣开叫下家花色干扰，同伴的跳叫2NT应叫，表示为9~11点，有止张的均型牌，逼叫。此后开叫人应按如下约定进行叫牌：

平阶出新花——都为16~19点，5张以上的牌，都是逼叫。

3NT——为16~18点的均型牌，止叫。

4阶跳出高花——都为16~18点，6张以上强套的牌，都是止叫。

5阶跳出低花——都为16~18点，6张以上强套，不适合打3NT定约的非均型牌，都是止叫。

扣叫干扰花色——为19点以上，另有4张高花的牌，进局逼叫。

四、同伴1NT/2NT应叫上家干扰后1♣开叫人的再叫

1. 同伴1NT应叫上家干扰后1♣开叫人的再叫

Pass——为16点，牌型不够惩罚对方的牌。

平阶出新花——都为16~18点，5张以上的牌，都是逼叫。

2NT/3NT——为16~17点/18~20点，不强制要求一定要有止张的均型牌，邀叫/止叫。

4阶跳出高花——都为16~18点，6张以上强套的牌，都是止叫。

5阶跳出低花——都为16~18点，6张以上强套，不适合打3NT定约的非均型牌，都是止叫。

加倍——是惩罚性加倍。

扣叫干扰花色——为19点以上的牌，逼叫。以后当开叫人：①再出新花时，为5张以上的牌，逼叫；②加叫同伴再叫花色时，为有4张以上配合的牌，逼叫；③再叫新花或3NT进局时，都为有对应特定牌型且比直接进局更强的牌，都是止叫。

2. 同伴1NT应叫上家阻击干扰后1♣开叫人的再叫

此时，1♣开叫人对3阶以上阻击干扰的加倍，都是惩罚性加倍。开叫人的其余应叫都是自然实叫，应该符合桥牌逻辑。

3. 同伴2NT应叫上家干扰时1♣开叫人的再叫

通常情况下，当应叫人2NT应叫后，对方是不会再轻易进行干扰了。若对方还进行干扰，开叫人的再叫都是自然实叫，应该符合桥牌逻辑。只是1♣开叫人此时的加倍，都是惩罚性加倍。

五、1♣开叫对方干扰后1NT/2NT应叫人的再叫

通常同伴2NT应叫后，对方是不会再参与叫牌了，此后，应叫人的再叫都是自然实叫，应该符合桥牌逻辑，同伴1NT应叫后，无论对方哪家进行干扰，应叫人的再叫应该符合以下要求。

对开叫人的加倍Pass——为同意同伴打加倍惩罚的牌。

3阶/4阶加叫原花——为10点/8~9点，有支持的牌，逼叫/不逼叫。

2NT/3NT——为8~9点/10点，有止张的牌，不逼叫/止叫。

对对方2阶加叫性干扰加倍——是技术性加倍，为8~10点，对原花无支持，对方干扰花色为短套，另两门未叫花色为4-4分布的牌，逼叫。

对对方3阶以上加叫性干扰加倍——是惩罚性加倍。

对对方非加叫性干扰加倍——都是惩罚性加倍。

六、对方干扰后1♣开叫人的第三次叫牌及后续叫牌

同伴1NT/2NT应叫后，无论对方是否再次干扰叫牌，1♣开叫人的第三次叫牌及后续叫牌，都是自然实叫，应该符合桥牌逻辑。此时，分析叫牌信息，按照桥牌逻辑来推断1NT/2NT应叫人或1♣开叫人的牌力范围和牌型，并采用与其相适应的叫牌原则来指导叫牌，共同选择联手合理的定约是其精髓所在。开叫人的再叫及后续叫牌，都应符合常规的后续叫牌，详见本书088~089页。只是此时他们对对方干扰的加倍，都是惩罚性加倍这点略有不同而已。

七、1♣开叫3NT应叫的后续叫牌

对1♣开叫的3NT应叫，为14~15点，没有5张花色长套的均型牌，其低限为14点，高限为15点。由于联手已经至少有30点牌力了，通常是会进行满贯试探的。其后续叫牌见表2-14。

表2-14　对1♣开叫3NT应叫的后续叫牌

开叫人的再叫	应叫人的再叫	开叫人的第三次叫牌
Pass：为16点或17点低值牌力的均型牌		
4♣：是变通的斯台曼问叫，有以下两种类型。第一种为16点以上，有5张以上草花的牌。第二种为16点以上，无5张其他花色套的牌（不要求一定要有4张高花），逼叫到4NT	应叫人应优先顺叫出4张花色的牌 应答4♦：为14~15点，4张，不排除也有4张高花或4张草花的牌，逼叫	4♥/4♠：都为17点以上，4张的牌，都是逼叫。此后当应叫人：①对所叫高花有4张配合时，应进行加叫，逼叫；②对所叫高花无配合时，平阶再报出4张花色套的牌，逼叫到平阶无将；③无其他4张花色套的牌时，就再叫4NT，不逼叫
		4NT：为16~17点，有4张草花的牌，不逼叫
		5NT：可以视为特殊约定叫，为18点以上，有5张草花的牌，逼叫。要求应叫人：对草花有支持时，就加叫6♣，不逼叫；无支持时，就再叫6NT，不逼叫
		6NT：为18~21点的均型牌，止叫
		5♣：为16~17点，5张的牌，不逼叫
		6♣：为17~20点，6张以上强套的牌，止叫
		5♦/6♦：为16点/17~20点，有4张配合的牌，是凭牌力的满贯邀叫/封贯止叫

开叫人的再叫	应叫人的再叫	开叫人的第三次叫牌
4♣：是变通的斯台曼问叫，有以下两种类型。第一种为16点以上，有5张以上草花的牌。第二种为16点以上，无5张其他花色套的牌（不要求一定要有4张高花），逼叫到4NT	应答4♥：为14~15点，4张，不排除也有4张黑桃或4张草花的牌（不保证对草花有支持），逼叫	4♠：为17点以上，4张的牌，逼叫，此后当应叫人：①对黑桃有4张配合时，加叫5♠，逼叫；②对黑桃无配合，有4张草花时，就叫5♣，逼叫到5NT；③对黑桃无配合也无4张草花时，就再叫4NT，不逼叫 4NT：为16点，有4张草花的牌，不逼叫 5NT：可以视为特殊的约定叫，为18点以上，有5张草花的牌，逼叫。要求应叫人：对草花有支持时，就加叫6♣，不逼叫；无支持时，就再叫6NT，不逼叫 6NT：为18~20点的均型牌，止叫 5♣：可以视为凭牌力的满贯邀叫，为16点，5张草花的牌，不逼叫。此后，当应叫人：①Pass时，为14点，有支持的牌；②6♣时，为15点，有支持的牌，止叫；③5NT时，为15点，无支持的牌，止叫 6♣：为17~19点，6张以上强套的牌，止叫 5♥/6♥：为16点/17~20点，有4张配合的牌，是问红心大牌张数（一大进贯）的满贯邀叫/封贯止叫
	4♠：为14~15点，4张，不排除也有4张草花的牌（此时应叫人对草花肯定有支持），逼叫	4NT：为16点，对黑桃无配合的牌，不逼叫 5NT：可以视为6NT邀叫，为17点，对黑桃无配合的牌，不逼叫 6NT：为18~20点，对黑桃无配合的牌，止叫 5♣：可以视为凭牌力的满贯邀叫，为16点，5张以上的牌，不逼叫。此后，当应叫人：①Pass时，为14点，有支持的牌；②6♣时，为15点，有支持的牌，止叫；③5NT时，为15点，无支持的牌，止叫 6♣：为17~20点，5张以上强套的牌，止叫 5♠/6♠：为16点/17~20点，有4张配合的牌，是问黑桃大牌张数（一大进贯）的满贯邀叫/封贯止叫
	4NT：为14~15点，有4张草花，3-3-3-4牌型的牌，不逼叫	Pass：为16点，同意打4NT定约的均型牌 5♣/6♣：为16点/17~20点，有4张以上配合的牌，是凭牌力的满贯邀叫/封贯止叫 5NT：可以视为6NT邀叫约定叫，为17点，对草花无配合的牌，不逼叫 6NT：为18~21点，对草花无配合的牌，止叫
4♦：为16点以上，5张以上的牌，逼叫	4♥/4♠：都为14~15点，4张，不确定还有4张哪门花色，对方块无好支持的牌，都不逼叫 当应叫人对方块有好支持时，应该优先加叫方块 此时的5♣，是逻辑错误的叫牌，你可以赋予其特定的叫牌约定	Pass：为16点，对应叫高花有4张配合的低值牌 平阶出新花：都为17点以上，4张的牌。4阶时，逼叫到4NT；5阶时，逼叫到5NT 4NT/6NT：为16点/18~21点，对应叫高花无配合的牌，都是止叫 5NT：可以视为6NT邀叫约定叫，为17点，对应叫高花无配合的牌 5♣：为18点以上，4张以上的牌，逼叫。要求应叫人：对草花有4张配合时，就加叫6♣；对草花无配合时，就改叫6NT 6♣：为17~20点，两门低花为5-5以上分布的牌，不逼叫 5♦/6♦：为16点/17~20点，6张以上强套的牌，是凭牌力的满贯邀叫/封贯止叫 5阶/6阶加叫应叫高花：为16点/17~20点，有4张配合的牌，是问应叫高花大牌张数（一大进贯）的满贯邀叫/封贯止叫
	4NT：为14~15点，有4张草花，对方块有支持的低值牌，不逼叫	
	5♦/6♦：可以视为凭牌力的满贯邀叫约定叫，为14点/15点，有支持的牌，邀叫/止叫	

223

开叫人的再叫	应叫人的再叫	开叫人的第三次叫牌
4♥：为16点以上，5张以上的牌，逼叫到4NT	4♠：为14~15点，4张，还有另外一门4张不确定低花的牌，不逼叫	Pass：为16点，对黑桃有4张配合的低值牌 4NT：为16点，对黑桃无配合，可能有其他4张低花的牌，不逼叫 6NT：为18~21点，对黑桃无配合，无其他4张低花的牌，止叫 5♣/5♦：都为18点以上，4张以上的牌，都是满贯逼叫。要求应叫人：有4张配合的牌时，进行加叫；无配合的牌时，就改叫6NT 5♥/6♥：为16点/17~20点，6张以上强套的牌，是凭牌力的满贯邀叫/封贯止叫 5♠/6♠：为16点/17~20点，有4张配合的牌，是问黑桃大牌张数（一大进贯）的满贯邀叫/封贯止叫
	4NT：为14~15点，无4张黑桃，有4-4低花的牌，不逼叫 应叫人此时的5♣/5♦再叫，都是逻辑错误的叫牌	Pass：为16点，含对低花有4张配合的低值均型牌 5阶/6阶出低花：为16点/17~20点，有4张以上配合的牌，是凭牌力的满贯邀叫/封贯止叫 5♥/6♥：为16点/17~20点，6张以上强套的牌，是问红心大牌张数（一大进贯）的满贯邀叫/封贯止叫 6NT：为18~21点，对草花和方块都无配合的均型牌，止叫
	5♥/6♥：为14点/15点，有支持的牌，是凭牌力的满贯邀叫/封贯叫牌，都不逼叫	
4♠：为16点以上，5张以上的牌，逼叫	5♣：为14~15点，4张且有另外4张不确定花色的牌，不逼叫	Pass：为16点，对草花有4张配合的低值牌 5♦/5♥：都为满贯逼叫约定叫，为18点以上，4张的牌。要求应叫人：有4张配合的牌时，加叫进贯；无配合的牌时，就改叫6NT 5♠/6♠：为16点/17~20点，6张以上强套的牌，是问黑桃大牌张数（一大进贯）的满贯邀叫/封贯止叫 6♣：为17~20点，有4张以上配合的牌，止叫 6NT：为18~21点的均型牌，止叫
	5♦：为14~15点，有4张方块和4张红心的牌，不逼叫 此时应叫人的5♥：是逻辑错误的叫牌	Pass：为16点，对方块有4张配合的低值牌 5♥/6♥：为16点/17~20点，对红心有4张以上配合的牌，是问红心大牌张数（一大进贯）的满贯邀叫/封贯止叫 5♠/6♠：为16点/17~20点，6张以上强套的牌，是问黑桃大牌张数（一大进贯）的满贯邀叫/封贯止叫 6NT：为18~21点的均型牌，止叫 6♦：为16~20点，有4张以上配合的牌，止叫
	4NT：为14点，对黑桃无支持的牌，不逼叫 5NT：可以视为特殊的6NT邀叫约定叫（因为限制性牌力的应叫人，是没有资格进行大满贯邀叫的，此时应叫人应优先叫出4张花色，尽量不要采用此叫品），为15点，对黑桃无支持的牌 5♠/6♠：为14点/15点，有支持的牌，是凭牌力的满贯邀叫/封贯叫牌，都不逼叫	

4NT/6NT：为17点/18~21点，任意4-3-3-3牌型的牌（此时开叫人应该优先采用斯台曼问叫来寻求4-4配合的满贯定约），是6NT邀叫/止叫

5NT：为22~23点的均型牌，是7NT大满贯邀叫，逼叫

5♣：是否可以视为格伯问A，请和同伴协商确定

5阶跳出新花：并没有明确定义，你可以赋予其特定的叫牌约定

6阶出新花：都为17~20点，6张以上强套的牌，都是止叫

需要解释的是，1♣开叫3NT应叫后，由于联手方的牌力过于强大，对方几乎是不会再参与干扰叫牌的。若是对方参与干扰叫牌了，无论开叫人还是应叫人对对方干扰所做的加倍，都是惩罚性加倍。

八、1♣开叫无将类应叫的后续叫牌举例

1.同伴无将类应叫后1♣开叫人的再叫举例

【例1】 你持有♠AQ9832 ♥A2 ♦K72 ♣K8，16点，6-2-3-2牌型。开叫1♣，对方一直没有参与叫牌，同伴分别应叫1NT/2NT/3NT时，表示什么含义？你应如何再叫呢？

答　同伴应叫1NT时，为8~10点的均型牌。你应再叫4♠，表示为16~17点，6张以上强套，对满贯不感兴趣的牌。

同伴跳应叫2NT/3NT时，分别为11~13点/14~15点的均型牌。你应分别再叫3♠/4♠，都表示为16点以上，5张以上的牌，都是逼叫。

【例2】 你持有♠A832 ♥A2 ♦KJ2 ♣AQ86，18点，4-2-3-4牌型。开叫1♣，对方一直没有参与叫牌，同伴分别应叫1NT/2NT/3NT时，表示什么含义？你应如何再叫呢？

答　同伴应叫1NT/2NT时，为8~10点/11~13点的均型牌。你有4张黑桃的牌，应分别再叫2♣/3♣，都是斯台曼问叫。

同伴跳应叫3NT时，为14~15点的均型牌。你应再叫4♣，是变通斯台曼问叫的牌。当同伴：①应答4♦/4♥，都表示为4张时，你都应再叫4♠，表示为17点以上，对应答花色无配合，有4张黑桃的牌；②应答4♠，表示有4张黑桃的牌时，你就应加叫6♠进贯；③应答4NT，表示有4张草花，为3-3-3-4牌型，你就应加叫6♣进贯。

【例3】 你持有♠AQJ1032 ♥6 ♦AKQ ♣KJ3，20点，6-1-3-3牌型。开叫1♣，对方一直没有参与叫牌，同伴分别应叫1NT/2NT/3NT时，表示什么含义？你应如何再叫呢？

答　同伴应叫1NT时，为8~10点的均型牌。你应跳叫3♠进行A问叫，表示为21点以上（20点有单张也行），有半坚固以上黑桃套的牌。

同伴应叫2NT时，为11~13点的均型牌。你应跳叫4♠进行A问叫，表示为19点以上，有半坚固以上黑桃套的牌。

同伴跳应叫3NT时，为14~15点的均型牌。这是令人头疼的叫牌，此牌6♠满贯定约肯定是能打的，至于联手是否有大满贯定约，还真不好确定。如果你和同伴协商用跳叫5♣进行格伯问A，之后6♣问K，还可以进行试探。如果你们不用此约定，只能去开发特定的约定了。

2.同伴1♣开叫后1NT应叫人的再叫举例

【例】 你持有♠J4 ♥K753 ♦Q842 ♣K95，9点，2-4-4-3牌型。同伴开叫1♣，对方一直没有参与叫牌，你应叫1NT，同伴Pass或分别再叫2♣/2♦/2♥/2♠/2NT/3♣/3♦/3♥/3♠/3NT/

4♣/4♥/4♠/4NT时，表示什么含义？你应如何再叫呢？

答 同伴Pass时，是逻辑错误的叫牌。因为你的1NT应叫是至少要逼叫到2NT的，是不允许同伴Pass的。可惜你已经没有叫牌的机会了。

同伴再叫2♣时，是斯台曼问叫。你该应答2♥，表示有4张红心的牌。

同伴再叫2♦时，为16点以上，5张以上的牌。你应再叫2♥，表示有4张红心的牌，下次有机会再加叫方块。当你对方块有支持并且有4张高花时，应该优先叫出4张高花来。

同伴再叫2♥时，为16点以上，5张以上的牌。你应跳加4♥，表示有8~9点，有支持的牌。此时你若加叫3♥，则表示你持10点，有好支持的牌。

同伴再叫2♠时，为16点以上，5张以上的牌。你应再叫2NT，表示为8~10点，无支持的牌。

同伴加叫2NT时，为16点的均型牌。你应加叫3NT进局。

同伴跳叫3♣/3♦时，都为21点以上，有半坚固以上草花/方块套A问叫的牌。你应分别再叫4♣/4♦，都表示所叫将牌花色有大牌张，旁门花色无A的牌。

同伴跳叫3♥时，为21点以上，有半坚固以上红心套A问叫的牌。你应再叫4♥，表示红心有大牌张，旁门花色无A。

同伴跳叫3♠时，为21点以上，有半坚固以上黑桃套A问叫的牌。你应再叫3NT，表示黑桃无大牌张，旁门花色无A。

同伴跳加3NT时，为17~20点的均型牌。你应该Pass。

同伴跳叫4♣时，是格伯问A。你应加一级应答4♦，表示为没有A的牌。

同伴跳叫4♥/4♠时，都为16~17点，6张以上强套的非均型牌。你都应该Pass。

同伴跳加4NT时，是6NT邀叫，为23点，有5张低花强套，没有进行2NT开叫的均型牌，你再叫5♦，表示为9点以上，有4张方块的牌。要求同伴有4张以上方块时，就加叫6♦，无4张方块（必然有5张草花）时，就改叫5NT，你则再叫6♣或6NT进贯。

3. 同伴1♣开叫对方干扰后1NT应叫人的再叫举例

【例】 你持有♠J84 ♥K753 ♦Q42 ♣K95，9点，3-4-3-3牌型。同伴开叫1♣，上家没有参与叫牌，你应叫1NT，下家争叫2♦，同伴Pass或分别再叫加倍/2♥/2♠/2NT/3♣/3♦/3♥/3♠/3NT时，表示什么含义？你应如何再叫呢？

答 同伴Pass时，为16~17点的均型牌。你应再叫加倍，是选择性加倍。让同伴去选择定约。

同伴再叫加倍时，是惩罚性加倍，你应该Pass。

同伴再叫2♥/2♠时，都为16~18点，5张以上的牌。你应分别加叫4♥/4♠进局，都表示为8~10点，有支持的牌。

同伴加叫2NT时，为16~17点的均型牌。你应加叫3NT进局。

同伴再叫3♣时，为16~18点，5张以上强套的牌。你应再叫3NT进局。表示为对方块有止张的牌，此牌你不要轻易越过3NT叫牌。

同伴扣叫3◆时，为19点以上，有4张高花的牌。你应再叫3♥，表示有4张红心。

同伴跳叫3♥/3♠时，都为19点以上，6张以上强套的牌。对3♥，你应加叫4♥，表示有支持。对3♠，你应加叫4♠，表示有支持。

同伴跳加3NT时，为18~20点，有方块止张的均型牌。你应该Pass。

4. 同伴1♣开叫后2NT应叫人的再叫举例

【例】你持有♠A954　♥K953　◆K82　♣K4，13点，4-4-3-2牌型。同伴开叫1♣，对方一直没有参与叫牌，你应叫2NT，同伴Pass或分别再叫3♣/3◆/3♥/3♠/3NT/4♣/4◆/4♥/4♠/4NT时，表示什么含义？你应如何再叫呢？

答　同伴Pass时，是逻辑错误的叫牌。因为你的2NT应叫是逼叫，是不允许同伴Pass的。可惜你已经没有叫牌的机会了。

同伴再叫3♣时，是斯台曼问叫。你该应答3♥，表示有4张红心。

同伴再叫3◆时，为16点以上，5张以上的牌。你应按特殊约定再叫4♥，表示为13点，5个控制，对方块有好支持的牌。

同伴再叫3♥时，为16点以上，5张以上的牌。你应按特殊约定再叫5♣，表示为13点，5个控制，对红心有好支持的牌。

同伴再叫3♠时，为16点以上，5张以上的牌。你应按特殊约定再叫5♣，表示为13点，5个控制，对黑桃有好支持的牌。

同伴加叫3NT时，为16~17点的均型牌。你应该Pass。

同伴跳叫4♣时，是格伯问A。你应加两级应答4♥，表示有一个A。

同伴跳叫4◆时，为19点以上，有半坚固以上方块套A问叫的牌。你该应答5♠，表示有方块大牌张，有♠A。

同伴跳叫4♥/4♠时，都为19点以上，有半坚固以上红心/黑桃套A问叫的牌。对4♥，你该应答5♠，表示有红心大牌张，有♠A。对4♠，你该应答5♠，表示有黑桃大牌张，旁门无A。

同伴跳加叫4NT时，为20点的均型牌，是6NT邀叫。你持有高限牌力，应该加叫6NT进贯。

5. 同伴1♣开叫3NT应叫的后续叫牌举例

【例1】你持有♠A75　♥A1073　◆K2　♣KJ52，15点，3-4-2-4牌型。同伴开叫1♣，对方一直没有参与叫牌，你应叫3NT，同伴再叫4♣进行变通的斯台曼问叫时，你应答4◆，表示有4张方块的牌。此后，当同伴分别再叫4♥/4♠/4NT时，表示什么含义？你应如何再叫？

答　同伴再叫4♥时，为17点以上，有4张红心，不排除还有4张黑桃或草花的牌。你应加叫6♥进贯，表示为15点，对红心有4张配合的牌。

同伴再叫4♠时，为17点以上，有4张黑桃，不排除还有4张草花的牌。你应再叫5♣，表示对黑桃无配合，还有4张草花。

同伴加叫4NT时，为17点以上，有4张草花的牌。你应再叫6♣，表示为15点，对草花有4张配合的牌。

【例2】你持有♠K4　♥A873　♦Q72　♣AJ105，14点，2-4-3-4牌型。同伴开叫1♣，对方一直没有参与叫牌，你应叫3NT。当同伴分别再叫4♣/4♦/4♥/4♠/4NT时，表示什么含义？你应如何再叫？

答　同伴再叫4♣时，是变通的斯台曼问叫。你该应答4♥，表示有4张红心，不排除还有4张黑桃或4张草花。

同伴再叫4♦时，为16点以上，5张以上的牌。你该加叫5♦，表示为14点，有支持的牌。

同伴再叫4♥时，为16点以上，5张以上的牌。你该加叫5♥，表示为14点，有支持的牌。

同伴再叫4♠时，为16点以上，5张以上的牌。你该应叫5♣，表示为14~15点，草花和另一门不确定花色为4张的牌。

同伴加叫4NT时，为17点，任意4-3-3-3牌型的牌。你稳妥点还是Pass为好。

第十八节　1♣开叫建设性应叫后的叫牌

对1♣开叫的2阶高花和3阶花色的跳阶应叫，都是建设性应叫，为4~7点，2阶应叫为6张，3阶应叫为7张以上的牌（所叫花色中应该有大牌张），都不逼叫。其低限为4~5点，中限为6点，高限为7点。其后续叫牌除了问单缺约定叫以外，都是自然实叫，应该符合桥牌逻辑。

一、1♣开叫2♥/2♠建设性应叫的后续叫牌

对2♥/2♠建设性的应叫，现在流行一种"20法则"应叫法：即1♣开叫人，加叫4阶高花进局时，采用应叫人高花的张数+大牌点≥20时进局，不足20时不进局。当1♣开叫人对应叫高花有好支持且有单张/缺门时，22点/20点即可尝试满贯。需要说明的是，在同伴2♥/2♠建设性应叫后，定约方很少会去打3NT定约，这是因为2♥/2♠建设性应叫人的牌力有限，会出现所叫高花打立，却因为缺少进张而无法兑现赢墩的情况。

1♣开叫人用以上如此简捷的方法就能应付大多数的叫牌。其余对2♥/2♠建设性应叫的后续叫牌见表2-15。

表2-15　1♣开叫2♥/2♠建设性应叫的后续叫牌

开叫人的再叫	应叫人的再叫	开叫人的第三次叫牌
Pass：为16~17点，成局无望的牌		
对2♥开叫的2♠：为16点以上，5张以上，对红心不支持的牌（有支持时，应优先加叫红心或再叫2NT问单缺），逼叫 当1♣开叫人为低限牌力，有6张以上黑桃强套，想打4♠成局定约的牌时，也必须先叫2♠，以后有机会再叫4♠进局止叫。而把双跳出黑桃视为改良的爆裂叫	对黑桃有支持时，应优先加叫，其次报出对黑桃有帮助，再次报出有止张的花色，都不满足时，就叫回应叫花色 2NT：可以视为特殊约定叫，为4~7点，对黑桃有帮助的牌，不逼叫	Pass：为16~17点，成局无望，同意打2NT定约的牌 3♣/3♦：都是逻辑含糊的叫牌，你可以赋予其特定的约定 3♥/4♥：为16~17点/18~22点，有双张红心的牌，邀叫/止叫 5♥/6♥：为23点/24~26点，有帮助，感觉打红心定约更有利的牌，是问红心大牌张数的满贯邀叫/封贯止叫 3♠/4♠：为16~17点/18~22点，6张以上套/6张以上强套的牌，邀叫/止叫 5♠/6♠：为23点/24~27点，5张以上强套的牌，是凭牌力的满贯邀叫/封贯止叫 3NT：为20~22点的均型牌，不逼叫 4NT/4阶出新花：为23点以上，有6张以上黑桃强套，是以黑桃为将牌的关键张问叫/扣A的牌，都是逼叫
	3♣/3♦：都为4~7点，对所叫花色有止张的牌，都是逼叫	3♥/4♥：16~17点/18~22点，有双张红心的牌，邀叫/止叫 5♥/6♥：为23点/24~27点，有帮助的牌，是问红心大牌张数的满贯邀叫/封贯止叫 3♠/4♠：16~18点/19~21点，6张以上强套的牌，邀叫/止叫 5♠/6♠：为24点/25~27点，最多只有一个输墩强套的牌，是凭牌力的满贯邀叫/封贯止叫 3NT：为20~22点，不适合打高花定约的均型牌❶，不逼叫 4NT：为24点以上，最多只有一个输墩黑桃强套的牌，是以黑桃为将牌的关键张问叫，逼叫
	4♣/4♦：都可以视为改良的爆裂叫，为4~7点，对黑桃有支持，所叫花色为缺门的牌，都是逼叫	4♥：16~17点，有双张红心，感觉打红心定约更有利的牌，止叫 5♥/6♥：为18点/19~21点，有帮助，在同伴缺门花色中无废点，感觉打红心定约更有利的牌，是凭牌力的满贯邀叫/封贯止叫 4♠：16~17点，对满贯不感兴趣的牌，止叫 5♠/6♠：为18点/19~21点，5张以上强套，在同伴缺门花色中无废点的牌，是凭牌力的满贯邀叫/封贯止叫 4NT/平阶出新花：为18点以上，有5张以上黑桃强套，在同伴缺门花色中无废点，是以黑桃为将牌的关键张问叫/扣A的牌，都是逼叫
	3♥：为4~7点，对黑桃不支持也无帮助，旁门花色无止张的牌，不逼叫 3♠/4♠：为4~5点/6~7点，有支持，无缺门花色的牌，都不逼叫	

---

❶　需要说明的是，在同伴2阶或3阶建设性应叫后，选择6NT定约是非常罕见的叫牌，故本书不进行介绍。

开叫人的再叫	应叫人的再叫	开叫人的第三次叫牌
2NT：是问单缺花色的约定叫，为16点以上，对应叫高花有支持或牌力对应增加，有帮助的牌，逼叫 当开叫人有5张低花且对应叫高花有帮助的牌时，应优先加叫应叫高花进局或叫2NT问叫	平阶出新花：都为4~7点，所叫花色为单张的牌，都是逼叫	对3阶低花应答3阶/4阶叫应叫高花：为16点/17~20点的牌，邀叫/止叫 对3♠应答叫回4♥：为16~20点，对满贯不感兴趣的牌，止叫 5阶/6阶叫应叫高花：为22点/23~26点，同伴单张花色中无废点的牌，是问叫应叫高花大牌张数的满贯邀叫/封贯止叫 3NT：可以视为以应叫高花为将牌变通的关键张问叫，为22点以上，在同伴单张花色中无废点的牌，逼叫 平阶出未叫新花：都为22点以上，在同伴单张花色中无废点扣A的牌，都是逼叫
	3阶再叫应叫高花：为4~7点，无单缺花色的牌，不逼叫	Pass：为16点，成局无望的低值牌 3NT：可以视为以应叫高花为将牌变通的高花关键张问叫，为22点以上的牌，逼叫 4阶叫回应叫高花：为17~21点，对满贯不感兴趣的牌，止叫 5阶/6阶叫回应叫高花：为22点/23~26点，是问应叫高花大牌张数的满贯邀叫/封贯止叫 平阶出新花：都为22点以上，是以应叫高花为将牌扣A的牌，都是逼叫
	4阶跳出新花/2♥应叫人的3NT：都是报缺门约定叫，为4~7点，所叫花色/黑桃为缺门的牌，都是逼叫	4阶叫回应叫高花：为16~17点，对满贯不感兴趣的牌，止叫 5阶/6阶叫回应叫高花：为18点/19~20点，在同伴缺门花色中无废点的牌，是凭牌力的满贯邀叫/封贯止叫 4NT/平阶出新花：为18点以上，在同伴缺门花色中无废点，是以应叫高花为将牌的关键张问叫/扣A的牌，都是逼叫
3♣/3♦：都为16点以上，5张以上的牌，都是逼叫 当1♣开叫人为低限牌力，有6张以上低花强套想打5阶低花定约的牌时，也必须先在3阶出低花。以后有机会再5阶封局止叫。而将双跳出低花视为是改良的爆裂叫	对原花有支持时，应优先加叫，其次在不超过3NT水平报出有止张的花色，都不满足时，就叫回应叫高花 4阶加叫原花：为4~7点，有支持，有单张花色的牌，邀叫	Pass：为16~17点，成局无望的牌 4阶叫回应叫高花：为18~22点，有双张应叫高花，感觉打应叫高花定约更有利的牌，止叫 5阶/6阶叫回应叫高花：为22点/23~26点，有帮助，感觉打应叫高花定约更有利的牌，是问该高花大牌张数（一大进贯）的满贯邀叫/封贯止叫 4NT/平阶出新花：为23点以上，最多只有一个输墩原花强套，是以原花为将牌的关键张问叫/扣A的牌，都是逼叫 5阶再叫原花：为18~20点，5张以上强套，不适合打应叫高花定约的牌，止叫 6阶再叫原花：为24~26点，最多只有一个输墩原花强套的牌，止叫

开叫人的再叫	应叫人的再叫	开叫人的第三次叫牌
3♣/3♦：都为16点以上，5张以上的牌，都是逼叫 当1♣开叫人为低限牌力，有6张以上低花强套想打5阶低花定约的牌时，也必须先在3阶出低花。以后有机会再5阶封局止叫。而将双跳出低花视为是改良的爆裂叫	4阶出新花：都可以视为改良的爆裂叫，为4~7点，对原花有支持，所叫花色为缺门的牌，都是逼叫	4阶叫回应叫高花：为16~17点，有双张应叫高花，感觉打应叫高花更有利的牌，止叫
		5阶/6阶叫回应叫高花：为18点/19~21点，有帮助，在同伴缺门花色中无废点，感觉打应叫高花定约更有利的牌，是凭牌力的满贯邀叫/封贯止叫
		4NT/平阶出新花：为18点以上，有5张以上原花强套，在同伴缺门花色中无废点，是以原花为将牌的关键张问叫/扣A的牌，都是逼叫
		5阶再叫原花：为16~17点，5张以上，对满贯不感兴趣的牌，止叫
		6阶再叫原花：为19~21点，5张以上强套，在同伴缺门花色中无废点的牌，止叫
	3阶出新花：都为4~7点，对所叫花色有止张的牌，逼叫 对3♦再叫的3NT：为4~7点，对草花有止张的牌，不逼叫 3阶再叫应叫高花：为4~7点，对未叫花色无止张的牌（当对原花有支持，无单缺花色的牌时，建议优先叫回应叫高花），不逼叫	
对2♠的3♥：为16点以上，5张以上的牌，逼叫	对红心有支持时，应优先加叫，其次可以3NT报出对不确定低花有止张，都不满足时，就叫回3♠ 4♥：为4~7点，有支持的牌，不逼叫	Pass：为16~21点，对满贯不感兴趣的牌
		4♠：为18~20点，有双张黑桃，感觉打黑桃定约更有利的牌，止叫
		5/6♠：为23点/24~26点，有帮助，感觉打黑桃定约更有利的牌，是问黑桃大牌张数（一大进贯）的满贯邀叫/封贯止叫
		4NT/平阶出新花：为23点以上，最多只有一个输墩红心强套，是以红心为将牌的关键张问叫/扣A的牌，都是逼叫
		5/6♥：为23点/24~26点，最多只有一个输墩强套的牌，是问红心大牌张数（一大进贯）的满贯邀叫/封贯止叫
	4♣/4♦：都可以视为改良的爆裂叫，为4~7点，对红心有支持，所叫花色为缺门的牌，都是逼叫	4♥：为16~19点，对满贯不感兴趣的牌，止叫
		5♥/6♥：为18点/19~21点，5张以上强套，在同伴缺门花色中无废点的牌，是凭牌力的满贯邀叫/封贯止叫
		4♠：为16~17点，有双张黑桃，对满贯不感兴趣，感觉打黑桃定约更有利的牌，止叫
		5♠/6♠：18点/19~21点，有帮助，在同伴缺门花色中无废点，感觉打黑桃定约更有利的牌，是凭牌力的满贯邀叫/封贯止叫
		4NT/平阶出新花：为18点以上，有5张以上红心强套，在同伴缺门花色中无废点的牌，是以红心为将牌的关键张问叫/扣A的牌，逼叫
	3♠：为4~7点，对两门低花都无止张的牌，不逼叫 3NT：为4~7点，对草花或方块不确定哪门花色有止张的牌（此时不要越过3NT牌），不逼叫	

3阶/4阶加叫应叫高花：为16点/17~22点，有支持的牌（笔者推荐优先用2NT应叫，即使只有16点，当同伴为单张时不会丢局，20点以上，当同伴有缺门时不会丢贯），邀叫/止叫

5阶/6阶跳加叫应叫高花：为24点/25~26点，有好支持的牌，是问该高花大张数的满贯邀叫/封贯止叫

3NT：为20~22点，对应叫高花无帮助的均型牌（应尽量避免此叫品），不逼叫

4NT：为24点以上，对应叫高花有好支持的牌，是以该高花为将牌的关键张问叫，逼叫

跳阶出新花：都为23点以上，对应叫高花有好支持的牌，是对此花色的特殊控制问叫（应叫人应按是否有此花色前两轮控制的约定，进行加级应答），都是逼叫

双跳出新花：都可以视为改良的爆裂叫（只适用于2阶建设性应叫），为18~21点，对应叫高花有好支持，所叫花色为缺门的牌，都是逼叫

二、1♣开叫3阶建设性应叫的后续叫牌

对3♥/3♠建设性应叫，现在流行一种"19法则"应叫法：即开叫人加叫4阶高花进局时，高花的张数+大牌点≥19时进局，不足19时不进局。当开叫人对应叫高花有好支持且有单张/缺门时，21点/19点即可尝试满贯。需要说明的是，在同伴3♥/3♠建设性应叫后，定约方很少会去打3NT定约，这是因为应叫人的牌力有限，会出现所叫高花打立，却因为缺少进张而无法兑现赢墩的情况。

对3♣/3♦建设性应叫，现在流行一种"21法则"应叫法：即开叫人加叫5阶低花进局时，低花的张数+大牌点≥21时进局，不足21时不进局。当开叫人对应叫低花有好支持且有单张/缺门时，17点/16点即可加叫进局，21点/19点即可尝试满贯。需要说明的是，在同伴3♣/3♦建设性应叫后，1♣开叫人在对该低花有好支持且无单缺花色的均型牌时，通常会优选去打3NT定约，其也符合"21法则"应叫法。

1♣开叫人用以上如此简捷的方法就能应付大多数的叫牌。其余对3阶建设性应叫的后续叫牌见表2-16。

表2-16　1♣开叫3阶建设性应叫的后续叫牌

开叫人的再叫	应叫人的再叫	开叫人的第三次叫牌
对3♣应叫的3♦：为16点以上，5张以上的牌，逼叫	对方块有支持时，应优先加叫，其次在不超过3NT水平报出有止张的花色，都不满足时，就叫回4♣ 4♦：为4~6点，有支持，不确定哪门高花为单张的牌，邀叫	Pass：为16点，成局无望的低值牌 4NT/平阶出新花：都为22点以上，最多只有一个输墩方块强套，是以方块为将牌的关键张问叫/扣A的牌，都是逼叫 5♣/6♣：为18~21点/23~26点，有帮助，感觉打草花定约更有利的牌，都是止叫 5♦：为17~21点，5张以上强套的牌，止叫 6♦：为23~26点，最多只有一个输墩强套的牌，止叫
	4♥/4♠：都可以视为改良的爆裂叫，为4~7点，对方块有支持❶，所叫花色为缺门牌，都是逼叫	4NT/平阶出新花：都为18点以上，有5张以上方块强套，在同伴缺门花色中无废点，是以方块为将牌的关键张问叫/扣A的牌，都是逼叫 5♣：为16~17点，有帮助，感觉打草花定约更有利的牌，止叫 6♣：为19~20点，有帮助，在同伴缺门花色中无废点，感觉打草花定约更有利的牌，止叫 5♦：为16~18点，对满贯不感兴趣的牌，止叫 6♦：为19~20点，5张以上强套，在同伴缺门花色中无废点的牌，止叫
	3♥/3♠：都为4~7点，对所叫花色有止张的牌，都是逼叫 3NT：可以视为特殊约定叫，为4~7点，对方块有帮助，旁门无单缺花色的牌，不逼叫 4♣：为4~7点，对未叫花色无止张的牌，不逼叫 5♦：为7点，有支持，不确定哪门高花为单张的非均型牌，不逼叫	

❶ 当应叫人对方块有帮助且有一门高花为缺门的牌时，是否用改良的爆裂叫进行应叫，请与同伴协商确定。

开叫人的再叫	应叫人的再叫	开叫人的第三次叫牌
对3♣或3♦应叫的3♥/3♠：都为16点以上，5张以上的牌，都是逼叫 当开叫人持有对应叫低花有支持且有5张以上高花的牌时，应优先再叫5张高花。另外当开叫人为16~18点，有超长高花套的牌时，也必须优先3阶出高花后，再4阶高花示弱，而将跳出高花的叫品留给该花色的特殊控制问叫	对原花有支持时，应优先加叫，其次，在不超过3NT水平报出有止张的花色，都不满足时，就叫回应叫花色 4♥/4♠加叫原花：都为4~7点，有支持，有单张花色的牌（有帮助时是否加叫，请和同伴协商确定），都不逼叫	Pass：为16~19点，对满贯不感兴趣的牌 4NT/平阶出新花：都为22点以上，最多只有一个输墩原花强套，是以原花为将牌的关键张问叫、扣A的牌，都是逼叫 5阶/6阶再叫原花：为22点/23~26点，最多只有一个输墩强套的牌，是问原花大牌张数（一大进贯）的满贯邀叫/封贯止叫 5阶/6阶叫回应叫低花：为16~18点/23~26点，有好支持或帮助，感觉打应叫低花定约更有利的牌，都是止叫
	4阶出新花：都可以视为改良的爆裂叫，为4~7点，对原花有支持，所叫花色为缺门的牌，都是逼叫 此时4♠的再叫，确实存在可能错过最佳4♥定约的情况，对此你们要有所警觉	对4♠再叫的5♥：为16~19点，对满贯不感兴趣的牌，止叫 5阶/6阶跳叫原花：为18点/19~20点，5张以上强套，在同伴缺门花色中无废点的牌，是凭牌力的满贯邀叫/封贯止叫 4NT/平阶出新花：都为18点以上，有5张以上原花强套，在同伴缺门花色中无废点，是以原花为将牌的关键张/问叫扣A的牌，都是逼叫 5阶/6阶叫回应叫低花：为18点/19~20点，有好支持或有帮助，在同伴缺门花色中无废点，感觉打应叫低花定约更有利的牌，是以应叫低花为将牌，凭牌力的满贯邀叫/封贯止叫
	3♣/3♦应叫人对3♥再叫的3♠：为4~7点，对黑桃有止张的牌，逼叫 3♣/3♦应叫人对3♥再叫的3NT：为4~7点，对方块/草花有止张的牌，不逼叫 3♣/3♦应叫人对3♠再叫的3NT：为4~7点，对红心/草花或红心不确定哪门有止张的牌，不逼叫	对3NT再叫的Pass：为17~22点，同意打3NT定约的牌 3NT：为19~22点的均型牌，不逼叫 4NT：为23点以上，最多只有一个输墩原花强套的畸形牌，是以原花为将牌的关键张问叫，逼叫 4阶/5阶叫回应叫低花：为16~18点/19~20点，有支持或帮助，不适合打3NT和原花定约的非均型牌，邀叫/止叫 6阶叫回应叫低花：为23~26点，有好支持或帮助的牌，止叫 4阶再叫原花：为18~21点，6张以上强套的牌，止叫 5阶/6阶再叫原花：为23点/24~27点，最多只有一个输墩强套的牌，是凭牌力的满贯邀叫/封贯止叫
	4阶再叫应叫低花：为4~7点，对原花无支持（有帮助的牌时，是否加叫原花，请和同伴协商确定），对未叫花色无止张的牌，不逼叫	
对3♦应叫的4♣：为17点以上，6张以上的牌，逼叫	对草花有支持时，应优先加叫，否则就叫回4♦ 5♣：为4~7点，有支持且有单张花色的牌，不逼叫	Pass：为16~19点，对满贯不感兴趣的牌 平阶出新花：都为22点以上，最多只有一个输墩草花强套的牌，是以草花为将牌扣A的牌，都是逼叫 6♣：为23~26点，最多只有一个输墩强套的牌，止叫
	4♥/4♠：都可以视为改良的爆裂叫，为4~7点，对草花有支持，所叫花色为缺门的牌，都是逼叫	5♣：为16~19点，对满贯不感兴趣的牌，止叫 6♣：为19~18点，在同伴缺门花色中无废点的牌，止叫 5♦/6♦：为18点/19~20点，有帮助，在同伴缺门花色中无废点，感觉打方块定约更有利的牌，是凭牌力的满贯邀叫/封贯止叫 4NT/平阶出新花：都为18点以上，在同伴缺门花色中无废点，是以草花为将牌的关键张问叫/扣A的牌，都是逼叫
	4♦：为4~7点，对草花无支持的牌（对草花有帮助时是否加叫5♣，请和同伴协商确定），不逼叫	

开叫人的再叫	应叫人的再叫	开叫人的第三次叫牌
对3♣/3♦建设性应叫，当开叫人：①Pass时，为16~18点，成局无望的牌；②3NT时，为19~21点的均型牌，不逼叫；③4阶/5阶加叫应叫低花时，为16~18点/19~21点，有支持，不适合打3NT定约的牌，邀叫/止叫；④6阶加叫应叫低花时，为23~26点，有好支持的牌，止叫；⑤跳阶叫出新花时，都为20点以上，对应叫低花有好支持的牌，是对此花色的特殊控制问叫（应叫人应按是否有此花色前两轮控制的约定，进行加级应答），逼叫；⑥4NT时，为22点以上，对应叫低花有好支持的非均型牌，是以应叫低花为将牌的关键张问叫，逼叫		
对3♥应叫的3♠：为16点以上，5张以上的牌，逼叫	对黑桃有支持时，应优先加叫，否则就叫回4♥ 4♠：为4~7点，有支持且有单张花色的牌，不逼叫	Pass：为16~19点，对满贯不感兴趣的牌 4NT/平阶出新花：都为22点以上，最多只有一个输墩黑桃强套，以黑桃为将牌的关键张问叫/扣A的牌，都是逼叫 5♥/6♥：为22点/23~26点，有帮助，感觉打红心定约更有利的牌，是凭牌力的满贯邀叫/封贯止叫 5♠/6♠：为22点/23~26点，最多只有一个输墩强套的牌，是问黑桃大牌张数（一大进贯）的满贯邀叫/封贯止叫
	4阶出新花：都可以视为改良的爆裂叫，为4~7点，对黑桃有支持，所叫花色为缺门的牌，都是逼叫	4♠：为16~17点，对满贯不感兴趣的牌，止叫 5♠/6♠：为18点/19~20点，5张以上强套，在同伴缺门花色中无废点的牌，是凭牌力的满贯邀叫/封贯止叫 4NT/平阶出新花：都为18点以上，有5张以上黑桃强套，在同伴缺门花色中无废点，是以黑桃为将牌的关键张问叫/扣A的牌，都是逼叫 5♥/6♥：为18点/19~20点，有帮助，在同伴缺门花色中无废点，感觉打红心定约更有利的牌，是问红心大牌张数的满贯邀叫/封贯止叫
	3NT：为4~7点，不确定对草花还是方块有止张的牌，不逼叫 4♥：为4~7点，对黑桃无支持也无低花止张的牌，不逼叫	
对3♥或3♠应叫的4♣/4♦：为17点以上，6张以上强套的牌，都是逼叫	对原花有支持时，应优先加叫，否则就叫回应叫高花 5♣/5♦加叫原花：都为4~7点，有支持且有单张花色的牌，都不逼叫	Pass：为16~20点，对满贯不感兴趣的牌 平阶出新花：都为22点以上，最多只有一个输墩原花强套，是以原花为将牌扣A的牌，都是逼叫 5阶/6阶叫回应叫高花：为22点/23~26点，有帮助，感觉打应叫高花更有利的牌，是问应叫高花大牌张数（一大进贯）的满贯邀叫/封贯止叫 6阶再叫原花：为22~26点，最多只有一个输墩强套的牌，止叫
	4阶出新花/对4♦应叫的4NT：都可以视为改良的爆裂叫，为4~7点，对原花有支持，所叫花色/草花为缺门的牌，都是逼叫	4阶叫回应叫高花：为16~17点，有帮助，感觉打应叫高花更有利的牌，止叫 5阶/6阶叫回应叫高花：为18点/19~20点，有帮助，在同伴缺门花色中无废点，感觉打应叫高花更有利的牌，是问应叫高花大牌张数（一大进贯）的满贯邀叫/封贯止叫 4NT/平阶出新花：都为18点以上，在同伴缺门花色中无废点，是以原花为将牌的关键张问叫/扣A的牌，都是逼叫 5阶再叫原花：为16~17点，对满贯不感兴趣的牌，止叫 6阶再叫原花：为19~20点，在同伴缺门花色中无废点的牌，止叫
	4阶叫回应叫高花：为4~7点，对原花无支持的牌，不逼叫	

开叫人的再叫	应叫人的再叫	开叫人的第三次叫牌

对3♠应叫的4♥：为17~20点，6张以上强套的牌，不逼叫，通常应叫人应该Pass，也可以在红心为单张或缺门时改叫4♠

对3♠应叫的6♥：为23~24/25~26点，最多只有一个输墩红心强套的牌，是凭牌力的封贯邀叫/封贯止叫

对3♥/3♠建设性应叫，当开叫人：①Pass时，为16~17点，成局无望的牌；②3NT时，为18~21点的均型牌，不逼叫；③4阶加叫应叫高花时，为17~19点，有支持或帮助而对满贯不感兴趣的牌，止叫；④5阶/6阶跳加叫高花时，为21点/22~25点，有好支持的牌，是凭牌力的满贯邀叫/封贯止叫；⑤4NT时，为22点以上，对应叫高花有好支持的牌，是以应叫高花为将牌的关键张问叫，逼叫；⑥跳阶出新花时，都为20点以上，对应叫高花有好支持的非均型牌，是对此花色的特殊控制问叫（应叫人应按是否有此边花色前两轮控制的约定，进行加级应答），都是逼叫

三、同伴建设性应叫对方干扰后1♣开叫人的再叫

同伴建设性应叫上家干扰后1♣开叫人的再叫，与下家干扰同伴建设性应叫后1♣开叫人的再叫在原理上是相通的，如无特殊的说明，可以视为相同。

Pass——对下家先干扰时为16~17点，成局无望的牌。对上家后干扰时为16~17点，成局无望且不够惩罚对方定约牌型的牌。

平阶出新花——都为18~19点，6张以上的牌，都不逼叫。

对先干扰跳阶出新花——可以视为此花色的特殊控制问叫，为20点以上，对应叫花色有好支持的牌，对后干扰跳阶出新花——为20点以上，6张以上强套的牌，不成局时都是逼叫，成局时都不逼叫。

3阶/4阶加叫应叫人高花——为16~17点/18~20点，有支持或有帮助的牌，邀叫/止叫。

4阶/5阶加叫应叫人低花——为16~17点/18~20点，有支持的牌，邀叫/止叫。

2NT/3NT——为18~19点/20~21点，有止张的均型牌，邀叫/不逼叫。

加倍——都是惩罚性加倍。

对加倍干扰的再加倍——为19点以上的牌，不逼叫。

扣叫干扰花色——可以视为此花色的特殊控制问叫，为20点以上，对应叫花色有好支持的牌，逼叫，应叫人应按有无此花色前两轮控制的约定，进行加级应答。

四、对方干扰后建设性应叫人的再叫

对方无论是在建设性应叫之后还是在1♣开叫人再叫之后进行干扰时，当应叫人：

Pass——都是示弱叫牌。

加叫原花——为5~7点，有支持的牌，不逼叫。

再叫应叫花色——为5~7点，改善定约的牌，不逼叫。

4阶加叫高花原花/5阶加叫低花原花——都为6~7点，对原花有支持且有单张花色的非均型牌，都是不逼叫。

扣叫干扰花色——为6~7点，对原花有支持，扣叫花色为缺门的牌，逼叫。

对对方干扰加倍——都为6~7点的惩罚性加倍。

五、对方干扰后1♣开叫人的第三次叫牌及后续叫牌

建设性应叫的再叫后，无论对方是否再次干扰叫牌，1♣开叫人的第三次叫牌及后续叫牌，都是自然实叫，应该符合桥牌逻辑。此时，分析叫牌信息，按照桥牌逻辑来推断建设性应叫人或1♣开叫人的牌力范围和牌型，并采用与其相适应的叫牌原则来指导叫牌，共同选择联手合理的定约是其精髓所在。1♣开叫人的第三次叫牌及后续叫牌，都应符合常规的后续叫牌，详见本书088~089页，只是此时他们对对方干扰的加倍，都是惩罚性加倍这点略有不同而已。

六、1♣开叫建设性应叫的后续叫牌举例

1. 同伴建设性应叫后1♣开叫人的再叫举例

【例1】你持有♠AK4　♥Q93　♦K842　♣KQ5，17点，3-3-4-3牌型。开叫1♣，对方一直没有参与叫牌，同伴分别应叫2♥/2♠/3♣/3♦/3♥/3♠时，表示什么含义？你应如何再叫呢？

答　同伴应叫2♥/2♠时，都为4~7点，6张的牌。虽然此牌属于满足"20法则"应叫法的牌，但牌型太平均了，加叫4♥/4♠进局时一定要慎重。笔者推荐你再叫2NT，若同伴有单缺花色时进局，否则就分别叫回3♥/3♠进行邀叫。

同伴应叫3♣/3♦时，都为4~7点，7张以上的牌。你门门花色有止张，对应叫低花有好支持，应再叫3NT进局。

同伴应叫3♥/3♠时，都为4~7点，7张以上的牌。你应该分别加叫4♥/4♠进局。

【例2】你持有♠AK10854　♥3　♦AQ2　♣KQ5，18点，6-1-3-3牌型。开叫1♣，对方一直没有参与叫牌，同伴分别应叫2♥/2♠/3♣/3♦/3♥/3♠时，表示什么含义？你应如何再叫呢？

答　同伴应叫2♥/3♥时，为4~7点，6张套/7张以上的牌。你应分别再叫2♠/3♠，表示为16~19点，5张以上的牌。

同伴应叫2♠/3♠时，为4~7点，6张套/7张以上的牌。你都应加叫4♠进局。

同伴应叫3♣/3♦时，都为4~7点，7张以上的牌。你应分别加叫5♣/5♦进局。

2. 同伴1♣开叫后建设性应叫人的再叫举例

【例1】你持有♠AK10842　♥—　♦7632　♣965，7点，6-0-4-3牌型。同伴开叫1♣，上家Pass，你应叫2♠，对方一直没有参与叫牌，同伴Pass或分别再叫2NT/3♣/3♦/3♥/3♠/3NT/4♣/4♦/4♥/4♠/4NT时，表示什么含义？你应如何再叫呢？

答　同伴Pass时，为成局无望的牌。你已经没有再叫牌的机会了。

同伴再叫2NT时，是问单缺约定叫，你应跳叫应答4♥，表示红心为缺门（应答3♥时，表示红心为单张）。

同伴再叫3♣/3♦时，都为16点以上，5张以上的牌。你都应跳叫4♥，表示为7~10点，对草花/方块有支持，红心为缺门的牌。

同伴再叫3♥时，为16点以上，5张以上的牌。你应再叫3♠改善定约。

同伴加叫3♠时，为16点，有支持的牌，是进局邀叫。你的红心为缺门，应再叫4♠进局。

同伴再叫3NT时，为20~22点，对黑桃无帮助的牌，你应再叫4♠改善定约。

同伴跳叫4♣/4♦时，都为20点以上，对黑桃有好支持，是对所叫花色特殊控制问叫的牌，你应分别加一级应答4♦/4♥，表示对草花/方块都没有前两轮控制。

同伴跳叫4♥时，为20点以上，对黑桃有好支持，是对红心特殊控制问叫的牌，你应加三级应答5♣，表示对红心有第一轮控制。

同伴跳加4♠时，为17~18点，有支持的牌，你稳妥点就再叫Pass。当特别需要比赛分时可以考虑蒙着打6♠满贯定约。

同伴跳叫4NT时，为22点以上，对黑桃有好支持的关键张问叫，你该应答6♥，表示有两个关键张，红心为缺门。

【例2】你持有♠854　♥3　♦AJ109652　♣65，5点，3-1-7-2牌型。同伴开叫1♣，上家争叫1♥，你应叫3♦，下家加叫3♥，同伴Pass或分别再叫加倍/3♠/3NT/4♣/4♦/4♥/4♠/4NT时，表示什么含义？你应如何再叫呢？

答　同伴Pass时，为16~18点的牌，你Pass和4♦都不为过。该怎么再叫？应凭牌感而定。笔者建议再叫4♦。

同伴再叫加倍时，是选择性加倍。你再叫Pass或4♦都行。该怎么再叫，应凭牌感而定。

同伴再叫3♠时，为18~19点，5张以上的牌。你应加叫4♠进局，表示对黑桃有支持。

同伴再叫3NT时，为18~20点，对红心有止张，方块中也通常会有大牌张的牌，你应再叫Pass。

同伴再叫4♣时，为18~19点，6张以上的牌。你应再叫4♦改善定约。

同伴加叫4♦时，为16~17点，有支持，不适合打3NT定约的牌。你稳妥点可再叫Pass，激进点也可以蒙着叫5♦进局。

同伴扣叫4♥时，为20点以上，对方块有好支持的牌，是对红心的特殊控制问叫。你应加两级应答4NT，表示对红心有第二轮控制。

同伴跳叫4♠时，为20点以上，对方块有好支持的，是对黑桃的特殊控制问叫。你应加一级应答4NT，表示对黑桃无前两轮控制。

同伴跳叫4NT时，为22点以上，对方块有好支持的牌，是以方块为将牌的关键张问叫。你应加两级应答5♦，表示有一个关键张。

第三章

防守叫牌技法

当对方首先开叫后，你方再参与的一切叫牌统称为防守叫牌。在实际桥牌比赛中，参赛牌手几乎有一半的叫牌是在进行防守叫牌。防守叫牌自成体系，不属于任何一个具体的叫牌体系，其后续叫牌都是自然实叫，应该符合桥牌逻辑。

第一节　防守叫牌的基础知识

无论什么级别的桥牌比赛，800分以上巨大的罚分很少出自对方或你方自愿叫到的成局或满贯定约，而绝大多数是出自对方或你方不恰当参与叫牌后严重失配的部分定约。原本是双方以部分定约得分范畴定输赢的一副牌，因为不冷静的叫牌而损失如此多的分数，实在是得不偿失。因而笔者想通过介绍防守叫牌的五大安全因素，从理论上建立防守叫牌安全的防火墙。

一、防守叫牌简介

1. 防守叫牌的目的

防守叫牌，是向同伴显示自己有相当于开叫以上的牌力和一门不错花色长套或是某种特定牌力和牌型。其目的无外乎以下四条。

第一条：为了争得并打成定约，目的是多赢分。

第二条：为了争得可能打不成（合理牺牲）的定约，目的是少输分。

第三条：为了剥夺对方的叫牌空间，给对方的信息交换制造困难，目的是干扰对方选择合理的定约。

第四条：为了向同伴提供首攻方向，目的是为打宕对方的定约提供帮助。

当对方首先开叫，你持有相当于限制性开叫牌力的牌时，通常应该考虑参与叫牌，以给对方正常的信息交换制造障碍，同时也可以为同伴正确地评估你的牌力和牌型，为争得定约提供帮助。当然了，任何事物都是有两面性的，当你参与了叫牌而对方竞叫成为定约方以后，你的叫牌信息，也会为对方做庄提供宝贵的牌力和牌型信息。但综合比较而言，在大多数情况下，你参与叫牌还是利大于弊的。

2. 防守叫牌的指导原则

通常在对方进行限制性开叫后，你方的满贯定约就只是小概率事件了。因而，当你方联手的牌力接近25点或更高时，其防守叫牌的指导原则就是局牌快叫。而当双方联手的牌力比较接近时，其指导原则就是示弱停叫和总墩数定律了。

总墩数定律为：当双方各自以联手最长花色为将牌，所能得到总的墩数，通常与双方的将牌总数（即双方各自最长的配合花色之和）相等，偶尔会有一墩的出入。这个结论在双方均为正常牌型的情况下，尤其是在双方均为部分定约范畴的情况下，是比较准确的。只有遇到畸形牌时才会出现偏差。此定律的表述有点绕口，用最通俗的话来解释，就是在双方联手的牌力大体持平，且各有一门将牌花色配合的前提下，联手为8张将牌配合的一方可以争到并且大概率打2阶定约不吃亏。联手为9张将牌配合的一方可以争到并且大概率打3阶定约不吃亏。这个经过无数实战牌例统计证明的结论，可以作为大家在防守叫牌中和正常竞技叫牌中争夺部分定约的理论依据。

3. 防守叫牌的竞技叫牌策略

大多数情况下，双方联手牌力基本持平的防守叫牌都会演变为部分定约的争夺战。此时，往往争取赢得正分或少输分，就能达到战胜对方的目的。因而，在防守叫牌的进程中，除了你方不好参与竞技叫牌让对方打1NT定约以外，不要轻易让对方打1阶花色的有将定约。这时可以通过平衡争叫、延迟加倍等手段来介入或让同伴介入竞技叫牌，并在保证你方所叫定约相对安全的前提下，尽量去把对方的定约抬高到3阶水平，从而进一步提高对方的做庄难度，以达到赢取正分的目的。

4. 防守叫牌的参与手段

防守叫牌的参与手段可以分为争叫和加倍两大类。其中，争叫又可以细分为平阶花色争叫、跳阶花色争叫（相当于阻击叫）、1NT争叫、不寻常2NT/4NT争叫、迈克尔扣叫、卡普兰蒂约定叫和针对精确体系1♣开叫后的特殊约定争叫七个部分。加倍则被细分为技术性加倍、竞技性加倍和惩罚性加倍。笔者将分别进行详细介绍。

二、防守叫牌必须重视的五大安全因素

1. 双方的态势因素

下家限制性示强开叫，上家又进行示强应叫（尤其是进行二盖一示强应叫）后，你作为第四家，持有11~15点，比较平均的牌，在2阶以上再参与争叫时，风险都是非常大的。因为此时，对方联手的牌力已经明显多于你方，如果对方所叫的花色有配合时，你是抢不过来定约的，还会给对方的做庄提供很多有价值的牌力和牌型分布信息。若是对方所叫的花色不配合时，就会惩罚你的干扰，其得失比是非常不合算的。因此高水平的牌手此时要抑制参与争叫的冲动。

2. 牌型因素

牌型因素是指上家以5张以上高花实套开叫，其所叫的高花你持有4张强套或5张套，而你有11~15点（16点以上正常叫牌），另有一门长套花色的牌，你再参与争叫时也要慎重。因为你持有上家开叫花色长套进行另一长套花色的争叫后，一旦同伴出新花参与叫牌，你与同伴所叫的花色大概率就失配了，如果此时再赶上对方联手的牌力高于你方，极易导致糟糕的结局。因此采取的补救措施应该是，当你持有上家开叫花色长套的牌时，不要轻易地在2阶以上去参与争叫。用通俗的话来讲，就是长套敌叫时沉默，不参与争叫。

3. 局况因素

局况因素是你方参与争叫时必须慎重考虑的重要因素。总体要求是，局况不利时参与争叫一定要慎重，避免为了争夺部分定约，把阶数叫得过高而遭受巨大的罚分。其采取的措施应该是，当你方为有局方时，你参与争叫的牌力和所叫花色长套的质量都要比你方为无局方时要更好一些，一定要有安全意识。

介绍一下牺牲叫的概念。牺牲叫是指在你方有一门花色配合的前提下，利用牌型、牌力及局况等综合因素相对有利的条件，对对方已经叫到的成局或满贯定约使用的一种盖叫方式。你可以通过抬高对方定约阶数使其打不成定约战胜对方，或即使你方所叫的定约被对方加倍惩罚，其罚分也比对方打成成局或满贯定约时少，从而最终战胜对方的一种叫牌方式。当牺牲叫的方式使用得当时，你是会有很大收获的。常用的牺牲叫与局况对应关系见表3-1。

表3-1　常用的牺牲叫与局况对应关系

局况情况的描述	对成局定约牺牲	对满贯定约牺牲
局况不利：你方有局对方无局	允许宕一墩	允许宕三墩
局况稍不利：你方无局对方无局	允许宕两墩	允许宕四墩
局况对等：你方有局对方有局	允许宕两墩	允许宕五墩
局况有利：你方无局对方有局	允许宕三墩	允许宕六墩

需要强调的是，牺牲叫的使用前提是对方所叫到的成局或满贯定约一定能打成。比赛实战中通过对方的叫牌就能准确地判断对方所叫的成局或满贯定约是否能够打成，是需要牌手具备极高桥牌素养的。因此笔者还是建议初学者采用牺牲叫时需要慎重。如果真的出现了你对对方打不成的成局或满贯定约采取了牺牲叫而遭受巨大的罚分，使你的团队输掉了比赛，那就太尴尬了。

4. 叫牌进程因素

叫牌进程因素是指你准备参与叫牌时，在此之前的叫牌进程也是必须考虑的安全因素。因为不同的叫牌进程对你参与争叫的影响是完全不同的。

上家开叫1♠，你有11~15点，5张红心，准备争叫2♥时，此前的叫牌进程对你参与叫牌是有不同影响的。例1和例3的叫牌进程对你参与争叫的影响很类似，而在例2的叫牌进程中，你若参与争叫，牌力就要相对更强一些才会有安全感。

【例1】你坐东

北	东	南	西
1♠	2♥		

【例2】你坐南

北	东	南	西
—	1♠	2♥	

【例3】你坐西

北	东	南	西
—	—	1♠	2♥

【例4】你坐东

北	东	南	西
2♠	3♥		

【例5】你坐南

北	东	南	西
—	2♠	3♥	

【例6】你坐西

北	东	南	西
—	—	2♠	3♥

这种安全感，在上家阻击开叫时的影响就会更加明显。在例4、例5、例6中，上家都是2♠阻击开叫，你有14点，5张红心，准备争叫3♥时，相信你在不同的叫牌进程中参与争叫的心情一定会有区别。如果说你在例4的叫牌进程中属于正常心态，在例5的叫牌进程中就会有担忧的感觉，因为当同伴的牌力不强时，对方联手的牌力高于你方的可能性就大大提高了，你的3♥争叫有被对方惩罚性加倍的危险。而在例6的叫牌进程中，你争叫时心里就会非常踏实了，因为这个叫牌进程可以说明你方联手的牌力一定多于对方或至少与对方持平，你此时的争叫相对就要安全许多了。

5. 参与时机和介入阶数的因素

参与争叫的时机是非常有学问的，相对而言，越是在早期介入，越是安全。

需要强调的是，你2阶参与争叫，与3阶参与是有天壤之别的。你参与争叫的阶数越高，越要有好的牌力和牌型做支持。当你方有局时，你在3阶以上参与争叫，一定要慎之又慎。

第二节　平阶花色争叫后的叫牌

平阶花色争叫是最常用的一种争叫（以下简称花色争叫），它是以两种形式存在的，第一种是直接的花色实套争叫，第二种是以对上家虚开叫或虚应叫的加倍，也叫争叫性加倍来体现的。

一、花色争叫的两种形式

1. 花色争叫都是自然实叫

平阶花色争叫时，表示争叫人为11~15点，5张以上的牌（有局方2阶争叫最好是6张），不逼叫。其低限为11~12点，中限为13~14点，高限为14~15点。

需要解释的是，现在有许多牌手持有8点以上的牌就参与1阶花色争叫（2阶争叫最好还是为11点以上），而用低于10点的牌参与花色争叫时，会给做庄提出超出普通爱好者水平的要求，风险还是很大的。为稳妥起见，笔者还是推荐以11点作为参与花色争叫的门槛牌力，而以7~10点作为参与阻击争叫的门槛牌力。当然了，当你拥有相当高的做庄水平时，是可以和同伴重新约定参与花色争叫门槛牌力的。

2. 争叫性加倍

争叫人对上家虚开叫或是虚应叫的加倍都是争叫性加倍（也有叫指示性首攻加倍的），争叫性加倍从效果上相当于花色争叫，表示加倍人为11~15点，有5张以上虚开叫或虚应叫花色的牌，不逼叫。其低限为11~12点，中限为13~14点，高限为14~15点。

需要解释的是，对精确体系1♣开叫的加倍是个例外。进入21世纪以后，采用对1♣加倍来表示争叫人为9~15点，有5-4以上分布高花的牌手越来越多。从桥牌的发展来看，笔者非常推荐大家也采用此约定参与争叫。至于你是否采用，请和同伴协商确定。

在讲解防守叫牌的后续叫牌时，为了对开叫方的应叫人和争叫方的应叫人加以区分，本书对争叫方的应叫人一律用推进人来表示。

需要说明的是，本书所采用的防守叫牌举例都是默认对方也采用精确体系。如果对方采用自然或其他叫牌体系，除了对1♣和2♣开叫加倍的含义略有不同外，其主要的叫牌逻辑依然适用，大家可以做相应的叫牌微调，不必在此问题上过多地纠结。

二、对花色争叫的应叫

Pass——为最多7点，对争叫花色可能有支持（以下简称可能有支持），成局无望的牌。

平阶（不超过2阶）出新花——都为8~10点，5张以上的牌，都不逼叫。

3阶跳出或平出新花——都为11~15点，5张以上[1]的牌，都是逼叫。

4阶跳出高花——都为11~14点，6张以上强套的牌，止叫。

5阶跳出低花——都为11~14点，6张以上强套且不适合打3NT定约的非均型牌，止叫。

1NT/2NT——为8~10点/11~12点，对开叫花色有止张的牌，不逼叫/邀叫。

3NT——为13~15点，对开叫花色有好止张的牌，止叫。

2阶加叫争叫高花——为8~10支持点，有支持的牌，不逼叫。

3阶跳加争叫高花——为11~12支持点，有支持（或为12~13点有帮助，以下省略此解释）的牌，邀叫。

4阶跳加争叫高花——有以下两种可能：第一种为13支持点以上，有支持的牌；第二种为5~7点，有好支持，提前牺牲叫的牌，都是止叫。

平阶加叫争叫低花——为9~10点，有支持的牌，不逼叫/邀叫。

---

❶ 推进人3阶出新花、跳叫2NT和扣叫都能用来表示11点以上的牌，至于该怎样细分其所表达的含义（比如有5张高花且有止张时，是优先叫2NT还是在3阶出高花），是需要你和同伴进行协商来达成共识的。笔者倾向于优先3阶出高花。

4阶/5阶跳加争叫低花——为11~12点/12点左右，有好支持，有单缺花色，不适合打3NT定约的非均型牌，邀叫/止叫。

扣叫开叫花色——为11点以上，对开叫花色无止张的牌（含有5张以上低花强套），逼叫。要求争叫人：有开叫花色半止张时，就叫3NT进局；无开叫花色半止张的牌时，就再叫回争叫花色或出新花长套。都不逼叫。

跳扣叫开叫花色——可以视为改良的爆裂叫，为13点以上，对争叫花色有好支持，跳扣叫花色为缺门的牌，逼叫。

三、上家插叫后对花色争叫的应叫

同伴花色争叫上家进行插叫❶时，通常表示对方联手的牌力要高于你方，即使推进人持有自由应叫牌力，也只能说明双方的牌力基本持平，推进人要予以足够的警觉。此时，双方的竞技叫牌绝大多数将演绎成为部分定约的争夺战，推进人此时的2NT和3NT叫牌都将是非常罕见的叫牌。当然了，在你方有花色配合，且确认对方某门花色的10点牌力获取不到一墩或对方某门花色的10点牌力只能获取一墩时，你方4阶高花或5阶低花的定约还是有机会的（详见本书058页），此时会更加考验你们的叫牌水平。

鉴于推进人对（下家1♣开叫和限制性开叫）同伴高花和低花争叫在上家插叫后的应叫会有许多不同之处，因而笔者把此部分内容展开进行细化介绍。

1. 下家1♣开叫上家插叫后对花色争叫的应叫

无论上家是进行4~7点的建设性应叫插叫、5~8点的加倍插叫、6~8点的1NT插叫还是9点以上的花色示强和扣叫的插叫，都表示对方联手的牌力要高于或远高于你方，此时推进人再参与叫牌时，一定要慎之又慎。当推进人：

Pass——为最多7点，可能有支持的牌。

2阶/3阶出新花——为8~10点，5张以上套/6张以上强套的牌，都不逼叫。

2阶加叫争叫高花——为8~10支持点，有支持的牌，不逼叫。

3阶/4阶加叫争叫高花（有蒙局的嫌疑）——为8点左右，有好支持，有不确定花色为单张/缺门的非均型牌，邀叫/止叫。

3阶及以下加叫争叫低花——为5~8点，有支持，有不确定花色为单张的牌，不逼叫。

4阶/5阶跳加争叫低花（有蒙局的嫌疑）——为8点左右，有好支持，有不确定花色为缺门的非均型牌，邀叫/止叫。

此时推进人的其他应叫，都是很罕见的叫牌，你可以赋予其特定的叫牌约定。

2. 下家限制性花色开叫上家插叫后对2阶低花争叫的应叫

无论上家是进行加叫、跳加叫、出新花、加倍、2NT还是扣叫的插叫，都表示对方联手的牌力要高于你方，即使推进人有接近自由应叫牌力，也只能说明双方联手的

---

❶ 对开叫方而言，把对方的争叫和推进人的叫牌统一用干扰表示。对争叫方而言，把对方的应叫和开叫人的再叫，统一用插叫予以区别。

牌力基本持平，推进人再参与叫牌时还是要谨慎一点为好。当推进人：

Pass——为最多7点，可能有支持的牌。

2阶/3阶出新花——为8~10点，5张以上套/6张以上强套的牌，都不逼叫。

3阶加叫争叫低花——为8~10点，有支持的牌，不逼叫。

4阶/5阶跳加叫争叫低花——为8~10点，有支持，有单张/缺门花色的非均型牌，邀叫/止叫。

对上家扣叫加倍——为8点左右，对争叫低花好支持，主要是为了防止出现开叫人再叫3NT后，同伴不敢首攻争叫花色的牌，不逼叫。

对上家2阶加叫性插叫加倍——是竞技性加倍，为8~10点，有双张同伴争叫花色及4-4以上分布另外两门未叫花色的牌，通常是逼叫。

对上家3阶以上不成局/4阶以上成局或不成局加叫性插叫加倍——为10点左右，在对方所叫花色中有可靠赢墩的牌，是选择性/惩罚性加倍，都不逼叫。

对上家2阶以上非加叫性插叫加倍——为10点左右，在上家所叫花色中有可靠赢墩的牌，都是惩罚性加倍（需要强调指出的是，由于双方联手的牌力大体持平，对2阶的非加叫性插叫加倍还是慎重为好）。

此时推进人的其他应叫，都是很罕见的叫牌，你可以赋予其特定的叫牌约定。

3. 下家限制性开叫上家插叫后对高花争叫的应叫

（1）上家花色插叫后对高花争叫的应叫

无论上家是进行加叫、跳加叫、出新花还是扣叫的插叫❶，都表示对方联手的牌力要高于你方，即使推进人有自由应叫牌力，也只能说明双方联手的牌力基本持平，推进人再参与叫牌时，还是要谨慎一点为好。当推进人：

Pass——为最多7点，可能有支持的牌。

2阶/3阶加叫争叫高花——为8~10支持点/11~12支持点，有支持的牌，不逼叫/邀叫。

4阶跳加叫争叫高花——有两种可能：第一种为13~15支持点（肯定有单缺花色），有支持的牌；第二种为5~7点，有4张以上好支持，提前牺牲叫的牌，都是止叫。

对上家1NT和2阶加叫性插叫加倍——都是竞技性加倍，为8~10点，有双张同伴争叫高花及4-4以上分布另外两门未叫花色的牌，都是逼叫。

对1♦开叫同伴1♥争叫，上家1♠插叫的加倍——是竞技性加倍，表示推进人为8~10点，有双张红心及5张草花的牌（6张时可直接争叫2♣），逼叫。

对上家3阶以上不成局/4阶以上成局加叫性插叫加倍——为10点左右，在对方所叫花色中有可靠赢墩的牌，是选择性/惩罚性加倍，都不逼叫。

对上家2阶以上非加叫性插叫加倍——为10点左右，在上家所叫花色中有可靠赢墩的牌，都是惩罚性加倍（需要强调指出的是，由于双方牌力大体持平，对2阶的非加叫性插叫加倍还是慎重为好）。

---

❶ 这里泛指上家示强插叫。

（2）上家加倍插叫后对高花争叫的应叫

上家进行加倍插叫时，表示至少为8点，对开叫花色无支持，有4-4以上分布未叫花色的牌。即使推进人有接近自由应叫牌力，也只能说明双方联手的牌力基本持平，推进人再参与叫牌时，还是要谨慎一点为好。当推进人：

Pass——为最多7点，可能有支持的牌。

2阶/3阶出新花——为8~10点，5张以上套/6张以上强套的牌，都不逼叫。

2阶加叫/3阶跳加叫争叫高花——为5~7支持点，有支持/有4张以上好支持的牌，都不逼叫。

4阶跳加叫争叫高花——为5~7点，有4张以上好支持，是提前牺牲叫的牌，止叫。

1NT/2NT——都是特殊的示强约定叫，为8~10支持点/11~12支持点，对争叫高花有支持的牌，通常都是逼叫（尽可能打争叫高花的有将定约）。

3NT——是特殊的示强约定叫，为13~15支持点，对争叫高花有支持的牌，通常是逼叫。

（3）上家扣叫插叫后对高花争叫的应叫

上家进行扣叫插叫时，表示其有11点以上，对开叫花色有好支持的牌。此时对方联手的牌力要远高于你方，推进人通常不会再轻易参与叫牌了。当推进人：

Pass——为最多7点，可能有支持的牌。

平阶出新花——都为6~7点，6张以上强套的牌，都不逼叫。

3阶或4阶加叫争叫高花——为5~7支持点，有4张以上好支持的非均型/畸形牌，都不逼叫。

加倍——为6~7点，对争叫高花有好支持的牌，主要是为了防止出现开叫人再叫3NT定约后，同伴不敢首攻争叫高花的牌，不逼叫。

此时推进人的其他应叫，都是很罕见的叫牌，你可以赋予其特定的叫牌约定。

4. 下家限制性开叫上家2NT/3NT插叫后对争叫花色的应叫

上家进行2NT/3NT插叫时，表示其有11~12点/13~15点，有争叫花色止张的牌。此时对方联手的牌力要远高于你方，推进人通常不会再轻易参与叫牌了。

5. 下家阻击开叫上家插叫后对花色争叫的应叫

上家进行出新花和2NT的插叫时，都表示对方联手的牌力至少与你方持平，由于要在3阶以上参与叫牌，推进人只有持好的牌点质量及对争叫花色有好支持的非均型牌时，才允许进行加叫，否则都应该Pass。相比较而言，上家3阶高花或4阶低花的加叫性插叫时，牌力相对较弱。此时，你可以放心大胆地进行应叫。总之，对上家不同类型的插叫，你应该根据自己的牌力和牌型，再加上你的经验和牌感做出正确的判断，具体应参考本书085~086页的八条常规介绍。另外，如有可能，在适当的时机要予以惩罚性加倍，相信巨大的罚分教训会让对手在再次遇到你们时，竞技叫牌有所收敛。

四、花色争叫人的再叫

1. 推进人没有参与叫牌时花色争叫人的再叫

此时花色争叫人必须有安全意识，一定要有14~15点高限牌力和好的牌型做保证，而且在确保定约安全的情况下才能再次参与叫牌。当争叫人：

Pass——为11~13点的牌或为14~15点不适合再次参与叫牌的牌。

1NT——为14~15点，有开叫花色止张的牌，不逼叫。

平阶/跳阶再叫争叫花色——为14~15点，6张套/6张以上强套的非均型牌，都不逼叫。

2阶/3阶出新花——为14~15点，4张以上套/5张以上的牌，都不逼叫。

对2阶以下花色插叫加倍——都是竞技性加倍，为14~15点，有5张争叫花色，对未叫花色都有好支持的牌，通常是逼叫。

2. 推进人非加叫性示强应叫后花色争叫人的再叫

请注意，推进人除了扣叫开叫花色和跳出新花是逼叫以外，其余的示强应叫都是不逼叫的（推进人对应叫人2阶以上插叫的加倍也是不逼叫的）。无论对方是否再参与插叫，当花色争叫人：

对推进人花色示强应叫或上家插叫Pass——都为11~14点，成局无望的牌。

2阶/3阶再叫争叫高花——为11~13点/14~15点，6张以上的牌，不逼叫/邀叫。

4阶再叫争叫高花——为14~15点，7张以上强套的非均型牌，止叫。

平阶再叫争叫低花——为11~13点，6张以上改善定约的牌，不逼叫。

4阶/5阶再叫争叫低花——为14~15点，6张强套/7张以上强套，不适合打3NT定约的非均型牌，邀叫/止叫。

2阶/3阶出新花——为14~15点，4张套/5张以上的牌，不逼叫/邀叫。

扣叫开叫花色——为14~15点，有半坚固以上争叫花色套的牌，逼叫，是要求推进人有扣叫花色半止张时，就叫3NT。无半止张时，就平阶叫回争叫花色或再叫自己更长套的花色。都不逼叫。

3阶/4阶加叫推进人应叫的高花（以下简称推进人高花）——为14~15点/15点，有支持/好支持的牌，邀叫/止叫。

3阶/4阶加叫推进人低花——为14~15点/15点，有支持/好支持的牌，不逼叫/邀叫。

5阶加叫推进人低花——为14~15点，有好支持的非均型牌，止叫。

2NT/3NT——为14点/15点，有开叫花色止张的牌，邀叫/止叫。

对开叫人不成局/成局加叫性插叫加倍——为14~15点，在开叫花色中有可靠赢墩的牌，是选择性/惩罚性加倍，都不逼叫。

对开叫人非加叫性插叫加倍——为14~15点，对该花色有可靠赢墩的牌，是惩罚性加倍。

对开叫人自己连叫两次（应叫人没有加叫）插叫所做的加倍——为14~15点，对该花色有可靠赢墩的牌，是惩罚性加倍。

3. 推进人加叫性示强应叫后花色争叫人的再叫

推进人对争叫人1阶高花争叫的加叫性示强应叫，为8~10支持点，有支持的牌，不逼叫。推进人对2阶低花争叫的加叫性示强应叫，为8~10点，有支持的牌，不逼。此时无论对方是否再次参与叫牌，当花色争叫人：

Pass——为11~14点，牌型不理想，成局无望的牌。

3阶/4阶主动加高争叫高花阶数——为14~15点，6张以上套/6张以上强套的牌，邀叫/止叫。

4阶/5阶主动加高争叫低花阶数——为14~15点，6张以上套/7张以上强套，不适合打3NT定约的非均型牌，邀叫/止叫。

平阶/跳阶出新花——为14~15点，4张套/5张以上的牌，不逼叫/邀叫。

扣叫开叫花色——为14~15点，有半坚固以上争叫花色套的牌，逼叫。要求推进人有开叫花色半止张时，就叫3NT；无半止张时，就平阶叫回争叫花色或再叫自己更长套的花色。都不逼叫。

2NT/3NT——为14点/15点，对开叫花色有止张的牌，邀叫/止叫。

对开叫人不成局/成局加叫性插叫加倍——为14~15点，在对方所叫花色中有可靠赢墩的牌，是选择性/惩罚性加倍，都不逼叫。

对开叫人非加叫性（含应叫人没有加叫开叫人连叫两次花色）插叫加倍——为14~15点，在开叫人所叫花色中有可靠赢墩的牌，是惩罚性加倍。

五、同伴花色争叫后推进人的再叫及后续叫牌

无论对方是否再次参与插叫，当推进人重复再叫应叫花色时，通常表示为更长套或是改善定约的牌。此时，推进人的再叫及后续叫牌都是自然实叫，应该符合桥牌逻辑。分析叫牌信息，按桥牌逻辑来推断花色争叫人或推进人的牌力范围和牌型，遵循总墩数定律，并采用与其相适应的叫牌原则来指导后续叫牌，共同选择联手合理的定约是其精髓所在。其推进人的再叫和后续叫牌，都应符合标准的后续叫牌，详见本书088~089页。

六、花色争叫的后续叫牌举例

1. 花色争叫后的应叫举例

【例1】你持有♠K53　♥75　♦K985　♣9852，6点，3-2-4-4牌型。下家开叫1♥，同伴争叫1♠，上家Pass或分别进行加倍/1NT/2♣/2♦/2♥/2♠/2NT插叫时，你该如何应叫呢？

答　上家Pass时，你应该Pass，表示为最多7点，可能有支持的牌。

上家加倍插叫时，你该加叫2♠，表示为5~7支持点，有支持的牌。

上家2♠扣叫插叫时，你该应叫加倍，表示有自由应叫牌力，对黑桃有支持的牌。虽然大牌点力略欠，但你有♠K，要防止下家叫3NT定约后争叫人不敢首攻黑桃的情况出现。

上家进行其他插叫时，你都应该Pass，表示为最多7点，可能有支持的牌。

【例2】你持有♠K83 ♥K5 ♦983 ♣K8532，9点，3-2-3-5牌型。下家开叫1♦，同伴争叫1♥，上家Pass或分别进行加倍/1♠/1NT/2♣/2♦/2♥/2♠/2NT插叫时，你该如何应叫呢？

答 上家Pass时，你该应叫2♣，表示为8~10点，5张以上的牌。

上家加倍插叫时，通常表示其至少为有自由应叫牌力，有4-4以上分布草花和黑桃的牌。再叫Pass、2♣和2♥都行。至于该如何应叫，应凭牌感而定。

上家1♠插叫时，你该应叫加倍，此时对1阶花色插叫的加倍是竞技性加倍，表示为8~10点，有双张红心，5张草花的牌。

上家1NT插叫时，你应2♣、2♥和Pass都行，至于该如何应叫，应凭牌感而定。

上家2♣插叫时，此牌属于长套敌叫的类型，你应该Pass。

上家2♦加叫插叫时，你该应叫2♥，虽然你对红心无支持，并不符合有支持加叫的要求，但是你有帮助也就凑合了。此时你若不参与叫牌，开叫人和争叫人都有可能Pass，让对方打2♦定约太便宜他们了。

上家2♥扣叫插叫时，你该应叫加倍，表示有自由应叫牌力。

上家2♠插叫时，为8~10点，6张的牌。你还真不好叫，叫Pass有点不甘心，也不符合其他再叫要求，至于该如何应叫，应凭牌感而定。

上家2NT跳叫插叫时，表示为10点左右，有红心止张的牌。你叫加倍有点勉强，叫Pass有点不甘心，至于该如何应叫，应凭牌感而定。

2. 花色争叫人的再叫举例

【例1】你持有♠KQ983 ♥K5 ♦A8 ♣K952，15点，5-2-2-4牌型。上家开叫1♥，你争叫1♠，下家Pass或分别进行加倍/1NT/2♣/2♦/2♥插叫，同伴都2♠应叫且上家都Pass时，你应如何再叫呢？

答 下家Pass同伴2♠时，表示为8~10支持点，有支持的牌。你应再叫3♣，是草花的长套邀请。上家1♥开叫后，你的♥K和♣K的位置都有利，同伴如果草花中有大牌，有♠A带队的4张将牌或有♦K及♣J带队的4张将牌时，都会很有希望打成4♠定约的。

下家加倍同伴2♠时，表示为5~7支持点，有支持的牌。你应该Pass。

下家1NT同伴2♠时，表示为8~10支持点，有支持的牌。你应该Pass，因为下家的1NT插叫提示你有不利的牌张分布，比如♠A在下家或同伴可能为低限应叫牌力。

下家2♣同伴2♠时，表示为8~10支持点，有支持的牌。你应该Pass，下家已经有自由应叫牌力，你的♣K位置可能不好，应该进行减点调整。

下家2♦/2♥同伴2♠时，都表示为8~10支持点，有支持的牌。下家为有自由应叫牌力了，你都应该Pass。如果你再叫3♣，相信肯定就没有下家Pass时的底气足了。

【例2】你持有♠KQ983 ♥K5 ♦A8 ♣K952，15点，5-2-2-4牌型。上家开叫1♥，你争叫1♠，下家2♦插叫，同伴2♠加叫后，上家Pass或分别进行加倍/2NT/3♣/3♦/3♥/3♠/3NT插叫时，你应如何再叫呢？

答　上家Pass时，你应该Pass。因为下家已经为有自由应叫牌力了，你无单缺牌型，你方联手成局的希望不大。

上家加倍插叫时，你应再叫再加倍，表示为14~15点高限的牌。

上家2NT插叫时，你再叫加倍有点勉强，再叫Pass心有不甘。至于应如何再叫，应凭牌感而定。

上家3♣插叫时，你应再叫加倍，此时的加倍为14~15点不逼叫的选择性加倍。上家叫了你想长套邀叫的草花套，如果同伴有防守赢墩时，应该Pass，转成惩罚性加倍。如果同伴觉得没有把握打宕对方的3♣定约时，可以叫回3♠止叫。

上家3♦/3♥插叫时，你都应再叫3♠，表示为14~15点高限的牌。

上家扣叫3♠插叫时，你应再叫加倍，表示为高限牌力的牌。

上家3NT插叫时，你应再叫加倍予以惩罚（这牌如果将♦A换成♦K，还是Pass为好）。

3. 花色争叫后推进人的再叫举例

【例】你持有♠K83　♥K75　♦82　♣K8532，9点，3-3-2-5牌型。下家开叫1♦，同伴争叫1♠，上家Pass，你应叫2♠，对方没有再参与叫牌，同伴Pass或分别再叫2NT/3♣/3♦/3♥/3♠/3NT时，表示什么含义？你应如何再叫呢？

答　同伴Pass时，为11~13点低限的牌，你已经没有叫牌的机会了。

同伴再叫2NT/3NT时，为14点/15点，有方块止张的牌。你都应再叫4♠进局。

同伴再叫3♣/3♥时，为14~15点，有4张以上所叫花色长套邀叫的牌。你分别在草花和红心中有大牌张，都应再叫4♠进局。

同伴扣叫3♦时，为14~15点，有半坚固以上黑桃套的牌。你方块无止张，不能再叫3NT，稳妥点就再叫3♠，如再叫4♠感觉会有点冒进。

同伴再叫3♠时，为14~15点，无4张花色邀叫的牌。是否加叫进局，应凭牌感而定。

第三节　跳阶花色争叫后的叫牌

跳阶花色争叫（以下简称跳阶争叫），是以提供首攻方向、剥夺对方叫牌空间、干扰对方叫牌为主要目的的叫牌。其牌力和牌型与阻击开叫都相同。其后续叫牌与精确体系阻击叫的后续叫牌基本相同，应该符合桥牌逻辑。

一、跳阶争叫都是自然实叫

争叫人的2阶高花跳阶争叫：为7~10点，6张的牌。争叫人的3阶低花/3阶高花跳阶争叫：都为7~10点，7张的牌（通常都要求跳阶争叫花色中不应低于5点牌力，低花开叫时不强求一定是7张，以下省略该解释），都不逼叫。其牌值：低限为7~8点，中限为

9点，高限为10点。跳阶争叫时，通常应该遵循二三原则，即有局时允许宕二，无局时允许宕三。

二、对跳阶争叫的应叫

（1）对2♥/2♠跳阶争叫的应叫

Pass——为不符合"16法则"，联手成局无望的牌。

2NT——是问单缺约定叫，为13点以上，对争叫高花有支持的牌，逼叫。此后，争叫人的应答与阻击开叫后的应答相同，详见本书147~148页。

3NT——为16~18点，对跳阶争叫高花无支持，对开叫花色有好止张的牌，不逼叫（允许争叫人改叫自己的争叫花色改善定约）。

平阶出新花——都为14点以上，5张以上强套的牌，都是逼叫。

3阶加叫争叫高花——为8~10支持点，有支持的牌，是进一步阻击叫，不逼叫。

4阶跳加争叫高花——有以下两种可能：第一种为符合"16法则"的牌；第二种为6~8点，有支持，提前牺牲叫的牌，都是止叫。

扣叫开叫花色和跳阶出新花——都可以视为所叫花色的特殊控制问叫，为18点以上，对争叫高花有好支持的牌，都是逼叫。争叫人应按是否有该花色前两轮控制的约定进行加级应答。

4NT——是以争叫高花为将牌的关键张问叫，为16点以上，对争叫花色有好支持，对方开叫花色为缺门，或为20点以上，对方开叫花色为单张的牌（对方开叫花色为双张以上时，要用扣叫的特殊控制问叫来试探满贯），逼叫。

（2）对3阶跳阶争叫的应叫

Pass——为对3阶高花争叫不符合"15法则"，对3阶低花争叫不符合"17法则"，联手成局无望的牌。

3NT——为16~18点，对3阶争叫高花无支持对3阶争叫低花可能有支持，对开叫花色有好止张的牌，不逼叫（允许争叫人改叫自己的争叫花色改善定约）。

平阶出新花——都为14点以上，高花时为5张以上强套的牌，低花时为6张以上强套的牌，都是逼叫。

4阶加叫争叫高花——有以下两种可能：第一种为符合"15法则"的牌；第二种为6~8点，有好支持，提前牺牲的牌，都是止叫。

4阶加叫争叫低花——为8点左右，有支持的牌，是进一步阻击叫，不逼叫。

5阶跳加争叫低花——有以下两种可能：第一种为符合"17法则"的牌；第二种为6~8点，有好支持，提前牺牲叫的牌，都是止叫。

扣叫下家开叫花色和跳阶出新花——都可以视为该花色的特殊控制问叫，为18点以上，对争叫花色有好支持的牌，都是逼叫。争叫人应按是否有该花色前两轮控制的约定进行加级应答。

4NT——是以争叫花色为将牌的关键张问叫，为16点以上，对争叫花色有好支持，对方开叫花色为缺门或为20点以上，对方开叫花色为单张的牌，逼叫。

三、上家插叫后对跳阶争叫的应叫

上家主动进行插叫，通常表示对方联手的牌力要高于你方，即使推进人持有10点左右的牌，也只能说明双方联手的牌力基本持平，因而推进人在3阶以上再参与叫牌时，要保证有好的牌力和牌型。此时推进人对上家插叫后的应叫是通用的，即：①对加倍插叫再加倍，为11点以上，对争叫花色无支持的牌，不逼叫；②对上家不成局/成局加叫性插叫加倍，为11点以上，对争叫花色无支持，在开叫花色中有可靠赢墩的牌，是选择性/惩罚性加倍，都不逼叫；③对上家非加叫性插叫加倍，为11点以上，有上家插叫花色可靠赢墩的牌，是惩罚性加倍。

1. 上家插叫后对2阶高花跳阶争叫的应叫

Pass——为最多7点，可能有支持的牌。

平阶出新花——都为8~10点，6张以上的牌，都不逼叫。

3阶加叫争叫高花——为6~10点，有支持的牌，是进一步阻击性的叫牌，不逼叫。

4阶跳加争叫高花——有两种可能：第一种为11~13点，有好支持，有单缺花色的牌；第二种为6~8点，有好支持，提前牺牲的牌，都是止叫。

2. 上家插叫后对3阶高花跳阶争叫的应叫

Pass——为最多7点，可能有支持的牌。

4阶加叫争叫高花——有两种可能：第一种为10~13点，有好支持，有单缺花色的牌；第二种是6~8点，有支持，提前牺牲叫的牌，都是止叫。

3. 上家插叫后对3阶低花跳阶争叫的应叫

Pass——为最多7点，可能有支持的牌。

平阶出新花——都为8~10点，6张以上的牌，都不逼叫。

4阶加叫争叫低花——为8~10点，有支持的牌，是进一步阻击性的叫牌，不逼叫。

5阶加叫争叫低花——有两种可能：第一种为11~13点，有好支持，有单缺花色的牌；第二种是6~8点，有好支持，提前牺牲的牌，都是止叫。

总之，上家插叫后，推进人对跳阶争叫的其他应叫，都是很罕见的叫牌，你可以赋予其特定的叫牌约定。

四、跳阶争叫人的再叫

1. 推进人没有参与叫牌时跳阶争叫人的再叫

当推进人没有参与叫牌时，是绝对不允许跳阶争叫人再次主动参与叫牌的，这是铁的纪律，必须贯彻执行。此时定约阶数的确定和是否惩罚对方插叫的选择都必须由推进人来决定。

2. 推进人示强应叫对方没有插叫时跳阶争叫人的再叫

推进人除加叫性应叫不逼叫（通常跳阶争叫人应该Pass）以外，其余的应叫都是逼叫性的示强应叫。对推进人2NT问单缺约定叫的应答，与阻击开叫后的应答相同，详见本书147~148页。除此以外，当跳阶争叫人：

平阶出新花——都为7~10点，对所叫花色有止张的牌，都是逼叫。

加叫推进人花色——为7~10点，有支持的牌，邀叫。

再叫争叫花色——为7~10点，旁门无止张，对推进人花色无支持改善定约的牌，不逼叫。

3NT——为7~10点，对开叫花色有止张的牌，不逼叫。

扣叫开叫花色或跳阶出新花——都可以视为改良的爆裂叫，为7~10点，对推进人花色有支持，所叫花色为缺门的牌，都是逼叫。

3. 推进人示强应叫上家插叫后跳阶争叫人的再叫

上家进行插叫后，跳阶争叫人的再叫都是自然实叫，应该符合桥牌逻辑。当跳阶争叫人：

Pass——为7~9点的示弱叫牌。

平阶再叫跳阶争叫花色——为8~10点改善定约的牌，不逼叫。

再叫争叫花色进局——为9~10点的非均型牌，止叫。

加叫推进人花色——为7~10点，有支持的牌，不逼叫。

加叫推进人花色进局——为7~10点，有支持且有单张花色的牌，不逼叫。

3NT——为9~10点，对开叫花色有止张的牌，不逼叫。

扣叫开叫花色或跳阶出新花——都可以视为改良的爆裂叫，为7~10点，对推进人花色有支持，所叫花色为缺门的牌，都是逼叫。

对上家插叫加倍——为9~10点，有插叫花色可靠赢墩的牌，是惩罚性加倍。

总之，跳阶争叫人的其他再叫，都是很罕见的叫牌，你可以赋予其特定的叫牌约定。

五、同伴跳阶争叫后推进人的第三次叫牌及后续叫牌

同伴跳阶争叫后，无论对方是否再次参与插叫，推进人的第三次叫牌及后续叫牌都是自然实叫，应该符合桥牌逻辑。此时，分析叫牌信息，按桥牌逻辑来推断跳阶争叫人或推进人的牌力范围和牌型，并遵循总墩数定律，采用与其相适应的叫牌原则来指导其后续叫牌，共同选择联手合理的定约是其精髓所在。其推进人的第三次叫牌和后续叫牌，都应符合常规的后续叫牌，详见本书088~089页。只是此时对对方插叫的加倍，都是惩罚性加倍这点略有不同而已。

六、跳阶争叫的后续叫牌举例

1. 推进人的应叫举例

【例1】你持有♠AJ72　♥Q53　♦AQ62　♣92，13点，4-3-4-2牌型。下家开叫1♥，同伴分别跳阶争叫2♠/3♣/3♦/3♠且上家都Pass时，表示什么含义？你该如何应叫呢？

答 同伴跳阶争叫2♠/3♠时，为7~10点，6张套/7张以上的牌。按照满足对应的"16法则"/"15法则"加叫进局的要求，你都该加叫4♠进局。

同伴跳阶争叫3♣时，为7~10点，7张以上的牌。按照满足对应的"17法则"加叫进局的要求，你应该Pass。

同伴跳阶争叫3♦时，为7~10点，7张以上的牌。你的方块如此强大，不费吹灰之力就能赢得7个方块赢墩，此时，跳阶争叫人的方块最多只有4点，那么还有剩余牌力应该分散在其他花色中，你可以应叫3NT尝试偷局。如果对方进行加倍惩罚，你就再凭牌感选择逃叫4♦或挺着打3NT。

【例2】你持有♠AQ5 ♥A5 ♦J1042 ♣KQ32，16点，3-2-4-4牌型。下家开叫1♦，同伴分别跳阶争叫2♥/2♠/3♣/3♦/3♥/3♠且上家都Pass时，表示什么含义？你该如何应叫？

答 同伴跳阶争叫2♥/3♥时，为7~10点，6张套/7张以上的牌。按照满足对应的"16法则"/"15法则"加叫进局的要求，你都该加叫4♥进局。注意，此牌不要去打3NT定约，因为同伴有可能没有边花进张，还是打有将定约更稳些。

同伴跳阶争叫2♠/3♠时，为7~10点，6张套/7张以上的牌。按照满足对应的"16法则"/"15法则"加叫进局的要求，你都该加叫4♠进局。

同伴跳阶争叫3♣时，为7~10点，7张以上的牌。你门门花色有止张，草花又如此之强大，该再叫3NT进局。

同伴跳扣叫3♦时，如果说是迈克尔跳扣叫，你的草花如此之强，显然同伴的叫牌是逻辑错误的争叫。至于该怎么应叫，应凭牌感而定。

2. 跳阶争叫人的再叫举例

【例1】你持有♠AQJ972 ♥Q103 ♦862 ♣5，9点，6-3-3-1牌型。上家开叫1♦，你跳阶争叫2♠，下家Pass或分别进行加倍/2NT/3♣/3♦/3♥插叫，同伴和上家都没有再参与叫牌，你应如何再叫呢？

答 下家Pass时，你已经没有再叫机会了。

下家加倍插叫时，你应该Pass，这时有一个重要的信息你一定要牢记，你的上家有黑桃长套牌的概率是比较大的。

下家进行其余插叫时，你都应该Pass。

【例2】你持有♠AQJ972 ♥Q103 ♦862 ♣5，9点，6-3-3-1牌型。上家开叫1♦，你跳阶争叫2♠，下家Pass，同伴Pass或分别应叫2NT/3♣/3♦/3♥/3♠/3NT/4♣/4♦/4♥/4♠/4NT且上家没有再参与叫牌时，表示什么含义？你应如何再叫？

答 同伴Pass时，为成局无望的牌。你已经没有再叫的机会了。

同伴应叫2NT时，为13点以上，对黑桃有支持的问单缺约定叫。你该应答3♣，表示草花为单张的牌。

同伴应叫3♣时，为14点以上，6张以上的牌。你应再叫3♥，表示对红心有止张的牌。

同伴扣叫3♦时，为18点以上，对黑桃有好支持的牌，是问方块花色的特殊控制问叫。你应加一级应答3♥，表示对方块无前两轮控制的牌。

同伴应叫3♥时，为14点以上，5张以上的牌。你持对红心有支持的牌，应加叫4♥进局。

同伴加叫3♠/4♠时，你都应该Pass。

同伴跳应叫3NT时，为16~18点，对黑桃无支持，对方块有好止张的牌。你Pass或再叫4♠都行，综合而言，笔者倾向于再叫4♠。

同伴跳应叫4♣时，为18点以上，对黑桃有好支持的牌，是问草花花色的特殊控制问叫。你应加两级应答4♥，表示对草花有第二轮控制的牌。

同伴跳扣叫4♦时，是逻辑错误的叫牌。该怎么应答，应凭牌感而定。

同伴跳应叫4♥时，为18点以上，对黑桃有好支持的牌，是问红心花色的特殊控制问叫。你应加一级应答4♠，表示对红心有前两轮控制的牌。

同伴跳应叫4NT时，是以黑桃为将牌的关键张问叫，为16点以上，对黑桃有好支持，方块为缺门，或为20点以上方块为单张的牌。你应加一级应答5♣，表示有一个关键张的牌。显然，对方方块的10点牌力都废掉了或只能赢取一墩。你们联手至少应该叫到6♠的满贯定约。

第四节　1NT争叫后的叫牌

对对方花色开叫的1NT争叫，表示争叫人为16~18点，无5张高花，无单缺花色，在对方所叫花色中有止张的均牌型，不逼叫。其低限为16点，中限为17点，高限为18点。其后续叫牌都是自然实叫，应该符合桥牌逻辑。

需要解释的是，进入21世纪以后，对对方精确体系的1♣开叫，持有16~18点均型牌的争叫人，通常会采用特殊滞后争叫约定参与叫牌，详见本书287~288页。

另外，对对方2♣、2♦开叫和2阶高花阻击叫的2NT争叫，也表示争叫人为16~18点，无5张高花，无单缺花色，在对方所叫花色中有止张的均牌型，不逼叫。其低限为16点，中限为17点，高限为18点。此时，推进人的斯台曼问叫、雅各比转移叫和德克萨斯转移叫依然适用，其后续叫牌都是自然实叫，与1NT争叫的后续叫牌原理相同，只是阶数不同而已。由于篇幅所限，笔者在此就不对此类2NT争叫进行详细的介绍了。

一、对1NT争叫的应叫

Pass——为最多6点，无5张以上高花的牌。

2♣——是斯台曼问叫，为7点以上，至少有一门4张高花的牌，逼叫。当下家：①1♦开叫时，就表示至少有一门4张高花的牌；此后1NT争叫人有4张高花时，优先平阶应答，无4张高花时，16点就应答2♦，17点就应答2NT，18点就应答3NT。②高花开叫时，则表示有未叫4张高花的牌；此后1NT争叫人有4张未叫高花配合的牌时，就应优先叫应答（16点2阶叫出，17点3阶叫出，18点4阶叫出）；否则16点就应答2♦，17点就应答2NT，18点就应答3NT。

2♦/2♥——都是逼叫性的雅各比转移叫，表示推进人为任意牌力，有5张以上被转移高花的牌。要求1NT争叫人必须分别加一级接力应答2♥/2♠，其后续叫牌都是自然实叫，应该符合桥牌逻辑。而当推进人要求转移的高花是对方开叫的高花时，则是"特殊雅各比转移叫"，表示推进人为7~8点（9~11点可以直接叫3NT进局），有6张以上低花的牌，是问1NT争叫人此花色止张数的3NT邀叫。要求1NT争叫人在对方开叫花色中：①有一个半或两个止张时，就直接再叫3NT进局；②只有一个止张的牌时，就必须用应答2♠来表示，推进人就3阶再叫出自己的低花长套来。当1NT争叫人在此低花中有关键的大牌张A或K时，就可以在Pass和3NT进局之间进行选择，否则就应该Pass。

2♠——是低花斯台曼问叫，为任意牌力。有5-5以上分布低花或6张方块，4张以上草花的牌，逼叫。当1NT争叫人应答3♣/3♦时，为16~18点，4张以上的牌，都不逼叫。此后，当推进人再叫：①Pass时，为最多6点的牌；②3阶/4阶出高花时，为7~10点，所叫花色为单张/缺门的牌，都是逼叫；③3NT时，可以视为特殊约定叫，为6~7点，有一门未叫高花为缺门的牌，逼叫；④4♣时，可以视为特殊约定叫，为11~13点的牌，都是逼叫；⑤4♦时，可以视为特殊约定叫，为11~13点，有一门未叫高花为缺门的牌，逼叫。此后，1NT争叫人可以接力4♥问缺门花色，推进人应答4♠/4NT时，分别表示黑桃/红心为缺门的牌，都是逼叫。当1NT争叫人应答2NT时，为无4张低花的牌，不逼叫。此后，当推进人再叫：①3♣时，为最多7点，有5-5以上分布低花的牌，不逼叫；②3♦时，为最多7点，有6张以上方块，4张以上草花的牌，不逼叫；③3阶/4阶出高花时，为8~10点，有5-5以上分布低花，所叫花色为单张/缺门的牌，都是逼叫；④3NT时，可以视为特殊约定叫，为6~7点，有一门未叫高花为缺门的牌，逼叫；⑤4♣时，可以视为特殊约定叫，为11~13点，有5-5以上分布低花的牌，都是逼叫；⑥4♦时，可以视为特殊约定叫，为11~13点，有5-5以上分布低花，有一门未叫高花为缺门的牌，逼叫。此后，1NT争叫人可以接力4♥问缺门花色，推进人应答4♠/4NT时，分别表示黑桃/红心为缺门的牌，都是逼叫。

2NT/3NT——为7~8点/9~11点的均型牌，邀叫/止叫。

3阶跳出低花——都为5~6点，6张的牌，都不逼叫。

4阶/5阶跳出低花——为5~6点/7点以上，6张以上强套，感觉不适合打3NT定约的非均型牌，邀叫/止叫（笔者不推荐5阶出低花的叫品，而推荐应优先采用特殊雅各比转移叫寻求3NT定约的叫品，当同伴应答2♠表示只有一个止张时，再叫5阶低花也不迟）。

4♦/4♥——都是逼叫性的德克萨斯转移叫，为7点以上，有6张以上被转移高花的牌，要求1NT争叫人必须加一级分别再叫4♥/4♠。

二、上家插叫后对1NT争叫的应叫

上家进行插叫时，除了其在进行高花加叫时牌力较弱以外，通常都表示有自由应叫牌力，此时，对方联手的牌力要高于你方或至少与你方持平，因此，推进人再参与叫牌时要有所警觉。当无足够的牌力或无好牌型时都不要轻易地在3阶参与叫牌。另外，需要强调指出的是，上家进行插叫后，推进人的斯台曼问叫和雅各比转移叫都自动失效，德克萨斯转移叫依然适用。

1. 上家花色插叫后对1NT争叫的应叫

Pass——为最多6点，无可叫花色长套的牌。

2阶出新花——都为5~6点，5张的牌，都不逼叫。

3阶出新花——都为6~8点，6张以上强套的牌，低花时都不逼叫，高花时都是邀叫。

扣叫开叫或插叫花色——都为9点以上，至少有一门4张以上高花的牌，都是逼叫。

2NT——为7~8点的均型牌，邀叫。

4♦/4♥——都是逼叫性的德克萨斯转移叫，为6点以上，有6张以上被转移高花的牌，要求1NT争叫人必须加一级应答4♥/4♠。

对花色插叫加倍——当推进人对上家：①2阶加叫性插叫加倍时，是技术性加倍，为6~8点，开叫花色为短套，对其余未叫花色都有好支持的牌，通常是逼叫；②3阶以上加叫性插叫加倍时，为7~8点的牌，是凭牌力的惩罚性加倍；③非加叫性插叫加倍时，为6~8点，在上家插叫花色中有可靠赢墩的牌，都是惩罚性加倍。

2. 上家加倍插叫后对1NT争叫的应叫

上家对1NT争叫加倍时，通常表示其有9点以上牌力，是惩罚性加倍的牌。推进人此时的叫牌逻辑与平常是截然相反的，即推进人有牌力时保持沉默，无牌力时则一定要主动参与叫牌，去改善定约。

Pass——为4点左右，准备打1NT被加倍定约的牌。

平阶出新花——都为最多3点，4张以上逃叫的牌，都不逼叫。

总之，上家花色或加倍插叫后，推进人对1NT争叫的其他应叫，都是很罕见的叫牌，你可以赋予其特定的叫牌约定。

三、1NT争叫人的再叫

1NT争叫后，在推进人没有参与叫牌时，是绝对不允许1NT争叫人再次主动参与叫牌的，这是铁的纪律，必须贯彻执行。此外，争叫人除了按规定进行转移叫、特殊雅各比转移叫的应答和对推进人的进局邀叫进行选择以外，其叫牌的决定权应在推进人手中，应该由推进人决定定约的花色、阶数及是否加倍惩罚对方的插叫。而当推进人示强应叫以后，1NT争叫人的再叫也都是自然实叫，应该符合桥牌逻辑。

四、同伴1NT争叫后推进人的再叫和后续叫牌

1NT争叫后，推进人的再叫和后续叫牌都是自然实叫，应该符合桥牌逻辑。无论对方是否再次进行插叫，分析叫牌信息，按桥牌逻辑来推断1NT争叫人和推进人的牌力和牌型，遵循总墩数定律，并采用与其相适应的叫牌原则来指导后续叫牌，共同选择联手合理的定约是其精髓所在。推进人的再叫和后续叫牌，都应符合标准的后续叫

牌，详见本书088~089页。只是此时他们对对方插叫的加倍，都是惩罚性加倍这点略有不同而已。

五、1NT争叫的后续叫牌举例

1. 1NT争叫后的应叫举例

【例1】你持有 ♠Q75　♥53　♦J6542　♣J82，4点，3-2-5-3牌型。下家分别开叫1♦/1♥/1♠，同伴都争叫1NT且上家都Pass时，表示什么含义？你该如何应叫呢？

答　下家开叫1♦同伴争叫1NT时，为16~18点，有方块止张的牌。你应该Pass，表示为最多6点，无可叫花色长套的牌。

下家开叫1♥/1♠，同伴争叫1NT时，为16~18点，有开叫花色止张的牌。你都应该Pass，表示为最多6点，无可叫花色长套的牌。

【例2】你持有♠K9752　♥85　♦10652　♣102，3点，5-2-4-2牌型。下家分别开叫1♦/1♥/1♠，同伴都争叫1NT且上家都Pass时，表示什么含义？你该如何应叫呢？

答　下家开叫1♦/1♥，同伴争叫1NT时，为16~18点，有开叫花色止张的牌。你都该应叫2♥，是雅各比转移叫，表示为任意牌力，有5张以上黑桃的牌。

下家开叫1♠同伴争叫1NT时，为16~18点，对黑桃有止张的牌。你应该Pass。

2. 1NT争叫人的再叫举例

【例1】你持有♠AJ3　♥KQ75　♦KJ8　♣Q32，16点，3-4-3-3牌型。上家开叫1♠，你争叫1NT，下家Pass，同伴Pass或分别应叫2♣/2♦/2♥/2♠/2NT且上家都Pass时，表示什么含义？你应如何再叫呢？

答　同伴Pass时，为最多6点，无可叫花色长套的牌。你已经没有再叫的机会了。

同伴应叫2♣时，是同伴对开叫1♠进行的斯台曼问叫，为7点以上，有4张红心的牌。你该应答2♥，表示为16点，4张的牌（你有17点/18点时，就应分别再叫3♥/4♥），让同伴决定叫什么定约。

同伴应叫2♦时，是雅各比转移叫，为任意牌力，有5张以上红心的牌，你该应答2♥。

同伴应叫2♥时，按正常理解应该是要求你转移到2♠，由于此时被转移的黑桃是上家的开叫花色，则表示是特殊雅各比转移叫，为7~8点，有一门6张以上低花的牌。你的黑桃有一个半止张，应跳叫3NT进局。

同伴应叫2♠时，是低花斯台曼问叫，为任意牌力。有5-5以上分布低花或有6张方块，4张以上草花的牌。你应再叫2NT，表示没有4张低花的牌。

同伴应叫2NT时，为7~8点均型牌的邀请。你持低限牌力，稳妥点就应该Pass，激进点再叫3NT也不为过。

【例2】你持有♠AJ3　♥KQ75　♦AJ8　♣QJ2，18点，3-4-3-3牌型，上家开叫1♦，你争叫1NT，下家加叫2♦，同伴Pass或分别应叫加倍/2♥/2♠/2NT且上家都Pass时，表示什么含义？你应如何再叫呢？

答 同伴Pass时，为最多6点，无可叫花色长套的牌。你应该Pass。

同伴应叫加倍时，为6~8点，方块为短套，对其余花色都有好支持的牌，此时，你再叫3NT和4♥都行，应凭牌感而定。

同伴应叫2♥/2♠时，都为5~7点，5张以上的牌。你持高限牌力，有好支持的牌，应分别加叫3♥/3♠进行邀叫。激进点分别加叫4♥/4♠进局也不为过。

同伴应叫2NT时，为7~8点的均型牌。你持高限牌力，有方块好止张的牌，应加叫3NT进局。

第五节　不寻常2NT/4NT争叫后的叫牌

对开叫方1阶高花开叫的不寻常2NT和4NT跳争叫，通常在局况相对有利的条件下使用效果更佳。其优点是能够简明地报清楚自己的牌力和牌型，为联手寻找最佳定约和合理的牺牲奠定基础。

一、不寻常2NT争叫

不寻常2NT（也有叫特殊2NT的）争叫，是指当对方1♥或1♠高花开叫，争叫人在直接位置或间接位置跳阶2NT争叫，表示争叫人为11~18点，有5-5以上分布低花（以下简称双低套）的牌，通常是逼叫。其低限为11~13点，中限为14~15点，高限为16~18点。

需要解释的是，现在已经有许多牌手开始尝试以8点牌力的牌进行不寻常2NT争叫。用低于11点牌力争叫时，会给做庄提出超出普通爱好者水平的要求，风险还是很大的。稳妥起见，笔者还是推荐以11点为进行不寻常2NT争叫的门槛牌力。当你拥有相当高的做庄水平时，你是可以和同伴重新约定进行不寻常2NT争叫门槛牌力的。

二、对不寻常2NT争叫的应叫

Pass——为8~10点，对开叫高花有好止张，对两门低花都无支持的牌。需要解释的是，这是比较少见的叫牌，通常应该优选出低花进行应叫。

3阶出低花——都为最多8点，有支持的花色选择示弱应叫。选低花时应遵循的原则是：两门低花张数不等时，张数多的低花优先，两门低花张数相等时，有大牌张的低花优先，都不逼叫。

4阶/5阶跳出低花——为9~11点/12~15点，有支持的牌，不逼叫/止叫。

3阶/4阶出另一门高花——为9~11点/12~15点，6张套/6张以上强套的牌，都不逼叫。

3NT——为12~15点，对开叫高花有好止张的均型牌，止叫。

4NT——是逻辑错误的叫牌，你可以赋予其特定的叫牌约定。

扣叫/跳扣叫开叫高花——都为13点以上，对某门低花有好支持，扣叫花色为单张

/缺门的牌，都是逼叫。此后，争叫人：①再叫5♣时，为对满贯不感兴趣的牌，由推进人决定是Pass还是打5♦定约；②再叫6♣时，为在开叫高花中无废点的牌，由推进人决定是Pass还是打6♦定约。

三、上家插叫后对不寻常2NT争叫的应叫

1. 上家花色插叫后对不寻常2NT争叫的应叫

上家进行加叫和出新花插叫时，都表示对方联手的牌力要高于你方，即使推进人持有接近自由应叫牌力，也只能说明双方联手的牌力基本持平，推进人在4阶参与叫牌时还是要谨慎一点为好。当推进人：

Pass——为最多7点或为最多9点不好叫的牌。

4阶/5阶出低花——为9~11点，有支持的牌，某门不确定花色为单张/缺门的牌，邀叫/止叫。

对上家3阶/4阶加叫高花加倍——为12点以上，对两门低花都无支持，在开叫高花中有可靠赢墩的牌，是选择性/惩罚性加倍，都不逼叫。

对上家非加叫性插叫加倍——为10点以上，对两门低花都无好支持，在上家所叫花色中有可靠赢墩的牌，是惩罚性加倍。

2. 上家加倍插叫后对不寻常2NT争叫的应叫

上家进行加倍插叫时，通常表示其有自由应叫以上牌力且对一门低花有惩罚性加倍能力，即使推进人持有自由应叫牌力，也只能说明双方联手的牌力基本持平，推进人要有所警觉，一定要控制好竞叫的阶数。当推进人：

3阶出低花——有两种可能：第一种为被迫应叫，为最多8点，有支持的牌；第二种为8点左右，但不适合打2NT定约的牌，都不逼叫。

4阶/5阶跳出低花——为9~11点，有好支持，有不确定花色为单张/缺门的牌，邀叫/止叫。

总之，无论上家是花色插叫、加叫插叫还是加倍插叫后，推进人对不寻常2NT的其他应叫，都是很罕见的叫牌，你可以赋予其特定的叫牌约定。

四、不寻常2NT争叫人的再叫

不寻常2NT争叫后，争叫人对对方成局定约进行惩罚性加倍和对推进人的进局邀叫进行选择性叫牌，在推进人没有示强应叫的情况下，除了有畸形牌以外，通常不应再主动参与叫牌了，主要应该由推进人来决定定约的花色、阶数及是否惩罚对方的定约。而当在推进人明显示强参与叫牌后，争叫人的再叫也都是自然实叫，应该符合桥牌逻辑。当争叫人：

Pass——都是示弱叫牌。

对同伴4阶低花应叫加叫进局——为13点以上的牌，止叫。

扣叫开叫高花——为13点以上，扣叫花色为缺门的牌，逼叫。

对对方成局加叫性插叫加倍——为15点以上的牌，是惩罚性加倍。

此时争叫人的其他再叫，都是很罕见的叫牌，你可以赋予其特定的叫牌约定。

五、不寻常2NT争叫后推进人的再叫及后续叫牌

不寻常2NT争叫后，无论对方是否参与插叫，推进人的再叫及后续叫牌都是自然实叫，应该符合桥牌逻辑。此时，分析叫牌信息，按桥牌逻辑来推断2NT争叫人和推进人的牌力范围和牌型，遵循总墩数定律，并采用与其相适应的叫牌原则来指导后续叫牌，共同选择联手合理的定约是其精髓所在。其推进人的再叫及后续叫牌，都应符合标准的后续叫牌，详见本书088~089页。只是此时对对方插叫的加倍都是惩罚性加倍这点略有不同而已。

六、不寻常2NT争叫的后续叫牌举例

【例1】你持有♠K832　♥875　♦Q8　♣8532，5点，4-3-2-4牌型。下家开叫1♥，同伴跳争叫2NT，上家Pass或分别进行加倍/3♣/3♦/3♥/3♠/3NT/4♣/4♦/4♥/4♠插叫时，你该如何应叫呢？

答　上家Pass时，你该应叫3♣（在低花中选择张数多的花色），表示为最多8点，有支持的花色选择示弱应叫。

上家加倍插叫时，为8点以上，对红心不支持，对一门低花有惩罚性牌型的牌。你该应叫3♣，表示为最多8点，有支持的花色选择示弱应叫。此时你若Pass，则表示想打被加倍2NT定约的牌。

上家进行其余插叫时，你都应该Pass。

【例2】你持有♠K832　♥A75　♦Q8　♣8532，9点，4-3-2-4牌型。下家开叫1♥，同伴跳争叫2NT，上家Pass或分别进行加倍/3♣/3♦/3♥/3♠/3NT/4♣/4♦/4♥/4♠插叫时，你该如何应叫呢？

答　上家Pass时，你该跳应叫4♣，表示为9~11点，有支持的牌。

上家加倍插叫时，为8点以上，对红心不支持，对一门低花有惩罚性牌型的牌。此时，同伴应该只有11点左右的牌力，虽然你似乎符合再叫4♣的要求，稳妥起见，笔者推荐你再叫3♣。

上家3阶/4阶出低花插叫时，分别为13点以上，对红心有支持，所叫花色为单张/缺门的牌。请注意，此时该叫牌应该是逻辑错误的叫牌，你有9点，同伴如为11点以上，上家是应该不满足此叫牌要求的，若上家真的这么叫了，你该如何应叫，应凭牌感而定。

上家加叫3♥插叫时，为11~12支持点，有支持的牌。你该应叫4♣，表示为9~11点，有支持的牌。

上家3♠插叫时，为8~10点，6张以上的牌。你该应叫4♣，表示为9~11点，有支持的牌。

上家3NT插叫时，你该应叫加倍，表示为惩罚性加倍。

上家跳加4♥插叫时，你应叫5♣进局、Pass或加倍惩罚都行。该怎样应叫，应凭牌感而定。

上家4♠插叫时，为11点左右，6张以上的牌。你该应叫加倍进行惩罚。

七、不寻常4NT争叫

不寻常4NT争叫，是指当下家1♥/1♠高花开叫，同伴Pass，上家分别3阶或4阶进行跳加叫后，第四家争叫人争叫4NT时，就表示争叫人为13点以上，有6-5以上分布低花，适合做庄的牌，通常会在局况有利时使用，逼叫。

需要说明的是，当争叫人为19点以上，有5-5以上分布低花的牌时，面对对方的1♥/1♠高花开叫，也可以采用不寻常4NT进行争叫。同理，面对对方的2阶、3阶或4阶高花阻击开叫的牌时，不寻常4NT争叫依然适用。

八、对不寻常4NT争叫的应叫

同伴不寻常4NT争叫后，推进人通常应该进行5阶低花的花色选择应叫（此时推进人的牌力范围很广，6阶出低花的叫品将会很罕见），都不逼叫。

九、上家插叫后对不寻常4NT争叫的应叫

同伴不寻常4NT争叫，上家进行插叫后推进人的应叫都是自然实叫，其叫牌应该符合桥牌逻辑。当推进人：

Pass——是示弱叫牌。

对对方加叫或插叫加倍——都是惩罚性加倍。

6阶出低花——大概率是牺牲叫的牌，都是止叫。

十、不寻常4NT争叫人的再叫及后续叫牌

不寻常4NT争叫后，争叫人的再叫及后续叫牌都是自然实叫，应该符合桥牌逻辑。此时，无论是争叫人还是推进人：

对同伴所出低花再叫Pass——都是示弱叫牌。

对对方插叫后6阶出低花——为改善定约或是进行合理牺牲的牌，都是止叫。

对对方插叫加倍——都是惩罚性加倍。

十一、不寻常4NT争叫的后续叫牌举例

【例1】你持有♠98643　♥975　♦8　♣K852，3点，5-3-1-4牌型。上家开叫1♥，你Pass，下家跳加叫4♥，同伴争叫4NT，上家Pass或分别进行加倍/5♣/5♦/5♥/5♠插叫时，你该如何应叫？

答　上家Pass时，你该应叫5♣，表示为花色选择应叫。

上家加倍插叫时，你该应叫5♣，表示为花色选择应叫。

上家5♣/5♠插叫时，你都应该Pass。

上家5♦/5♥插叫时，你都应该Pass。

【例2】你持有♠K863　♥Q1075　♦8　♣9852，5点，4-4-1-4牌型。上家开叫1♥，你Pass，下家跳加叫4♥，同伴争叫4NT，上家Pass或分别进行加倍/5♣/5♦/5♥/5♠插叫时，你该如何应叫呢？

答　上家Pass时，你该应叫5♣，表示为花色选择应叫。

上家加倍插叫时，你该应叫5♣，表示为花色选择应叫。

上家5♣/5♦插叫时，你都应该应叫加倍予以惩罚。

上家5♥/5♠插叫时，你都该应叫加倍予以惩罚。

第六节　迈克尔斯扣叫

迈克尔斯扣叫（在我国桥牌界被简称为迈克尔扣叫），是由美国人迈克·迈克尔斯先生（Michaels）发明的一种专用于对开叫方1阶花色开叫后的扣叫约定叫，其可以细分为：①低花迈克尔扣叫和高花迈克尔扣叫，特别适合持有特定牌力和另外两门长套花色的争叫；②迈克尔跳扣叫，用以表示持有坚固低花套的牌。由于其构思独特，简明实用，使用机会多且成功率很高，已经被世界上绝大多数桥牌专家和广大桥牌爱好者所接受并广泛使用。为了表彰迈克·迈克尔斯先生对桥牌事业所做的贡献，20世纪90年代，世界桥牌标准协会（BWS），以其名字命名了该约定叫。

一、低花迈克尔扣叫

1. 对1♦迈克尔扣叫的牌力和牌型要求

争叫人对开叫方1♦开叫或自然体系1♣开叫直接或间接扣叫时，被简称为低花迈克尔扣叫，表示低花扣叫人为9点以上，至少有4张以上黑桃和5张以上红心且大牌点力应集中在高花套中的牌，通常是逼叫。当扣叫人：①有5-5以上分布高花的牌时，对扣叫人的牌力没有上限限制；其低限为9~10点，中限为11~12点，高限为13~15点，超高限为16点以上。②有4张黑桃，5张以上红心的牌时，只表示为11~15点的牌（也有牌手会用9点参与扣叫，稳妥起见，笔者推荐最低为11点，至于你们采用哪种约定，请和同伴协商确定）；其低限为11~12点，中限为13~14点，高限为14~15点（而当争叫人为16点以上，此种牌型的牌时，就应该用加倍再出套的方式来参与叫牌）。

需要说明的是，当争叫人为5张以上黑桃，4张红心的牌型时，是不能用迈克尔扣叫参与争叫的，而应该视其牌力的强弱，采用1♠的争叫或加倍出套（16点以上）的方式来参与争叫。

对精确体系的1♣开叫，笔者不推荐大家采用2♣作为低花迈克尔扣叫，而推荐用特殊加倍争叫来表示为9~15点有5-4以上分布高花，且不确定哪门高花更长（以下简称为双高套）的牌，其最大的优点是能让推进人在1阶参与叫牌，这样会更加安全。而对开叫方自然体系的1♣开叫，是可以把2♣当作低花迈克尔扣叫的。至于你采用怎样的约定，请和同伴协商确定。

需要解释的是，对对方1阶低花开叫，当争叫人有5-5以上分布高花及对1♥开叫，当争叫人有5张黑桃和另一门5张低花长套的牌时，标准迈克尔扣叫无局方争叫时，最低的牌限可以是6点。这对绝大多数做庄水平欠佳的爱好者来说，以如此低的牌力把同伴逼到2阶，甚至3阶去参与叫牌，其危险性还是很大的。因而，为了稳妥起见，笔者推荐采用相对安全且折中的9点，作为此类迈克尔扣叫的门槛牌力。同时希望大家要把主要的精力放在掌握其应用要领上来，不要对其扣叫的门槛牌力过分在意。当然了，随着大家做庄水平的提高，可以和同伴重新约定迈克尔扣叫门槛牌力值。

2. 对低花迈克扣叫的应叫及后续的叫牌

Pass——为最多7点，有6张以上该低花并确认打此定约不吃亏的牌。

平阶出另一门低花（在此用低花表示可能是草花或方块的牌）——为8~10点，6张以上强套，对两门高花都无支持的牌，不逼叫。

2♥——为最多8支持点，对红心有支持的花色选择示弱应叫（允许最多9点，双张红心时应叫2♥，以下省略该解释），不逼叫。此后当扣叫人：①再叫Pass时，为成局无望的牌。②3阶扣叫/4阶跳扣叫开叫低花时，都可以视为特殊约定叫，为14~15点/19点以上，有5-5以上分布高花，所扣花色为缺门的牌（推进人应叫后，无论是低花还是高花迈克尔扣叫人的后续叫牌细化表述，都会有一些约定是笔者依据逻辑推理给出的，仅供大家参考；如果你对后续叫牌的细化感兴趣，可以和同伴进行逐条核对，采用适合自己的约定），都是逼叫。③再叫2NT时，可以视为特殊约定叫，为16~18点，有5-5以上分布高花，开叫低花为缺门的牌，逼叫。④再叫3♥时，为16~18点，有5-5以上分布高花的牌，邀叫。⑤再叫4♥时，为19点以上，有5-5以上分布高花的牌，止叫。

2♠——为最多8支持点，有3张以上支持的花色选择示弱应叫（当黑桃为3张时，不加牌型点，允许最多9点，3张黑桃时应叫2♠，为了描述对此类扣叫人可能为4张黑桃的应叫，以下专门用有3张以上支持来表示），不逼叫。此后当扣叫人：①再叫Pass时，为成局无望的牌；②3阶扣叫/4阶跳扣叫开叫低花时，都可以视为特殊约定叫，为14~15点/19点以上，有5-5以上分布高花，所扣花色为缺门的牌，都是逼叫；③再叫2NT时，可以视为特殊约定叫，为16~18点，有5-5以上分布高花，开叫低花为缺门的牌，逼叫；④再叫3♠时，为16~18点，有5-5以上分布高花，邀叫；⑤再叫4♠时，为19点以上，有5-5以上分布高花的牌，止叫。

2NT——可以视为问牌力和牌型的特殊约定叫（以下简称约定问叫），为13支持点以上，对扣叫人的某门高花有配合（指红心时为3张以上，黑桃时为4张以上的牌，以下专门用对某门高花有对应配合来表示）且有其他想法的牌，逼叫。此后扣叫人应按如下约定加级应答。

加一级应答3♣，为11~12点，4张黑桃，5张以上红心的牌，逼叫。

加两级应答3♦，为13~15点，4张黑桃，5张以上红心的牌，逼叫。

加三级应答3♥，为9~10点，5-5以上分布高花的牌，逼叫。

加四级应答3♠，为11~12点，5-5以上分布高花的牌，逼叫。

加五级应答3NT，为13~15点，5-5以上分布高花的牌，逼叫。

对以上应答，当推进人再叫：①4阶高花或3NT时，为15点以下，对满贯不感兴趣的牌，都是止叫；②4♣/4♦时，都可以视为特殊约定叫，为有对应试探满贯牌力，分别表示是以红心/黑桃为将牌的关键张问叫，都是逼叫；③5♥/5♠跳出高花时，为联手接近满贯实力，有对应配合的牌，都是凭牌力的满贯邀请；④6♥/6♠进贯时，为联手有满贯实力，有对应配合的牌，都是止叫。

加六级应答4♣，为16~18点，5-5以上分布高花的牌，逼叫。

加七级应答4♦，为19点以上，5-5以上分布高花的牌，逼叫。

对这两级的应答，当推进人：①再叫4♥/4♠时，都可以视为特殊约定叫，为有对应试探满贯牌力，分别表示是以红心/黑桃为将牌的关键张问叫，都是逼叫，扣叫人应该按14、03、22Q的约定进行加级应答；②扣叫开叫人低花或出低花新花时，都为联手有试探满贯实力，是以不确定高花为将牌扣A的牌（其后续叫牌都是自然实叫，只是当扣叫人想打满贯定约时，就统一叫回6♥，由推进人决定是打红心还是黑桃的满贯定约），逼叫；③对4♣应答的接力4♦时，为13支持点的示弱叫牌，此时扣叫人为16点/17~18点时就分别再叫4♥/5♥，由推进人决定打什么定约；④再叫6♥/6♠时，为14~15支持点，有对应配合的牌，都是止叫。

3♥/4♥跳出红心——为9~11支持点/12~13支持点，有支持的牌，邀叫/不逼叫。

3♠/4♠跳出黑桃——为9~11支持点/12~13支持点，有4张以上配合的牌（或是牌力对应增加2点，有3张支持的牌，以下省略该解释），不逼叫/邀叫。

3NT——为15~16点，对开叫低花有好止张的均型牌（13~14点有好止张的牌该如何应答，请和同伴协商确定），止叫。

扣叫开叫低花——可以视为改良的爆裂叫，为13点以上，对某门高花有对应配合，扣叫花色为缺门的牌，逼叫。

推进人此时的4♣、4♦和4NT再叫，都是对低花迈克尔扣叫应叫中的盲点。你可以和同伴协商，赋予其特定的叫牌约定。

3. 上家插叫后对低花迈克尔扣叫的应叫

（1）上家进行花色或无将插叫后对低花迈克尔扣叫的应叫

上家进行花色或无将插叫时，通常表示对方联手的牌力要高于你方或至少与你方持平，此时推进人3阶再参与叫牌时还是要谨慎一点为好，当推进人：

Pass——为最多7点的牌或为最多9点不好叫的牌。

3阶/4阶出高花——为9~11支持点/12~13支持点，有对应配合的牌，都不逼叫。

（2）上家进行加倍插叫后对低花迈克尔扣叫的应叫

当上家进行加倍插叫时，通常表示对方联手的牌力要高于你方或至少与你方持平，此时推进人3阶再参与叫牌时还是要谨慎一点为好，当推进人：

Pass——为最多7点，有6张以上扣叫低花且认为打2阶该低花加倍定约不吃亏的牌。

2♥——为最多8支持点，有支持的花色选择示弱应叫，不逼叫。

2♠——为最多8支持点，有3张以上支持的花色选择示弱应叫，不逼叫。

3♥/4♥跳出红心——为9~11支持点/12~13支持点，有支持的牌，邀叫/止叫。

3♠/4♠跳出黑桃——为9~11支持点/12~13支持点，有4张以上配合的牌，邀叫/止叫。

（3）上家进行2NT/3NT插叫后对低花迈克尔扣叫的应叫

上家进行2NT/3NT插叫时，表示其有11~12点/13~15点的牌。此时对方联手的牌力要远高于你方，此时除非推进人有单缺花色且对某门高花有好配合以外，通常是不会再轻易参与叫牌了。

总之，上家进行插叫后，推进人对低花迈克尔扣叫的其他应叫，都是很罕见的叫牌，你可以赋予其特定的叫牌约定。

4. 低花迈克尔扣叫人的再叫

（1）推进人没有参与叫牌对方插叫时低花迈克尔扣叫人的再叫

低花迈克尔扣叫人自己在推进人没有参与叫牌的情况下主动再次参与叫牌时，一定要具有高限牌力和好的牌型。当扣叫人：

Pass——为14点以下的示弱叫牌。

2阶出高花——都为15点以上，5张以上强套的牌，都不逼叫。

3阶出高花——都为17点以上，6张以上强套另一门高花为5张以上的牌，都不逼叫。

继续扣叫开叫低花——为17点以上，有5-5以上分布高花的非均型牌，逼叫。

对开叫方不成局/成局加叫性插叫加倍——为15点以上的牌，是竞技性加倍/惩罚性加倍，通常是逼叫/不逼叫。

（2）推进人参与叫牌后低花迈克尔扣叫人的再叫

当推进人示弱选择花色应叫后，低花迈克尔扣叫人的再叫应等同于推进人没有参与叫牌时的情况。当推进人示强应叫后，无论上家是否参与插叫，低花迈克尔扣叫人除了前面所介绍对推进人的应答再叫以外，几乎很少会去打2NT或3NT定约的，低花迈克尔扣叫人的其余再叫都是自然实叫。当低花迈克尔扣叫人：

Pass——为9~13点，成局无望的示弱叫牌。

对2阶跳出高花主动3阶加叫/4阶加叫——为13~14点/15~18点，有5-5以上分布高花的牌，邀叫/止叫。

在推进人高花示强应叫后继续扣叫开叫或应叫花色——为16点以上，有5-5以上分布高花，扣叫花色为缺门的牌，都是逼叫。

对对方不成局/成局加叫性插叫加倍——为15点以上的牌，是竞技性加倍/惩罚性加倍，通常是逼叫/不逼叫。

对对方非加叫性插叫加倍——为15点以上的牌，是惩罚性加倍。

5. 低花迈克尔扣叫后推进人的再叫及后续叫牌

低花迈克尔扣叫后，无论对方是否再次参与插叫，推进人的再叫及后续叫牌都是自然实叫，应该符合桥牌逻辑。分析叫牌信息，按桥牌逻辑来推断低花迈克尔扣叫人和推进人的牌力范围和牌型，遵循总墩数定律，并采用与其相适应的叫牌原则来指导叫牌，共同去选择联手合理的定约是其精髓所在。此时，推进人的再叫及后续叫牌，都应符合常规的后续叫牌，详见本书088~089页。

二、低花迈克尔扣叫的后续叫牌举例

1. 低花迈克尔扣叫后的应叫举例

【例1】你持有♠1083　♥K82　♦9872　♣K62，6点，3-3-4-3牌型。下家开叫1♦，同伴扣叫2♦，上家Pass或分别进行加倍/2♥/2♠/2NT/3♣/3♦插叫时，你该如何应叫呢？

答　上家Pass时，你该应叫2♥，表示为最多8支持点，有支持的花色选择示弱应叫。

上家加倍插叫时，你该应叫2♥，表示为最多8支持点，有支持的花色选择示弱应叫。此时你若Pass，则表示持最多7点，有6张以上方块的牌。

上家进行其余插叫时，你都应该Pass。

【例2】你持有♠KJ73　♥K84　♦72　♣K642，10点，4-3-2-4牌型。下家开叫1♦，同伴扣叫2♦，上家Pass或分别进行加倍/2♥/2♠/2NT/3♣/3♦插叫时，你该如何应叫呢？

答　上家Pass时，你该跳叫3♠，表示有9~11支持点，4张以上配合的牌，同时对红心有好支持，应优选至少4-4配合的黑桃定约。

上家加倍插叫时，从叫牌逻辑的角度上来分析，上家有自由应叫以上牌力，因而同伴极有可能是9~11点的牌。你该跳叫3♠，表示为9~11支持点，有4张以上配合的牌。此时你若直接跳叫4♠，可能会略显冒进。

上家2♥/2♠插叫时，从叫牌逻辑来分析，同伴至少有5张红心，且有4张以上黑桃的牌，从你持有的牌力和牌型来看，上家的2♥/2♠叫牌都应该是逻辑错误的叫牌，你是否需要应叫3♠，应凭牌感而定。

上家2NT插叫时，你该应叫3♠，表示为9~11支持点，有4张以上配合的牌。

上家3♣/3♦插叫时，你都该应叫3♠，表示为9~11支持点，有4张以上配合的牌。

2. 低花迈克尔扣叫人的再叫举例

【例1】你持有♠K1083　♥KQ982　♦2　♣AQ2，14点，4-5-1-3牌型。上家开叫1♦，你扣叫2♦，下家Pass，同伴Pass或分别应叫2♥/2♠/2NT/3♣/3♦/3♥/3♠/3NT/4♣/4♦/4♥/4♠且上家都Pass时，表示什么含义？你应如何再叫呢？

答　同伴Pass时，为最多7点，有6张以上方块的牌。你已经没有再叫牌的机会了。

同伴应叫2♥时，为最多8支持点，有支持的花色选择示弱应叫。你应该Pass。

同伴应叫2♠时，为最多8支持点，有3张以上支持的花色选择示弱应叫。你应该Pass。

同伴应叫2NT时，为13支持点以上，对某门高花有对应配合的约定问叫。你应加两级应答3♦，表示为13~15点，有4张黑桃，5张以上红心的牌。

同伴应叫3♣时，为8~10点，对两门高花都无支持，有6张以上草花强套的牌。5阶草花成局的希望不大，你应该Pass。

同伴扣叫3♦时，为13点以上，对某门高花有对应配合，方块为缺门的牌。显而易见，对方方块的10点牌力都废了，你可以直接跳叫6♥，由同伴决定是打红心还是黑桃的满贯定约。至于怎么去试探大满贯，就要发挥你的聪明才智了。

同伴跳应叫3♥/4♥时，为9~11支持点/12~13支持点，有支持的牌。你应加叫4♥进局/Pass。

同伴跳应叫3♠/4♠时，为9~11支持点/12~13支持点，有4张以上配合的牌。你应加叫4♠进局/Pass。

同伴跳应叫3NT时，为15~16点，对方块有好止张的均型牌。你应该Pass。

同伴跳应叫4♣/4♦时，都是逻辑错误的叫牌，此牌笔者建议你都再叫4♥予以补救。

【例2】你持有♠KQJ73　♥A8742　♦2　♣K2，13点，5-5-1-2牌型。上家开叫1♦，你扣叫2♦，下家Pass，同伴Pass或分别应叫2♥/2♠/2NT/3♣/3♦/3♥/3♠/3NT/4♣/4♦/4♥/4♠且上家都Pass时，表示什么含义？你应如何再叫呢？

答　同伴Pass时，为最多7点，有6张以上方块的牌。你已经没有再叫牌的机会了。

同伴应叫2♥时，为最多8支持点，有支持的花色选择示弱应叫。你应该Pass。

同伴应叫2♠时，为最多8支持点，有3张以上支持的花色选择示弱应叫。你应该Pass。

同伴应叫2NT时，为13支持点以上，对某门高花有对应配合的约定问叫。你应加五级应答3NT，表示为13~15点，有5-5分布黑桃和红心的牌。

同伴应叫3♣时，为8~10点，对两门高花都无支持，有6张以上草花强套的牌。你应该Pass。

同伴扣叫3♦时，为13点以上，对某门高花有配合，方块为缺门的牌。显而易见，对方方块的10点牌力都废了，你可以直接叫6♥，由同伴决定是打红心还是黑桃的满贯定约。至于怎么去试探大满贯，就要发挥你的聪明才智了。

同伴跳应叫3♥时，为9~11支持点，有支持的牌。你稳妥点就应该Pass，激进点就加叫4♥进局。

同伴跳应叫3♠时，为9~11支持点，有4张以上配合或为12~13点有支持的牌。你稳妥点就应该Pass，激进点就加叫4♠进局。

同伴跳应叫3NT时，为15~16点，对方块有好止张的均型牌。你应该Pass。

同伴跳应叫4♣/4♦时，都是逻辑错误的叫牌。此牌笔者建议你都再叫4♥予以补救。

同伴跳应叫4♥时，为12~13支持点，有支持的牌。你应该Pass。

同伴跳应叫4♠时，为12~13支持点，有4张以上配合的牌。你应该Pass。

三、高花迈克尔扣叫

1. 对高花迈克尔扣叫的牌力和牌型要求

争叫人对1♥开叫的扣叫，是高花迈克尔扣叫，表示扣叫人为9点以上，有5张以上黑桃和5张以上一门低花的牌，通常是逼叫。此时对高花迈克尔扣叫人的牌力没有上限限制。其低限为9~10点，中限为11~13点，高限为14~15点，超高限为16点以上。

争叫人对1♠开叫的扣叫，也是高花迈克尔扣叫。当争叫人对1♠开叫进行迈克尔扣叫时，就会使得推进人至少要在3阶参与叫牌，因而就要求高花迈克尔扣叫人为12点以上，有5张以上红心和5张以上一门低花的牌，逼叫。此时对高花迈克尔扣叫人的牌力没有上限限制。其低限为12~13点，中限为14~15点，高限为16点以上。

2. 对高花迈克尔扣叫的应叫

（1）对1♥开叫迈克尔扣叫的应叫及后续叫牌

2♠——为最多8支持点，有支持（允许最多为9点，双张黑桃时应叫2♠）的花色选择示弱应叫，不逼叫。此后当扣叫人：①再叫Pass时，为9~15点的牌；②再叫3♣/3♦时，为16~18点，5张以上的牌，都不逼叫；③扣叫3♥/跳叫4♥时，都可以视为特殊约定叫，为14~15点/19点以上，红心为缺门的牌，都是逼叫；④再叫2NT时，可以视为特殊约定叫，为16~18点，红心为缺门的牌，逼叫；⑤再叫3♠时，为16~18点，6张以上的牌，邀叫；⑥再叫4♠时，为19点以上，6张以上强套的牌，止叫。

2NT——可以视为13支持点以上，对黑桃有支持的示强约定叫（当推进人为13~14点，对红心有好止张的牌时，是否可以用先叫2NT再叫3NT来表示，请和同伴协商确定），逼叫。此后当扣叫人：①再叫3♣/3♦时，为9~15点，5张以上的牌，逼叫；②扣叫3♥/跳扣叫4♥时，都可以视为特殊约定叫，为9~12点/16点以上，红心为缺门的牌，都是逼叫；③再叫3NT时，可以视为特殊约定叫，为13~15点，红心为缺门的牌，逼叫；④再叫3♠/4♠时，为11~15点/9~10点，6张以上的牌，逼叫/不逼叫；⑤再叫4♣/4♦时，为16点以上，5张以上的牌。此时当推进人再叫：a）4♠时，为13~14支持点的示弱叫牌，都不逼叫；b）加一级接力再叫4♦/4♥时，为13点以上，对所叫低花有好支持，是以所叫低花为将牌的关键张问叫，都是逼叫。扣叫人应按03、14、22Q的约定加级应答；c）4NT时，为15支持点以上的牌，是以黑桃为将牌的关键张问叫，逼叫。扣叫人应按14、03、22Q的约定加级应答。

3♣——是希望扣叫人打低花定约的示弱约定叫，为最多8点，对黑桃无支持或帮助，对两门低花都有好支持的牌，不逼叫。此时当扣叫人：①Pass时，为9~15点，有草花长套（含9~13点，红心为缺门）的牌。②再叫3♦时，为9~15点，有方块长套（含9~13点，红心为缺门）的牌，止叫。③扣叫3♥时，可以视为特殊约定叫，为14~15点，红心为缺门的牌，逼叫。④再叫3NT时，可以视为特殊约定叫，为16~18点，红心为缺门的牌，逼叫。对③和④，当推进人再叫4♣/5♣时，为最多5点/6~8点想打扣叫人低花套的牌，让扣叫人有草花套时Pass，有方块套时平阶改叫方块。⑤跳扣叫4♥时，可以视为特殊约定叫，为19点以上，红心为缺门的牌，逼叫；此后当推进人再叫5♣/6♣时，为最多5点/6~8点想打扣叫人低花套的牌，让扣叫人有草花套时Pass，有方块套时平阶改叫方块。⑥3♠时，为16~18点，6张以上的牌，邀叫。⑦再叫4♠时，为19点以上，6张以上强套的牌，不逼叫；对⑥和⑦，推进人平阶再出草花时，都是要求打低花定约的牌，让扣叫人有草花长套时Pass，有方块套时平阶改叫方块。⑧再叫4♣/4♦时，为16~18点，5张以上强套的牌，都是邀叫。⑨5♣/5♦时，为19~21点，6张以上的牌，都是止叫。

3♦——为8~10点，6张以上强套的牌，不逼叫。此时当扣叫人：①再叫Pass时，为9~15点（含9~12点，红心为缺门）的牌。②扣叫3♥时，可以视为特殊约定叫，为14~15点，对方块有支持，红心为缺门的牌，逼叫。③再叫3NT时，可以视为特殊约定叫，为16~18点，对方块有支持，红心为缺门的牌，逼叫；对②和③，当推进人再叫4♦/5♦时，为最多5点/6~8点，想打该定约的牌，都不逼叫。④跳扣叫4♥时，可以视为特殊约定叫，为19点以上，对方块有支持，红心为缺门的牌，逼叫；此后当推进人再叫5♦/6♦时，为最多5点/6~8点，想打该定约的牌，都不逼叫。⑤再叫3♠时，为16~18点，6张以上强套的牌，邀叫。⑥再叫4♠时，为19点以上，6张以上强套的畸形牌，不逼叫。⑦加叫4♦/5♦时，为16~18点/19~21点，5张以上的牌，邀叫/止叫。

扣叫3♥——可以视为改良的爆裂叫，为13点以上，对黑桃有支持，红心为缺门的牌，逼叫。此时当扣叫人：①再叫3♠时，可以视为特殊约定叫，为9~12点，旁门没有A的牌，逼叫；②再叫4♠时，为9~12点，在红心中有废点，对满贯不感兴趣的牌，不逼叫；③平阶出新花时，为13点以上，在红心中无废点扣A的牌，逼叫；④再叫4NT时，为13点以上，在红心中无废点的牌，是以黑桃为将牌排除红心的关键张问叫，逼叫；⑤再叫6♠/7♠时，为12~13点/16点以上，在红心中无废点的牌，都是止叫。

3♠/4♠跳出黑桃——为9~11支持点/12~14支持点，有支持的牌，邀叫/不逼叫。

3NT——为15~16点，对红心有好止张的牌，不逼叫。

4♣跳出草花——为9~12点，黑桃较短，对两门低花都有好支持，是邀请扣叫人打低花成局定约的牌，不逼叫。当扣叫人有草花长套的牌时就在Pass和5♣之间选择（18点以上的牌或是14点以上红心为缺门的牌，可以选择6♣）。有方块长套的牌时就在4♦和5♦之间选择（18点以上的牌或是14点以上红心为缺门的牌，可以选择6♦）。

5♣跳出草花——为13~15点，黑桃较短，对两门低花都有好支持，是命令扣叫人打低花成局定约的牌，不逼叫。当扣叫人有草花长套的牌时就在Pass和6♣之间选择，有方块长套的牌时就在5♦和6♦之间选择。

推进人此时的4♥、4NT和5♦再叫，都是对1♥迈克尔扣叫应叫中的盲点。你可以和同伴协商，赋予其特定的叫牌约定。

（2）对1♠开叫迈克尔扣叫后的应叫及后续的叫牌

2NT——可以视为13支持点以上，对红心有支持的示强约定叫（13点以上，对红心有帮助的牌是否可以采用2NT应答，请和同伴协商确定），逼叫。此时当扣叫人：①再叫3♣/3♦时，为12~15点，5张以上的牌，都是逼叫；②再叫3♥/4♥时，为16点以上/

12~15点，保证有6张较强红心套的牌，逼叫/不逼叫；③扣叫3♠时，为12~15点，黑桃为缺门的牌，逼叫；④再叫3NT时，可以视为特殊约定叫，为16点以上，黑桃为缺门的牌，逼叫；⑤再叫4♣/4♦时，为16点以上，5张以上的牌。此时，当推进人：a）加叫低花时，为13~14点的牌，不逼叫；b）加一级接力再叫4♦/4♥时，为15点以上，是以所叫低花为将牌的关键张问叫，逼叫，扣叫人应按03、14、22Q的约定加级应答；c）再叫4NT时，为15点以上，是以黑桃为将牌的关键张问叫，逼叫。扣叫人应按14、03、22Q的约定加级应答。

3♣——可以视为希望扣叫人打低花定约的示弱约定叫，为最多8点，对红心无支持和帮助，对两门低花都有支持的牌，不逼叫。此后，当扣叫人：①再叫Pass时，为12~15点，有草花长套的牌。②再叫3♦时，为12~15点，有方块长套的牌，止叫。③3♥/4♥出红心时，为12~15点/16点以上，6张以上套/6张以上强套的牌，邀叫/不逼叫；此后，当推进人不想打红心定约时，就平阶叫回4♣/5♣时，要求扣叫人，有草花长套的牌时就Pass，有方块长套的牌时就平阶改叫方块。④扣叫3♠时，为14~15点，黑桃为缺门的牌，逼叫；此时，当推进人再叫4♣时，为最多5点，或6~8点在黑桃中有废点的牌，要求扣叫人，有草花长套时就Pass，有方块长套的牌时就平阶改叫4♦；再叫5♣时，为6~8点，在黑桃中无废点的牌，要求扣叫人，有草花长套的牌时就Pass，有方块长套时就平阶改叫5♦。⑤再叫3NT时，可以视为特殊约定叫，为16~18点，黑桃为缺门的牌，逼叫；此时，当推进人再叫4♣时，为最多5点的弱牌，要求扣叫人，有草花长套时，就在Pass和5♣之间进行选择，有方块长套时，就在4♦和5♦之间进行选择；再叫5♣时，为6~8点，在黑桃中无废点的牌，要求扣叫人，有草花长套时，就在Pass和6♣之间进行选择，有方块长套时，就在5♦和6♦之间进行选择。⑥跳扣叫4♠时，可以视为特殊约定叫，为19点以上，黑桃为缺门的牌，逼叫；要求扣叫人，有草花长套时，就在5♣和6♣之间进行选择，有方块长套时，就在5♦和6♦之间进行选择。⑦再叫4♣/5♣时，为16~18点/19~20点，5张以上强套的畸形牌，邀叫/止叫。⑧再叫4♦/5♦时，为16~18点/19~20点，5张以上强套的牌，邀叫/止叫。

3♦——是逼叫性特殊约定转移叫，为最多5支持点，对红心有支持或为最多6点，有双张红心的牌，逼叫。此时当扣叫人再叫：①3♥时，为12~16点的牌，止叫；②4♥时，为17点以上，5张以上强套的牌，止叫。

3♥/4♥——为6~8支持点/9~12支持点，有支持的牌，邀叫/不逼叫。

扣叫3♠——可以视为改良的爆裂叫。为11点以上，对红心有支持，黑桃为缺门，对满贯感兴趣的牌，逼叫。

3NT——为13~16点，对黑桃有好止张的均型牌，不逼叫。

4♣跳出草花——为9~11点，黑桃较短，对两门低花都有好支持，是邀请扣叫人打低花成局定约的牌，不逼叫。当扣叫人有草花长套的牌时，就在Pass和5♣之间选择，有17点以上的牌或是14点以上黑桃为缺门的牌，都可以选择6♣。当扣叫人有方块长套时，就在4♦和5♦之间选择，有17点以上的牌或是14点以上黑桃为缺门的牌，都可以选择6♦。

5♣跳出草花——为12~15点，黑桃较短，对两门低花都有好支持，命令扣叫人打低花成局定约的牌，不逼叫。当扣叫人有草花长套时，就在Pass和6♣之间选择。当扣叫人有方块长套时，就在5♦和6♦之间选择。

推进人此时的4♠、4NT和5♦再叫，都是对1♠迈克尔扣叫应叫中的盲点。桥牌爱好者们可以与搭档协商，赋予其特定的叫牌约定。

3. 上家插叫后对高花迈克尔扣叫的应叫

（1）上家花色或无将插叫后对高花迈克尔扣叫的应叫

上家进行花色或无将插叫时，通常都表示对方联手的牌力要高于你方或至少与你方持平，此时推进人在3阶以上参与叫牌时应该格外小心。当推进人：

Pass——为最多7点的牌。

平阶出草花——为8~10点，对两门低花都有好支持，想打低花定约的牌，要求扣叫人有草花长套时，就在Pass和有缺门花色时加叫进局之间选择，有方块长套时，就在平阶改叫方块和有缺门花色时加叫进局之间选择。

3阶出扣叫人的高花——为9~11支持点，有支持牌，不逼叫。

对上家非加叫性插叫定约加倍——为8~12点，有该花色可靠赢墩的牌，是惩罚性加倍。

对上家3阶/4阶加叫性插叫加倍——为8~10点，有该花色可靠赢墩的牌，是选择性加倍/惩罚性加倍，都不逼叫。

（2）上家加倍插叫后对高花迈克尔扣叫的应叫

上家进行加倍插叫时，通常表示对方联手的牌力要高于你方，此时推进人进行再叫时应该格外小心。当推进人：

Pass——为最多8点，对扣叫人高花无支持，让扣叫人叫出自己低花套的牌，逼叫，要求扣叫人有草花长套的牌时就再叫3♣，有方块长套的牌时就再叫3♦。

平阶出扣叫人的高花——为最多8支持点，有支持的花色选择示弱应叫，不逼叫。

2NT——是特殊约定叫，为9~11支持点，对扣叫人的高花有支持的牌，逼叫。

4阶出扣叫人的高花——为12支持点左右，有支持的牌，止叫。

（3）上家进行2NT/3NT插叫后对高花迈克尔扣叫的应叫

上家进行2NT/3NT插叫时，表示其有11~12点/13~15点，有同伴高花止张。此时对方联手的牌力要远高于你方，推进人通常不会再轻易参与叫牌了。

对2NT插叫，当推进人：①Pass时，为不够自由应叫牌力的牌。②3♣时，是让扣叫人叫出自己低花长套的特殊约定叫，为5~7点，有4-4以上分布低花的牌；要求扣叫人有草花长套时，就再叫Pass，有方块长套时，就改叫3♦。③3阶出扣叫人的高花时，为9~11支持点，有支持的牌，邀叫。

总之，上家插叫后，推进人对高花迈克尔扣叫的其他应叫，都是很罕见的叫牌，你可以赋予其特定的叫牌约定。

4. 高花迈克尔扣叫人的再叫

当推进人示弱应叫后，除非高花迈克尔扣叫人持有16点以上牌力允许主动叫牌以外，通常是不应再主动参与叫牌了。而当推进人示强应叫后，无论对方是否再次插叫，高花迈克尔扣叫人的再叫，除了前面所介绍对推进人的应答进行约定再叫以外，都是自然实叫，其叫牌应该符合桥牌逻辑。当高花迈克尔扣叫人：

Pass——都是示弱叫牌。

主动出低花——都为15~16点，5张以上强套的牌，都不逼叫。

主动加高定约阶数——都为15~16点，5张以上的牌，都不逼叫。

4阶再叫扣叫人的高花——为16~18点，6张以上强套的牌，止叫。

对对方加叫性成局插叫和非加叫性插叫加倍——都是惩罚性加倍。

5. 同伴高花迈克尔扣叫后推进人的再叫及后续叫牌

同伴高花迈克尔扣叫后，推进人的再叫及后续叫牌都是自然实叫，应该符合桥牌逻辑。无论对方是否再次参与插叫，分析高花迈克尔扣叫人和推进人的叫牌信息，按桥牌逻辑来推断高花迈克尔扣叫人和推进人的牌力范围和牌型，遵循总墩数定律，并采用与其相适应的叫牌原则来指导后续叫牌，共同去选择联手合理的定约是其精髓所在。推进人的再叫及后续叫牌，都应符合标准的后续叫牌，详见本书088~089页。只是此时对对方插叫的加倍，都是惩罚性加倍这点略有不同而已。

四、对1♥开叫迈克尔扣叫的后续叫牌举例

1. 对1♥开叫迈克尔扣叫的应叫举例

【例1】你持有♠1083　♥872　♦K982　♣K62，6点，3-3-4-3牌型。下家开叫1♥，同伴扣叫2♥，上家Pass或分别加倍/2♠/2NT/3♣/3♦/3♥插叫时，你该如何应叫呢？

答　上家Pass时，你该应叫2♠，表示为最多8支持点，有支持的花色选择示弱应叫。

上家加倍插叫时，你该应叫2♠，表示为最多8支持点，有支持的花色选择示弱应叫。注意，此时你若Pass，则表示要求扣叫人叫出低花套。

上家进行其余插叫时，你都应该Pass。

【例2】你持有♠KJ73　♥8742　♦K2　♣K62，10点，4-4-2-3牌型。下家开叫1♥，同伴扣叫2♥，上家Pass或分别加倍/2♠/2NT/3♣/3♦/3♥插叫时，你应如何参与叫牌呢？

答　上家Pass时，你该跳叫3♠，表示为9~11支持点，有支持的牌。

上家3♣/3♦插叫时，你都该应叫3♠，表示为9~11支持点，有支持的牌。

上家2NT/3♥插叫时，你都该应叫3♠，表示为9~11支持点，有支持的牌。

上家加倍插叫时，从叫牌逻辑上来分析，上家有自由应叫以上牌力，同伴极有可能是低限牌力的迈克尔扣叫，你应再叫2NT，表示为9~11支持点，对黑桃有支持的牌。

上家2♠插叫时，从叫牌逻辑上来分析，同伴有5张以上黑桃的牌，你有如此强的牌

力，上家的2♠叫牌应该是逻辑错误的叫牌。你该应叫加倍来表示自己有自由应叫牌力。

2. 1♥迈克尔扣叫人的再叫举例

【例1】你持有♠KQJ73　♥2　♦KJ742　♣K2，13点，5-1-5-2牌型。上家开叫1♥，你扣叫2♥，下家Pass，同伴Pass或分别应叫2♠/2NT/3♣/3♦/3♥/3♠/3NT/4♣/4♦/4♥/4♠且上家都Pass时，表示什么含义？你应如何再叫呢？

答　同伴Pass时，是逻辑错误的叫牌，高花迈克尔扣叫是逼叫，是不允许推进人Pass的。可惜你已经没有叫牌的机会了。

同伴应叫2♠时，为最多8支持点，有支持的花色选择示弱应叫。你应该Pass。

同伴应叫2NT时，为13支持点以上，对黑桃有支持的示强约定叫。你该应叫3♦，表示为9~15点，有5张以上方块的牌。

同伴应叫3♣时，为最多8点，希望你打低花定约的示弱约定叫。你有13点，且有方块长套，该应叫3♦。

同伴应叫3♦时，为8~10点，有6张以上方块强套的牌。你满手没有A，5阶方块成局的希望不大，应该Pass。

同伴扣叫3♥时，可以视为改良的爆裂叫，为13点以上，对黑桃有支持，红心为缺门的牌。显而易见，对方红心的10点牌力都废了。你至少该应叫6♠进贯，至于怎么去试探大满贯，就要发挥你的聪明才智了。

同伴跳应叫3♠时，为9~11支持点，有支持的牌。你持低限牌力，满手没有A的牌，稳妥点就应该Pass，激进点也可以加叫4♠进局。

同伴跳应叫3NT时，为15~16点，对红心有好止张的牌。你应该Pass。

同伴跳应叫4♣时，为11~12点，对两门低花都有好支持的进局邀叫。你持低限牌力，有方块长套且没有A的牌，应改叫4♦。

同伴跳应叫4♦/跳扣叫4♥时，都是逻辑错误的叫牌，如果你与同伴有对应的特殊约定，就按照约定去应答，否则都建议你再叫4♠维持叫牌。

同伴跳应叫4♠时，为12~15支持点，有支持的牌，你应该Pass。

五、对1♠开叫迈克尔扣叫的后续叫牌举例

1. 对1♠迈克尔扣叫后的应叫举例

【例1】你持有♠1083　♥K82　♦9872　♣K62，6点，3-3-4-3牌型。下家开叫1♠，同伴扣叫2♠，上家Pass或分别加倍/2NT/3♣/3♦/3♥/3♠/3NT插叫时，你该如何应叫呢？

答　上家Pass时，你该应叫3♥，表示为6~8支持点，有支持的牌。

上家加倍插叫时，你该应叫3♥，表示为最多8支持点，有支持的花色选择示弱应叫。请注意，此时你若Pass，则表示对红心无支持，让扣叫人叫出低花。

上家进行其余插叫时，你都应该Pass。

【例2】你持有♠KJ73　♥K842　♦72　♣K62，10点，4-4-2-3牌型。下家开叫1♠，同

伴扣叫2♠，上家Pass或分别加倍/2NT/3♣/3♦/3♥/3♠/3NT插叫时，你该如何应叫呢？

答　上家Pass时，你虽然为11支持点，对红心有好支持的牌，符合加叫4♥的要求，但是由于你的♠K位置不好，还是建议不直接加叫4♥，而降级再叫3♥，表示为6~8支持点的牌。请注意，此时你也不能应叫2NT，因为2NT表示有13支持点以上的牌。此时你如果应叫3NT，也会显得冒进。

上家加倍插叫时，你该应叫2NT，表示为9~11支持点，对红心有支持的牌。此时你若Pass，则表示对红心无支持，让扣叫人叫出低花。

上家进行3♣/3♦插叫时，你都该应叫3♥，表示为9~11支持点，有支持的牌。你的♠K位置明显不好，不要轻易加叫4♥进局。叫3NT进局也会略显冒进。

上家进行其余插叫时，你都该应叫加倍进行惩罚。

2. 1♠迈克尔扣叫人的再叫举例

【例1】你持有♠10　♥KQ982　♦J2　♣AQJ42，13点，1-5-2-5牌型。上家开叫1♠，你扣叫2♠，下家Pass，同伴Pass或分别应叫2NT/3♣/3♦/3♥/3♠/3NT/4♣/4♦/4♥/4♠且上家都Pass时，表示什么含义？你应如何再叫呢？

答　同伴Pass时，是逻辑错误的叫牌，高花迈克尔扣叫是逼叫，是不允许推进人Pass的。可惜你已经没有叫牌的机会了。

同伴应叫2NT时，为13支持点以上，对红心有支持的示强约定叫。你应再叫3♣，表示为12~14点，有5张以上草花的牌。

同伴应叫3♣时，为最多8点，对红心无支持或帮助，希望你打低花定约的示弱约定叫。你有限制性牌力，正好草花是长套，应该Pass。

同伴应叫3♦时，为最多5支持点，对红心有支持的特殊约定转移叫。你有中低限牌力，应再叫3♥示弱止叫。

同伴应叫3♥时，为6~8支持点，对红心有支持的牌。你应该Pass。

同伴扣叫3♠时，可以视为改良的爆裂叫，为13点以上，对红心有支持，黑桃为缺门的牌。显而易见，对方黑桃的10点牌力都废了。你至少应再叫6♥进贯，至于怎么去试探大满贯，就要发挥你的聪明才智了。

同伴跳应叫3NT时，为13~16点，对黑桃有好止张的均型牌。你应该Pass。

同伴跳应叫4♣时，为11~12点，对两门低花都有好支持的牌，是低花进局邀叫。你有低限牌力，有草花长套，稳妥点应该Pass，激进点加叫5♣进局也不为过。

同伴跳应叫4♦/4♠时，都是逻辑错误的叫牌，如果你与同伴有对应的特殊约定，就按照约定去应答，否则该如何再叫，应凭牌感而定。

同伴跳应叫4♥时，为9~12支持点，有支持的牌。你应该Pass。

【例2】你持有♠K2　♥KQ1083　♦2　♣AQ862，14点，2-5-1-5牌型。上家开叫1♠，你扣叫2♠，下家加倍，同伴Pass或分别应叫2NT/3♣/3♦/3♥/3♠/3NT/4♣/4♦/4♥/4♠且上家都Pass时，表示什么含义？你应如何再叫呢？

答　同伴应叫Pass时，为最多8点，无双张红心，让你叫出自己低花长套的牌。你应再叫3♣，表示有5张以上草花。

同伴应叫2NT时，为9~11支持点，对红心有支持的示强约定叫。你♠K的位置好，有中限牌力，应再叫4♥进局。

同伴应叫3♥时，为6~8支持点，有支持的牌。你应该Pass。

同伴跳应叫4♥时，为12支持点以上，有支持的罕见畸形牌。你应该Pass。

同伴进行其余应叫时，在下家加倍的情况下，同伴的牌力应该不会超过6点，这些再叫都是逻辑错误的叫牌。你该如何再叫，应凭牌感自定。

六、迈克尔跳扣叫

当争叫人跳扣叫开叫人实叫花色时，都是迈克尔跳扣叫。对1♦开叫的3♦跳扣叫，表示扣叫人为11~16点，有7张以上草花坚固套的牌。而当争叫人对高花开叫跳扣叫时，则表示争叫人为11~16点，有7张以上不确定是草花还是方块坚固套的牌，都是逼叫。需要说明的是，为了避免错过最佳的3NT定约，通常只有在争叫人没有开叫花色可靠止张时，才会采用迈克尔跳扣叫。其牌值：低限为11~12点，中限为13~14点，高限为15~16点。

需要解释的是，对精确体系1♣开叫的3♣跳争叫，是表示阻击争叫还是表示有7张以上方块坚固套跳扣叫，是需要你和同伴协商确定的。根据对虚叫没有扣叫的逻辑，笔者建议将其视为阻击争叫（对自然体系1♣开叫的3♣跳争叫，可以视为跳扣叫）。

1. 对迈克尔跳扣叫的应叫

3NT——为8~14点，有开叫花色止张的牌，止叫。

对1♦开叫出4♣——为最多7点，或为8~9点，无方块止张的示弱叫牌，不逼叫。

对1♦开叫跳出5♣——为10点左右，无方块止张的牌（对草花有无支持并不重要），不逼叫。

对高花开叫出4♣——为最多7点，无开叫高花止张的示弱叫牌，不逼叫。此后，扣叫人如果有草花长套，就Pass，有方块长套，则改叫4♦。

对高花开叫跳出5♣——为10点左右，无开叫高花止张的牌，不逼叫。此后，扣叫人有草花长套，就Pass，有缺门花色，就在5♣和6♣之间选择。有方块长套，就叫5♦，有缺门花色时，就在5♦和6♦之间选择。

4♦出方块——可以视为问缺门的特殊约定叫，为10~12点，对两门低花都有支持的问缺门约定叫，此后扣叫人的再叫和后续叫牌，都与对3NT开叫后的应叫及后续叫牌相同，详见本书158页。

扣叫开叫高花——可以视为改良的爆裂叫，为10点以上，对两门低花都有支持，扣叫花色为缺门的牌，逼叫。

推进人此时的4NT和5♦应叫，都是对迈克尔跳扣叫应叫中的盲点。你可以和同伴协商，赋予其特定的叫牌约定。

2. 上家插叫后对迈克尔跳扣叫的应叫

上家进行花色或加倍的插叫时，通常表示有自由应叫牌力，此时对方联手的牌力要高于你方或至少与你方持平，推进人再参与叫牌时还是慎重一些为好。当推进人：

Pass——为最多7点的牌。

4♣/5♣——为6~8点/9~10点，对两门低花都有支持的牌，都不逼叫。要求跳扣叫人，有草花长套，就在Pass和5♣之间选择。有方块长套，就改叫4♦或5♦。

对上家非加叫性花色插叫加倍——为8点左右，有插叫花色可靠赢墩的牌，是惩罚性加倍。

此时推进人的其他应叫，都是很罕见的叫牌，你可以赋予其特定的叫牌约定。

3. 迈克尔跳扣叫人的再叫及后续叫牌

迈克尔跳扣叫争叫后，无论对方是否参与插叫，迈克尔跳扣叫人的再叫及后续叫牌都是自然实叫，应该符合桥牌逻辑。此时，分析叫牌信息，按桥牌逻辑来推断推进人和迈克尔跳扣叫人的牌力范围和牌型，遵循总墩数定律，并采用与其相适应的叫牌原则来指导叫牌，共同去选择联手合理的定约是其精髓所在。跳扣叫人的再叫和后续叫牌，都应符合标准的后续叫牌，详见本书088-089页。只是此时对对方插叫的加倍，都是惩罚性加倍这条略有不同而已。

由于迈克尔跳扣叫的后续叫牌变化不大，叫牌的阶数太高，出现的概率也不高，就不单独对其进行叫牌的举例讲解了。

第七节 卡普兰蒂约定叫

卡普兰蒂约定叫，是由意大利阿尔贝托·卡普兰蒂（Alberto Cappelletti）先生独创的针对对方1NT开叫进行争叫的约定叫。其既适用于直接位置的争叫，也适用于平衡位置的争叫，从而很好地解决了争叫人单套花色争叫可能出现失配的问题，得到了广大桥牌专家和爱好者的认可。自1995年世界桥牌标准协会命名并推荐使用卡普兰蒂争叫以后，现在已经成为桥牌界针对对方1NT开叫进行争叫最流行的约定叫。

一、卡普兰蒂争叫的含义

加倍——为15点以上的牌，不逼叫。

2♣——为11~15点，有一门5张以上任意花色套的牌，不逼叫。其低限为11~12点，中限为13~14点，高限为14~15点。

需要说明的是，如果争叫人有草花长套时，笔者建议要保证是6张以上的牌（5张草花低限的牌时可以考虑Pass）。因为当推进人按约定应答2♦，让卡普兰蒂争叫人报出长套花色时，就必须在3阶再叫草花，为了安全起见，特做此约定。

2♦——为11~15点，双高套的牌，不逼叫。其低限为11~12点，中限为13~14点，高限为14~15点。

2♥/2♠出高花——都为11~15点，除了有5张以上争叫高花外，还有一门5张以上低花套的牌，都不逼叫。其低限为11~12点，中限为13~14点，高限为14~15点。

2NT——为11~15点，双低套的牌，不逼叫。其低限为11~12点，中限为13~14点，高限为14~15点。

另外，针对1NT开叫，卡普兰蒂争叫体系中还有3阶跳争叫的叫品，都表示争叫人为8~10点，7张以上的牌。其表示方式和后续叫牌都与阻击争叫基本吻合，详见本书249~252页，笔者就不再另行介绍了。

二、对卡普兰蒂加倍争叫的应叫

1. 推进人对卡普兰蒂加倍争叫的应叫约定

此时，推进人的应叫逻辑与对花色加倍时的截然相反，即推进人有牌力时要保持沉默，没有牌力时反而要主动参与叫牌。当推进人：

Pass——为7点以上的牌，转换成了惩罚性加倍。

2阶出新花——都为最多5点，4张以上的牌，都不逼叫。如果持有6点左右的牌时，可以在惩罚对方的1NT定约或叫出自己的长套花色之间选择，由推进人凭牌感而定。

2NT/3NT——为8~9点/10~11点的均型牌（本方有局对方无局时采用，如果局况有利或对等时则应该Pass放罚），邀叫/止叫。

3阶/4阶跳出高花——为6~8点/9~11点，6张以上的牌，邀叫/止叫。

3阶跳出低花——都为6~8点，6张以上的牌，都不逼叫。

4阶/5阶跳出低花——为6~8点/9~11点，7张以上的牌，邀叫/止叫（笔者建议此时应优先考虑打3NT定约，尽量不打4阶或5阶的低花定约）。

2. 上家插叫后对卡普兰蒂加倍争叫的应叫

（1）上家花色插叫后对卡普兰蒂加倍争叫的应叫约定

上家进行出新花插叫时，都是逃叫的牌，当推进人：

Pass——为最多5点的牌。

加倍——为6点以上，在上家插叫花色中有可靠赢墩或为9点以上不保证有逃叫花色可靠赢墩的牌，是惩罚性加倍。

平阶出新花——都为5~7点，5张以上的牌，都不逼叫。

跳阶（或3阶）出新花——都为6~8点，6张以上的牌，都不逼叫。

2NT/3NT——为7~8点/9~11点的均型牌，邀叫。

扣叫插叫花色——为9点以上，扣叫花色为短套，保证有4张高花且对其余花色有好支持的牌，逼叫。

4阶跳出高花/5阶跳出低花——都为9~11点，6张以上的牌，都不逼叫。

（2）上家示强插叫后对卡普兰蒂加倍争叫的应叫约定

①上家进行再加倍插叫时，通常表示为9点以上的牌。此时推进人的牌力不会超过4点，应该优先叫出自己的5张以上长套（最多2点时，允许叫出4张套）进行逃叫，只有当推进人有4点左右的牌时，才允许Pass。

②上家进行2NT/3NT插叫时，都表示对方联手的牌力要远高于你方，从叫牌逻辑上来讲，推进人都不应该再参与叫牌了，这一逻辑对所有卡普兰蒂约定叫都适用，为节约篇幅，对其余的卡普兰蒂争叫上家2NT/3NT的插叫就不再列举了。

总之，上家进行插叫后，推进人对卡普兰蒂加倍的其他应叫，都是很罕见的叫牌，你可以赋予其特定的叫牌约定。

三、对卡普兰蒂2♣争叫的应叫

1. 对卡普兰蒂2♣争叫的应叫约定

Pass——为最多8点，有6张以上草花的牌。

2♦——为最多10点的特殊约定叫，要求争叫人平阶叫出自己的花色长套来，不逼叫。当争叫人：①有方块长套的牌时，就应该Pass；②有红心或黑桃长套时，就分别叫出2♥/2♠，都不逼叫；③有6张以上草花长套时就再叫3♣，不逼叫。

2♥/2♠出高花——都为8~10点，5张以上的牌，都不逼叫。

3阶/4阶跳出高花——为11~15点，5张套/6张以上强套的牌，逼叫/不逼叫。

2NT/3NT——为11~12点/13~15点的均型牌，邀叫/不逼叫。

3阶出低花——都为11~15点，5张以上的牌，都是逼叫。

2. 上家插叫后对卡普兰蒂2♣争叫的应叫

（1）上家花色插叫后对卡普兰蒂2♣争叫的应叫约定

上家进行花色插叫时，为5~8点，5张以上的牌，通常表示你方联手的牌力要多于对方或与对方持平，当推进人：

Pass——为最多7点的牌。

加倍——为11点以上，在插叫花色中有可靠赢墩的牌，是惩罚性加倍。

平阶出新花——都为8~10点，5张以上的牌，都不逼叫。

（2）上家加倍插叫后对卡普兰蒂2♣争叫的应叫约定

上家进行加倍插叫时，通常表示对方联手的牌力要高于你方，即使推进人持有接近自由应叫牌力，也只能说明双方联手的牌力基本持平，此时推进人再参与叫牌时必须格外小心。当推进人：

Pass——为最多7点，有6张以上草花的牌。

再加倍——为8点左右，有6张以上草花的牌，不逼叫。

2♦——为最多7点的示弱过渡叫，让争叫人叫出自己的长套来。此时，如果争叫人有方块长套时，就应该Pass。如果有其他花色长套，就直接平阶叫出，都不逼叫。

平阶出高花——都为最多7点，5张以上改善定约的牌，都不逼叫。

总之，上家插叫后，推进人对卡普兰蒂2♣争叫的其他应叫，都是很罕见的叫牌，你可以赋予其特定的叫牌约定。

四、对卡普兰蒂2♦争叫的应叫

1. 对卡普兰蒂2♦争叫的应叫约定

Pass——为最多8点，有6张以上方块，对两门高花都无支持的牌。

2♥/2♠出高花——都为最多8支持点，有3张以上支持的花色选择示弱应叫，都不逼叫。

3阶/4阶跳出高花——为9~11支持点/12~15支持点，有4张以上配合的牌，邀叫/止叫。

3♣/3♦出低花——都为9~11点，6张以上的牌，都不逼叫。

2NT——是不确定牌力和牌型的逼叫。首先表示推进人为任意牌力，对两门高花都无配合，有5-5以上分布低花的牌。希望争叫人在3阶叫出自己最长的低花（当两门低花等长时，优先叫出有大牌张的花色）。如果此后当推进人：①对争叫人的3♣/3♦应答Pass时，则表示其为最多8点，有此花色长套的牌，止叫；②主动叫3♥/3♠时，则表示其为11~12点，有3张所叫高花的牌，通常都是逼叫，由争叫人来确定定约的类型和阶数。

3NT——为12~15点，对两门高花都无配合的均型牌，止叫。

2. 上家插叫后对卡普兰蒂2♦的应叫

（1）上家花色插叫后对卡普兰蒂2♦争叫的应叫约定

上家进行花色插叫时，通常表示对方联手的牌力要高于你方，即使推进人持有接近自由应叫牌力，也只能说明双方联手的牌力持平，此时推进人再参与叫牌时应该要格外小心。当推进人：

Pass——为最多7点的牌。

对上家插叫加倍——为8点以上，在插叫花色中有可靠赢墩的牌，是惩罚性加倍。

3♥/3♠跳出高花——都为9~11支持点，有4张以上配合的牌，都是邀叫。

（2）上家加倍插叫后对卡普兰蒂2♦的应叫

上家进行加倍插叫时，通常表示对方联手的牌力要高于你方，此时推进人再参与叫牌时必须格外小心。当推进人：

Pass——为最多7点，有6张以上方块的牌。

2♥/2♠出高花——都为最多8支持点，有3张以上支持的花色选择示弱应叫，都不逼叫。

3♥/3♠跳出高花——都为9~11支持点，有4张以上配合，有单张花色的牌，都是邀叫。

3♣——为最多8点，6张以上改善定约的牌，不逼叫。

总之，上家进行插叫后，推进人对卡普兰蒂2♦争叫的其他应叫，都是很罕见的叫牌，你可以赋予其特定的叫牌约定。

五、对卡普兰蒂2♥/2♠争叫的应叫

1. 对卡普兰蒂2♥/2♠争叫的应叫约定

Pass——为最多8支持点，有支持，成局无望，准备打该定约的牌。

平阶出新花——都为8~10点，6张以上的牌，都不逼叫。

4阶跳出低花——都为8~10点，7张以上强套的牌，都不逼叫。

2NT——是不确定牌力和牌型的约定叫，逼叫。首先表示推进人对争叫人所叫高花无支持，希望争叫人3阶叫出自己的低花长套来。在争叫人叫出自己的低花长套以后，当推进人再叫：①Pass时，为最多8点的牌，止叫；②3阶叫回争叫高花时，为13点以上，有支持，比直接加叫进局更强的牌，逼叫；③4阶加叫低花时，为12~13点，有好支持的牌，邀叫；④5阶加叫低花时，为14~15点，有好支持的牌，不逼叫；⑤3NT时，为13~16点的均型牌，止叫；⑥4NT时，为15点以上，对争叫人低花有好支持的牌，是以争叫人低花为将牌的关键张问叫，逼叫。

3NT——为13~15点的均型牌，不逼叫。

3阶/4阶加叫争叫高花——为9~11支持点/12~14支持点，有支持的牌，邀叫/止叫。

对2♥争叫跳出3♠——为8~10点，7张以上的牌，不逼叫。

对2♥争叫跳出4♠——为11~15点，6张以上强套的牌，止叫。

对2♠争叫跳出4♥——为11~15点，6张以上强套的牌，止叫。

2. 上家插叫后对卡普兰蒂2♥/2♠的应叫

（1）上家花色插叫后对卡普兰蒂2♥/2♠的应叫

上家进行花色插叫时，通常表示对方联手的牌力要高于你方，此时推进人再参与叫牌时应该格外小心。当推进人：

Pass——为最多8支持点，可能有支持的牌。

平阶出新花——都为8~10点，6张以上改善定约的牌，都不逼叫。

3阶加叫争叫高花——为9~11支持点，有支持的牌。邀叫。

（2）上家加倍插叫后推进人对卡普兰蒂2♥/2♠的应叫

上家进行加倍插叫时，通常表示对方联手的牌力要高于你方，此时推进人再参与叫牌时必须要格外小心。当推进人：

Pass——为认可打争叫花色定约的牌。

2NT——是特殊约定叫，为最多8点，对争叫高花无支持，另两门低花为4-4以上分布的牌，是让争叫人叫出自己的低花长套来，逼叫。

平阶出新花——都为最多8点，6张以上改善定约的牌，都不逼叫。

总之，上家插叫后，推进人对卡普兰蒂2♥/2♠的其他应叫，都是很罕见的叫牌，你可以赋予其特定的叫牌约定。

六、对卡普兰蒂2NT争叫的应叫

卡普兰蒂2NT争叫，表示争叫人为11~15点，双低套的牌，通常是逼叫。此时，推

进人的应叫及后续叫牌，都与不寻常2NT争叫后，推进人的应叫及后续叫牌基本相同，在此就不再赘述了（详见本书258~260页）。

七、卡普兰蒂争叫人的再叫

对方没有再参与插叫时，卡普兰蒂争叫人除了前面所介绍对推进人的应答再叫以外，卡普兰蒂争叫人的其余再叫都是自然实叫，都不逼叫。其叫牌应该符合桥牌逻辑。只是当2♣争叫人对推进人2NT应叫：①3阶出高花时，表示为5张以上的牌，逼叫；②Pass时，为11~12点，有5张低花的均型牌；③3NT时，13~15点，有5张低花的均型牌，止叫。而当对方进行插叫后，卡普兰蒂争叫人：

Pass——为11~13点的示弱叫牌。

2♥/2♠争叫人再叫争叫花色——为14~15点，6张以上的牌，不逼叫。

再出新花——都为14~15点，5张以上的牌，都不逼叫。

对对方插叫加倍——都为14~15点，有对方插叫花色可靠赢墩的牌，都是惩罚性加倍。

八、卡普兰蒂争叫后推进人的再叫及后续叫牌

无论对方是否再次参与插叫，卡普兰蒂争叫后推进人的再叫及后续叫牌，除了前面所介绍的应答约定以外，都是自然实叫，应该符合桥牌逻辑。此时，分析叫牌信息，按桥牌逻辑来推断卡普兰蒂争叫人及推进人的牌力范围和牌型，遵循总墩数定律，并采用与其相适应的叫牌原则来指导后续叫牌，共同选择联手合理的定约是其精髓所在。推进人的再叫及后续叫牌，都应符合常规的后续叫牌，详见本书088~089页。只是此时对对方插叫的加倍都是惩罚性加倍这条略有不同而已。

九、卡普兰蒂争叫的后续叫牌举例

1. 卡普兰蒂争叫后推进人的应叫举例

【例1】你持有♠K72　♥82　♦K65　♣J9865，7点，3-2-3-5牌型。下家开叫1NT，同伴加倍或分别争叫2♣/2♦/2♥/2♠/2NT且上家都Pass时，表示什么含义？你该如何应叫呢？

答　同伴加倍时，为15点以上的牌。你有7点，应该Pass转换成惩罚性加倍。

同伴争叫2♣时，为11~15点，有一门5张以上花色套的牌。你该应叫2♦，表示为最多为10点，让争叫人报出单套花色的牌。

同伴争叫2♦时，为11~15点，双高套的牌。你该应叫2♠，表示为最多8支持点，有3张以上支持的花色选择示弱应叫。

同伴争叫2♥/2♠时，为11~15点，除了有5张以上所叫高花以外，另有一门5张以上低花套的牌。你都应该Pass，表示同意打争叫高花定约的牌。

同伴争叫2NT时，为11~15点，双低套的牌。你该应叫3♣，表示为最多8点，有支持的花色选择示弱应叫。

【例2】你持有♠Q72 ♥A2 ♦KJ62 ♣J753，11点，3-2-4-4牌型。下家开叫1NT，同伴加倍或分别争叫2♣/2♦/2♥/2♠/2NT且上家都Pass时，表示什么含义？你该如何应叫呢？

答 同伴加倍时，为15点以上的牌。你应看此副牌的局况，如果是局况对等或开叫方有局，你应该Pass进行惩罚。如果你方有局而对方无局，你可以在Pass和再叫3NT之间进行选择。

同伴争叫2♣时，为11~15点，有一门5张以上花色套的牌。你该应叫2NT，表示为11~12点的均型牌。当同伴再叫：①3♣/3♦/3♥时，你都该再叫3NT进局；②3♠时，你则加叫4♠进局。

同伴争叫2♦时，为11~15点，双高套的牌。你该应叫2NT，首先表示为任意牌力，对两门高花都无4张配合，两门低花为5-5以上分布的牌，希望同伴叫出最长的低花套来。无论同伴再叫3♣或3♦，你都应再叫3♠，就表示为11~12点，有3张黑桃的牌。由争叫人来确定是Pass还是打3NT或4♠定约。

同伴争叫2♥时，为11~15点，5张以上且另有一门5张以上低花套的牌。你该应叫2NT，当同伴应答3♣/3♦时，你稳妥点就Pass，激进点可以分别加叫4♣/4♦邀叫或再叫3NT进局。

同伴争叫2♠时，为11~15点，5张以上且另有一门5张以上低花套的牌。你该跳加4♠进局，表示为12支持点以上，有支持的牌。

同伴争叫2NT时，为11~15点，双低套的牌，你该应叫4♣或4♦邀局。此时，你最好不要有叫3NT偷局的念头，主要原因是同伴两门高花不会超过3张牌，你们联手高花的止张很令人担忧。

【例3】你持有♠K72 ♥82 ♦K65 ♣J9865，7点，3-2-3-5牌型。下家开叫1NT，同伴争叫2♣表示为11~15点，有一门5张以上花色套的牌，上家Pass或分别进行加倍/2♦/2♥/2♠/2NT/3♣/3♦/3♥/3♠/3NT插叫时，表示什么含义？你该如何应叫呢？

答 上家Pass时，你该应叫2♦，表示为最多10点，是让同伴报出自己长套花色的牌。

上家加倍插叫时，你该应叫2♦，表示为最多8点，是让同伴报出自己长套花色的牌。此时你若Pass，则表示自己有6张草花长套。

上家3♣/3NT插叫时，你都该应叫加倍予以惩罚。

上家进行其余插叫时，你都应该Pass。

2. 卡普兰蒂争叫人的再叫举例

【例1】你持有♠KQ972 ♥A2 ♦5 ♣K9873，12点，5-2-1-5牌型。上家开叫1NT，你争叫2♠，下家加倍，同伴Pass或分别应叫2NT/3♣/3♦/3♥/3♠/3NT/4♣/4♦/4♥/4♠且上家都Pass时，表示什么含义？你应如何再叫呢？

答 同伴Pass时，为同意打2♠定约的牌。你应该Pass。

同伴应叫2NT时，为不确定牌力和牌型的约定叫，表示同伴为任意牌力，对黑桃无支持，希望你3阶叫出自己的低花长套来，你应按照约定再叫3♣。

同伴应叫3♣/3♦时，都为最多8点，6张以上改善定约的牌。对3♣，你可以Pass，也可以加叫4♣进行邀叫。对3♦，你应该Pass。

同伴应叫3♥时，为8~10点，6张以上改善定约的牌。你应该Pass。

同伴加叫3♠时，为9~11支持点，有支持的牌。你有低限牌力，应该Pass。

同伴进行其余应叫时，都是逻辑错误的应叫，因为在上家加倍的情况下，同伴最多只有7点牌力。至于你应如何进行对应再叫，应凭牌感而定。

【例2】你持有♠KQ972　♥A82　♦5　♣KQ64，14点，5-3-1-4牌型。上家开叫1NT，你争叫2♣，下家Pass，同伴Pass或分别应叫2♦/2♥/2♠/2NT/3♣/3♦/3♥/3♠/3NT且上家都Pass时，表示什么含义？你应如何再叫呢？

答　同伴Pass时，为最多8点，有6张以上草花的牌。你已经没有叫牌的机会了。

同伴应叫2♦时，为最多10点让你出套的牌。你应再叫2♠，表示为11~15点，5张以上的牌。

同伴应叫2♥/2♠时，为8~10点，5张以上的牌。此时，你对这两门高花都有好支持，加牌型已经有17支持点了，应分别跳加4♥/4♠进局。

同伴应叫2NT时，为11~12点的均型牌，你应再叫3♠，表示为11~15点，5张以上的牌。

同伴应叫3♣/3♦时，为11~15点，5张以上的牌。你都应再叫3♠，表示为11~15点，5张以上的牌。

同伴跳应叫3♥时，为11~15点，5张以上的牌。你应加叫4♥进局。

同伴跳应叫3♠时，为11~15点，5张以上的牌。你应加叫4♠进局。

同伴跳应叫3NT，为13~15点的均型牌。你应该Pass。

3. 卡普兰蒂争叫后推进人的再叫举例

【例】你持有♠K72　♥A2　♦K865　♣Q965，12点，3-2-4-4牌型。下家开叫1NT，同伴争叫2♣，表示有一门5张以上任意花色套的牌，上家Pass，你应叫2NT，表示为11~12点的均型牌后，对方没有再参与插叫，同伴Pass或分别再叫3♣/3♦/3♥/3♠/3NT时，表示什么含义？你应如何再叫呢？

答　同伴Pass时，为11~12点，成局无望的均型牌。你已经没有叫牌的机会了。

同伴再叫3♣时，为11~15点，6张以上的牌。你应再叫3NT进局。

同伴再叫3♦/3♥时，都为11~15点，5张以上的牌。你都应再叫3NT进局。

同伴再叫3♠时，为11~15点，5张以上的牌。你应加叫4♠进局。

同伴再叫3NT时，为13~15点，有5张低花套的均型牌，你应该Pass。

第八节　对上家1♣开叫的特殊约定争叫

进入21世纪以来，对上家精确体系1♣开叫直接位置的特殊加倍争叫、特殊1NT争叫和特殊滞后争叫（以下简称为特殊约定争叫）开始逐渐流行起来了。考虑这些特殊约定争叫必定是今后桥牌的发展方向，笔者不想错过向大家介绍的机会，故在本书中加入了一些这方面的内容。

一、对上家1♣开叫的特殊加倍争叫

争叫人对上家精确体系1♣开叫直接位置**❶**的特殊加倍争叫，表示为9~15点，双高套的牌，通常是逼叫。其低限为9~11点，中限为12~13点，高限为14~15点。

由于1♣开叫人为16点以上的牌，此时采用特殊加倍争叫的最大优点是，能让推进人在1阶参与叫牌，其要比采用迈克尔扣叫让推进人必须在2阶以上参与叫牌要安全得多，这是特殊加倍争叫能够逐渐流行的主要原因，也是笔者不推荐对精确体系1♣开叫采用迈克尔扣叫的主要原因。

1. 对特殊加倍争叫的应叫

（1）对特殊加倍争叫的应叫约定

Pass——为最多8点，有6张以上草花并确认让下家打1♣加倍定约不吃亏的牌。

1♦/2♦——为最多7点/8~10点，对红心和黑桃都无支持，有6张以上方块套/6张以上方块强套的牌，都不逼叫。

1♥/1♠出高花——都为最多8支持点，有3张以上支持的花色选择示弱应叫（只有3张所叫高花时，不加牌型点），都不逼叫。

2♣——为8~10点，6张以上，无4张高花的牌，不逼叫。

2阶/3阶跳出高花——为9~11支持点/12支持点，有4张以上配合的牌，不逼叫/邀叫。

4阶跳出高花——都为13~15支持点，有4张以上配合的牌，都是止叫。

1NT/2NT——为8~10点/11~12点，无4张高花的均型牌，不逼叫/邀叫。

3NT——为13~14点，无4张高花的均型牌，止叫。

（2）上家插叫后对特殊加倍争叫的应叫

① 上家进行再加倍插叫时，表示为5~8点的牌，即使推进人持有接近自由应叫牌力，也说明对方的联手牌力要比你方略高，推进人应尽量避免在3阶参与叫牌。当推进人：

Pass——为6~8点，有6张以上草花，并确认让下家打1♣再加倍定约不吃亏的牌。

平阶出高花——都为最多8支持点，有3张以上支持的花色选择示弱应叫，都不逼叫。

2阶/3阶跳出高花——为9~11支持点/12支持点，有4张以上配合的牌，都不逼叫。

② 上家进行跳阶出低花插叫时，表示为5~8点，7张以上的牌。即使推进人持有接近自由应叫牌力，也说明开叫方的联手牌力要比你方略高，推进人应尽量避免在3阶参与叫牌。当推进人：

---

❶ 争叫人对开叫方1♦应叫后第四家间接位置的加倍争叫，是表示为11~15点，有5张以上方块的争叫性加倍，还是9~15点，有双高花套的特殊加倍，是需要你和同伴协商确定的。

Pass——为最多7点的牌。

3阶/4阶跳出高花——为12支持点/13~15支持点，有4张以上配合的牌，都不逼叫。

③ 上家进行1NT插叫时，表示为6~8点的均型牌。此时对方联手的牌力要明显高于你方，推进人应尽量避免在3阶参与叫牌。当推进人：

Pass——为最多7点的牌。

2阶/3阶出高花——为9~11支持点/12支持点，有4张以上配合的牌，都不逼叫。

④ 上家进行出新花插叫时，表示为9点以上，5张以上的牌，此时对方联手的牌力要远高于你方，除了推进人为对某门高花有好配合的畸形牌进行加叫或牺牲叫以外，通常就不要参与叫牌了。

⑤ 上家进行2NT/3NT插叫时，表示为9~10点/11~12点，通常有高花止张的均型牌，此时开叫方联手的牌力要远多于你方，推进人通常就不要参与叫牌了。

总之，上家进行插叫后，推进人对特殊加倍争叫的其他应叫，都是很罕见的叫牌，你可以赋予其特定的叫牌约定。

2. 特殊加倍争叫人的再叫

（1）推进人示弱应叫后特殊加倍争叫人的再叫

推进人示弱应叫后，表示对方联手的牌力要高于你方，即使特殊加倍争叫人持有14~15点高限牌力，也应尽量避免在3阶叫牌。当特殊加倍争叫人：

Pass——为9~13点的牌。

平阶出高花——都为14~15点，5张以上强套的牌，都不逼叫。

加叫推进人高花——为13~15点，有5张以上配合适合做庄的牌，是竞技性叫牌，不逼叫。

（2）推进人示强应叫后特殊加倍争叫人的再叫

Pass——为9~13点，成局无望的牌。

3阶/4阶跳加推进人高花——为14~15点，有4张/5张以上好配合的非均型牌，邀叫/止叫。

对上家低花插叫加倍——可以视为特殊约定叫，为14~15点，上家所叫花色为单缺的牌，逼叫。

对对方成局插叫加倍——是惩罚性加倍。

总之，对方进行插叫后，特殊加倍争叫人的其他再叫，都是很罕见的叫牌，你可以赋予其特定的叫牌约定。

3. 特殊加倍争叫后推进人的再叫及后续叫牌

对1♣开叫的特殊加倍争叫后，无论对方是否再次参与插叫，推进人的再叫及后续叫牌都是自然实叫，应该符合桥牌逻辑。此时，分析叫牌信息，按桥牌逻辑来推断特殊加倍争叫人和推进人的牌力范围和牌型，遵循总墩数定律，并采用与其相适应的叫牌原则来指导后续叫牌，共同选择联手合理的定约是其精髓所在。推进人的再叫及后续叫牌，都应符合标准的后续叫牌，详见本书088~089页。

二、对上家1♣开叫的特殊1NT争叫

争叫人对上家精确体系1♣开叫直接位置❶的特殊1NT争叫，表示为11~15点，双低套的牌，不逼叫。其低限为11点，中限为12~13点，高限为14~15点。

1. 对特殊1NT争叫的应叫

（1）对特殊1NT争叫的应叫约定

Pass——为8~10点，对两门低花都无支持的均型牌。

2阶出低花——都为最多7点，有支持的花色选择示弱应叫，都不逼叫。

3阶/4阶跳出低花——为8~10点/11~12点，有好支持的牌，不逼叫/邀叫。

5阶跳出低花——都为13点，有好支持的非均型牌，都是止叫。

2阶/3阶出高花——为8~10点/11~12点，6张以上的牌，不逼叫/邀叫。

4阶跳出高花——都为13点，6张以上强套的牌，都是止叫。

2NT/3NT——为11~12点/13~14点的均型牌，邀叫/止叫。

（2）上家插叫后对特殊1NT争叫的应叫

① 上家进行加倍插叫时，表示为5~8点的牌，即使推进人持有接近自由应叫牌力，也说明对方的联手牌力会比你方略高，推进人应尽量避免在3阶参与叫牌。当推进人：

Pass——为6~8点，想打1NT定约的均型牌。

2阶出低花——都为最多6点，有支持的花色选择示弱应叫，都不逼叫。

3阶跳出低花——都为7~8点，有支持的非均型牌，都不逼叫。

2阶出高花——为6~8点，6张以上的牌，不逼叫。

② 上家进行3阶跳出高花插叫时，表示为5~8点，7张以上或6张以上强套的牌，即使推进人持有接近自由应叫牌力，也说明对方的联手牌力会比你方略高，推进人应尽量避免在4阶参与叫牌。当推进人：

Pass——为最多6点的牌。

4阶出低花——都为7~9点，有4张以上配合的牌，都不逼叫。

③ 上家进行出新花插叫时，为9点以上，5张以上的牌。上家进行2NT/3NT插叫时，为9~10点/11~12点的均型牌。此时对方联手的牌力要远高于你方，除了推进人持有对某门低花有好支持的非均型牌出低花或畸形牌进行牺牲叫以外，通常就不要参与叫牌了。

总之，上家插叫后，推进人对特殊1NT争叫的其他应叫，都是很罕见的叫牌，你可以赋予其特定的叫牌约定。

2. 特殊1NT争叫人的再叫

无论推进人是示强应叫还是下家插叫推进人Pass时，特殊1NT争叫人必须要有安全意识，一定要有14~15点高限牌力和好的牌型做保证，在确保定约安全的情况下才能再次参与叫牌。当特殊1NT争叫人：

---

❶ 无论对方应叫人是否1阶花色示强应叫，第四家争叫人此时的1NT争叫，能否用来表示11~15点，有5-5以上分布低花的牌，是需要你和同伴协商确定的。

Pass——为11~13点的牌。

平阶出低花——为14~15点，6张以上强套的牌，都不逼叫。

加叫推进人所叫低花——都为14~15点，5张以上的牌，不逼叫。

4阶加叫或5阶跳加推进人低花——都为14~15点，5张以上强套的畸形牌，都是邀叫。

此时特殊1NT争叫人的其他再叫，都是很罕见的叫牌，你可以赋予其特定的叫牌约定。

3. 特殊1NT争叫后推进人的再叫及后续叫牌

在对1♣开叫的特殊1NT争叫后，无论对方是否再次参与插叫，推进人的再叫及后续叫牌都是自然实叫，应该符合桥牌逻辑。此时，分析叫牌信息，按桥牌逻辑来推断特殊1NT争叫人和推进人的牌力范围和牌型，遵循总墩数定律，并采用与其相适应的叫牌原则来指导后续叫牌，共同选择联手合理的定约是其精髓所在。推进人的再叫及后续叫牌，都应符合标准的后续叫牌，详见本书088~089页。

三、对上家1♣开叫的特殊滞后争叫

1. 进行特殊滞后争叫的理论依据

进入21世纪以来，有越来越多的牌手，在持有16~18点的均型牌或是持有既适合做庄又适合防守的牌时，会对上家的1♣开叫，采取滞后争叫的方式来参与争叫（当持有适合做庄的畸形牌时可直接封局止叫，当持有19点以上的牌时，是否还采用滞后争叫，请和同伴协商确定）。其表现形式为：面对上家的♣开叫，先Pass，当下家示强应叫，即表示对方的联手牌力要远高于你方时，就不再参与叫牌了，可以等待打宕对方的定约。而当下家1♦示弱应叫后，再看开叫人的再叫来决定怎样参与叫牌。当开叫人跳阶再叫，即表示为21点以上或是开叫人叫出了你的5张长套花色时，你就不必参与叫牌了。而当开叫人对1♦应叫平阶出花色或1NT叫牌，即表示双方的牌力大体持平时，你再去参与争叫，这种滞后争叫方式的最大优点是能够很好地规避争叫的风险。此时，当特殊滞后争叫人对1♣开叫人的：①平阶花色再叫加倍时，就相当于16点以上技术性加倍的牌，1阶时逼叫，2阶时不逼叫；②1NT再叫加倍时，就相当于16点以上的均型牌，不逼叫；③1阶花色争叫1NT时，就相当于16~18点，有止张的牌，不逼叫；④平阶花色或1NT再叫进行平阶花色争叫时，就相当于16点以上，5张以上的牌，都不逼叫。

2. 对特殊滞后争叫的应叫

此时推进人：①对滞后加倍的应叫和后续叫牌，与争叫人正常16点以上牌力进行技术性加倍的应叫和后续叫牌基本相同，详见本书292~297页；②对滞后1NT争叫的应叫和后续叫牌，与对争叫人1NT争叫后的应叫和后续叫牌基本相同，详见本书254~257页；③对争叫人滞后花色争叫的应叫和后续叫牌，与争叫人加倍出套后的应叫和后续叫牌基本相同，详见本书297页。

3. 特殊滞后争叫后争叫人的再叫及后续叫牌

对1♣开叫的特殊滞后争叫后，无论对方是否再次参与插叫，特殊滞后争叫人的再叫及后续叫牌都是自然实叫，应该符合桥牌逻辑。此时，分析叫牌信息，按桥牌逻辑来推断推进人和特殊滞后争叫人的牌力范围和牌型，遵循总墩数定律，并采用与其相适应的叫牌原则来指导后续叫牌，共同选择联手合理的定约是其精髓所在。特殊滞后争叫人的再叫及后续叫牌，都应符合标准的后续叫牌，详见本书088~089页。只是此时对对方插叫的加倍，都是惩罚性加倍这一点略有区别而已。

四、特殊约定争叫的应用举例

1. 同伴特殊约定争叫后推进人的应叫举例

考虑到竞技叫牌实战的需要，笔者把特殊约定争叫、平阶花色争叫和迈克尔扣叫都糅在一起进行叫牌的举例讲解，其答案仅供参考。

【例1】你持有♠K53 ♥75 ♦K985 ♣9852，6点，3-2-4-4牌型。下家开叫1♣，同伴加倍或分别争叫1♦/1♥/1♠/1NT/2♣且上家都Pass时，表示什么含义？你该如何应叫呢？

答 同伴加倍时，是特殊加倍争叫，为9~15点，双高套的牌。你该应叫1♠，表示为最多8支持点，有3张以上支持的花色选择示弱应叫。

同伴争叫1♦/1♥时，都为11~15点，5张以上的牌，你都应该Pass，表示为最多7点/7支持点，可能有支持/有支持的牌。

同伴争叫1♠时，为11~15点，5张以上的牌，你激进点可以加叫2♠，稳妥点就应该Pass。至于怎样叫更好，应凭牌感而定。

同伴争叫1NT时，是特殊1NT争叫，为11~15点，双低套的牌，你该应叫2♦，表示为最多8点，有支持的花色选择示弱应叫。

同伴争叫2♣时，当同伴：①是低花迈克尔扣叫，为9~15点，双高套的牌时，你该应叫2♠，表示为最多8支持点，有3张以上支持的花色选择示弱应叫；②是平阶花色争叫，为11~15点，5张以上草花的牌时，你应该Pass。

【例2】你持有♠K83 ♥K5 ♦983 ♣K8532，9点，3-2-3-5牌型。下家开叫1♣，同伴加倍或分别争叫1♦/1♥/1♠/1NT/2♣且上家都Pass时，表示什么含义？你该如何应叫呢？

答 同伴加倍时，是特殊加倍争叫，为9~15点，双高套的牌。你该应叫1NT，表示为8~10点，无4张高花的牌。

同伴争叫1♦时，为11~15点，5张以上的牌。你该加叫2♦，表示为8~10点，有支持的牌。

同伴争叫1♥时，为11~15点，5张以上的牌。你应叫1NT或2♣都行，具体该怎样应叫，应凭牌感而定。

同伴争叫1♠时，为11~15点，5张以上的牌。你该加叫2♠，表示为8~10支持点，有支持的牌。

同伴争叫1NT时，是特殊1NT争叫，为11~15点，双低套的牌。你该跳应叫3♣，表示为9~11点，有支持的牌。

同伴争叫2♣时，当同伴：①是低花迈克尔扣叫，为9~15点，双高套的牌时，你该应叫2♠，虽然此牌有9点，但是对黑桃无配合，你不能应叫3♠；②是平阶花色争叫，为11~15点，5张以上草花的牌时，你应加叫3♣，表示为8~10点，有支持的牌。

【例3】你持有♠Q9853 ♥K5 ♦A8 ♣K952，12点，5-2-2-4牌型。下家开叫1♣，同伴加倍或分别争叫1♦/1♥/1♠/1NT/2♣且上家都Pass时，表示什么含义？你该如何应叫呢？

答 同伴加倍时，是特殊加倍争叫，为9~15点，双高套的牌。你该跳叫4♠进局，表示为13支持点以上，有4张以上配合的牌。

同伴争叫1♦/1♥时，都为11~15点，5张以上的牌。你都该跳应叫2♠，表示为11~13点（此时推进人最多为13点），5张以上的牌。

同伴争叫1♠时，为11~15点，5张以上的牌。你该跳加4♠进局，表示为13支持点以上，有支持的牌。

同伴争叫1NT时，是特殊1NT争叫，为11~15点，双低套的牌。你稳妥点就跳叫3♣或4♣邀叫，激进点就跳叫3NT进局。此时跳叫5♣进局，感觉有点冒了。

同伴争叫2♣时，当同伴：①是低花迈克尔扣叫，为9点以上，双高套的牌时，你该跳应叫4♠进局，表示为13支持点以上，有4张以上配合的牌；②是花色争叫，为11~15点，5张以上草花的牌时，你该跳加4♣进行邀叫。

2. 上家插叫后对特殊约定争叫的应叫举例

【例1】你持有♠K53 ♥75 ♦K985 ♣9852，6点，3-2-4-4牌型。下家开叫1♣，同伴加倍，表示为9~15点，双高套的牌。上家Pass或分别进行再加倍/1♦/1♥/1♠/1NT/2♣插叫时，你该如何应叫呢？

答 上家Pass时，你该应叫1♠，表示为最多8支持点，有3张以上支持的花色选择示弱应叫。

上家再加倍插叫时，表示其为5~8的牌。你该应叫1♠，表示为最多8支持点，有3张以上支持的花色选择示弱应叫。此时你若Pass，则表示你有6~8点，6张以上草花。

上家1NT插叫时，表示其为6~8的均型牌。你应该Pass。

上家进行其他花色插叫时，都表示其为9点以上的牌。从理论上来讲，都表明同伴最多只有9点牌力，你都应该Pass。

【例2】你持有♠K83 ♥K5 ♦983 ♣K8532，9点，3-2-3-5牌型。下家开叫1♣，同伴加倍，表示为9~15点，双高套的牌。上家Pass或分别进行再加倍/1♦/1♥/1♠/1NT/2♣插叫时，你该如何应叫呢？

答 上家Pass时，你该应叫1NT，表示为8~10点，无4张高花的牌。也可以应叫1♠，表示为最多8支持点，有3张以上支持的花色选择示弱应叫。此时，你不能应叫2♠，因为你的牌力虽够，但黑桃的张数不够4张。

上家再加倍插叫时，表示其为5~8点的牌。此时同伴的牌力很有限，建议你应叫1♠，虽然你对黑桃无配合，但是牌力有富裕能够弥补。请注意，此时你若Pass，就表示你有6~8点，6张草花。

上家1NT插叫时，表示其为6~8点的均型牌，你叫2♠或Pass都行，应凭牌感而定。

上家进行其他花色插叫时，都表示其为9点以上的牌。从理论上来讲，同伴最多只有6点牌力，因而此时的叫牌进程逻辑错误，在你无法判断谁对谁错的情况下，建议你都Pass（打完此副牌后，如果发现对方诈叫，可以找裁判进行判罚）。

【例3】你持有♠K53　♥75　♦K985　♣9852，6点，3-2-4-4牌型。下家开叫1♣，同伴争叫1NT，表示为11~15点，双低套的牌。上家Pass或分别加倍/2♣/2♦/2♥/2♠/2NT插叫时，你该如何应叫呢？

答　上家Pass时，你该应叫2♦，表示为最多8点，有支持的花色选择示弱应叫。当草花和方块两门低花等长时，应该优先应答有大牌张的方块。

上家加倍插叫时，表示为5~8点的牌。你该应叫2♦，表示为最多8点，有支持的花色选择示弱应叫。此时你若Pass，则表示你有8~10点的均型牌。

上家2阶花色或2NT插叫，当上家平阶花色插叫表示为9点以上5张以上，或2NT表示为9~11点的牌时，从理论上来讲，都表明同伴最多只有9点牌力，因而此时的叫牌进程逻辑错误，在你无法判断谁对谁错的情况下，都应该Pass。

3. 特殊约定争叫人的再叫举例

【例1】你持有♠KQ983　♥AK765　♦93　♣8，12点，5-5-2-1牌型。上家开叫1♣，你加倍，表示为9~15点，双高套的牌。下家Pass，同伴应叫1♥，上家Pass或分别加倍/1♠/1NT/2♣/2♦/2♥/2♠/2NT插叫时，你应如何再叫呢？

答　上家Pass时，你应该Pass，表示为9~13点的牌。

上家加倍插叫时，你应加叫2♥，表示为12点以上，适合做庄的牌。

上家1♠插叫时，你应加叫2♥，表示为12点以上，适合做庄的牌（虽然你可以对上家所叫的1♠插叫Pass，但抬高1阶效果更好）。

上家2♣/2♦插叫时，你都应加叫2♥，表示为12点以上，5张以上适合做庄的牌。

上家进行其余插叫时，你都应该Pass。

【例2】你持有♠KQ983　♥AK765　♦93　♣8，12点，5-5-2-1牌型。上家开叫1♣，你加倍，表示为9~15点，双高套的牌。下家Pass，同伴跳应叫2♠，表示为9~11支持点，有4张以上配合的牌。上家Pass或分别加倍/2NT/3♣/3♦/3♥/3♠/3NT插叫时，你应如何再叫呢？

答　上家Pass时，你加牌型点已经有16支持点了，稳妥点你应加叫3♠邀叫，激进点就跳4♠进局。

上家加倍插叫时，表示他为16点以上的竞技性加倍，稳妥点你就加叫3♠邀叫，激进点就跳加叫4♠进局。

上家2NT插叫时，通常表示他持有黑桃止张，你应再叫3♠进行邀叫。

上家3♥插叫时，你加牌型点已经有16支持点了，稳妥点你都应加叫3♠邀叫，激进点就跳加4♠进局。

上家3♣/3♦插叫时，你加牌型点已经有16支持点了，稳妥点你都应加叫3♠邀叫，激进点就都跳加4♠进局。

上家3♠扣叫插叫时，你应再叫4♠进局。

上家3NT插叫时，通常表示他对黑桃有止张且有一门低花半坚固以上套的牌，建议你再叫4♠为好（对适合做庄的牌要争取做庄）。

【例3】你持有♠KQ93　♥85　♦AK765　♣AJ，17点，4-2-5-2牌型。上家开叫1♣，你先Pass，下家应叫1♦，同伴Pass，上家分别再叫1♥/1♠/1NT/2♣/2♦/2♥/2♠/2NT时，你应如何再叫呢？

答　上家再叫1♥/2♣时，你都应再叫2♦，表示为16点以上，5张以上的牌。

上家再叫1♠时，虽然此牌属于长套敌叫的牌型，但让他打1阶定约太便宜了，你应再叫2♦，表示为16点以上，5张以上的牌。

上家再叫1NT时，你应再叫2♦，表示为16点以上，5张以上的牌。此时，你也可以用再叫加倍参与叫牌。

上家再叫2♦时，此牌属于长套敌叫的牌型。你应该Pass。

上家跳叫2♥/2♠时，都表示开叫人为21点以上的强牌。你都应该Pass。

上家跳叫2NT时，表示开叫人为19点以上的均型牌。你应该Pass。

第九节　技术性加倍

加倍作为一种独特的叫牌手段，是争叫方在竞技叫牌中参与叫牌的重要方式。可以说，不会用加倍参与争叫，就不会打桥牌。笔者为了更好地讲解有关加倍的叫牌知识，将加倍细分为技术性加倍、竞技性加倍和惩罚性加倍三个类别，并用三节的篇幅分别予以详细介绍。

一、技术性加倍与争叫的区别

同伴对对方花色开叫（花色开叫可以分为1阶花色开叫、2♣开叫和阻击开叫三种类型）或1NT开叫直接或间接位置的加倍，都是技术性加倍。技术性加倍与争叫的区别只需要记住以下3个要点即可。

（1）自己有5张以上长套的牌，进行平阶花色争叫时，只表示为11~15点的牌。面对对方1阶低花或高花开叫，当争叫人为11~15点，有一门5张低花长套且另有一门4张高花套时，笔者还是倾向于优先进行加倍，至于你们是否采用，请和同伴协商确定。而加倍后再平阶/跳阶出套时，则表示为16~18点/19~21点的牌。都不逼叫。

（2）自己没有5张花色长套，有相当于开叫牌力，开叫花色为短套时，通常会采用技术性加倍参与叫牌。但是要注意，对开叫人：①1阶花色开叫加倍时，要有12点以上的牌，逼叫；②2♣、2阶高花和3阶低花阻击开叫加倍时，要有14点以上的牌，不逼叫；③3阶高花阻击开叫加倍时，通常要有15点以上的牌，不逼叫；④1NT开叫加倍时，则要有16点以上的牌（对卡普兰迪约定叫，为15点以上的牌，以下统一省略该解释），不逼叫。

（3）当争叫人为16~18点，对开叫花色有止张，无5张以上高花套的均型牌时，就应该争叫1NT。当争叫人为19~21点/22~24点，对开叫花色有止张的均型牌时，则应该用——先叫加倍，然后在推进人示弱应叫后，在对方没有插叫时，分别用再叫1NT/跳叫2NT——来表示，都不逼叫。

需要说明的是，对开叫人1NT开叫技术性加倍后的应叫及后续叫牌，笔者推荐大家采用现在世界桥牌界最流行的卡普兰蒂约定叫，详见本章第七节（276~281页）。在此就不另做介绍了。

二、对技术性加倍的应叫

1. 对方1阶花色开叫后对技术性加倍的应叫

对1阶花色开叫，技术性加倍通常是逼叫。当推进人：

Pass——为8点以上，有5张以上下家所叫花色强套，并确认让下家打1阶花色加倍定约不吃亏的牌。

1NT/2NT——为8~10点/11~12点，无4张高花，对开叫花色有止张的牌，不逼叫/邀叫。

3NT——为13~15点，无4张高花，对开叫花色有好止张的牌，不逼叫。

平阶出新花——都为最多8点，4张以上的花色选择示弱应叫（万不得已允许叫出3张），都不逼叫。

跳阶出高花——都为8~10点，5张或为9~11点，4张的牌，都不逼叫。

对1♦开叫双跳出高花或1♥开叫双跳出黑桃——都为10点，5张，对方开叫花色为单张或为11~12点，5张的牌，都不逼叫。

4阶跳出高花——都为10点，6张以上且对方开叫花色为单张或为11~12点，5张以上强套的牌，都不逼叫。

3阶跳出低花——都为9~11点，5张以上的牌，都不逼叫。

4阶/5阶跳出低花——为11~12点，6张套/6张以上强套的非均型牌，都不逼叫。

扣叫开叫花色——为12点以上，通常是对开叫花色无止张，对未叫花色有好支持的牌（当扣叫的推进人有机会再叫出新花时，则表示为5张以上，扣叫后出套叫品的牌力明显要强于跳阶出新花叫品的牌力），逼叫。

跳扣叫开叫花色——可以视为特殊约定叫，为12点以上，对其余未叫花色都有好配合，跳扣叫花色为缺门的牌，逼叫。

2. 对方2♣开叫后对技术性加倍的应叫

此时除了推进人2NT/3NT应叫分别表示为9~10点/11~15点，通常无4张高花，对草花有止张的牌不同以外，推进人的其他应叫，都与对1阶花色开叫后推进人对技术性加倍的应叫相同，在此就不进行赘述了，敬请大家谅解。

3. 对方阻击开叫后对技术性加倍的应叫

（1）对方2阶高花和3阶低花阻击开叫后对技术性加倍的应叫

同伴对2阶高花和3阶低花阻击叫的加倍，都是技术性加倍，为14点以上的牌，通常是逼叫。当推进人：

Pass——为8~10点，在阻击开叫花色中有可靠赢墩的牌，转为惩罚性加倍。

平阶出高花——都为最多8点，4张以上的花色选择示弱应叫，都不逼叫。

4阶跳出高花——都为9~13点，5张以上或为11~13点，4张的牌，都不逼叫。

平阶出低花——都为最多8点，4张以上的花色选择示弱应叫，都不逼叫。

4阶/5阶跳出低花——为9~11点/12~13点，5张以上的牌，都不逼叫。

2NT/3NT——为9~10点/11~15点，有开叫花色止张的均型牌，邀叫/不逼叫。

扣叫阻击开叫花色——为12点以上的牌，逼叫。当扣叫人：①有机会再出新花时，为15点以上，5张以上强套的牌，逼叫到4NT或5阶此花色；②加叫加倍人再叫花色进局时，为12~15点，有4张以上配合的牌，不逼；③对加倍人再叫花色进局Pass时，为12~15点，有4张以上配合的牌；④对加倍人3NT的Pass时，为12~15点的均型牌。

跳扣叫阻击开叫花色——为12点以上，对其余未叫花色都有好配合，跳扣叫花色为缺门的牌，逼叫。

（2）对方3阶高花阻击开叫后对同伴加倍的应叫

同伴对3阶高花阻击开叫的加倍（是选择性加倍还是技术性加倍，是你和同伴必须要明确的问题），为15点以上的牌，当推进人对3阶高花阻击开叫加倍的Pass时，为有接近自由应叫牌力且通常在此花色中有可靠赢墩的牌，就转为了惩罚性加倍。此时推进人的其他应叫都与对3阶低花阻击开叫的应叫大体相同（详见本书249~252页），就不再进行详细介绍。

三、上家插叫后对技术性加倍的应叫

1. 上家插叫后推进人对技术性加倍的应叫约定

（1）下家1♦开叫上家加叫和1NT插叫后对技术性加倍的应叫

上家进行2♦加叫插叫时，表示为8~10点，有4张以上配合的牌。上家进行1NT插叫时，表示为8~10点的均型牌。上家进行3♦跳加插叫时，表示为5~7点，有5张以上配合的牌。相比较而言，上家的跳加叫牌力更弱一些。当推进人持有自由应叫牌力时，说明你方联手的牌力要至少与对方持平或略高，此时参与叫牌会相对安全。当推进人：

Pass——为最多4点或是为5~8点，无4张以上高花不好叫的牌。

2阶出高花——都为5~8点，4张以上的牌，都不逼叫。

3♣——为5~8点，5张以上的牌，不逼叫。

3阶跳出高花——都为9点，5张或为9~10点，4张的牌，都是邀叫。

4阶跳出高花——都为10~11点，5张以上或为11~13点，4张以上的牌，都不逼叫。

对上家的1NT和2♦插叫加倍——都是竞技性加倍，为9~10点，无4张高花不好叫的牌，通常都是逼叫。

对3♦跳加叫插叫加倍——是选择性加倍，为11点以上，在方块中有可靠赢墩的牌，不逼叫。

（2）下家高花开叫上家加叫性插叫后对技术性加倍的应叫

上家进行1NT插叫时，表示为8~10支持点，有支持的牌。进行2阶/3阶加叫性插叫时，表示为5~7支持点，有支持/4张以上好支持的牌。相比较而言，此种加叫性插叫是所有插叫中牌力较弱的，也从侧面表示你方的花色更可能有配合的牌，当推进人持有自由应叫牌力时，可以说明你方联手的牌力要高于对方，你可以忽略对方的插叫，其Pass、出新花、跳出新花、无将再叫都保持原有的含义。当推进人：

Pass——为最多4点或为5~8点，无4张以上另一门高花不好叫的牌。

对上家2阶加叫性插叫加倍——是竞技性加倍，为8~10点，无5张花色套，对方所叫花色为短套的牌，逼叫。

对上家3阶以上加叫性插叫加倍——是选择性加倍，为8~10点，在对方所叫花色中有可靠赢墩的牌，不逼叫。

2阶/3阶出新花——为5~8点/9~10点，4张以上的牌。都不逼叫。

4阶高花/5阶低花——为11~13点，4张以上套/5张以上强套的牌，都不逼叫。

2NT/3NT——为9~10点/11~13点，有开叫花色好止张的均型牌，都不逼叫。

扣叫开叫花色——为11点以上，有一门花色强套，且有可靠进张的牌。是要求加倍人：有扣叫高花半止张时，叫3NT，无扣叫止张时，平阶维持叫牌，推进人再根据自己手中的牌进行符合桥牌逻辑的叫牌。

（3）下家花色开叫上家非加叫性示强插叫后对技术性加倍的应叫

上家进行非加叫性示强插叫时，表示对方联手的牌力要高于你方。即使推进人持有接近自由应叫牌力，也只能说明双方联手的牌力基本持平，推进人参与叫牌时还是要谨慎一点为好。当推进人：

Pass——为最多4点或为5~8点，无4张以上高花不好叫的牌。

2阶出新花——都为5~8点，5张以上的牌，都不逼叫。

对上家1阶非加叫性插叫加倍——都是竞技性加倍，为8~10点，有4-4以上分布另两门未叫花色的牌，都是逼叫。

对上家2阶以上非加叫性插叫加倍——都是惩罚性加倍，为8~10点，对上家所叫花色有可靠赢墩的牌（对2阶加倍一定要慎重），都不逼叫。

（4）下家花色开叫上家有11点以上插叫后对技术性加倍的应叫

上家进行再加倍、2NT和3NT等插叫时，都表示为11点以上，说明对方联手的牌力要远高于你方，推进人如无特殊的牌型，通常就不必参与叫牌了。

总之，上家进行插叫后，推进人对花色开叫技术性加倍的其他应叫，都是很罕见的叫牌，你可以赋予其特定的叫牌约定。

2. 下家2♣开叫上家插叫后对技术性加倍的应叫

上家进行主动插叫时，除了加叫3♣的牌力较弱以外，其余插叫都表示有自由应叫牌力，即使推进人持有接近自由应叫牌力，也只能说明双方的联手牌力基本持平，推进人再参与叫牌时还是要谨慎一点为好。当推进人：

Pass——为最多4点或为5~8点，无4张以上高花不好叫的牌。

2阶/3阶出高花——为5~7点/8~9点，4张以上的牌，不逼叫/邀叫。

4阶跳出高花——都为10~13点，5张以上或为11~13点，4张以上的牌，都不逼叫。

3♦——为5~8点，5张以上的牌，不逼叫。

对上家非加叫性插叫加倍——都是惩罚性加倍，为8点以上，对上家所叫花色有可靠赢墩的牌，都不逼叫。

对上家3♣加叫性插叫加倍——是选择性加倍，为10~12点，对草花有可靠赢墩的牌，不逼叫。

3. 下家阻击开叫上家插叫后对技术性加倍的应叫

上家出新花插叫时，表示为8~10点，6张以上的牌。此叫牌进程表示你方联手的牌力要高于对方或至少与对方持平，此时，推进人的应叫，具体应参考本书085~086页的八条常规介绍。而上家进行加叫阻击花色进局的插叫时，即可能表示上家加叫2阶/3阶高花时满足"16法则"/"15法则"，加叫低花时满足"17法则"，也可能表示是对阻击花色有支持的提前牺牲叫，这就要求推进人要依据自己的牌力和牌型，对上家的插叫性质进行区分，适时给予惩罚性加倍。

总之，下家花色开叫，上家插叫后，推进人对技术性加倍的其他应叫，都是很罕见的叫牌，你可以赋予其特定的叫牌约定。

四、技术性加倍人的再叫

技术性加倍通常逼叫一轮，无论对方是否再次参与叫牌，推进人是示弱应叫还是示强应叫时，加倍人都是有机会进行再次叫牌的。

1. 推进人示弱应叫后加倍人的再叫

（1）推进人示弱应叫，对方没有参与插叫时加倍人的再叫

Pass——为15点以下，联手成局无望的牌。

1NT/2NT——为19~20点/21~22点，对开叫花色有止张的牌，不逼叫/邀叫。

3NT——为23点以上，对开叫花色有好止张的牌，止叫。

平阶出新花——都为16~18点，5张以上的牌，都不逼叫。

3阶/4阶跳出新花——为19~21点/22~23点，5张以上强套的牌，都不逼叫。

2阶加叫/3阶跳加叫推进人高花——为16~18点/19~20点，有4张以上配合的牌，不逼叫/邀叫。

4阶加叫推进人高花——为21~23点，有4张以上配合的牌，止叫。

3阶加叫/4阶跳加叫推进人低花——为16~18点（16点时应该有单张花色的牌）/19~21点，有4张以上配合的非均型牌，不逼叫/邀叫。

5阶加叫推进人低花——为22~24点，有4张以上配合的牌，止叫。

扣叫/跳扣叫开叫花色——为19点以上，对推进人花色有4张以上配合，扣叫花色为单张/缺门的牌，都是逼叫。

（2）推进人花色示弱应叫，上家插叫后加倍人的再叫

推进人示弱应叫，上家花色、无将或加倍插叫后，加倍人如无16点以上的牌，通常就不必再主动参与叫牌了，而加倍人出新花和无将的再叫，都保持原有含义。而当加倍人：

对上家再叫开叫花色的加倍——是竞技性加倍，为16点以上，对推进人花色无配合，有4-4以上分布另两门未叫花色的牌，逼叫。

加叫/跳加叫推进人花色——为16~18点/19~21点，有4张以上配合的牌，都不逼叫。

4阶跳加推进人高花/5阶跳加推进人低花——为22~24点，有4张以上配合的牌，都不逼叫。

对1NT插叫的加倍——是选择性加倍，为19点以上的均型牌，不逼叫。

对加倍插叫的再加倍——为19点以上，对推进人花色有支持的牌，不逼叫。

2. 推进人示强应叫后加倍人的再叫

（1）推进人9~11点限制性示强应叫，上家没有插叫时加倍人的再叫

Pass——对推进人1NT应叫后Pass，表示为12~14点且成局无望的牌。而对推进人2阶高花/3阶低花应叫Pass，也表示联手牌力和牌型成局无望。

平阶2NT——为14~15点，有开叫花色止张的均型牌，邀叫。

跳叫3NT——为16~19点，有开叫花色好止张的牌（可能有低花长套或推进人花色为单张不适合进行1NT争叫），止叫。

平阶/跳阶出新花——为16~18点/19~21点，5张以上的牌，都是逼叫。

3阶加叫/4阶跳加叫推进人高花——为14~15支持点/16支持点以上，有4张以上配合的牌，邀叫/止叫。

4阶/5阶加叫推进人低花——为16~18点/19~21点，有4张以上配合的非均型牌，邀叫/止叫。

扣叫开叫花色——为18~19点，对推进人花色有4张以上好配合，对方开叫花色为无废点单张的牌，要求推进人在开叫花色中无废点时，可以试探满贯定约，逼叫。

跳扣叫开叫花色——为15点以上，对推进人花色有4张以上好配合，扣叫花色为缺门的牌，逼叫。

（2）推进人9~11点限制性示强应叫，上家插叫后加倍人的再叫

通常推进人9~11点限制性示强应叫后，对方是不会轻易再参与插叫了。加倍人的再叫，与上家没有插叫时类似，加倍人的其余再叫都是自然实叫，应该符合桥牌逻辑。

当上家继续进行再叫开叫花色或出新花插叫后，加倍人再叫的加倍，都是惩罚性加倍。

五、技术性加倍后推进人的再叫及后续叫牌

加倍人再叫后，无论对方是否再参与插叫，推进人重复再叫应叫花色时，都表示为更长套的牌。推进人的其余再叫及后续叫牌都是自然实叫，应该符合桥牌逻辑。此时，分析叫牌信息，按桥牌逻辑来推断技术性加倍人或推进人的牌力范围和牌型，遵循总墩数定律，并采用与其相适应的叫牌原则来指导其后续叫牌，共同选择联手的合理定约是其精髓所在。推进人的再叫及后续叫牌，都应符合常规的后续叫牌，详见本书088~089页。

六、技术性加倍的后续叫牌举例

1. 参与竞技叫牌的举例

【例1】你持有♠KQ83 ♥A5 ♦KQ5 ♣A852，18点，4-2-3-4牌型，上家分别开叫1♣/1♦/1♥/1♠/1NT/2♣/2♦/2♥/2♠/2NT/3♣/3♦/3♥/3♠时，你该如何参与竞叫呢？

答 上家开叫1♣时，你应该Pass，然后再根据对方的叫牌进程来决定后续叫牌。

上家开叫1♦/1♠时，你都该争叫1NT，表示为16~18点，有止张的均型牌。

上家开叫1♥/2♥时，你都该叫加倍，表示为12点以上/14点以上的技术性加倍。

上家开叫1NT时，你该叫加倍，表示为16点以上的牌。

上家开叫2♣时，你该叫加倍，表示为14点以上的技术性加倍。

上家开叫2♦时，你该争叫2NT，表示为16~18点的均型牌。

上家开叫2♠时，你该争叫2NT，表示为16~18点，有止张的均型牌。

上家开叫2NT时，你应该Pass。

上家开叫3♣/3♦时，你都该叫加倍，通常对3阶低花阻击开叫的加倍，是技术性加倍。

上家开叫3♥时，你该叫加倍，通常对3阶高花阻击开叫的加倍，可以理解为技术性加倍，也可以约定为选择性加倍，请与同伴协商确定。

上家开叫3♠时，你手中有5个半赢墩，还真不好叫。如果你和同伴约定3阶高花加倍是选择性加倍，就叫加倍。如果你们没有此约定，就凭牌感来决定是否参与叫牌。

【例2】你持有♠KQ853 ♥KQ52 ♦5 ♣A85，14点，5-4-1-3牌型。上家分别开叫1♣/1♦/1♥/1♠/1NT/2♣/2♦/2♥/2♠/2NT时，你该如何参与竞叫呢？

答 上家开叫1♣时，你该叫加倍，表示为9~15点，双高套的牌。

上家开叫1♦时，你该争叫1♠，表示为11~15点，5张以上的牌，此牌不扣叫2♦的理由是，5张黑桃，4张红心牌型的牌，是不适合进行迈克尔扣叫的。

上家开叫1♥时，你该争叫1♠，虽然此牌也属于长套敌叫的类型，但1阶相对便宜，可以争叫。

上家开叫1♠时，此牌属于长套敌叫不参与叫牌的类型，你应该Pass。

上家开叫1NT时，你该争叫2♦，表示为11~15点，双高套的牌。

上家开叫2♣时，你该争叫2♠，表示为11~15点，5张以上的牌。

上家开叫2♥时，此牌你是否该争叫2♠，应凭牌感而定。严格来讲，争叫2♠和Pass都不为过。

上家开叫2♦时，对方以3-4-1-5、4-3-1-5、4-4-1-4或4-4-0-5的牌型开叫，你还真不好叫，该怎么争叫，应凭牌感而定。

上家开叫2♠/2NT时，你都应该Pass。

2. 同伴技术性加倍后的应叫举例

【例1】 你持有♠J8653 ♥85 ♦75 ♣K652，4点，5-2-2-4牌型。下家分别开叫1♣/1♦/1♥/1♠/1NT同伴都加倍且上家都Pass时，表示什么含义？你该如何应叫？

答 下家开叫1♣同伴加倍时，当同伴为：①11~15点，5张以上草花的牌时，你应该Pass；②9~15点，双高套的牌时，你该应叫1♠，表示为最多8支持点，有支持的花色选择示弱应叫。

下家开叫1♦/1♥同伴加倍时，都是技术性加倍。你都该应叫1♠，表示为最多8支持点，有3张以上支持的花色选择示弱应叫。

下家开叫1♠同伴加倍时，是技术性加倍。你还真不好叫，如叫1NT，牌力不够。如Pass，又不一定能打宕对方的1♠定约。综合而言，笔者建议你再叫2♣，表示为最多8点，4张以上的花色选择示弱应叫。

下家开叫1NT同伴加倍时，为15点以上的牌。上家Pass，表示有一定牌力。你该应叫2♠进行逃叫。

【例2】 你持有♠Q10953 ♥A5 ♦75 ♣K652，9点，5-2-2-4牌型，下家分别开叫1♣/1♦/1♥/1♠/1NT/2♣/2♦/2♥/2♠/2NT/3♣/3♦/3♥/3♠同伴都加倍且上家都Pass时，表示什么含义？你该如何应叫呢？

答 下家开叫1♣同伴加倍时，当同伴：①为11~15点，5张以上草花的牌时，你该应叫1♠，表示为9~11点，5张以上的牌；②为9~15点，双高套的牌时，你该跳叫3♠，表示为11~12支持点，有4张以上配合的牌。

下家开叫1♦/1♥同伴加倍时，都是技术性加倍。你该跳叫2♠，表示为9~11点，4张以上的牌。

下家开叫1♠同伴加倍时，是技术性加倍。此时要看这副牌的局况，如果局况有利（本方无局对方有局），就应该Pass，能把加倍定约打宕二得500分，应该很不错了。如果本方有局对方无局，你应叫1NT或Pass都行。

下家开叫1NT同伴加倍时，为15点以上的牌。你应该Pass，准备惩罚开叫方的1NT定约。

下家开叫2♣同伴加倍时，是技术性加倍。你该跳叫3♠，表示为9~11点，4张以上的牌。

下家开叫2♦同伴加倍时，是争叫性加倍，为11~15点，有5张以上方块的牌。你应该Pass，准备惩罚对方的虚开叫定约。

下家开叫2♥同伴加倍时，是技术性加倍。你该跳叫4♠，表示为9~13点，5张以上的牌。

下家开叫2♠同伴加倍时，是技术性加倍。你应该Pass，转换成惩罚性加倍。

下家开叫2NT同伴加倍时，此叫牌进程逻辑错误。该怎么应叫，应凭牌感而定。

下家开叫3♣/3♦同伴加倍时，都是技术性加倍。你都该跳叫4♠，表示为9~13点，5张以上的牌。

下家开叫3♥同伴加倍时，无论是技术性加倍还是选择性加倍，你都该跳叫4♠，表示为9~13点，5张以上的牌。

下家开叫3♠同伴加倍时，无论是技术性加倍还是选择性加倍，你都应该Pass，转换成惩罚性加倍。

3. 加倍人的再叫举例

【例】你持有♠KQ83　♥95　♦KQ5　♣A852，14点，4-2-3-4牌型。上家开叫1♥，你加倍后，下家Pass，同伴分别应叫1♠/1NT/2♣/2♦/2♥/2♠/2NT/3♣/3♦/3♥/3♠/3NT/4♣/4♦/4♥/4♠/4NT/5♣/5♦且上家都Pass时，表示什么含义？你应如何再叫呢？

答　同伴应叫1♠时，为最多8支持点，有支持的花色选择示弱应叫。此牌成局无望，你应该Pass。

同伴应叫1NT时，为8~10点，对红心有止张的牌。你应该Pass。

同伴应叫2♣/2♦时，为最多8点，4张以上的花色选择示弱应叫。你都应该Pass。

同伴扣叫2♥时，为12点以上，对其他花色有支持的牌。你应再叫2♠，表示为12点以上，4张以上的牌，听同伴再叫后再决定选什么定约进局。

同伴跳应叫2♠时，为8~10点，4张，红心为单张或为9~11点，4张的牌。你应加叫4♠进局。

同伴跳应叫2NT时，为11~12点，对红心有止张，无4张黑桃的牌。你应加叫3NT进局。

同伴跳应叫3♣/3♦时，为9~11点，5张以上的牌。推进人对红心无止张，也没有用扣叫来表示打无将的意思，低花成局联手需要有28点左右牌力，你们联手的牌力明显不足，你都应该Pass。

同伴跳扣叫3♥时，为12点以上，红心为缺门，对其余未叫花色有好配合的牌。很显然，对方红心的10点牌力都废了，你该直接叫6♣或6♠。

同伴跳应叫3♠时，为10点，5张，红心为单张或为11~12点，5张以上的牌。你应加叫4♠进局。

同伴跳应叫3NT时，为13~15点，有红心好止张的牌。你应该Pass。

同伴跳应叫4♣/4♦时，为9~11点，6张以上的牌。你激进点可以分别加叫5♣/5♦，稳妥点就再叫Pass。

同伴双跳扣叫4♥和跳叫4NT时，都是逻辑错误的叫牌。至于你该如何再叫，应凭牌感而定。

同伴跳应叫4♠时，为9~11点，5张以上或为8~10点，6张以上的牌。你应该Pass。

同伴跳应叫5♣/5♦时，为9~11点，6张以上强套的牌。你都应该Pass。

4. 同伴技术性加倍后推进人的再叫举例

【例】你持有♠85 ♥85 ♦K105 ♣KJ10642，7点，2-2-3-6牌型。下家开叫1♥，同伴加倍后，对方一直没再参与叫牌，你应叫2♣后，同伴Pass或分别再叫2♦/2♥/2♠/2NT/3♣/3♦/3♥/3♠/3NT/4♣/4♦/4♥/4♠/4NT/5♣时，表示什么含义？你应如何再叫呢？

答　同伴Pass时，为成局无望的牌，你已经没有再叫牌的机会了。

同伴再叫2♦时，为16~18点，5张以上的牌。你稳妥点就应该Pass，激进点就再叫3♦，表示为6~8点，有好支持的牌，保留让同伴打3NT定约的机会。

同伴扣叫2♥时，为19点以上，对草花有4张以上配合，红心为单张的牌。你对红心无止张，应跳叫4♣进行邀请。

同伴再叫2♠时，为16~18点，5张以上的牌。你应再叫3♣改善定约。

同伴再叫2NT/3NT时，为19~21点/22~25点，对红心有止张的牌。你应分别再叫3NT/Pass。

同伴加叫3♣时，为16~18点，有4张以上配合的牌（16点应该有单张花色）。稳妥点你应该Pass。激进点你可以扣叫3♥，表示为7~8点，有5张以上草花的牌，要求同伴有红心半止张时，就叫3NT进局，无红心半止张时，就叫回4♣或5♣。

同伴跳出3♦时，为19~21点，5张以上强套的牌。你应扣叫3♥，表示为7~8点，对方块有好支持的牌。要求加倍人有红心半止张时，就叫3NT进局，无红心半止张时，就叫回5♦。

同伴跳扣叫3♥时，为19点以上，对草花有4张以上配合，红心为缺门的牌。显而易见，开叫方红心的10点牌力都废掉了，你应再叫6♣进贯。

同伴跳叫3♠时，为19~21点，5张以上强套的牌。你有7点，有双张黑桃，应加叫4♠进局。

同伴跳加叫4♣时，为19~21点，有4张以上配合的牌。你应加叫5♣进局。

同伴双跳出4♦时，为22点左右，6张以上强套的牌。你应加叫5♦进局。

同伴双跳扣叫4♥时，是逻辑错误的叫牌，至于你该如何再叫，应凭牌感而定。

同伴双跳出4♠时，为21点左右，6张以上强套的牌。你应再叫Pass。

同伴跳出4NT时，为24点以上，对草花有4张以上配合的牌，是以草花为将牌的关键张问叫。你应加两级应答5♦，表示有一个关键张。

同伴跳加5♣时，为22点左右，有4张以上配合且不适合打3NT定约的非均型牌。你应该Pass。

第十节　竞技性加倍

竞技性加倍也是桥牌竞技叫牌中常用的一种加倍类型，当使用人参与叫牌的位置和叫牌进程不同时，其所表达的含义也是不同的。为此，笔者按使用人的不同把其细分为开叫人、应叫人、争叫人和推进人的四个类别，并以叫牌举例的方式把各种竞技性加倍的使用情况介绍给大家。

一、开叫人的竞技性加倍

开叫人的竞技性加倍是有竞叫性加倍、支持性加倍和选择性加倍之分的。

1. 开叫人的竞叫性加倍

开叫人的竞叫性加倍，是指花色开叫人在对方进行花色干扰，同伴Pass后或是同伴Pass上家花色干扰后，所采用的加倍。通常表示加倍人为14~15点高限牌力，没有6张原花，对其他两门未叫花色有较好支持的牌，不逼叫。

【例】

北	东	南	西
1♠	2♣	—	—
X	—	Pass/2♦/2♥/2♠	=❶

此叫牌进程中，开叫人北家的加倍就是竞叫性加倍。表示加倍人为14~15点高限牌力，有5张黑桃，对方块和红心有好支持的牌，不逼叫。当应叫人南家：①Pass时，就为有接近自由应叫牌力，在草花中有可靠赢墩的牌，就将其转为惩罚性加倍；②2♦/2♥时，就为不够自由应叫牌力，4张以上的牌，都不逼叫；③2♠叫回黑桃时，就为最多7点，可能有支持的牌，不逼叫。

2. 开叫人的支持性加倍

开叫人的支持性加倍，是指1♦或1♥开叫人在应叫人进行一盖一高花应叫，上家进行1♠或1NT干扰后所进行的加倍，用以表示开叫人为14~15点高限牌力，对应叫高花有支持的牌，不逼叫。

需要强调的是，开叫人的支持性加倍只适用于1阶。开叫人在同伴不是加叫性的示强应叫后，对上家2阶以上干扰的加倍，则都是惩罚性加倍。

【例】

北	东	南	西
1♦	—	1♥	1♠/1NT
X	—	2♥/3♥/4♥	—
—	=		

此叫牌进程中，当应叫人南家1♥示强应叫后，开叫人北家对争叫人西家1♠/1NT（1阶）干扰的加倍，都是支持性加倍，表示开叫人为14~15点高限牌力，对红心有支持的牌，通常是逼叫。当应叫人南家再叫：①2♥时，表示为8~10点，不确定是否有5张红心的牌，不逼叫；②3♥/4♥时，表示为9~10点/11~15点，5张以上的牌，邀叫/止叫。

3. 开叫人的选择性加倍

开叫人的选择性加倍，特指应叫人加叫开叫人花色，对方干扰后的一种特定的加倍叫牌，其表现形式有非成局加叫模式和成局加叫模式两种类型，都不逼叫。

---

❶ 统一用此省略标注表示，上一个叫牌中有Pass时，叫牌到此结束，是正常叫牌时，到第三家结束的叫牌进程。

（1）非成局加叫模式的选择性加倍

【例】

北	东	南	西
1♠	—	2♠	3♣/3♦/3♥
X	—	Pass/3♠/3NT/4♠	=

此叫牌进程中，应叫人南家加叫2♠，开叫人北家对争叫人西家3阶干扰所做的加倍，都是非成局加叫模式的选择性加倍，表示开叫人北家为14~15点高限牌力，有4张以上在争叫花色（有可靠赢墩）的牌，不逼叫。从逻辑分析角度来看，是争叫人西家的3阶干扰占据了开叫人想叫的长套邀请位置。此时，当应叫人南家：①持有可靠防守赢墩的牌时，可以选择Pass放罚；②如果觉得没有把握打宕对方的定约且成局无望时，就可以再叫3♠结束叫牌；③如果觉得联手能进局或觉得打宕对方定约不合算时，也可以再叫3NT或4♠进局。需要说明的是，此选择性加倍，通常发生在3阶，当对2阶干扰进行选择惩罚性加倍时，一定要慎之又慎。

（2）成局加叫模式的选择性加倍

【例】

北	东	南	西
1♥	2♣	3♥	4♣
4♥	—	—	5♣
X	—	—	=

此叫牌进程中，开叫人北家对推进人西家5♣干扰的加倍，就是成局加叫模式的选择性加倍，不逼叫。因为开叫人北家：①如果选择直接再叫5♥时，则表示自己的牌型是适合做庄的牌；②如果选择Pass时，则表示允许同伴选择5♥再叫、Pass和加倍对方定约。当开叫人北家主动选择加倍推进人西家5♣干扰时，则表示不希望应叫人南家再叫5♥。通常，当应叫人南家没有足够的理由时，就不应该再进行叫牌了。

二、应叫人的竞技性加倍

应叫人的竞技性加倍可分为负加倍和选择性加倍两个类型。

1. 应叫人的负加倍

开叫人1阶花色开叫，上家平阶花色干扰后，应叫人此时所做的加倍至少是负加倍，负加倍通常是发生在1阶和2阶水平（包括3阶低花），当应叫人对上家3阶高花干扰进行加倍时，则可以理解为惩罚含义更强的选择性加倍。

【例1】

北	东	南	西
1♥	1♠	X	—
1NT	—	Pass/2♣/2♦/2♠/3♣	=

此叫牌进程中，应叫人南家的加倍就是负加倍，表示应叫人南家至少为8~10点，对红心无支持，有4-4以上分布未叫花色草花和方块（或是为11点以上，对红心不支持的牌，此类牌应叫人有机会就用再出新花或扣叫来表示）。加倍发生在1阶时逼叫，2阶时不逼叫。当开叫人北家再叫1NT时，表示为11~13点，有黑桃止张的牌，不逼叫。此

后，当应叫人南家：①再叫Pass时，表示为8~10点，成局无望的牌；②再叫2♣/2♦出新花时，都表示为11点以上，5张以上的牌，都是逼叫；③扣叫2♠时，为11点以上的牌，逼叫；④再叫3♣跳出草花时，是逻辑错误的叫牌，你可以和同伴协商，赋予其特定的叫牌约定。

【例2】

北	东	南	西
1♥	2♣/2♦	X	—
2♠	—	Pass/3♠/4♠	═

此叫牌进程中，应叫人南家的加倍是负加倍，首先表示应叫人南家至少为8~10点，对红心无支持，有4-4以上分布黑桃和未叫低花的牌，通常是逼叫。当开叫人北家再叫2♠时，表示为11~14点，4张黑桃的牌，不逼叫。当应叫人南家再叫：①Pass时，则表示为成局无望的牌；②3♠/4♠加叫时，则表示为11~12支持点/13~15支持点，对黑桃有4张以上配合的牌，邀叫/止叫。

2. 应叫人的选择性加倍

应叫人的选择性加倍分为非成局加叫模式、非加叫模式和成局加叫模式三种类型。

（1）应叫人非成局加叫模式的选择性加倍

【例】

北	东	南	西
1♥	2♣	2♥	3♣
—	—	X	—
Pass/3♥/4♥	═		

此叫牌进程中，应叫人南家的加倍就是非成局加叫模式的选择性加倍，表示为8~10支持点，对红心有支持，在草花中有可靠赢墩的牌，不逼叫，由开叫人北家进行选择。当开叫人北家再叫：①Pass时，则表示持有防守赢墩较多，就将其转换成惩罚性加倍；②3♥时，则是表示打宕对方3♣定约没有把握的示弱叫牌，不逼叫；③4♥封局止叫时，有蒙局的嫌疑，因为自己最多为中限牌力，且同伴南家在草花中已经有废点了。

（2）应叫人非加叫模式的选择性加倍

【例】

北	东	南	西
1♥	2♣	2♦	3♣
—	—	X	—
Pass/3♦/3♥/3NT	═		

此叫牌进程中，应叫人南家对推进人西家加叫3♣干扰的加倍，是非加叫模式的选择性加倍。表示应叫人南家为8~10点，在草花中有可靠赢墩，对开叫人红心有帮助或有双张红心的牌，不逼叫。当开叫人北家再叫：①Pass时，就表示准备防守打宕对方定约；②3♦时，为对方块有支持或帮助的牌，不逼叫；③3♥时，表示选红心为将牌，不逼叫；④3NT封局止叫时，是逻辑含糊的叫牌，因为开叫人北家的上一个Pass，已经表示为中低限牌力，此时应该是没有资格再叫3NT的，此叫品有蒙局的嫌疑。

（3）应叫人成局加叫模式的选择性加倍

【例】北　　　　东　　　　南　　　　西

1♥	2♣	3♥	4♣
4♥			5♣
—	—	X	—
—	=		

此叫牌进程中，推进人西家再叫出5♣后，开叫人北家选择Pass，则表示把选择权交给了应叫人南家，允许应叫人南家在加叫5♥、加倍惩罚和Pass之间进行选择。当应叫人南家选择了加倍惩罚时，开叫人北家通常不应该再进行叫牌了。

三、争叫人的竞技性加倍

争叫人的竞技性加倍，主要是通过对花色虚开叫或虚应叫的争叫性加倍、对花色开叫的延迟性加倍或选择性加倍和争叫人的竞叫性加倍来体现的。

1. 争叫人的争叫性加倍

争叫人的争叫性加倍是指对对方虚开叫或虚应叫的加倍，用其来表示加倍人为11~15点，有5张以上对方虚开叫或虚应叫花色的牌，都不逼叫。

（1）对上家虚开叫的加倍是争叫性加倍

【例】北　　　　东　　　　南　　　　西

	2♦		X

此叫牌进程中，争叫人东家对开叫人北家2♦虚开叫的加倍就是争叫性加倍。表示争叫人东家为11~15点，有5张以上方块的牌，不逼叫。如果争叫人东家不使用对虚开叫加倍，就得在3阶水平进行方块争叫，那将是很危险的，而且还会有与扣叫混淆的麻烦。

（2）对上家虚应叫的加倍也是争叫性加倍

【例1】北　　　　东　　　　南　　　　西

2♣	—	2♦	X

此叫牌进程中，争叫人西家对应叫人南家2♦示强虚应叫的加倍，也是争叫性加倍。表示争叫人西家为11~15点，有5张以上方块的牌。

【例2】北　　　　东　　　　南　　　　西

1NT	—	2♣/2♦	X

此叫牌进程中，争叫人西家对南家2♣/2♦斯台曼虚应叫的加倍，都是争叫性加倍。表示争叫人西家为11~15点，有5张以上草花/方块的牌。

2. 争叫人的竞叫性加倍

争叫人的竞叫性加倍是指争叫人花色争叫后，对对方加叫或平阶另叫花色所采取的加倍叫牌。用以表示争叫为14~15点高限牌力，对其他未叫花色有好支持的牌，通常是逼叫。

【例1】北　　　东　　　南　　　西
　　　　1♦　　　1♠　　　2♦　　　—
　　　　—　　　X　　　—　　　2♥/2♠/3♣
　　　　—　　　—　　　=

此叫牌进程中，争叫人东家对应叫人南家加叫性2♦应叫的加倍，就是竞叫性加倍。表示为14~15点高限牌力，对未叫花色红心和草花都有好支持的牌，通常是逼叫。竞叫性加倍的目的是让推进人参与叫牌，去抬高对方定约的阶数或是夺取定约。当推进人西家再叫：①2♥时，为最多7点，4张以上的牌，不逼叫；②2♠时，为最多7点，可能有支持的牌，不逼叫；③3♣时，为最多7点，5张以上的牌，不逼叫。

【例2】北　　　东　　　南　　　西
　　　　1♦　　　1♥　　　1♠　　　—
　　　　—　　　X　　　—　　　2♣/2♥
　　　　—　　　—　　　=

此叫牌进程中，传递出了一个明显的信息，即对方联手的牌力有限，属于双方联手牌力基本持平的牌，争叫人东家的加倍即为竞叫性加倍。表示争叫人东家为14~15点高限牌力，有5张红心，4张草花的牌，通常是逼叫。当推进人西家：①再叫2♣时，为最多7点，4张以上，对红心无支持的牌，不逼叫；②再叫2♥时，为最多7点，可能有支持的牌，不逼叫。

3. 争叫人的选择性加倍

争叫人的选择性加倍，是指在推进人加叫争叫人花色对方插叫后的一种特定的加倍叫牌。其表现形式分为非成局加叫模式和成局加叫模式两种，都不逼叫。

（1）争叫人非成局加叫模式的选择性加倍

【例】北　　　东　　　南　　　西
　　　1♥　　　1♠　　　—　　　2♠
　　　3♦　　　X　　　—　　　Pass/3♠/3NT/4♠
　　　=

此叫牌进程中，当推进人西家加叫争叫花色，开叫人北家3♦再次插叫时，争叫人东家所做的加倍不是惩罚性加倍，而是非成局加叫模式的选择性加倍，表示争叫人东家为14~15点高限牌力，有4张以上方块的牌，开叫人北家的3♦再叫，占据了争叫人东家想叫的长套邀叫位置，不逼叫；当推进人西家：①再叫Pass时，表示有防守赢墩，放罚3♦；②再叫3♠时，表示不敢惩罚3♦，不逼叫；③再叫3NT/4♠时，表示觉得联手能进局，都是止叫。

（2）争叫人成局加叫模式的选择性加倍

【例】北　　　东　　　南　　　西
　　　1♥　　　2♣　　　3♥　　　4♣
　　　4♥　　　5♣　　　5♥　　　—
　　　—　　　X　　　—　　　—
　　　　　　　=

此叫牌进程中，当应叫人南家盖叫5♥，推进人西家Pass时，就是把选择的权利交给了争叫人东家。争叫人东家如果选择再叫：①6♣时，就表示自己的牌型是适合做庄的牌，不逼叫；②Pass时，则表示不敢惩罚对方的5♥。而当争叫人东家主动选择了加倍应叫人南家的5♥插叫时，则表示不希望推进人西家再进行叫牌。

4. 争叫人的延迟性加倍

争叫人的延迟性加倍，是指争叫人曾经叫过Pass，当开叫人花色开叫，应叫人也Pass或进行不超过2阶应叫时采取的一种竞技性加倍（也有叫平衡加倍的），通常是逼叫。

【例1】
北	东	南	西
—	1♥	—	—
X	—	1♠/1NT/2♣/2♦/2NT	—
—	=		

此叫牌进程中，争叫人北家的加倍就是延迟性加倍。表示争叫人北家为10点左右，最多有4张黑桃（因为其如果有5张花色长套的牌，会选择叫直接出套而不是用叫加倍来参与争叫），对另两门低花都有好支持的牌，通常是逼叫。竞叫的目的是抬高对方定约的阶数或夺取定约。当推进人南家再叫：①1♠时，表示为有自由应叫牌力（因为叫牌进程说明双方联手的牌力基本持平），4张以上的牌，不逼叫。②1NT时，表示为10点左右，对红心有止张的牌，不逼叫。③2♣/2♦时，表示为有自由应叫牌力，4张以上的牌，都不逼叫；争叫人北家再叫Pass时，都为成局无望的牌。④2NT时，表示为11~14点，对红心有好止张的牌（属于有开叫长套时沉默），邀叫。

【例2】
北	东	南	西
—	1♦	—	1NT
—	2♣	X	—
2♥/2♠	—	=	

此叫牌进程中，争叫人南家的加倍也是延迟性加倍，表示争叫人南家为10点左右，有4-4以上分布高花的牌，通常是逼叫。需要指出的是，这种争叫的叫牌进程从总墩数定律的角度来讲是相对安全的。首先开叫人东家只有低限牌力，而应叫人西家最多也只有10点牌力，说明双方的联手牌力基本持平。再有就是应叫人西家有机会在1阶叫出4张高花，而他没有叫，说明他没有4张高花的牌。而开叫人东家的2♣再叫，则说明其至少有9张低花，因而争叫方高花有配合的概率是非常大的。推进人北家的2♥/2♠再叫，分别表示至少有接近自由应叫牌力，4张的牌，都不逼叫。争叫人南家再叫Pass时，都为成局无望的牌。

四、推进人的竞技性加倍

推进人的竞技性加倍有应叫性加倍和选择性加倍两种类型。

1. 推进人的应叫性加倍

推进人的应叫性加倍又有1阶和2阶应叫性加倍之分。

（1）推进人的1阶应叫性加倍

下家开叫1♦，同伴争叫1♥，上家应叫1♠，轮到推进人再叫还是在1阶水平时，推进人此时的加倍，就是1阶应叫性加倍。该加倍表示，推进人为8~10点，有双张红心，有5张未叫花色——草花的牌，不逼叫。

【例1】

北	东	南	西
1♦	1♥	1♠	X
—	2♣/2♥		
=			

此叫牌进程中，推进人西家的加倍就是1阶应叫性加倍，表示推进人西家为8~10点，有双张红心，有5张未叫花色——草花的牌，逼叫，让争叫人东家进行定约的选择。争叫人东家2♣/2♥再叫时，分别表示对草花有支持/无支持的牌，都不逼叫。推进人西家Pass时，都为成局无望的牌。

【例2】

北	东	南	西
1♦	1♥	1NT/2NT	X

此叫牌进程中，推进人西家对应叫人南家：①1NT应叫的加倍还是应叫性加倍，表示为8~10点，有双张红心，有4-4以上分布黑桃和未叫花色——草花的牌，逼叫；②2NT应叫的加倍时，就不是应叫性加倍，而是惩罚性加倍了。

（2）推进人的2阶应叫性加倍

下家1阶花色开叫，同伴平阶花色争叫，对方应叫人加叫开叫花色后，推进人此时在2阶水平上所叫的加倍也是应叫性加倍。表示推进人为8~10点，有双张争叫花色，有4-4以上分布另外两门未叫花色的牌，通常是逼叫。

【例】

北	东	南	西
1♥	1♠	2♥	X

此叫牌进程中，推进人西家对应叫人南家2♥加叫的加倍，就是2阶应叫性加倍，表示推进人西家为8~10点，有双张黑桃，有4-4以上分布草花和方块的牌，通常是逼叫。争叫人东家应按如下约定进行应答：①如确实觉得能打宕对方2♥插叫定约获利（这只是小概率事件）时，可以Pass，转换成惩罚性加倍；②如有5张黑桃和4张低花时，既可以叫2♠，也可以在3阶叫出低花套来，都不逼叫；③如有6张以上黑桃或以上两条都不满足时，还叫2♠，不逼叫；④如果觉得联手打3NT定约有机会时，可以再叫2NT进行邀叫；⑤如果还有成局希望时，就跳叫进行邀叫或封局止叫。

2. 推进人的选择性加倍

推进人的选择性加倍是指推进人在加叫同伴争叫花色对方插叫后的一种特定的加倍叫牌，其显著特点是开叫方和争叫方各有一门花色极其配合。其表现形式也有非成局加叫模式和成局加叫模式两种。

（1）推进人非成局加叫模式的选择性加倍

【例】

北	东	南	西
1♥	2♣	2♥	3♣
3♥	—	—	X
—	Pass/3NT/4♣/5♣	=	

此叫牌进程中，推进人西家的加倍就是非成局加叫模式的选择性加倍，表示推进人西家为10点左右，对草花有支持，在红心花色中有可靠赢墩的牌，不逼叫。由争叫人东家进行选择，当争叫人东家再叫：①Pass时，就表示有可靠的防守赢墩，把其转换成惩罚性加倍；②3NT时，表示为14~15点高限牌力想打此定约的牌，止叫；③4♣时，表示对打宕3♥定约没把握，止叫；④5♣时，就表示想打成局定约，止叫。

（2）推进人成局加叫模式的选择性加倍

【例】

北	东	南	西
1♥	2♣	3♥	4♣
4♥	—	—	5♣
5♥	—	—	X
—	—	=	

此叫牌进程中，当推进人西家加叫5♣后，开叫人北家选择5♥再叫，争叫人东家Pass时，就把选择权交给了推进人西家。当推进人西家选择了加倍后，通常是不允许争叫人东家再进行叫牌的。

第十一节　惩罚性加倍

惩罚性加倍是桥牌竞技叫牌中最具有杀伤力的武器，通常在双方都参与叫牌后，当对方一旦叫到他们联手牌力和对应牌型无法完成的定约时，你和同伴就可以立即用惩罚性加倍予以惩罚，以谋取更多的得分。桥牌比赛中最爽的事情就是——在双方本就是只有以部分定约得分论输赢的某副牌中，你们用惩罚性加倍赢取了800分以上的罚分。在你们赢得比赛的同时，除了要感谢同伴的配合，也应该感谢对方不合时宜的叫牌，更应该为你们自己把握住了稍纵即逝的机会而感到自豪。

一、六种常用类型的惩罚性加倍细则

惩罚性加倍，可以细分为对无将定约的惩罚性加倍和对有将定约的惩罚性加倍两种类型。绝大多数惩罚性加倍使用的大前提是双方都参与过叫牌，联手牌力基本持平或远高于对方且牌型符合惩罚性加倍细则要求的牌。为了更好地讲解惩罚性加倍，笔者汇总成以下六种常用类型的惩罚性加倍细则，以供大家参考。

1. 进行过1NT开叫或1NT争叫的惩罚性加倍细则

（1）同伴1NT开叫后，你对上家花色及无将干扰所做的加倍，都是惩罚性加倍。

（2）同伴1NT争叫后，你对上家：①2阶加叫性插叫所做的加倍，是技术性加倍；②3阶加叫性插叫所做的加倍，是惩罚含义更强的选择性加倍；③4阶及以上加叫性插叫所做的加倍，是惩罚性加倍；④非加叫性插叫所做的加倍，都是惩罚性加倍。

（3）下家1◆或1♥花色开叫，同伴1阶高花争叫后，你对上家1NT插叫所做的加倍，是应叫性加倍。表示为8~10点，有双张同伴争叫高花，有4-4以上分布另两门未叫花色的牌，通常是逼叫。当同伴是2阶以上的花色争叫时，你对上家2NT或3NT插叫所做的加倍，都是惩罚性加倍。

（4）同伴对下家1NT开叫进行加倍，表示为16点以上的牌（用卡普兰迪约定叫时，为15点以上）。当上家没有参与叫牌时，你Pass就将其转换成了惩罚性加倍。而当上家进行插叫时，都是逃叫性质的叫牌，你所做的加倍，也都是惩罚性加倍。此后，若对方因意见不合再次进行插叫时，同伴或你对对方插叫所做的加倍，同样也都是惩罚性加倍。

2. 进行过花色开叫/争叫的惩罚性加倍细则

（1）同伴花色开叫后，你对上家：①平阶花色干扰所做的加倍，都至少是负加倍。表示至少为8~10点（11点以上的牌，有机会用再叫新花或扣叫来表示），对同伴开叫花色无支持，有4-4以上分布另两门未叫花色的牌，通常是逼叫。②2阶高花和3阶低花跳叫干扰的加倍，通常是11点以上的负加倍；对3阶以上高花跳叫干扰的加倍，有两种含义，第一种为11点以上的负加倍，第二种为8点以上，有上家干扰花色可靠赢墩的选择性加倍；至于你们采用哪种约定参加比赛，请和同伴协商确定。③4阶或以上跳阶干扰所做的加倍，都是惩罚性加倍。

（2）同伴花色争叫后，你对上家：①2阶加叫性插叫所做的加倍，是应叫性加倍，表示为8~10点，有双张争叫花色，有4-4以上分布另两门未叫花色的牌，通常是逼叫，允许争叫人在对方所叫花色中有可靠赢墩时放罚；②3阶以上不成局/成局加叫性插叫所做的加倍，是选择性/惩罚性加倍；③2阶以上非加叫性插叫所做的加倍（对2阶加倍一定要慎重），都是惩罚性加倍。

（3）同伴阻击开叫后，你对上家干扰所做的加倍，都是惩罚性加倍。你示强应叫后，阻击开叫人和你对对方再次干扰所做的加倍，也都是惩罚性加倍。

（4）同伴阻击争叫后，你对上家：①不成局/成局加叫性插叫所做的加倍，是选择性/惩罚性加倍；②非加叫性插叫所做的加倍，都是惩罚性加倍。你示强应叫后，阻击争叫人和你对对方再次插叫所做的加倍，也都是惩罚性加倍。

3. 你和同伴已经交换过信息的惩罚性加倍细则

（1）同伴不是加叫性的示强应叫，你对上家2阶及以上干扰所做的加倍，都是惩罚性加倍。此后，你或同伴对对方因意见不合，其中一方再次逃叫所做的加倍，也都是惩罚性加倍。

（2）你或同伴参与过叫牌后，对对方其中一人在没有得到搭档加叫，自己连叫两次花色定约所做的加倍，都是惩罚性加倍。

4. 对对方成局以上定约的惩罚性加倍细则

你或同伴对对方成局以上定约所做的加倍，尤其是你方已经叫到了成局定约后，对对方盖叫你方花色或3NT定约所做的加倍，都是惩罚性加倍。

5. 对特定3NT定约指示性首攻的惩罚性加倍细则

详见本书033页。

6. 对特定有将满贯定约指示性首攻的惩罚性加倍细则

详见本书043页。

二、对有将定约惩罚性加倍的三个使用条件

由于每副牌的联手牌力、牌型和叫牌进程不同，在什么情况下，你可以对对方的具体几阶有将定约进行惩罚性加倍，如何去判断其应该惩罚的程度，都是让大家很困惑的问题。对照有将定约惩罚性加倍的三个使用条件，再参考你和同伴联手的牌力，这个问题就迎刃而解了。

1. 对有将定约惩罚性加倍的三个使用条件

在双方都参与过叫牌且联手牌力基本持平的前提下，对有将定约惩罚性加倍的三个使用条件是：

（1）对方将牌花色无配合（即明显失配）的牌。

（2）你方所叫花色无配合的牌。

（3）在对方将牌花色中有可靠赢墩的牌。

2. 使用条件与惩罚阶数的对应关系

三个条件都不满足时：4阶不要惩罚，5阶可惩罚，6阶以上要惩罚。

三个条件中满足一条时：4阶可惩罚，5阶要惩罚，6阶以上必惩罚。

三个条件中满足两条时：3阶可惩罚，4阶要惩罚，5阶以上必惩罚。

三个条件都满足时：2阶可惩罚，3阶要惩罚，4阶以上必惩罚。

3. 有将定约惩罚性加倍的使用要诀

其使用要诀是，在双方都参与过叫牌，联手牌力基本持平的前提下，可以放心大胆地对对方明显已经失配的有将定约进惩罚性加倍。而对对方联手牌力不足而将牌极其配合，自愿叫到的有将成局或满贯定约，都不要轻易地进行加倍惩罚。对此类高阶有将定约进行加倍惩罚时，通常是要保证在对方将牌花色中有可靠赢墩。

4. 联手牌力对有将定约惩罚性加倍阶数的影响

当你和同伴联手的牌力明显超过或低于20点时，基本可以按每增加或减少3.5点，所对应的惩罚阶数降低或增加1阶来进行计算（该算法同样适用于无将定约）。牌手们

应该根据双方叫牌的实际情况，适当考虑牌型因素，来决定你对对方定约进行惩罚性加倍的具体阶数。

需要强调的是，对有将定约属于可惩罚、要惩罚甚至必惩罚不同程度的惩罚性加倍，在具体应用时，都可能会因为畸形牌和关键牌张的特殊分布因素，出现让对方打成定约的结果。同样对可惩罚类别的惩罚性加倍，也可能会因为有利的牌型和关键牌张分布因素，让你和同伴取得超乎想象的战果。因此，请大家不要过度置疑使用条件和联手牌力对有将定约惩罚性加倍的可信性。同时希望大家能参考笔者所给出的加倍类别，不断地总结对各种细分类型惩罚性加倍使用的经验和教训，持续地加以改进，真正掌握有将定约惩罚性加倍的使用要诀，成为令人生畏的桥牌高手。

三、对无将定约惩罚性加倍的使用条件

其使用条件是，定约方的牌力明显不足且没有确定长套赢墩的牌，其对应的惩罚阶数与你和同伴联手的牌力和牌型都有关，这比较好理解。而当定约方联手有半坚固花色套或超长花色套的牌，你再进行惩罚加倍时，就需要你方联手要有更强的牌了。这就要求你要根据具体牌情，进行合理的调整。

对无将定约惩罚性加倍的使用要诀是：你可以放心大胆地对对方联手牌力明显不足且无明确长套赢墩的无将定约进行惩罚性加倍。

四、开叫人的惩罚性加倍举例

每位参赛牌手都可以对对方冒叫的定约进行惩罚性加倍。按使用人的不同，可以把其分为开叫人、应叫人、争叫人和推进人的惩罚性加倍。下面笔者就以叫牌举例的形式分类进行介绍，并都附有对应分析的惩罚程度供大家参考。

（1）1NT开叫人的惩罚性加倍举例

应叫人示强应叫后，1NT开叫人对上家干扰所做的加倍，都是惩罚性加倍。

【例1】

北	东	南	西
1NT	—	2NT	3♣/3♦/3♥/3♠
X	—	—	═

此叫牌进程中，在应叫人南家2NT示强应叫后，1NT开叫人对争叫人西家3阶干扰所做的加倍，都是惩罚性加倍。为满足对方花色不配合（以下简称满足条件一）、满足本方花色不配合（以下简称满足条件二）及在对方将牌花色中有可靠赢墩（以下简称满足条件三），联手至少为24点以上的牌，都属于必惩罚（三个条件都满足，3阶时为要惩罚，再加上联手牌力的影响就是必惩罚了，为了节约篇幅以下括号内的这部分解释省略）的类别。

【例2】

北	东	南	西
1NT	—	2♦	2♥/2♠/3♣/3♦
X	—	—	═

此叫牌进程中，在应叫人南家2♦示强应叫后，1NT开叫人北家对争叫人西家2阶/3

阶干扰所做的加倍，都是惩罚性加倍。为三个条件都满足，联手为25点以上的牌。对2阶干扰，都属于要惩罚的类别。对3阶干扰，都属于必惩罚的类别。

【例3】

北	东	南	西
1NT	—	2♣	2♦/2♥/2♠/3♣
X	—	—	＝

此叫牌进程中，在应叫人南家2♣应叫后，1NT开叫人北家对争叫人西家2阶/3阶干扰所做的加倍，都是逻辑含糊的叫牌，因为此加倍的含义，完全取决于你和应叫人2♣应叫的约定。当应叫人南家采用任意牌力，草花为单缺无5张高花的牌应叫时，为逻辑错误的叫牌。而当应叫人南家只采用8~11点，有4张高花的牌应叫时，则可以认为是惩罚性加倍，为三个条件都满足，联手为23点以上的牌。对2阶干扰，都属于可惩罚的类别。对3阶干扰，则都属于要惩罚的类别。

（2）花色开叫人的惩罚性加倍举例

1阶花色开叫，应叫人不是加叫性的示强应叫，当上家以2阶以上花色或无将干扰时，开叫人所做的加倍，都是惩罚加倍。

【例】

北	东	南	西
1♥	—	2♦	2♠/2NT/3♣
X	—	—	＝

此叫牌进程中，应叫人南家不是加叫性的2♦示强应叫，开叫人北家对争叫人西家：①2♠/3♣干扰所做的加倍，都是惩罚性加倍，为基本满足条件一，满足条件二和条件三，联手为24点以上的牌，属于要惩罚/必惩罚的类别；②2NT干扰所做的加倍，也是惩罚性加倍，属于要惩罚的类别。

需要说明的是，此叫牌进程中，当1♥开叫人北家有4张西家争叫花色的牌进行惩罚性加倍时，并不排除推进人东家对西家争叫花色有支持的牌。因而此时条件一是否满足，严格来讲是要打问号的，只能视其为基本满足。这样一来，在对照其使用条件时就会增加许多不确定的因素。为了简化对惩罚性加倍条件判断的过程，笔者再遇到此类情况时，都一律视基本满足为满足来判断，而同时有两个基本满足条件时，降级按一个满足条件来计算。只是希望大家在实战中知道此因素会产生不利的影响，有防范意识并随机应变进行调整就是了。

（3）花色开叫人的选择性加倍被转为惩罚性加倍举例

【例1】

北	东	南	西
1♥	—	2♥	2♠/3♣/3♦
X	—	—	＝

此叫牌进程中，应叫人南家2♥加叫后，开叫人北家对争叫人西家2♠/3♣/3♦干扰所做的加倍，都是不逼叫的选择性加倍。用以表示开叫人北家为14~15点高限牌力，在争叫人西家干扰花色中有可靠赢墩的牌。当应叫人南家Pass时，就将其转换成了惩罚性加倍。为基本满足条件一，满足条件三，联手为23点以上的牌（如果南家为低于8点的牌，通常是不会放罚的）。对2♠干扰，属于可惩罚的类别。对3♣/3♦干扰，则都属于要

惩罚的类别。

【例2】

北	东	南	西
1♦	—	2♦	2♥/2♠/3♣
X			

此叫牌进程中，与上例不同的是开叫人北家为1♦低花开叫，应叫人南家2♦加叫表示为11点以上，4张以上的牌，开叫人北家对西家2♥/2♠/3♣干扰所做的加倍，也都是不逼叫的选择性加倍。表示开叫人为14~15点高限牌力，在西家干扰花色中有可靠赢墩的牌。当应叫人南家Pass时，就把其转换成了惩罚性加倍。为基本满足条件一，满足条件三，联手为25点以上的牌。对2♥/2♠干扰，都属于可惩罚的类别。对3♣干扰，则属于要惩罚的类别。

（4）花色开叫人对对方连叫两次花色干扰的惩罚性加倍举例

【例1】

北	东	南	西
1♥	2♣	2♦	—
—	3♣	—	—
X	—	—	

此叫牌进程中，在应叫人南家已经显示有自由应叫牌力的情况下，开叫人北家对争叫人东家连叫两次草花干扰所做的加倍，是惩罚性加倍。为基本满足条件一，满足条件二和条件三，联手牌力比对方略多的牌。属于要惩罚的类别。

【例2】

北	东	南	西
1♥	2♣	—	—
2♥	3♣	—	—
X	—	—	

此叫牌进程中，即使是应叫人南家没有参与过叫牌，开叫人北家对争叫人东家连叫两次草花干扰所做的加倍，也是惩罚性加倍。为基本满足条件一和条件二，满足条件三，联手牌力基本持平的牌。属于可惩罚（两个基本满足降一阶）的类别。

（5）花色开叫人的竞叫性加倍被应叫人转换成惩罚性加倍举例

【例】

北	东	南	西
1♠	2♣/2♦/2♥	—	—
X	—	—	

此叫牌进程中，1♠开叫人北家对争叫人东家2阶干扰加倍时，表示为14~15点高限牌力，对另两门未叫花色都有好支持的牌，是不逼叫的竞叫性加倍。当应叫人南家再叫Pass时，就表示对2阶干扰放罚的牌。此时，应叫人南家必须在干扰花色中有两个以上的将牌赢墩时才允许放罚。为基本满足条件一，满足条件二和条件三，当双方联手的牌力基本持平时，都属于可惩罚的类别。

（6）花色开叫人对对方2NT以上干扰的惩罚性加倍举例

【例】 北 　　　 东 　　　 南 　　　 西

　　　 1♦ 　　　 2♣ 　　　 2♦ 　　　 —

　　　 — 　　　 2NT/3NT 　　 — 　　　 —

　　　 X 　　　 — 　　　 — 　　　 ＝

此叫牌进程中，在应叫人南家进行2♦示强应叫后，开叫人北家对东家2NT/3NT干扰所做的加倍，都是惩罚性加倍。对无将定约，只要对方联手的牌力不足，草花长套打不立时，你即可放心大胆地进行惩罚性加倍。对2NT干扰，属于可惩罚的类别（如果开叫人是高花开叫，由于同伴加叫是加牌型点的支持点牌力，对2NT定约加倍应该慎重一点为好）。对3NT干扰，则属于要惩罚的类别。

（7）花色开叫人对对方盖叫你方成局定约干扰的惩罚性加倍举例

对对方盖叫你方已经叫到成局定约干扰的加倍，都是惩罚性加倍。

【例1】 北 　　　 东 　　　 南 　　　 西

　　　 1♥ 　　　 — 　　　 4♥ 　　　 4♠/5♣/5♦

　　　 X 　　　 — 　　　 ＝

此叫牌进程中，开叫人北家对争叫人西家4♠/5♣/5♦干扰所做的加倍，都是惩罚性加倍。此时开叫人北家一定要保证满足条件三，并确保联手的牌力多于对方时才能进行加倍。对4♠干扰，属于可惩罚的类别，对5♣/5♦干扰，则都属于要惩罚的类别。

【例2】 北 　　　 东 　　　 南 　　　 西

　　　 1♥ 　　　 2NT 　　　 3♥ 　　　 4♣

　　　 4♥ 　　　 — 　　　 — 　　　 5♣

　　　 X 　　　 — 　　　 ＝

此叫牌进程中，开叫人北家对推进人西家5♣干扰所做的加倍，从严格意义上来讲，是惩罚含义更强的不逼叫的选择性加倍。但开叫人北家已经强烈地表示出了不希望应叫人南家再进行叫牌了。通常应叫人南家应该Pass，为不确定在草花中是否有赢墩的牌。当开叫人北家在草花中：①无赢墩时，就为三个条件都不满足，联手牌力基本持平的牌，属于可惩罚的类别；②有赢墩时，则为满足条件三，属于要惩罚的类别。

（8）阻击开叫人在应叫人示强应叫后的惩罚性加倍举例

【例】 北 　　　 东 　　　 南 　　　 西

　　　 2♥ 　　　 — 　　　 3♣ 　　　 3♦/3♠/3NT

　　　 X 　　　 — 　　　 — 　　　 ＝

此叫牌进程中，应叫人南家进行3♣示强应叫后，2♥阻击开叫人对争叫人西家：①3♦/3♠干扰所做的加倍，都是惩罚性加倍，为基本满足条件一，满足条件二和条件三，联手牌力明显高于对方的牌，都属于要惩罚的类别；②3NT干扰所做的加倍，也是惩罚性加倍，也属于要惩罚的类别。

五、应叫人的惩罚性加倍举例

（1）1NT开叫后，应叫人对上家花色干扰的惩罚性加倍举例

【例】
北	东	南	西
1NT	2♣/2♦/2♥/2♠	X	—
—	=		

此叫牌进程中，开叫人北家1NT开叫后，应叫人南家对争叫人东家2阶干扰所做的加倍，都是惩罚性加倍。为满足条件一和条件三，不确定是否满足条件二，联手为24点以上的牌，视牌力而定。当满足条件二时，就属于要惩罚的类别。当不满足条件二时，则属于可惩罚的类别。

（2）1NT开叫，第四家干扰后2♦应叫人的惩罚性加倍举例

【例】
北	东	南	西
1NT	—	2♦	2♥/2♠
—	—	X	—
—	=		

此叫牌进程中，开叫人北家1NT开叫，应叫人南家2♦应叫，争叫人西家2♥/2♠干扰，开叫人北家Pass后，应叫人南家对争叫人西家2阶干扰所做的加倍，都是惩罚性加倍。为满足条件一和条件三，不确定是否满足条件二，联手为24点以上的牌，视牌力而定。当满足条件二时，就都属于必惩罚的类别。当不满足条件二时，则都属于要惩罚的类别。

（3）应叫人对对方连叫两次花色定约的惩罚性加倍举例

【例】
北	东	南	西
1♦	1♥	1NT	—
2♣	2♥	X	—
—	=		

此叫牌进程中，应叫人南家对争叫人东家连叫两次红心干扰所做的加倍，是惩罚性加倍。为基本满足条件一，满足条件二和条件三，联手牌力略高于对方的牌，属于可惩罚的类别。

（4）应叫人对对方盖叫你方成局定约干扰的惩罚性加倍举例

【例】
北	东	南	西
1♥	1♠	3♥	3♠
4♥	4♠	X	—
—	=		

此叫牌进程中，应叫人南家对争叫人东家4♠盖叫你方4♥成局定约干扰所做的加倍，是惩罚性加倍，为不确定是否满足条件三，联手牌力基本持平的牌。当加倍方在黑桃将牌中无赢墩时，对4♠干扰的惩罚还真是很悬的，最多属于可惩罚的类别。

（5）应叫人对对方5阶盖叫你方成局定约的惩罚性加倍举例

【例】北 东 南 西

  1♥ 2♣/2♦ 3♥ 4♣/4♦

  4♥ 5♣/5♦ X

  —— ==

此叫牌进程中，应叫人南家对争叫人东家5♣/5♦盖叫你方4♥成局定约干扰所做的加倍，都是惩罚性加倍。为不确定是否满足条件三，联手牌力基本持平的牌。当不满足条件三时，就属于可惩罚的类别。当满足条件三时，则都属于要惩罚的类别。

（6）应叫人对对方2NT以上无将定约的惩罚性加倍举例

【例】北 东 南 西

  1♠ 2♣ 2♠ 2NT/3NT

  —— —— X ——

  —— ==

此叫牌进程中，应叫人南家对推进人西家2NT/3NT干扰所做的加倍，都是惩罚性加倍。通常应叫人南家一定要有草花止张和黑桃大牌张才能加倍。此加倍还是命令开叫人北家一定要首攻开叫花色——黑桃。对2NT干扰，属于可惩罚的类别。对3NT干扰，就属于要惩罚的类别。

（7）同伴阻击开叫后应叫人的惩罚性加倍举例

【例1】北 东 南 西

  2♥ 2♠/2NT/3♣/3♦ X ——

  —— ==

此叫牌进程中，当开叫人北家阻击开叫后，应叫人南家对争叫人东家2♠/2NT/3♣/3♦干扰所做的加倍，都是惩罚性加倍。对2♠干扰，为基本满足条件一，满足条件二和条件三，联手为24点以上的牌，属于要惩罚的类别。对3♣/3♦干扰，为基本满足条件一，满足条件二和条件三，联手为24点以上的牌，都属于必惩罚的类别。对2NT干扰，则视南家的牌力而定，至少属于要惩罚的类别。

【例2】北 东 南 西

  2♥ —— —— X

  —— 3♣ X ——

  —— ==

此叫牌进程中，当开叫人北家2♥阻击开叫后，第一轮应叫人南家并没有参与叫牌。当争叫人西家技术性加倍，推进人东家叫出3♣后，应叫人南家所做的加倍也是惩罚性加倍。为满足条件二和条件三，联手牌力比对方略多的牌，属于可惩罚的类别。

六、争叫人的惩罚性加倍举例

（1）争叫人对对方已经叫到成局定约的惩罚性加倍举例

【例1】

北	东	南	西
1♥/1♠	1NT	4♥/4♠	—
—	X	—	—
=			

此叫牌进程中，开叫人北家1♥/1♠高花开叫，争叫人东家1NT争叫后，对应叫人南家自愿加叫4♥/4♠插叫所做的加倍，都是惩罚性加倍。为满足条件三，不确定是否满足条件二，联手牌力基本持平的牌。当满足条件二时，就都属于要惩罚的类别。当不满足条件二时，则都属于可惩罚的类别。

【例2】

北	东	南	西
1♥/1♠	2NT	3♥/3♠	4♣/4♦
4♥/4♠	X	—	
=			

此叫牌进程中，开叫人北家1♥/1♠开叫，争叫人东家不寻常2NT争叫后，在推进人表示有自由应叫牌力的情况下，争叫人东家对开叫人北家自愿叫到的4♥/4♠插叫所做的加倍，都是惩罚性加倍。为不确定是否满足条件三，联手牌力基本持平的牌。当不满足条件三，即防守方在将牌中无两个以上赢墩时，大概率会给对方送分。

（2）争叫人对对方有意抬高成局定约的惩罚性加倍举例

【例】

北	东	南	西
1♥/1♠	2NT	3♥/3♠	4♣/4♦
4♥/4♠	5♣/5♦	—	
5♥/5♠	X	—	—
=			

此叫牌进程中，开叫人北家1♥/1♠开叫，争叫人东家不寻常2NT争叫后，在推进人显示有自由应叫牌力的情况下，争叫人东家对开叫人北家抬高叫到5♥/5♠插叫所做的加倍，都是惩罚性加倍。为三个条件都不满足，联手牌力基本持平的牌，都属于可惩罚的类别。

（3）争叫人对对方连叫两次花色插叫的惩罚性加倍举例

【例】

北	东	南	西
1♥	1NT	—	2♣
2♥	X	—	—
=			

此叫牌进程中，争叫人东家在推进人西家已经显示有自由应叫牌力的情况下，对开叫人北家连叫两次红心插叫所做的加倍，也是惩罚性加倍。为三个条件都满足，联手牌力高于24点的牌，属于要惩罚的类别。

（4）争叫人对对方3阶非加叫性插叫的惩罚性加倍举例

【例1】

北	东	南	西
1♦	1♠	—	2♥
—	—	3♣	
—	X	—	—
=			

此叫牌进程中，争叫人东家在推进人西家示强应叫后，对应叫人南家3♣非加叫性插叫所做的加倍，是惩罚性加倍，表示争叫人东家为13~14点，对红心无支持，在草花中有可靠赢墩的牌。为基本满足条件一，满足条件二和条件三，联手牌力比对方略多的牌，属于要惩罚的类别。

【例2】

北	东	南	西
1♦	1♠	2♦	2♠
—	—	3♦	
—	X	—	Pass/3♠
=			

此叫牌进程中，因为应叫人南家是加叫开叫花色，所以争叫人东家对应叫人南家3♦加叫性插叫所做的加倍，是不逼叫的选择性加倍，表示争叫人东家为13~14点，在方块中有可靠赢墩的牌。当推进人西家再叫：①Pass时，就表示其在边花中有可靠防守赢墩，就把选择性加倍转换成了惩罚性加倍，为满足条件三，联手牌力略多于对方的牌，属于可惩罚的类别；②3♠时，则表示感觉惩罚不动3♦定约的牌，不逼叫。

（5）推进人示强应叫后阻击争叫人的惩罚性加倍举例

【例】

北	东	南	西
1♦	2♥	—	2♠
3♣	X	—	
=			

此叫牌进程中，2♥阻击争叫人在推进人西家示强应叫2♠后，对开叫人北家3♣插叫所做的加倍，是惩罚性加倍。表示为9~10点高限牌力，对黑桃无支持，在草花中有可靠赢墩的牌。为基本满足条件一，满足条件二和条件三，联手牌力多于对方的牌。视推进人西家的牌力而定，至少属于要惩罚的类别。

七、推进人的惩罚性加倍举例

（1）同伴1NT争叫后，推进人对应叫人非加叫性插叫的惩罚性加倍举例

【例1】

北	东	南	西
1♥	1NT	2♣/2♦/2♠	X
		=	

此叫牌进程中，争叫人东家1NT争叫后，推进人西家对应叫人南家非加叫性2阶插叫所做的加倍，都是惩罚性加倍。为满足条件一和三，不确定是否满足条件二，联手

牌力明显多于对方的牌。当满足条件二时，就都属于要惩罚的类别。当不满足条件二时，则都属于可惩罚的类别。

【例2】　北　　　东　　　南　　　西
　　　　　　1♥　　　1NT　　2♥/3♥/4♥　　X

此叫牌进程中，争叫人东家1NT争叫后，推进人西家对应叫人南家：①2♥加叫性插叫的加倍，不是惩罚性加倍，而是为6~8点，对方开叫花色为短套，对其余未叫花色有好支持的技术性加倍；②3♥加叫性插叫所做的加倍，是惩罚性加倍，为满足条件三（1NT争叫人有红心赢墩），不确定是否满足条件二，联手为24点以上的牌，属于可惩罚的类别；③4♥加叫性插叫所做的加倍，是惩罚性加倍，为满足条件三，不确定是否满足条件二，联手牌力略多于对方的牌，考虑到牌型因素，无论是否满足条件二时，也属于可惩罚的类别。

【例3】　北　　　东　　　南　　　西
　　　　　　1♥　　　1NT　　2♥　　　2♠
　　　　　　3♥　　　—　　　—　　　X
　　　　　　—　　　Pass/3♠　　　=

此叫牌进程中，争叫人东家1NT争叫，应叫人南家2♥加叫后，推进人西家曾进行过2♠叫牌。其对开叫人北家再叫3♥插叫的加倍，是不逼叫的选择性加倍，表示推进人西家为6~8点，有5张黑桃的牌。由争叫人东家确定是惩罚对方还是选择3♠再叫的牌。当争叫人东家再叫：①Pass时，就把其转化为惩罚性加倍，为满足条件三，不确定是否满足条件二，联手牌力略多于对方的牌；当满足条件二时，就属于可惩罚的类别；当不满足条件二时，就属于惩罚非常悬的类别。②3♠时，则表示不愿意放罚。

（2）对方1NT开叫同伴加倍后，推进人对上家插叫的惩罚性加倍举例

【例1】　北　　　东　　　南　　　西
　　　　　　1NT　　X　　　2♣/2♦/2♥/2♠　　X
　　　　　　—　　　—　　　=

此叫牌进程中，开叫人北家1NT开叫，争叫人东家加倍表示有16点以上的牌后，推进人西家对应叫人南家2阶花色逃叫性质插叫所做的加倍，都是惩罚性加倍。为8点以上，基本满足条件一和条件三，不确定是否满足条件二，联手为24点以上的牌。视推进人西家的牌力而定，当满足条件二时，就都至少属于要惩罚的类别。当不满足条件二时，则都至少属于可惩罚的类别。

【例2】　北　　　东　　　南　　　西
　　　　　　1NT　　X　　　2♣/2♦　　X
　　　　　　2♥　　　—　　　—　　　X
　　　　　　—　　　—　　　=

此叫牌进程中，开叫人北家开叫1NT，争叫人东家加倍表示有16点以上的牌后，推进人西家对应叫人南家2♣/2♦逃叫性质插叫所做的加倍，都是惩罚性加倍。而当开叫人北家因意见不合再次逃叫2♥后，推进人西家或争叫人东家所做的加倍，也都是惩罚

性加倍。为基本满足条件一和条件三，不确定是否满足条件二，联手为24点以上的牌。视西家的牌力而定，当满足条件二时，就都至少属于要惩罚的类别。当不满足条件二时，则至少属于可惩罚的类别。

（3）推进人对对方抬高你方成局定约阶数的惩罚性加倍举例

【例】
北	东	南	西
1♥	2NT	3♥	4♣/4♦
4♥	—	—	5♣/5♦
5♥	—	—	X
—	—	=	

此叫牌进程中，争叫人东家不寻常2NT争叫后，推进人西家对开叫人北家抬高叫到5♥插叫所做的加倍，是惩罚性加倍。为不确定是否满足条件三，联手牌力略多于对方的牌。当满足条件三时，就属于要惩罚的类别。当不满足条件三时，则属于可惩罚的类别。

（4）推进人对对方连叫两次花色定约的惩罚性加倍举例

【例】
北	东	南	西
1♦/1♥/1♠	2♣	—	—
2♦/2♥/2♠	—	—	X
—	—	=	

此叫牌进程中，推进人西家在争叫人东家已经显示有11~15点的情况下，对开叫人北家连叫两次花色定约所做的加倍，都是惩罚性加倍。为有自由应叫左右牌力，有开叫花色可靠赢墩的牌，为基本满足条件一，满足条件二和条件三，联手牌力基本持平的牌，都属于可惩罚的类别。

（5）推进人对对方2阶以上无将定约的惩罚性加倍举例

【例】
北	东	南	西
1♠	2♣	3NT	X
—	—	=	

此叫牌进程中，推进人西家对应叫人南家3NT插叫所做的加倍，是惩罚性加倍。推进人西家一定要有黑桃止张和草花大牌张时才能加倍，此时，双方联手牌力基本持平，属于要惩罚的类别。

（6）推进人对对方非加叫性插叫的惩罚性加倍举例

【例】
北	东	南	西
1♠	2♦	2♥/3♣	X
—	—	=	

此叫牌进程中，当争叫人东家2♦争叫后，推进人西家对应叫人南家2♥/3♣非加叫性插叫所做的加倍，都是惩罚性加倍。为基本满足条件一，满足条件二和条件三，联手牌力基本持平的牌。对2♥插叫，属于可惩罚的类别。对3♣插叫，则属于要惩罚的类别。

（7）推进人对对方低花跳加叫的惩罚性加倍举例

【例】

北	东	南	西
1♦	1♠	3♦/4♦	X

此叫牌进程中，当争叫人东家1♠争叫，推进人西家对应叫人南家3♦/4♦跳加叫插叫所做的加倍，是不逼叫的技术性/选择性加倍。表示推进人西家至少有自由应叫牌力，有双张黑桃，有4-4以上分布另两门未叫花色的牌。当争叫人东家Pass时，就将其转换成了惩罚性加倍。为满足条件二和条件三，联手牌力应略多于对方的牌。考虑对方牌型的因素，对3♦和4♦插叫，都属于可惩罚的类别。

（8）推进人对对方高花跳阶加叫插叫的惩罚性加倍举例

【例】

北	东	南	西
1♥	2♣	3♥/4♥	X

此叫牌进程中，当争叫人东家2♣争叫，推进人西家对应叫人南家3♥/4♥高花跳加叫插叫所做的加倍，是不逼叫的选择性/惩罚性加倍。表示推进人西家有自由应叫牌力，有4张黑桃，对草花无支持，在红心中有可靠赢墩的牌。当争叫人东家Pass时，就将其转换成了惩罚性加倍。为满足条件二和条件三，联手牌力基本持平的牌。考虑对方牌型的因素，对3♥和4♥插叫，都属于可惩罚的类别。

（9）同伴阻击争叫后推进人对上家非加叫性插叫的惩罚性加倍举例

【例1】

北	东	南	西
1♦	2♠	3♣/3♥	X

此叫牌进程中，当争叫人东家2♠阻击争叫后，推进人西家对应叫人南家3♣/3♥非加叫性插叫所做的加倍，都是惩罚性加倍。为基本满足条件一，满足条件二和条件三，联手牌力基本持平或比对方略多的牌，都属于要惩罚的类别。

【例2】

北	东	南	西
1♦	2♥	—	—
X	—	3♣	X

此叫牌进程中，当争叫人东家2♥阻击争叫后，虽然第一轮推进人西家没有参与叫牌，当开叫人北家竞技性加倍，应叫人南家非加叫性出3♣时，推进人西家所做的加倍，是惩罚性加倍。为基本满足条件一，满足条件二和条件三，联手牌力基本持平的牌，属于可惩罚的类别。

总而言之，搞懂六种常用类型的惩罚性加倍细则，掌握好惩罚性加倍的三个使用条件和使用要诀，你的"武器库"就相当于拥有了飞机大炮类的重武器，再次对阵时，你会拥有很大的杀伤力，成为令人生畏的桥牌高手。

结束语

　　至此，全书的内容已经介绍完毕，笔者希望通过本书的介绍，能够让大家对桥牌的读牌技巧、做庄和防守技巧、精确体系叫牌知识和防守叫牌知识都有进一步的了解，也算对提高大家的桥牌水平做出了一点贡献。笔者希望所有学习打桥牌的人能够发自内心地喜欢桥牌，并把它当作爱好，一直打下去。打好桥牌，会培养你更好的全局观念和合作意识，会让你有机会结识更多的朋友，会给你精神上带来许多意想不到的愉悦。

　　提高桥牌水平，是没有什么捷径可以走的，只有靠多练习、多比赛，靠你和同伴的不断总结和积累。借此机会，祝所有桥友好运。